기초부터 라즈베리 파이로 TV 제어에 주크박스까지!
진짜 쉽고 쓸모 있는 언어
파이썬
빅데이터 분석·교육용
프로그래밍 언어, 파이썬 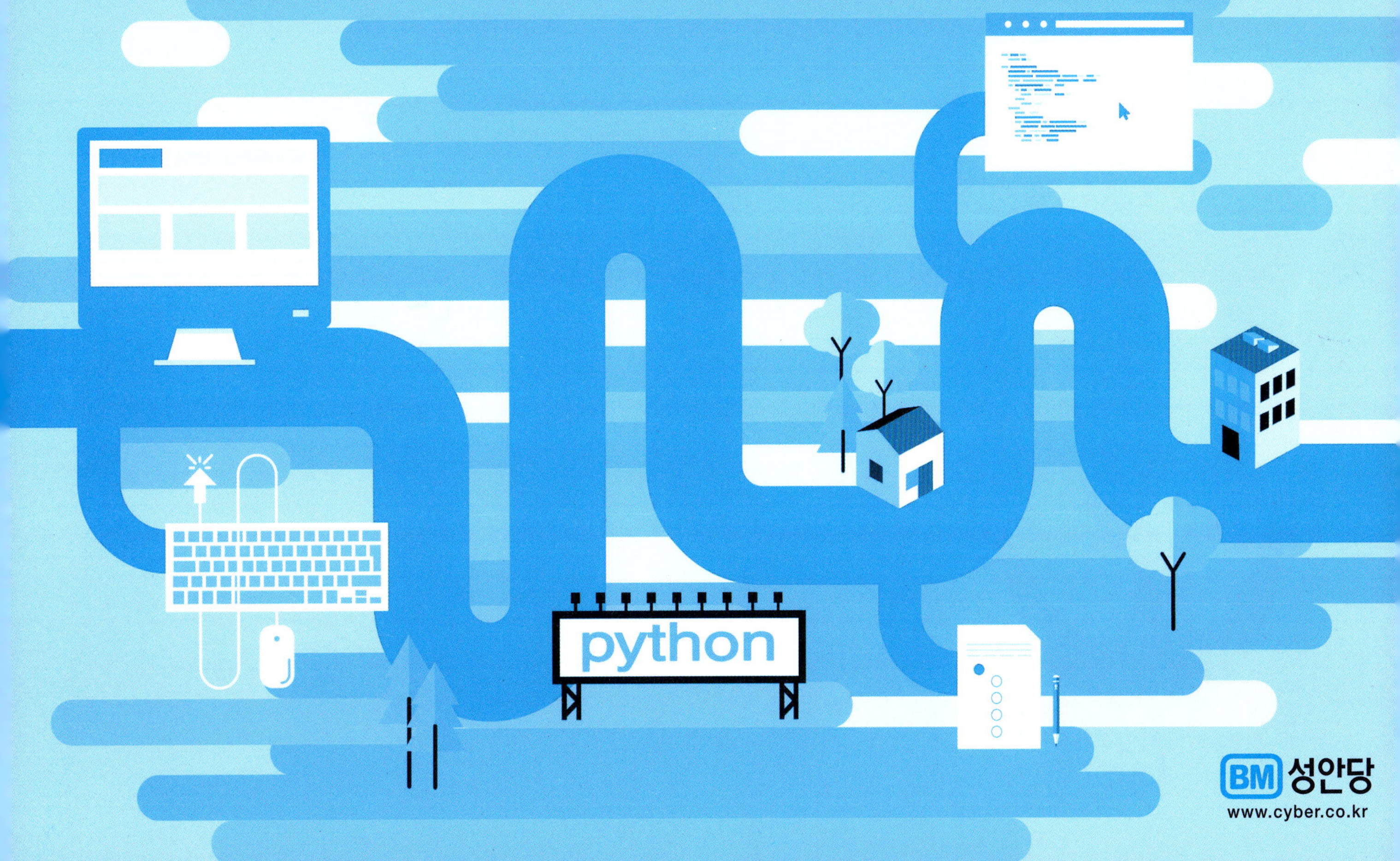
python
KB267363
BM 성안당
www.cyber.co.kr

머리말

　파이썬의 인기가 날로 높아가고 있다. 기존에도 각종 유틸리티를 만들거나 테스트 코드를 생성하는 코드를 파이썬으로 작성하는 사례가 많았다. 구글은 자사의 앱 엔진을 만들면서 자바와 더불어 파이썬을 메인 언어로 채택하기도 했다. 각종 회사들이 지원하는 언어로 파이썬은 단골손님이 되어버렸다. 파이썬의 인기는 비단 개발자들 사이에서만 있는 것은 아니다. 최근 컴퓨터 개발에 대한 인식이 바뀌면서 어린 친구들이 일찍부터 프로그램 언어를 배우기 시작하는데 첫 번째 언어로 파이썬을 선택하는 사례가 많다. 이런 인기에 대한 해석이 여러 가지가 있겠지만 필자가 세 가지로 정리해보았다.

　첫 번째 이유는 프로그램 환경을 만들기 쉽다는 것이다. 파이썬은 다른 언어들에 비해서 설치해야 하는 것이 적을 뿐 아니라 사용법이 쉽다. 파이썬 홈페이지에서 설치파일을 다운받아서 설치하면 바로 실행 환경이 만들어진다. 이 점이 중요한 것이 처음 공부하는 입장에서 시간을 절약할 수 있으며 프로그래밍을 하는 자체만 신경을 쓸 수 있어 좋다.

　두 번째 이유는 언어 자체가 쉽다는 것이다. 파이썬은 프로그램 문법 자체가 간단하다. 다른 언어들 같은 경우 필요에 의해서 만들었겠지만 다양한 문법들이 많아서 그것들을 하나하나 배우다 보면 내가 뭘 하고 있는지 잊을 때가 있다. 하지만 파이썬은 필요한 최소한의 문법으로 필요한 일을 바로 적용해 볼 수 있다.

　세 번째는 활용 범위가 넓다는 것이다. 파이썬은 한 번 배우면 다양한 곳에 사용할 수 있다. 전 세계 많은 파이썬 개발자들의 도움으로 이미 상당수의 모듈이 만들어져 있고 또 많은 회사들이 파이썬을 기본 언어로 채택하고 있어서 다양한 서비스를 이용할 수 있는 API들이 파이썬으로 만들어져 있다. 더욱이 최근에는 파이썬이 동작할 수 있는 작은 보드들이 만들어지면서 IoT 분야까지 진출할 수 있게 되었다. 이제 파이썬만으로 자신이 원하는 것을 만들 수 있게 되었다.

　이런 파이썬의 인기 덕분에 많은 파이썬 책들이 출간되었고 읽혀지고 있다. 이런 파이썬 책들은 두 종류가 있는 것 같다. 하나는 언어에 대한 심층적인 내용을 다루는 있어서 파이썬 언어에 대한 내용을 다루고 있고, 다른 부류는 파이썬을 이용한 활용에 치우치는 것이다. 파이썬에 대해서 아주 간단하게 설명한 후 바로 프로젝트를 설명하는 방식이다.

　필자는 책을 쓰면서 최대한 파이썬 언어를 통해서 컴퓨터에 대한 이해를 높이고 활용할 수 있는 사례를 소개하고 싶었다. 그래서 책은 전반부에는 파이썬 언어에 대한 내용을 설명해서 다른 언어들에게 통용될 수 있는 지식은 얻을 수 있도록 했고 후반부에 파이썬들이 적용될 수 있는 사례를 소개하는 방식을 채택하였다. 이런 방식이 독자들에게 파이썬에 대한 이해를 돕고 또 더 나아가서 컴퓨터 언어에 대한 이해를 높일 수 있는 계기가 되었으면 한다.

　이 책이 나오기까지 많은 분들이 도와주셨는데 이 책을 초기 기획하고 잘 진행될 수 있도록 도와주신 성안당의 조혜란 부장님께 감사를 드리고 또 특별히 주말 시간을 내어준 사랑하는 가족들에게도 이 자리를 빌어 감사를 드린다.

저자 안진섭

목차

01장
프로그램과 파이썬

첫 장에서는 프로그램에 대한 일반적인 내용을 다루려고 한다. 주변에 보면 프로그램을 너무 쉽거나 혹은 너무 어렵게 생각하는 사람들이 있다. 너무 쉽게 생각하는 쪽은 프로그램이란 '결국 모두 같은 것 아닌가'라고 속단하는 사람들이고 너무 어렵게 생각하는 쪽은 프로그램을 배우면서 만나게 되는 의미 모호한 용어나 어마어마한 학습량에 질려 배움을 멈추는 부류이다. 이번 장을 통해서 프로그램에 대해서 간단하게 생각해보고 앞으로 배우게 될 파이썬에 대해서도 짚어볼 것이다. 잡지를 읽는 마음으로 편하게 읽어주기 바란다.

학습 목표

- 프로그램이 무엇인지 생각해본다.
- 첫 번째 파이썬 프로그램을 만들어 본다.
- 파이썬 프로그램이 실행되는 환경을 알아본다.

　최근에 많은 사람들이 프로그램에 대해서 관심을 갖게 되었다. 비단 프로그램을 업무로서 해야 하는 사람들뿐 아니라 관계가 없을 것 같은 사람들도 컴퓨터 프로그램에 대해서 많은 관심을 가지게 되었다. 또 소프트웨어를 미래의 성장 동력이라고 인식하기 시작하면서 학교에서도 적극적으로 아이들에게 프로그램 교육을 하고 있다. 프로그램을 가르치는 교육 방식의 옳고 그름을 판단하기 전에 이런 현상들은 소프트웨어에 대해서 인식이 바뀐 것으로 볼 수 있다. 프로그래밍을 업으로 하고 있는 필자의 입장에서는 환영할 만한 일이다. 부디 이런 관심이 한때의 트렌드가 되지 않았으면 하는 바람뿐이다. 그러면 이제 사람들의 관심을 한몸에 받고 있는 프로그램이라는 것이 무엇인지에 대해서 알아보도록 하자. 무엇이 그렇게 대단하기에 이렇게 많은 사람들이 관심을 가져야 하는지 살펴보겠다.

　우리는 알게 모르게 프로그램을 하고 있다. 한 사례를 소개하겠다. 예전에 필자가 한 외국계 유명 컨설팅 회사에서 아르바이트를 한 적이 있었다. 아르바이트이긴 하지만 컨설팅이 뭔지 가까이서 볼 수 있는 기회라고 생각해서 지원을 했었다. 주로 하는 업무는 외부에서 설문조사한 내용을 엑셀로 바꾸는 것이었다. 쉬운 일이지만 반복된 작업이었고 정말 지루했다. 하기 싫은 일을 억지로 꾸역꾸역 하고 있는데 옆의 동료는 필자보다 일을 빨리 끝냈다. 필자보다 뭔가 더 열심히 하고 있지 않았는데 말이다. 그래서 유심히 살펴보니 엑셀로 뭔가를 작성하고 있었고, 작성한 것을 실행시키기 위해 데이터들이 자동으로 변경되고 각 셀에 저장되는 것이었다. 나중에 알아보니 그 친구는 엑셀에서 비주얼 베이직이라는 언어로 프로그램을 하나 만들었던 것이다. 그 프로그램으로 문서 변환이나 계산 등을 순식간에 처리할 수 있었다. 정말 멋진 프로그램이 아닐 수 없었다. 적은 노력으로 많은 일을 할 수 있으니 말이다. 컴퓨터에게 내가 하기 싫은 일을 떠넘기고 나의 시간을 더 많이 갖는 것, 그것이 프로그램의 효용이구나 하고 그때 깨달았다. 하지만 그것을 만들었던 친구는 그게 프로그램이라고 불리는 것인지도 모른채 사용하고 있었다. 그냥 일을 빨리 하고 싶어서 만들었다고 했다.

그 친구에게 있어 프로그램이란 자신의 지루한 작업을 빨리 할 수 있게 하는 도구일 뿐이었다. 프로그램은 그런 것이다. 즉, 지금 내가 하고 있는 일을 컴퓨터나 모바일이 수행할 수 있도록 하는 것이다.

그럼 전문적으로 프로그램을 어떻게 정의하는지도 한 번 알아보자. 다음은 위키피디아 한국어판에서 발췌한 내용이다.

> 컴퓨터 프로그램(영국 영어: computer programme, 미국 영어: computer program, 문화어: 콤퓨터프로그람)은 컴퓨터에 의해 실행되는 지시사항의 모음인 컴퓨터 소프트웨어의 한 예이다. 대부분의 프로그램은 실행 중(즉, 명령어를 '불러들일' 때)에 사용자의 입력에 반응하도록 구현된 명령어의 집합으로 구성되어 있다.

컴퓨터 프로그램에 대한 정의 내용이 쉽게 와닿지 않는다. 이 정의 내용을 핵심만 말하면 이런 것이다. 컴퓨터 프로그램은 컴퓨터 즉, 우리가 매일 사용하는 노트북, 데스크탑 혹은 안드로이드 폰과 같은 것들이 실행할 수 있는 명령들의 집합이다. 이 명령들이 바로 윈도우나 맥에서 실행할 수 있는 수많은 프로그램들의 정체이다. 인터넷을 항해할 수 있는 웹 브라우저나 문서를 작성할 수 워드프로세서 등이 바로 프로그램이다. 이외에 다양한 컴퓨터 프로그램들이 있지만 내부적으로는 컴퓨터가 무엇을 해야 하는지 알려주는 명령의 집합일 뿐이다.

사실, 컴퓨터라는 이름은 똑똑한 기계의 대명사이다. 예를 들어 세탁소나 제단소는 컴퓨터와 거리가 있어 보이지만 상점의 간판에서 컴퓨터라는 단어를 쉽게 찾을 수 있다(예: 컴퓨터 세탁, 컴퓨터 재단). 일반적으로 컴퓨터는 빠르고 정확하며 모든 일을 똑똑하게 처리한다고 생각한다. 컴퓨터가 빠르고 정확하게 일을 할 수 있다는 것은 맞는 말이다. 하지만 똑똑하다는 말은 컴퓨터에게 어울리지 않는다. 최근까지 유행처럼 자주 사용한 '스마트 OOO'라는 것도 마찬가지다. 요즘처럼 컴퓨터가 똑똑해진 것은 똑똑한 프로그래머가 똑똑하게 일할 수 있도록 명령들을 만들었기 때문이다. 사실 컴퓨터는 무식하다. 무식하지만 시킨 일을 아주 빠르고 정확하게 해낸다. 다시 말하지만 똑똑해진 컴퓨터가 존재하는 것은 똑똑한 주인 프로그래머가 있기 때문이다. 앞으로 어떻게 될지 모르지만 현재까지 컴퓨터는 프로그래머가 작성한 명령인 프로그램에 따라서 데이터를 처리할 뿐이다.

여러분이 앞으로 프로그램을 하게 되면 느끼겠지만 컴퓨터는 우리가 머릿속으로 생각했던 간단한 작업조차 쉽게 처리하지 못한다. 컴퓨터에게 처리하는 방법을 하나하나 꼼꼼히 알려주어야 한다. 무식한 컴퓨터을 잘 인도하는 것이 좋은 프로그래머가 하는 일이다. 그러기 위해서 프로그래머는 잘 배워야 하고 똑똑해져야 한다. 항상 배워야 하고 깨어 있어야 한다.

01 프로그래밍의 3 요소

앞에서 살펴보았던 컴퓨터 프로그램을 작성하는 것을 프로그래밍이라고 한다. 필자가 생각하기에 프로그래밍에는 다음과 같이 3대 요소가 있다. 이것은 어떤 언어에도 동일하게 적용할 수 있다.

- 목적: 프로그램으로 달성하고 싶은 것, 다시 말해 풀고자 하는 문제
- 실행 대상: 작성된 프로그램을 실행시킬 수 있는 자동화 기기, 보통은 컴퓨터가 될 것이다.
- 언어: 프로그램을 작성하기 위한 언어, C/C++, OBJ-C, 자바스크립트, 파이썬, 어셈블리어 등

아무리 간단한 프로그램을 만들 때에도 이 3요소를 항상 찾을 수 있다. 앞으로 파이썬으로 프로그램을 만들텐데 이때도 이 3요소가 필요하다. 이 요소들에 대해서 자세히 살펴보자.

우선, 목적은 프로그램의 존재 이유다. 파이썬을 만들었던 귀도 반 로섬(Guido van Rossum)이 지루한 겨울을 보낼 단순한 목적으로 파이썬을 만들기는 했지만 프로그램 자체는 특별한 목적이 있어야 한다. 가계부 프로그램이라고 하면 사용한 돈을 기록하고 관리하고 계산하는 것을 주 목적으로 한다. 그리고 메신저 프로그램은 메시지를 친구들에게 빠르고 정확하게 전달해야 한다. 그게 목적이다. 목적에 충실한 프로그램이 좋은 프로그램이다. 프로그래머라면 컴퓨터 잡지에서 보는 화려한 미사여구로 포장되는 광고 문구에 현혹되면 안 된다. 이런 문구들 속에 숨겨 있는 프로그램의 진정한 목적을 보고 그 목적에 잘 부합하는지만 보면 된다.

또, 모든 프로그래밍에는 프로그램을 동작시킬 자동화 기기가 있어야 한다. 컴퓨터 프로그램은 컴퓨터가 대상이다. 컴퓨터는 우리가 사용하는 데스크탑이나 노트북 이외에 다양한 종류가 있다. 최근에 프로그램을 실행할 수 있는 기기들이 다양해지고 있다. 필자가 대학을 다닐 때만 해도 프로그램을 만든다면 대부분 데스크탑이나 리눅스 서버를 위한 프로그램이 전부였다. 하지

만 지금은 안드로이드나 iOS와 같은 스마트폰뿐 아니라 TV나 게임기 등을 위해서도 프로그램을 만들 수 있다. 또 다양한 웨어러블 기기들까지 등장하면서 프로그램을 동작시킬 수 있게 되었다. 이 기기들은 계산을 할 수 있고 주어진 명령들을 착실하고 빠르게 실행시킬 수 있는 능력을 가지고 있다. 앞으로 프로그래밍의 대상은 더욱 더 다양해질 것이다. 지금은 기기를 위한 프로그램을 만들고 있지만 미래에는 전혀 다른 종류의 대상이 나올지도 모르겠다. 형태야 어떻게 되었던 프로그래머인 우리에게는 작성한 프로그램을 동작시킬 기기일 뿐이다.

마지막으로 언어가 있다. 언어는 목적 달성을 위해서 해야 하는 일을 컴퓨터에게 알려주기 위한 수단이다. 프로그램을 실행할 수 있는 컴퓨터는 데이터를 임시로 저장하기 위한 메모리와 주어진 명령을 처리하는 CPU와 같은 것들을 가지고 있다. 이 기계들이 이해할 수 있는 언어는 우리가 쓰고 있는 언어와는 전혀 다른 방식을 사용하고 있다. 즉 0과 1만으로 이루어진 기괴한 방식을 사용하고 있다. 예전에는 0과 1로 이루어진 명령을 사람이 직접 작성했다. 이런 작업은 지루하고 힘빠지는 일이었다. 그래서 똑똑한 사람들이 쉽게 작성할 수 있는 컴퓨터 언어를 만들게 되었다. 그런 언어들 중의 하나가 파이썬이다. 파이썬은 우리가 하고 싶은 일을 컴퓨터에게 명확하고 빠르게 알려주는 언어다. 프로그래머는 이 언어를 통해서 우리의 생각을 컴퓨터에게 알려준다. 이런 의미로 보면 프로그래머는 통역사 같은 일을 한다고 볼 수 있다.

이렇게 3가지 요소가 프로그래밍의 요소다. 이 책의 예제들은 프로그래밍의 요소를 잘 가지고 있다. 앞으로 다루게 될 내용들은 파이썬이라는 언어를 사용해서 데스크탑이나 노트북에서 동작하는 프로그램을 작성할 것이다. 이 책의 파이썬 예제들은 여러분들에게 파이썬이라는 언어를 잘 설명하기 위한 목적으로 만들어졌다. 이 책으로 잘 공부를 한 후 실제로도 이 3요소가 잘 갖춰진 프로그램을 만들기 바란다.

02 프로그램의 실행 절차

파이썬은 다음과 같은 절차로 프로그램을 실행한다.

[그림 1-1] 프로그램 생성 및 실행

[그림 1-1]에서 보는 것처럼 우선 파이썬 프로그래머는 xxx.py라는 이름의 프로그램을 작성한다. 아주 간단한 프로그램이 아니라면 파이썬에서 기본적으로 제공해 주는 프로그램들과 다른 개발자가 만든 프로그램이 필요하다. 이들도 대부분은 .py로 끝나는 파일명으로 만들어진다. .py는 파이썬 프로그램을 의미한다. 파이썬 실행 프로그램(python.exe 혹은 python)이 이 파일을 읽어서 내부적으로 파이썬 바이트 코드로 생성한다. 바이트 코드는 실행 전에 생성되는 중간 생성물로, 실행 속도를 높이기 위한 중간 코드다. 이렇게 만들어진 바이트 코드가 파이썬 가상 머신(PVM)에서 실행된다. PVM은 각 플랫폼(맥, 윈도우 그리고 리눅스)에 포팅되어 있다. 파이썬의 특징 중의 하나인 멀티플랫폼 지원은 이런 식의 구조로 이루어져 있어 가능하다. 이것이 파이썬 인터프리터를 설치할 때 사용하는 운영체제별로 설치하는 이유다.

파이썬 소스를 작성해서 실행하면 다음과 같은 일이 자동적으로 수행된다.

① .py로 된 사용자 프로그램을 읽어들인다.

② 파이썬 파일을 해석해서 바이트 코드로 생성한다.

③ 바이트 코드 하나 하나를 해석해서 실행한다.

02 파이썬으로 할 수 있는 것들

파이썬은 프로그램을 만드는 언어이다. 세상에는 다양한 언어가 존재하고 각 언어 별로 특징들이 있다. 이 특징들에 따라 어떤 용도의 프로그램은 만들기 어렵고 또 쉽기도 하다. 파이썬은 컴파일을 명시적으로 하지 않는 인터프리트 방식의 스크립트 언어이므로 빠르게 만들고 테스트할 수 있는 특징을 가지고 있다. 이런 특징에 따라 유리한 분야를 살펴보자.

01 웹 프로그램

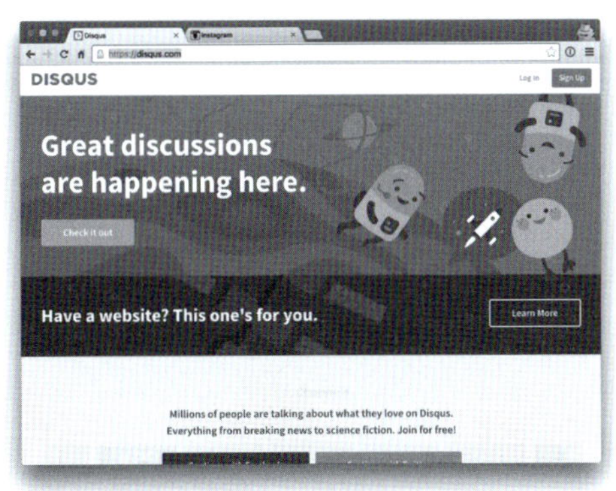
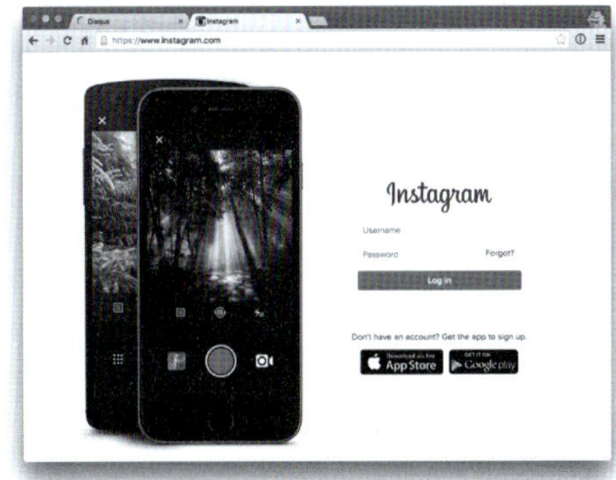

[그림 1-2] 파이썬으로 만들어진 웹 사이트

웹 프로그램은 특성상 빠르게 작성하고 테스트해야 한다. 그리고 많은 문자열의 처리가 필요한 프로그램 영역이다. 때문에 스크립트 언어인 파이썬이 많이 사용된다. 파이썬은 컴파일이 필요 없어 빠르게 작성하고 실행될 수 있다. 또 내장되어 있는 문자열 처리 기능들을 사용할 수 있는 장점도 가지고 있다. 파이썬 라이브러리 중에 django, flask와 같은 검증된 웹 프레임워크가 있다는 점도 파이썬이 가지고 있는 장점이다.

02 과학 기술 계산

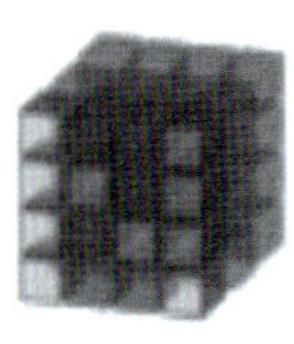

NumPy
기본 N차원 배열 패키지

SciPy library
과학 컴퓨팅을 위한 기초 라이브러리

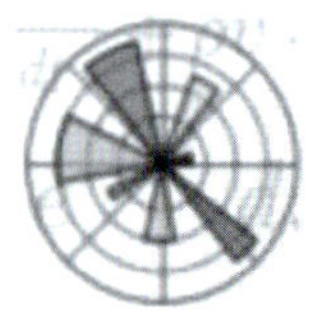

Matplotlib
종합 2D 플로팅

IPython
고급 인터랙티브 콘솔

Sympy
심볼릭 수학

pandas
데이터 구조와 분석

[그림 1-3] 데이터 과학 분야에 쓰이는 파이썬 모듈들

　과학은 기본적으로 많은 데이터를 처리할 수 있어야 한다. 이 데이터들을 빠르게 처리해서 그래프로 만들어 데이터의 의미를 빠르게 파악할 수 있어야 한다. 파이썬은 이런 목적에 부합하는 좋은 라이브러리들이 준비되어 있다. 빠른 계산을 위한 NumPy와 수학적인 계산에 필요한 함수들이 있는 SciPy가 있다. 또 많은 데이터를 처리해서 분석할 수 있는 pandas가 있다. 이외에도 많은 라이브러리들이 준비되어 있다.

03 이미지 처리와 응용

　보통 이미지 프로세싱은 C/C++ 등과 같은 언어로 작성된다. 그렇게 하는 이유는 처리 속도 때문이다. 보통 C/C++이 가장 빠르다. OpenCV는 C/C++로 만들어져 빠른 이미지 처리 라이브러리다. 하지만 OpenCV를 사용하는 것은 쉽지 않은 일이다. 간단한 일을 위해서 복잡한 프로그램을 해야 한다. 즉, 생산성이 떨어진다. 파이썬은 이런 문제를 확장 모듈로 해결했다. 확장 모듈은 C/C++로 만들어진 프로그램을 파이썬에서 쉽게 사용할 수 있도록 만든다. 파이썬의 확장 모듈로 만들어진 OpenCV는 파이썬의 코드로 더 쉽고 빠르게 이미지로부터 도형을 추출하거나 얼굴을 추출할 수 있다.

04 빅데이터

　파이썬은 문자열 처리에 능하면서 인터넷으로 데이터를 수집하는 일이 다른 언어들에 비해 용이해서 데이터를 수집하고 변형하는 일에 유리하다. 또 Pydoop과 같은 하둡 라이브러리와 분석을 위한 pandas 등 빅데이터 처리를 위한 모듈들이 잘 갖추어져 있다. 또 언어 자체가 쉽기 때문에 데이터 과학자들이 데이터를 다루는 용도로 사용된다.

05 게임에 포함된 파이썬

　파이썬은 독립적인 자체 프로그램을 만들 수 있지만 다른 방법으로도 사용된다. 즉, 다른 프로그램에 임베디드(내장)되어 기능을 확장시키는 용도로 사용된다. 블리자드의 WoW라는 게임은 파이썬으로 확장 기능을 구현할 수 있다. 예를 들어 게임 내의 화면 UI를 변경하고 매번 버튼을 눌러주어야 했던 일을 자동화할 수 있다.

지금까지 살펴본 분야들은 파이썬에 유리한 분야의 일부이다. 파이썬이 할 수 있는 영역은 점점 늘고 있다. 현재 파이썬을 적용하는 것이 힘든 여러 가지 이유가 있지만 조만간 이런 문제는 사라질 것이다.

03 파이썬의 특징

파이썬이 다른 언어와 차별화되는 특징들을 자세히 알아보자.

필자에게 프로그램을 잘하는 방법을 묻는 후배들이 있다. 그때마다 프로그램을 잘하려면 많이 생각하고 많이 보고 많이 만들어보라고 얘기한다. 그리고 "파이썬으로 시작하면 좋다."라고 추천한다. 필자가 그렇게 권하는 데는 다음과 같은 5가지의 이유가 있다.

01 쉽다

파이썬은 다른 언어들에 비해서 쉽다. 이 쉽다는 것에 여러 가지의 의미가 있겠지만 필자는 세 가지 측면에서 정리해 보았다.

1-1 기본 타입이 단순하다

타입은 데이터의 형식을 말한다. 컴퓨터에서는 다양한 타입이 있다. 정수만 하더라도 C에서는 1바이트를 char, 2바이트를 short, 4바이트를 int 등으로 분리해서 사용하고 있다. 이렇게 다양한 타입이 있으면 프로그래머는 어떤 것을 사용해야 하나 고민하게 된다. 하지만 파이썬은 정수를 표현하기 위한 int 타입 하나만 존재한다. 이렇게 복잡한 것들을 단순화시키는 것이 파이썬의 철학이다. 이런 파이썬의 정신은 다른 타입들에도 동일하게 작용한다. 비슷한 타입들을 하나로 합쳐서 프로그래머가 하고자 하는 작업에만 집중할 수 있도록 도와준다.

1-2 　문법이 단순하다

　　파이썬에서는 배워야 할 문법이 많지 않다. 그리고 간단한 문법만으로도 원하는 기능들을 만드는데 어려움이 없다. 게다가 축약 문법들이 많아서 한 줄의 코드로 필요한 작업을 마칠 수 있다. 코드가 길어지면 그만큼 에러가 발생할 수 있는 확률이 높아진다는 연구 결과가 있다.

1-3 　다양한 모듈들이 있다

　　파이썬은 easyinstall과 pip와 같은 패키지 관리 프로그램이 있다. 수많은 다른 개발자들이 고심해 만든 좋은 기능들을 패키지 관리 프로그램으로 간단히 다운받아 사용할 수 있다. 바퀴를 새로 발명할 필요가 없는 것처럼 기존에 패키지에서 원하는 기능을 찾아서 쓸 수 있다면 최소한의 노력으로 최대 효과를 얻을 수 있다. 파이썬에는 이렇게 다양한 사람들의 노력을 서로 공유할 수 있는 시스템이 마련되어 있다. 여러분이 해야 할 것은 내가 하고자 하는 일에 어떤 모듈을 써야 할지에 대한 고민 뿐이다.

02　문자열 처리

　　파이썬은 문자열 처리에 능하다. 문자열이라고 하면 여러분들이 쓰고 있는 글이나 SNS에 올리는 글들이 여기에 해당한다. 요즘 SNS 회사들은 사람들이 올린 글들을 분석해서 원하는 정보를 찾아낸다. 트위터에 올라오는 증권에 대한 정보를 분석해서 주가 흐름을 분석하는 시도는 벌써 오래 전 이야기다. 이런 글들은 어떤 특별한 형태를 가지고 있지 않아서 문자열을 분석해야 한다. 이런 경우에 문자열 처리가 필수적이다. 파이썬은 파이썬이 가지고 있는 문자열 처리 API로 이런 작업들을 쉽게 할 수 있다.

03　고급 자료 구조

　　파이썬은 고급 자료 구조를 가지고 있다. 큐, 스택, 해시맵, 배열 등이다. 컴퓨터 문제를 풀기 위해서 사용되는 많은 자료 구조를 내장하고 있다. 이런 자료 구조를 이용해서 쉽게 데이터를 저장하고 필요할 때 찾아 쓸 수 있다. 다른 언어들에 비해서 API들이 잘 정리되어 있어서 쉽게 사용할 수 있다.

04 스크립트 언어

파이썬은 스크립트 언어이다. C나 자바처럼 실행을 위해서 프로그램을 모두 모아서 컴파일을 하고 실행하는 과정을 거치지 않고 프로그램을 실행시킬 수 있다. 이런 언어의 특징은 코드의 부분 부분을 쉽게 테스트하고 적용할 수 있다. 이런 언어적인 특징 때문에 빠르게 만들고 실행해야 하는 웹 프로그램을 작성할 때 유리하다.

05 멀티 플랫폼

파이썬은 멀티 플랫폼을 지원한다. 즉, OS를 가리지 않고 동작한다. 윈도우, 맥, 그리고 리눅스에서 동작할 수 있다. 그리고 파이썬 자체가 공개되어 있기 때문에 공식적으로 지원하고 있지 않지만 다양한 OS에 포팅되어 동작하고 있다. 안드로이드나 iOS에서도 파이썬이 동작하는 것은 이제는 더 이상 놀라운 일도 아니다. 앞으로 더 많은 플랫폼에서 파이썬 프로그램을 동작시킬 수 있을 것이다.

04 프로그램 설치 & 실행

파이썬 프로그램의 구성을 알아보고 맥과 리눅스, 윈도우 등에서 설치, 실행하는 방법을 알아보자.

01 구성

파이썬으로 프로그램을 작성하기 위해서 다음과 같은 것들이 필요하다.

- 파이썬 인터프리터
- 에디터

에디터는 파이썬 프로그램([파일명].py) 파일을 만들 때 필요하다. 문서를 만들 수 있는 어떤 프로그램이 되었든 상관없다. 윈도우의 내장 프로그램인 notepad.exe로도 파이썬 프로그램을 작성할 수 있다. 하지만 파이썬 프로그램을 하기에는 불편한 점들이 조금 있다. 혹시 주로 사용하는 에디터가 없다면 atom이나 Sublime Text 등을 추천한다.

파이썬 프로그램을 실행시키려면 파이썬 프로그램을 분석하고 실행시켜줄 인터프리터가 필요하다. 실제로 프로그램을 실행시켜주는 주체이며 python.org에서 다운받아 설치할 수 있다.

02 맥

맥은 기본적으로 '홈브루(homebrew)'라는 맥 패키지 매니저를 이용해서 설치할 것이다. 홈브루는 꼭 파이썬을 위해서만 있는 것이 아니라 많은 오픈소스 프로그램을 쉽게 설치할 수 있도록 도와준다.

혹시 설치되지 않았다면 홈브루를 설치하기 위해서 터미널 창에 다음의 소스를 입력하면 된다. 터미널은 스팟서치에서 "터미널" 혹은 "terminal"이라고 입력하면 찾을 수 있다.

```
/usr/bin/ruby -e "$(curl -fsSL https://raw.githubusercontent.com/Homebrew/install/
master/install)"
```

홈브루를 처음 설치할 때 경우에 따라서 xcode command를 설치한다는 메시지가 나올 수 있다. 홈브루는 소스를 내려받아서 컴파일을 하기 때문에 xcode가 필요하다. 이 메시지가 나오면 YES를 눌러서 xcode command를 설치할 수 있도록 한다.

brew가 설치되면 python3을 설치한다. python은 python2와 python3으로 나뉜다. 우리는 최신 버전 python3을 사용할 것이다.

```
brew install python3
```

위 명령을 수행하면 홈브루 패키지 매니저가 python3을 설치할 것이다. 홈브루는 python3.org에서 소스를 다운받고 C 컴파일러를 사용해서 python3을 컴파일하고 설치하는 일을 자동으로 수행한다.

세상, 참 편해졌다.

python3이 설치되었는지 다음 명령을 통해서 확인해 보자.

```
even$ which python3
/usr/local/bin/python3

$ python3 --version
Python 3.5.1
```

우리가 사용할 버전은 python 3.5.1이다. 버전은 경우에 따라서 다를 수 있다. 3.0 이상이면 아무 문제 없다.

03 리눅스

리눅스는 python2가 기본적으로 설치되어 있다. 하지만 python3은 따로 설치해야 한다. 다음 명령들을 통해서 리눅스에서 파이썬 3.5를 설치해 보자.

```
sudo apt-get install software-properties-common
sudo add-apt-repository ppa:fkrull/deadsnakes
sudo apt-get update
sudo apt-get install python3.5
echo alias python3='python3.5' >> .bashrc
```

파이썬이 설치되었다면 다음 명령을 통해서 잘 설치되었는지 확인한다.

```
$ which python3
/usr/bin/python3

$ python3 --version
Python 3.5.1
```

04 윈도우

윈도우는 프로그램 설치에 있어서 그 어떤 플랫폼보다 쉽다. python.org에서 설치 파일을 다운 받으면 된다.

❶ python.org에서 프로그램을 다운받을 수 있는 페이지로 이동한다. python3의 최신 버전을 다운받는다(https://www.python.org/downloads/).

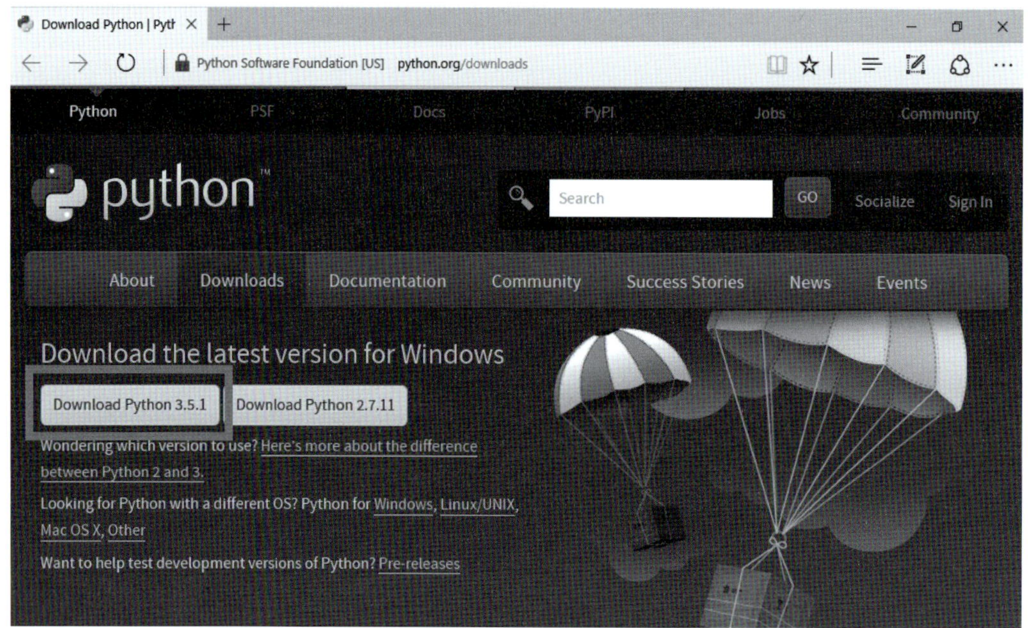

[그림 1-4] 프로그램 다운받기

❷ 다운받은 설치 파일을 실행해서 설치한다. 설치 프로그램에서 "Add Python 3.5 to PATH"도 체크해
두도록 한다. 이 설정은 커맨드 프로그램(cmd.exe)에서 파이썬 프로그램을 실행시킬 수 있도록 한다.

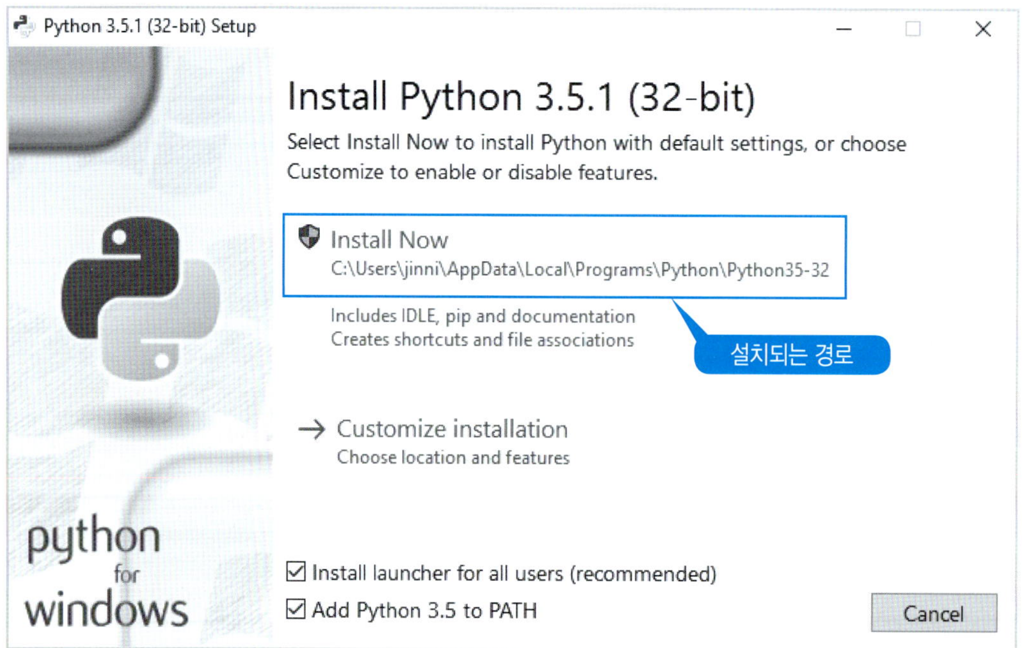

[그림 1-5] 설치 화면

파이썬이 설치되면 [그림 1-5]에 표시된 경로에 설치된다.

❸ 마지막으로 프로그램이 잘 설치되었는지 확인한다.

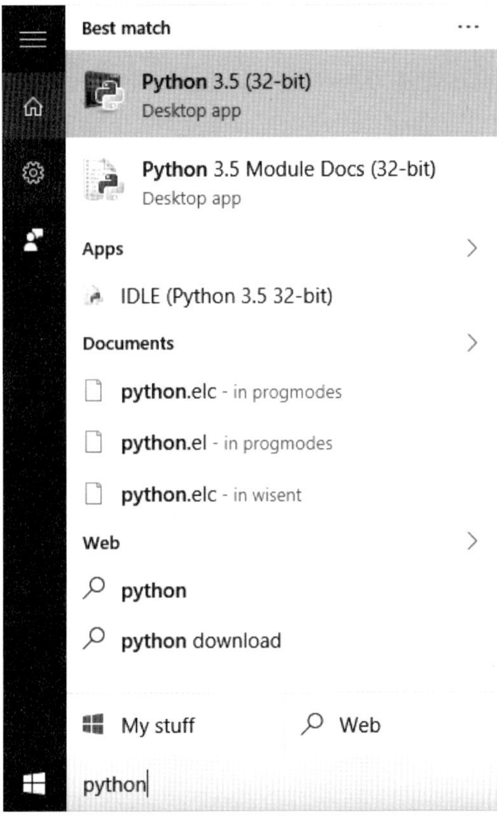

[그림 1-6] 파이썬 프로그램 찾기

[그림 1-7] 파이썬 쉘 실행

05 파이썬 스크립트를 실행하는 두 가지 방법

1-1 REPL로 파이썬 코드 실행시키기

우리가 앞으로 많은 파이썬 스크립터를 볼텐데 해당 코드를 실행시키는 방법에 대해서 알아보자.

가장 많이 사용할 것은 짧은 파이썬 코드를 파이썬 인터프리터로 직접 실행시키는 방법이다. 우리가 코드를 한 줄 주면 파이썬 인터프리터가 바로 이 명령을 실행시킨다. 이렇게 한 줄씩 실행시키는 방법을 REPL(Read-eval-print loop, 읽기–실행–출력 루프)이라고 한다.

```
$ python3
Python 3.5.1 (default, Dec 12 2015, 09:28:25)
[GCC 4.2.1 Compatible Apple LLVM 7.0.2 (clang-700.1.81)] on darwin
Type "help", "copyright", "credits" or "license" for more information.
>>>
```

직접 파이썬 인터프리터를 실행시키면 된다. 리눅스나 맥은 콘솔에서 python3을 실행시키고 윈도우는 메뉴를 통해서 python3 3.5 프로그램을 찾아서 실행시킨다.

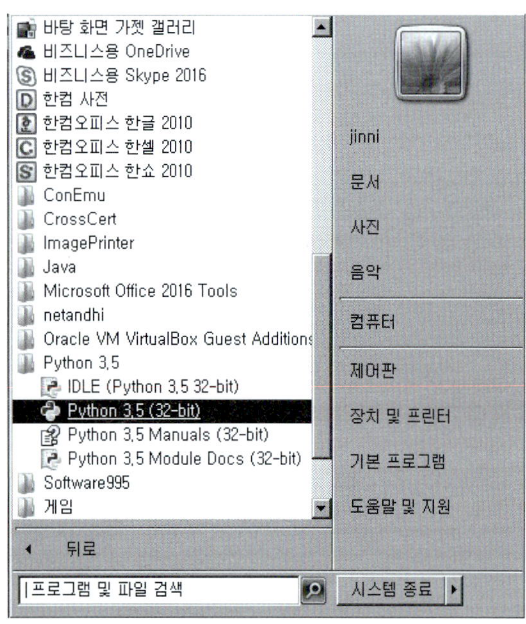

[그림 1-8] 윈도우에서 파이썬 인터프리터 실행시키기

"〉〉〉" 다음에 실행하려는 파이썬 명령을 입력한다. 명령을 입력하고 Enter 를 누를 때마다 바로 결과를 볼 수 있다. 명령을 바로 테스트해서 결과를 얻을 수 있다.

```
〉〉〉 1+2
3
〉〉〉 print("hello")
hello
〉〉〉 for i in range(5):
...     print("line {}".format(i))
...
line 0
line 1
line 2
line 3
line 4
〉〉〉
```

"1+2"처럼 계산식을 넣어도 되고 메시지를 출력하는 print( ) 함수를 실행시켜도 잘 실행된다. 두 줄 이상이 필요한 부분은 "〉〉〉" 부분이 "…" 으로 변경되어 실행된다.
앞으로 "〉〉〉"가 있는 코드는 파이썬 인터프리터에 직접 실행시키는 것으로 보면 된다.

필자는 파이썬의 REPL을 계산기로 사용하고 있다. 간단한 계산을 해야 할 때 계산기 앱을 사용하는 것보다 파이썬 인터프리터를 실행시키는 것이 더 빠르고 혹시 다시 계산해야 하는 경우, 키보드의 위쪽 화살표(↑)를 눌러서 기존에 입력했던 계산식을 다시 사용할 수도 있다. 한번 사용해보기 바란다.

1-2 프로그램을 파일로 만들어 실행시키기

REPL로 간단한 명령들에 대해 검증하기는 좋지만 긴 로직을 가진 프로그램을 REPL로 실행하는 것은 비효율적이다. 무엇보다 동일한 코드를 재현시키는 것이 힘들다. 그래서 이런 경우 파일로 만들어 파이썬에게 한번에 전달하는 방식이 편리하다.

```python
#!/usr/bin/env python3

for i in range(1,10, 3):

    print("{} dan".format(i).center(10), end = "\t");
    print("{} dan".format(i+1).center(10), end = "\t");
    print("{} dan".format(i+2).center(10));
    print("="*10, end = "\t")
    print("="*10, end = "\t")
    print("="*10)

    for j in range(1,10):
        for k in range(3):
            print("{} x {} = {}".format(i+k, j, j*(i+k)).center(10), end = "\t")
        print( )
    print("")
```

실행 결과

```
  1 dan      2 dan      3 dan
=======   =======   =======
1 x 1 = 1  2 x 1 = 2  3 x 1 = 3
1 x 2 = 2  2 x 2 = 4  3 x 2 = 6
1 x 3 = 3  2 x 3 = 6  3 x 3 = 9
1 x 4 = 4  2 x 4 = 8  3 x 4 = 12
1 x 5 = 5  2 x 5 = 10  3 x 5 = 15
1 x 6 = 6  2 x 6 = 12  3 x 6 = 18
1 x 7 = 7  2 x 7 = 14  3 x 7 = 21
1 x 8 = 8  2 x 8 = 16  3 x 8 = 24
1 x 9 = 9  2 x 9 = 18  3 x 9 = 27
```

```
  4 dan     5 dan     6 dan
======= ======= =======
4 x 1 = 4  5 x 1 = 5  6 x 1 = 6
4 x 2 = 8  5 x 2 = 10 6 x 2 = 12
4 x 3 = 12 5 x 3 = 15 6 x 3 = 18
4 x 4 = 16 5 x 4 = 20 6 x 4 = 24
4 x 5 = 20 5 x 5 = 25 6 x 5 = 30
4 x 6 = 24 5 x 6 = 30 6 x 6 = 36
4 x 7 = 28 5 x 7 = 35 6 x 7 = 42
4 x 8 = 32 5 x 8 = 40 6 x 8 = 48
4 x 9 = 36 5 x 9 = 45 6 x 9 = 54


  7 dan     8 dan     9 dan
======= ======= =======
7 x 1 = 7  8 x 1 = 8  9 x 1 = 9
7 x 2 = 14 8 x 2 = 16 9 x 2 = 18
7 x 3 = 21 8 x 3 = 24 9 x 3 = 27
7 x 4 = 28 8 x 4 = 32 9 x 4 = 36
7 x 5 = 35 8 x 5 = 40 9 x 5 = 45
7 x 6 = 42 8 x 6 = 48 9 x 6 = 54
7 x 7 = 49 8 x 7 = 56 9 x 7 = 63
7 x 8 = 56 8 x 8 = 64 9 x 8 = 72
7 x 9 = 63 8 x 9 = 72 9 x 9 = 81
```

위 파일을 에디터를 통해서 파일로 만든다. gugudan.py라는 파일을 만들텐데 ".py"로 끝나는 것은 파일이 파이썬 코드인 것을 알려준다.

그리고 프로그램 상단의 다음과 같은 코드는

```
#!/usr/bin/env python3
```

파이썬3에 의해서 실행되어야 한다는 것을 의미한다. 윈도우를 사용한다면 의미가 없다. 하지만 파이썬은 멀티플랫폼이니 프로그램을 할 때 다른 개발자들을 위해서 위의 코드를 파일의 최상단에 넣도록 하자.

```
python3 gugudan.py
```

프로그램 실행은 python3 뒤에 실행하려는 파일의 경로를 입력하자. 그러면 구구단이 보일 것
이다.

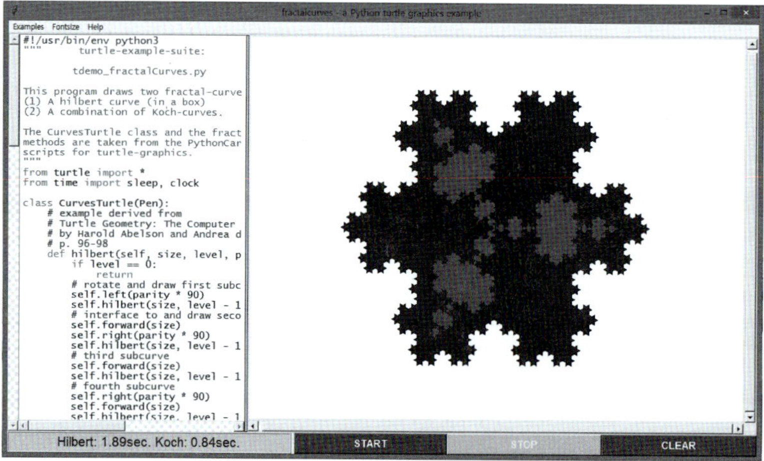

연습문제

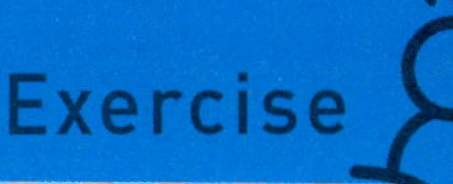

1 엑셀 프로그램에서 프로그래밍의 3대 요소를 찾아서 설명하시오.

2 파이썬의 특징을 나열하시오.

3 파이썬 프로그램을 하기 위해서 필요한 두 가지를 설명하시오.

4 파이썬에 적합한 프로그램 분야와 그 이유를 설명하시오.

연습문제 풀이

1 엑셀 프로그램에서 프로그래밍의 3대 요소를 찾아서 설명하시오.

- 언어: 비주얼 베이직
- 실행 환경: 엑셀
- 목적: 엑셀 작업을 자동화한다.

2 파이썬의 특징을 나열하시오.

- 고급 자료형(리스트, 딕셔너리, 큐 등)이 기본 설치되어 있다.
- 문법이 간단하다.
- 간결한 자료형
- 문자열 프로세싱을 위한 다수의 API가 있다.

3 파이썬 프로그램을 하기 위해서 필요한 두 가지를 설명하시오.

❶ 에디터 : 파이썬 프로그램을 작성하기 위한 에디터, 이클립스, vi, atom, Sublime Text 2 등
❷ 인터프리터 : 파이썬 프로그램을 해석하고 실행할 프로그램

4 파이썬에 적합한 프로그램 분야와 그 이유를 설명하시오 .

❶ 웹 프로그래밍
웹 프로그램은 빠르게 작성하고 실행시킬 수 있어야 한다. 파이썬은 컴파일 과정이 명시적으로 없기 때문에 빠르게 작성하고 실행시킬 수 있다. 또 웹 프로그래밍은 문자열 처리가 중심이기 때문에 파이썬이 적합하다. 또 django, flask와 같은 고급 웹 프레임워크들도 있다.

❷ 과학 기술 계산
과학은 기본적으로 많은 데이터를 처리할 수 있어야 하고 분석 작업을 위한 로직들이 필요하다. 파이썬은 numpy와 같은 빠른 수학적 계산을 할 수 있는 모듈이 준비되어 있고 데이터 분석을 위한 scipy와 pandas가 있다.

❸ 빅데이터 처리
빅데이터는 비정형 데이터 처리를 위한 로직을 필요로 한다. 파이썬이 가지고 있는 문자열 처리 로직과 빅데이터 처리를 위한 외부 시스템 연동에 파이썬이 유리하기 때문에 파이썬이 빅데이터 처리에 유리하다.

파이썬은 데이터를 처리한다. 여기서 데이터는 파이썬으로 처리할 수 있는 모든 것을 말한다. 예를 들어 보자. 여러분이 페이스북에 올린 짤막한 글이나 문자 메시지와 같은 문자들도 데이터이고 성적표나 고지서에 표시되는 숫자들도 모두 데이터이다. 우리 주변에는 다양한 데이터들이 존재한다. 파이썬이 수많은 데이터를 다루기 위해서는 파이썬이 알고 있는 데이터 형태로 만들어야 한다. 2장에서는 파이썬에서 다루는 데이터와 이 데이터의 이름이라고 할 수 있는 변수에 대해서 알아볼 것이다.

학습 목표
- 파이썬의 기본 타입을 사용할 수 있다.
- 데이터를 변수에 할당하는 의미를 이해한다.
- 숫자·문자의 기능을 알 수 있다.

01 변수

파이썬을 시작하면서 먼저 변수를 이야기해야겠다. 앞으로 수없이 사용해야 하는 것으로 기본 중의 기본이다. 변수는 데이터의 이름과 같다. 데이터의 내용은 변경되어도 이름은 변경되지 않는다. 즉, 변수는 변할 수 있는 데이터를 가리키는 이름이다.

01 모든 것에는 이름이 있다

이름에 대한 이야기를 해 보자. 이 세상 모든 것들에는 이름이 있다. 친구들이 여러분을 부를 때는 분명 이름을 부를 것이다. 학교나 직장에서도 여러분에게 일을 시키려면 호명을 해야 한다. 파이썬에서도 파이썬에게 뭔가를 시키려면 그 대상이 분명해야 한다. 이를 위해서 이름을 붙인다. 이것이 "변수"다.

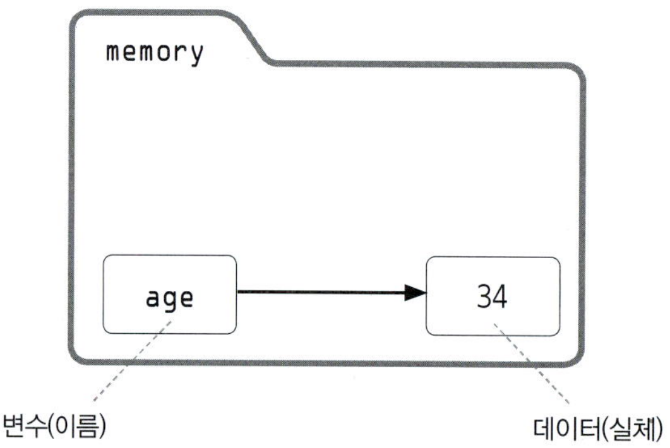

[그림 2-1] 변수와 데이터

다음 명령을 보자.

```
name = "홍길동"
```

위 코드는 **name**이라는 변수가 있고 여기에 "홍길동"이라는 문자열이 저장된다. 여기서 실체에 해당하는 데이터는 "홍길동"이라는 문자열이다. 그리고 이 실체를 가리키는 **name**이 이름이다. 이 이름에 다른 데이터를 넣는 것도 가능하다. 또, "홍길동"이라는 실체에 다른 이름을 붙일 수 있다.

```
name = "허균"
```

같은 **name**이라는 이름에 "허균"이라는 데이터 즉, 실체를 연결한다. 이렇게 되면 **name**이 가리키는 데이터는 "허균"이 되고 "홍길동"은 사라진다. 변수가 변수라고 불리는 이유가 여기에 있다. 변수는 변경이 가능하기 때문이다.

변수와 반대되는 개념으로 상수라는 것이 있다. 변수와 반대되는 것이라고 했으니 상수는 한 번 데이터가 설정되면 변경이 불가능한 것이 틀림없다. 보통 상수로 쓰이는 값들은 변경되지 말아야 하는 것에 사용된다. 원주율이라던가 어떤 상태값을 상수로 설정하는 경우에 주로 사용한다. 다른 언어에서 그렇게 한다는 말이다. 파이썬에는 상수라는 개념이 없다. 모두가 변수다. 파이썬에서 이름이 있는 것들은 모두 변경이 가능하다. 이게 언어적으로 좋은지 나쁜지는 여기서 언급하지 않는 것이 좋을 것 같다. 어쨌든 파이썬에는 상수가 없다는 것을 알아두도록 하자.

02 변수를 만드는 방법

변수는 다음과 같은 구조로 만들어진다.

```
[변수 이름] = [데이터]
```

여기에는 변수 이름과 그 변수 이름에 연결될 데이터가 필요하다. 데이터는 나중에 차차 배우게 될 여러 가지 데이터들이 사용될 수 있다. 데이터들을 간단히 언급하면 다음과 같은 형태로 존재한다.

- 숫자, 문자, 리스트, ….

- 함수

- 객체

데이터에 대해서는 이후에 차차 배우게 될 것이다. 여기서 우리가 봐야 할 것은 변수 이름이다. 변수 이름을 만드는 것에도 규칙이 있는데, 이 규칙들의 목표는 간단하다. 파이썬이 혼동하지 않도록 이름을 만들자는 것이다.

변수 이름은 다음 규칙을 따라야 한다.

- 영문 혹은 언더바(_)로 시작해야 한다.

- 변수 이름의 두 번째 글자부터는 영문자, 문자, '_', 숫자 등도 쓸 수 있다.

- 글자 수는 제한이 없다.

- 유니코드로도 만들 수 있다(**예** 한글 = 1).

- 키워드는 사용할 수 없다(파이썬에서 내부적으로 사용하고 있는 이름들).

False	elif	lambda
None	else	nonlocal
True	except	not
and	finally	or
as	for	pass
assert	from	raise
break	global	return
class	if	try
continue	import	while
def	in	with
del	is	yield

[표 2-1] 파이썬 3.5에서 사용하고 있는 키워드

위 규칙에 부합하기만 하면 변수 이름으로 사용할 수 있다.

02 숫자

파이썬에서 숫자를 표현하는 방법을 알아보고 숫자의 종류와 사칙 연산, 비트 연산 등 숫자와 문자의 기능에 대해 알아보자.

숫자와 컴퓨터는 긴밀한 관계를 가지고 있다. 사실 컴퓨터라는 단어 자체가 숫자를 계산하는 기계를 의미한다. 즉, 컴퓨터가 다룰 수 있는 것은 오직 숫자, 더 자세히 이야기하면 이진수(0, 1로 표현할 수 있는 수)로 표현할 수 있는 것들이다. 컴퓨터는 이진수로 이루어진 숫자를 아주 빠르게 계산할 뿐이다. 0과 1로 표현할 수 있는 모든 것들은 컴퓨터에서 다룰 수 있다. 이렇게 생각하면 컴퓨터 과학은 우리 주변의 모든 것들을 숫자로 나타내서 컴퓨터에서 표현하고 계산할 수 있도록 한 학문이라고 할 수 있다. 비싸고 좋은 컴퓨터는 더 빠르고 더 정확히 계산을 해줄 뿐이다. 프로그래머의 입장에서 보면 컴퓨터는 동일한 것이다. 그러니 옆 친구의 좋은 노트북을 부러워하지 말자. 이번에서는 숫자를 파이썬에서 어떻게 표현하고 쓸 수 있는지를 다룰 것이다.

> **Note** **사람이 컴퓨터였다!**
>
> 컴퓨터는 계산해 주는 사람을 의미한다. 컴퓨터라고 하면 보통 모니터가 달린 작은 기계를 떠올릴 것이다. 하지만 17~18세기에 컴퓨터라는 용어는 복잡한 수학적 계산을 대신해 주는 사람을 의미했다. 이 인간 컴퓨터는 정해진 역할에 따라서 계산을 의뢰한 사람을 대신해서 복잡한 계산을 하고 결과를 내서 전달하는 역할을 했다. 역할만 보면 지금 우리가 이용하는 컴퓨터와 크게 다르지 않다.
>
> 컴퓨터 관련 직업을 갖는 사람들은 여성이 많았다고 한다. 컴퓨터 관련 일을 했던 여성들은 다양한 분야에서 계산을 많이 했는데 그 중 천문학에도 많은 공헌을 했다. 천문학은 큰 단위의 계산과 복잡한 연산을 많이 해야 하는 분야이기 때문이다. 이들 덕분에 우리는 별에 대해 많은 것을 알 수 있었다고 해도 과언이 아니다.

[그림 2-2] 계산을 하고 있는 여성들(출처: 위키피디아(Human_computer))

파이썬에서 숫자를 표시하는 방법

　컴퓨터에서 숫자는 2진수로 표현된다. 하지만 이건 컴퓨터의 입장에서 그렇다는 것이다. 사람들에게 2진수는 혼동하기 쉽고 어려운 표기법이다. 파이썬은 컴퓨터에 일을 시키기 위해 사람들이 사용하는 것이다. 따라서 사람들이 자주 사용하는 표기법을 사용할 수 있도록 하고 있다.

우리는 0에서 9까지의 숫자를 사용한다. 이것을 10진수라고 한다. 파이썬에서 숫자를 사용하면 특별한 접두어(0x 혹은 0b 같은)가 없으면 10진수로 쓴 것으로 생각한다.

파이썬의 쉘에 다음 코드를 입력해 보기 바란다. 10이라는 숫자를 나타낼 수 있는 방법이 이렇게 다양하다.

```
>>> 0b1010
10
>>> 0o12
10
>>> 10
10
>>> 0xA
10
```

진수	표기법	예	비고
2진수	"0b" 혹은 "0B"를 접두어로 사용	0b1010	특정 비트를 나타낼 때 사용
8진수	"0o" 혹은 "0O"를 접두어로 사용	0o12	리눅스의 파일 퍼미션 표현
10진수	0~9까지의 숫자를 사용	10	
16진수	"0x" 혹은 "0X"를 접두어로 사용	0xA	바이너리 데이터 표시

[표 2-2] 파이썬에서 숫자 표기법

02 숫자의 종류

숫자에는 여러 종류가 있다. 학창시절 수학 시간에 배웠던 것들을 떠올려 보기 바란다. 그러면 다음과 같은 종류가 있었다는 것이 기억날 것이다.

- 자연수: 1, 2, 3, 4, 5, 6, ….
- 정수: …, -2, -1, 0, 1, 2, 3, 4, 5, 6, ….
- 실수: 0.1과 같은 소수점이 포함된 수
- 무리수: $\sqrt{2}$ 등
- 복소수: 1+1i와 같이 허수가 포함된 수

보통 위와 같이 숫자로 분류한다. 하지만 컴퓨터에서 다룰 수 있는 숫자는 보통 두 가지 종류다. 즉, 정수와 실수이다.

자연수는 정수에 포함되기 때문에 신경쓰지 않아도 되고 무리수는 파이썬에서 직접 다루지 못해서 계산할 수 있는 API를 통해서 계산할 수 있다. 따라서 파이썬에서 기본으로 다룰 숫자는 아니다. 파이썬은 복소수를 사용할 수 있다. 언어적으로 복소수를 다루는 표기법이 있기는 하지만 복소수를 사용하는 것은 정말 드문 일이다. 수학이나 과학 쪽 프로그램을 사용하지 않으면 보기 힘들 것이다. 따라서 파이썬은 정수와 실수만을 다룬다고 생각하면 된다.

파이썬에서는 이 두 종류의 숫자인 정수와 실수를 `int` 타입, `float` 타입으로 구분해 사용하고 있다. 파이썬2에서는 정수를 `int` 타입, `long` 타입, 이렇게 두 개로 나누어서 사용하다가 파이썬3에 와서는 `int` 타입으로 통합되었다.

소수점이 있는 숫자는 `float`이고 없는 숫자는 `int`다.

```
>>> 10
10
>>> type(10)        # 10의 타입을 알아본다.
<type 'int'>
>>> type(12356789012346789012345678900)
<type 'int'>
>>> 1.1
1.1
>>> type(1.1)
<type 'float'>
```

위 예제에서 사용하고 있는 `type( )` 함수를 사용하면 데이터의 타입을 알 수 있다. 여러 타입의 숫자에 대한 타입을 알아보면 `int` 혹은 `float` 타입인 것을 확인할 수 있다.
여기서 한 가지 재미있는 것을 알려주면 `int` 타입은 숫자 크기에 제한이 없다. 즉 아무리 큰 정수도 표현할 수 있다는 점이다.

```
>>> 12345678901234890023890123689012356789123678901235891234567890
12345678901234890023890123689012356789123678901235891234567890
```

위 예제는 아주 긴 숫자도 파이썬이 잘 인식하고 있음을 보여 준다. 파이썬은 큰 정수라도 정확히 계산을 해 준다. 원래 다른 언어에서는 큰 숫자를 담을 수 있는 숫자 타입이 없어서 다른 방법을 써야 하는데 파이썬은 내부에서 알아서 처리해 준다. 큰 숫자를 다루어야 하는 일을 하고 있다면 이런 파이썬의 기능이 도움이 될 것이다.

03 사칙 연산

숫자가 데이터라면 데이터를 가지고 어떤 일을 하게 된다. 숫자를 가지고 하는 연산을 흔히 사칙 연산이라고 한다. 사칙 연산에는 덧셈, 뺄셈, 나눗셈, 곱셈이 있다. 이를 각각 +, −, /, * 키워드를 이용해서 할 수 있다. 사칙 연산은 가계부 프로그램, 성적처리 프로그램에서 쓸 수 있다.

```
# 덧셈
>>> 2 + 3
3
# 뺄셈
>>> 2 - 3
-1
# 곱셈
>>> 2 * 3
6
# 나눗셈
>>> 2 / 3
0.6666666666666666
# 거듭제곱
>>> 2 ** 3
8
# 나머지
>>> 2 % 3
2
```

예상대로 파이썬은 사칙 연산을 잘 수행하고 있다. 단, 나눗셈 부분은 약간 이상하다. 2/3로 나누면 0.666666666…으로 6이 무한 반복되는데 여기서는 중간에 끊겼다. 이는 **float** 타입의 유효수(정확히 표시할 수 있는 한계 수)가 한정되어 있기 때문이다. 컴퓨터가 정확하다고는 하지만 **float** 타입은 예외다. 만약 **float** 타입으로 계산을 계속하면 오차가 발생하고 정교한 계산에서 이 오차는 큰 문제가 될 수 있다. 이런 문제는 컴퓨터가 가지고 있는 한계이다.

파이썬만의 문제가 아니라는 말이다. 정확한 계산이 필요하면 필요에 따라서 이런 문제가 없는 라이브러리를 사용할 수 있다. 그건 나중 일이고 여기서는 컴퓨터의 한계가 여기까지다라고 알고 있으면 되겠다.

04 비트 연산

사칙 연산이 숫자를 더하고 빼고 하는 숫자 자체를 다루는 계산이라면 비트 연산은 컴퓨터가 내부적으로 쓰고 있는 수가 이진수이기 때문에 사용된다.

널리 알려진 바와 같이 컴퓨터는 2진수 즉, 0과 1로 이루어진 숫자를 사용한다. 이 0과 1로 이루어진 정보를 한 비트라고 한다. 비트 연산은 2진수 한 자리의 숫자를 변경하는 것이다. 가장 낮은 비트를 0으로 만들거나 1로 만드는 데 사용한다.

비트 연산은 처음 프로그램을 하는 입장에서는 거의 쓸모가 없다. 어디에 쓰고 싶어도 쓸 곳이 없다. 하지만 프로그램을 조금 공부하다보면 비트 연산을 꼭 해야 하는 경우가 생긴다. 네트워크 프로그램을 작성하는 경우나 파일에 데이터를 잘 기록해야 하는 경우에 비트 연산을 하게 된다. 처음에는 이런 연산이 있다는 것만 보고 가도 된다. 나중에 필요하면 다시 이 부분에 와서 상세히 보면 된다.

연산에는 다음과 같은 것들이 있다.

```
x 《 y
```

x의 값을 y만큼 왼쪽으로 이동시킨다. 2진수의 자리수를 올리는 효과가 있다. 2를 거듭 제곱하는 효과가 있다.

예 0b001 《 1 -〉 0b010

예 0b001 《 2 -〉 0b100

| x >> y |

x의 값을 y만큼 오른쪽으로 이동시킨다. 2진수의 자리수를 올리는 효과가 있어서 2를 거듭 나누는 효과가 있다.

예 0b100 >> 1 -> 0b010

예 0b100 >> 2 -> 0b001

| x & y |

x와 y의 비트를 AND 연산한다. AND 연산은 모두 1일 때만 1이 되는 연산이다.

예 0b100 & 0b010 -> 0b000

| x | y |

x와 y의 비트를 OR 연산한다. OR 연산은 하나만 1이어도 1이 되는 연산이다.

예 0b100 | 0b010 -> 0b110

예 0b100 | 0b110 -> 0b110

| ~x |

x의 각 비트의 값을 반전시킨다. 즉, 1은 0으로, 0은 1로 바꾼다.

예 ~0b100 -> 0b011

예 ~0b110 -> 0b001

| x ^ y |

x와 y의 비트를 XOR 연산한다. XOR 연산은 서로 값이 다를 때만 1이 되는 연산이다.

예 0b100 ^ 0b010 -> 0b110

예 0b100 ^ 0b110 -> 0b010

Note 파이썬의 비트 연산이 다른 이유

파이썬에서 비트연산은 대부분 예상대로 되지만 ~x 와 같은 연산의 경우, 설명과 다르게 계산된다.

```
>>> bin(~0b100)
'-0b101'
```

우리가 예상한 값은 0b011인데, 이상한 값이 되어버렸다. 하지만 표현법이 다를 뿐이다. 파이썬에서 왜 이런 식으로 표현되어야 하는지 약간 의문이다.

그러면 −0b101이 어떻게 0b011과 같은지 알아보자. −0b101은 0b101의 음수 표현이다. 음수 표현은 2의 보수로 표현할 수 있다. 2의 보수로 계산하면 다음과 같다.

0b101 ---(1의 보수)---⟩ 0b010 ---(+1)---⟩ 0b011

2의 보수를 취하고 나면 우리가 원하던 0b11이 된다. 파이썬이 보여준 값이 약간 다르긴 하지만 결과 값은 동일하다.

05 숫자의 타입 변환

　앞에서 파이썬의 숫자는 `int` 타입과 `float` 타입 두 가지가 있다고 했다. 이 두 타입의 숫자는 파이썬의 기본 타입이니 만큼 필요에 따라서 파이썬이 알아서 타입을 변경해 준다. 이를 암묵적인 타입 변환이라 한다. 이와 다르게 명확히 변경하는 것을 명시적 변환이라고 한다.
　암묵적인 타입 변환은 시스템이 알아서 타입을 선택해 주는 것이다. 다음을 살펴보자.

```
>>> type(2+3)
<class 'int'>
>>> type(2-3)
<class 'int'>

>>> type(2*3)
<class 'int'>
>>> type(2/3)
<class 'float'>

>>> type(2.0+3)
<class 'float'>
>>> type(2.0-3)
```

```
〈class 'float'〉
〉〉〉 type(2.0*3)
〈class 'float'〉
〉〉〉 type(2.0/3)
〈class 'float'〉
```

　int 타입끼리의 연산은 나눗셈을 제외하고는 모두 int 타입이다. 나눗셈 연산 또는 연산에 사용되는 숫자 중 하나라도 float이면 float 타입이 된다. 즉, 실수가 될 가능성이 있는 연산은 모두 float 타입이 된다. 최대한 데이터 손실이 없도록 하는 것이다.

이렇게 암묵적으로 타입이 정해지는 것과 다르게 명시적으로 어떤 타입을 선택할 때는 다음과 같은 방식으로 타입을 명시할 수 있다.

```
〉〉〉 float(1)
1.0
〉〉〉 float(1.0)
1.0
〉〉〉 int(1.0)
1
〉〉〉 int(1.1)
1
〉〉〉 int(1)
1
```

　위와 같이 float와 int 함수를 사용할 수 있다. 앞에서 설명한 암묵적인 방식과 명시적인 방법은 타입을 가지고 있는 모든 언어가 갖고 있는 타입 변환 방식이다. 이 둘 중에 어떤 것이 좋은지 질문한다면 필자는 때에 따라 다르다고 대답할 수밖에 없다.
대부분 암묵적인 방식을 사용해도 큰 문제가 없다. 컴파일러가 문제가 없도록 타입을 알아서 선택해 주기 때문에 편리하고 내가 입력해야 하는 코드도 줄어든다. 하지만 명시적으로 해야 할 때가 있다. 타입이 아주 중요할 때다. 앞에서 int 타입과 다르게 float 타입은 유효수가 정해져 있다고 했다. 따라서 계산식에서 float가 되면 오차가 발생할 수 있다. 따라서 최대한 int 타입으로 계산을 하다가 마지막에 float로 계산을 하는 것이 오차를 줄이는 길이다. 파이썬은 이런 방식을 이해하지 못한다. 내부 규칙에 따를 뿐이다. 그럴 때 똑똑한 우리가 파이썬에서 사용할 타입을 알려주는 방식이 명시적이다.

따라서 대부분은 암묵적인 타입 변환을 하다가 명확한 타입이 필요할 때 명시적인 방법을 사용하는 것이 좋다.

06 문자를 숫자로 변환

문자열로 표현된 숫자를 숫자 타입으로 변경할 때는 `int`, `float` 함수를 사용한다. 파이썬에서 숫자를 가지고 연산을 하기 위해서는 말그대로 숫자여야 한다. 따라서 문자로 쓴 숫자를 숫자로 변경할 때 다음과 같이 한다.

```
>>> int('123')
123
>>> int('123', 16)        # 16진수 변환
258
>>> int('0x123', 16)      # 16진수 변환
258
>>> int('123', 8)         # 8진수 변환
83
>>> int('0o123', 8)       # 8진수 변환
83
>>> int('1010', 2)        # 2진수 변환
10
>>> float('1.1')          # 실수 변환
```

홑따옴표(' ')로 표현된 부분은 문자열이다. 이것을 숫자로 바꾸는 것이 `int`, `float` 함수다. `int` 함수는 두 번째 매개변수(parameter)로 주어진 문자열이 10진수인지, 8진수인지 혹은 16진수인지를 명시하도록 하고 있다. 실수이면 `float`를 사용한다. 여기에는 진수를 명시할 수 없고 모두 10진수라고 가정한다.

07 숫자와 관련된 기본 함수와 모듈

숫자와 관련된 함수들은 다음과 같은 것들이 있다. 이 함수들은 숫자와 관련해서 많이 사용되는 함수들이니 한번씩 눈으로 읽어보고 실제로 필요할 때 다시 이 부분을 참조해서 읽어보면 좋다.

❶ abs(x)

절대값을 반환한다.

```
>>> abs(-1)
1
>>> abs(-1.1)
1.1
```

❷ hex(x)

주어진 수의 16진수 값을 문자열로 반환한다.

```
>>> hex(255)
'0xff'
>>> hex(-42)
'-0x2a'
```

❸ bin(x)

주어진 수의 2진수 값을 문자열로 반환한다.

```
>>> bin(255)
'0b11111111'
>>> bin(-42)
'-0b101010'
```

❹ oct(x)

주어진 수를 8진수 값의 문자열로 반환한다.

```
>>> oct(255)
'0o377'
>>> oct(-42)
'-0o52'
```

❺ round(number[, ndigits])

주어진 숫자를 반올림한다. '[ ]' 부분은 생략 가능하다.

```
>>> round(1.4)
1
>>> round(1.5)
2
>>> round(1.55, 1)
1.6
>>> round(1.55, 0)
2.0
```

❻ pow(x, y[, z])

거듭제곱한다. 위의 값은 x ** y % z와 동일하다. **는 거듭제곱을 의미한다. %는 나머지를 계산한다.

```
>>> pow(2, 8)        # 2 ** 8
256
>>> pow(2, 8, 2)     # 2 ** 8 % 2
0
>>> pow(2, 8, 5)     # 2 ** 8 % 5
1
```

이외에 math 모듈에는 다양한 함수들이 있다. 수학 시간에 배우는 삼각 함수들이 있다. 어떤 수식을 파이썬으로 표현해야 한다면 math 모듈을 보자.

숫자가 계산을 위해서 필요한 데이터라면 문자는 사람 간의 데이터를 주고 받기 위해서 쓰인다. 사람은 읽고 쓰고 다른 사람에게 정보를 전달하기 위한 방법으로 사용한다. 사람들은 문자를 사용해서 문자를 쓰고 글을 읽는다. 사람들은 문자 자체를 읽고 이해할 수 있다. 하지만 컴퓨터는 문자를 직접 이해해서 다룰 수 없다. 컴퓨터는 오직 숫자로 되어 있는 것만을 다룰 수 있다. 따라서 문자를 컴퓨터가 인식하게 하려면 숫자로 표현해야 한다. 파이썬에서 문자가 무엇인지 어떻게 표현되는지 그리고 문자 데이터로 할 수 있는 것들은 무엇이 있는지에 대해서 알아볼 것이다.

01 문자와 컴퓨터

문자는 컴퓨터에게 있어서 하나의 숫자에 불과하다. [그림 2-3]은 컴퓨터가 문자를 어떤 숫자로 인식하는지 보여 주는 아스키(ASCII) 코드 표이다.

ASCII TABLE

Decimal	Hex	Char	Decimal	Hex	Char	Decimal	Hex	Char	Decimal	Hex	Char
0	0	[NULL]	32	20	[SPACE]	64	40	@	96	60	`
1	1	[START OF HEADING]	33	21	!	65	41	A	97	61	a
2	2	[START OF TEXT]	34	22	"	66	42	B	98	62	b
3	3	[END OF TEXT]	35	23	#	67	43	C	99	63	c
4	4	[END OF TRANSMISSION]	36	24	$	68	44	D	100	64	d
5	5	[ENQUIRY]	37	25	%	69	45	E	101	65	e
6	6	[ACKNOWLEDGE]	38	26	&	70	46	F	102	66	f
7	7	[BELL]	39	27	'	71	47	G	103	67	g
8	8	[BACKSPACE]	40	28	(	72	48	H	104	68	h
9	9	[HORIZONTAL TAB]	41	29	)	73	49	I	105	69	i
10	A	[LINE FEED]	42	2A	*	74	4A	J	106	6A	j
11	B	[VERTICAL TAB]	43	2B	+	75	4B	K	107	6B	k
12	C	[FORM FEED]	44	2C	,	76	4C	L	108	6C	l
13	D	[CARRIAGE RETURN]	45	2D	-	77	4D	M	109	6D	m
14	E	[SHIFT OUT]	46	2E	.	78	4E	N	110	6E	n
15	F	[SHIFT IN]	47	2F	/	79	4F	O	111	6F	o
16	10	[DATA LINK ESCAPE]	48	30	0	80	50	P	112	70	p
17	11	[DEVICE CONTROL 1]	49	31	1	81	51	Q	113	71	q
18	12	[DEVICE CONTROL 2]	50	32	2	82	52	R	114	72	r
19	13	[DEVICE CONTROL 3]	51	33	3	83	53	S	115	73	s
20	14	[DEVICE CONTROL 4]	52	34	4	84	54	T	116	74	t
21	15	[NEGATIVE ACKNOWLEDGE]	53	35	5	85	55	U	117	75	u
22	16	[SYNCHRONOUS IDLE]	54	36	6	86	56	V	118	76	v
23	17	[ENG OF TRANS. BLOCK]	55	37	7	87	57	W	119	77	w
24	18	[CANCEL]	56	38	8	88	58	X	120	78	x
25	19	[END OF MEDIUM]	57	39	9	89	59	Y	121	79	y
26	1A	[SUBSTITUTE]	58	3A	:	90	5A	Z	122	7A	z
27	1B	[ESCAPE]	59	3B	;	91	5B	[	123	7B	{
28	1C	[FILE SEPARATOR]	60	3C	<	92	5C	\	124	7C		
29	1D	[GROUP SEPARATOR]	61	3D	=	93	5D	]	125	7D	}
30	1E	[RECORD SEPARATOR]	62	3E	>	94	5E	^	126	7E	~
31	1F	[UNIT SEPARATOR]	63	3F	?	95	5F	_	127	7F	[DEL]

[그림 2-3] ASCII 코드

[그림 2-3]을 보면 소문자 a는 숫자 97로 인식된다. 같은 방식으로 b는 98이 된다. 즉 컴퓨터에게 문자열 abcd는 97, 98, 99, 100이라는 숫자들로 인식된다. 컴퓨터 내부에서 이렇게 숫자로 인식되다가 다시 모니터나 프린터로 출력하게 되면 abcd로 다시 변환되어 표시된다. 같은 숫자인데 어떤 것을 숫자로 인식하고 어떤 것을 문자로 인식한다. 이렇게 같은 숫자에 의미를 부여한 것이 타입이다. 타입은 데이터를 구분하기 위해서 필요하다.

다시 한번 말하지만 문자는 오직 사람들이 사용하기 위한 것이다. 만약에 어느 미래에 사람들이 모두 사라지고 컴퓨터들만 남게 된다면 그들에게 문자는 아무런 의미가 없을 것이다. 그런 날이 오지 않기만을 바랄 뿐이다.

02 복잡한 문자열의 역사

컴퓨터가 하는 작업이라는 것이 사람이 볼 수 있는 어떤 자료를 만드는 일이라고 하면 결국 컴퓨터는 사람들이 알아볼 수 있는 어떤 문자를 가지고 있어야 한다. 컴퓨터가 지금의 유니코드(전 세계 공통적으로 쓸 수 있는 단일 문자세트)처럼 이 세상 모든 문자를 다 표현할 수 있었으면 좋겠지만 초기의 컴퓨터는 그러지 못했다. 따라서 어떤 문자를 사용할지 그리고 이 문자를 표현하기 위한 코드를 정하는 일은 컴퓨터를 만드는 제조사의 몫이었다. 제조사들은 자사의 컴퓨터를 많이 팔고 경쟁자에게 고객을 빼앗기지 않으려는 목적으로 각자의 문자세트를 정의해서 사용했다. 그때는 문자를 표시하는 간단한 일조차 각각 프로그램을 만들어야 했다.

하지만 컴퓨터들이 통신을 하게 되면서 데이터를 공통적으로 표현할 수 있는 방법이 필요했다. 즉 이쪽에서 "아"라고 말하면 다른 쪽 컴퓨터도 "아"라는 글자로 인지해야 한다. 이런 목적으로 만들게 된 것이 바로 ASCII(아스키) 코드이다. ASCII(American Standard Code for Information Interchange)는 미국 내의 정보를 교환할 목적으로 만들어진 문자세트이다. 초기 ASCII는 7bit로 128개의 문자를 표시할 수 있다. 이 128개의 문자에는 제어용 코드, 숫자, 영어 대소문자 등이 포함되어 있다.

ASCII 코드는 영어를 주로 사용하는 영미권에서는 문제가 되지 않겠지만 더 많은 문자가 필요한 유럽이나 일어, 한국어, 중국어(CJH 문자들)를 표현하기에는 턱없이 부족한 공간이다. 대안으로 기존의 7bit를 사용하던 것을 8bit로 늘리기도 하고 두 바이트 이상을 이용해서 표현하는 등의 방법을 많이 사용하였지만 이렇게 코드들을 나누어서 사용하는 것은 항상 문제를 일으키게 된다. 최근들어 유니코드가 생기면서 이런 문제들이 근본적으로 없어지게 되었다. 유니코드는 2^{32}에 해당하는 문자 공간에 지구상에 있는 모든 문자들을 포함하고자 만들어졌다.

유니코드로 인해서 문자열에 관한 그 동안의 문제들이 해소되는 듯했으나 여전히 문제가 남아 있다. 유니코드를 표현하기 위해서는 32비트 즉, 4바이트를 사용해야 한다. 즉, 한 글자가 4바이트가 된다. 그럼 영어 10글자를 컴퓨터에 표현하기 위해서 40바이트를 써야 한다는 얘기다. 지금이야 메모리가 넘쳐나는 시대에 살고 있으니 이런 것쯤은 그냥 넘어갈 수도 있다고 생각할 수도 있다. 하지만 데이터를 이쪽에서 저쪽으로 보내는 통신 프로그램을 만들게 될 때 큰 문제가 발생한다. 큰 데이터는 시간도 더 걸릴 뿐 아니라 중간에 오류가 발생할 확률도 높아진다. 당연히 이를 위해서 대안을 만들었다. 여기서 인코딩이라는 과정을 거쳐서 영어와 같이 기존에 1바이트로 사용하는 데이터는 1바이트로 사용하고 한글과 같은 경우 더 많은 데이터를 쓸 수 있도록 가변 길이로 사용하는 것이 가능해졌다.

03 인코딩과 문자세트

앞에서 컴퓨터가 문자를 숫자로 변환해서 처리한다고 했는데 이때 어떤 문자가 어떤 숫자에 맵핑이 되는지 정해야 한다. 이런 것들이 표준이다. 앞에서 살펴본 ASCII 코드는 그런 약속 중에 하나이다. ASCII 값은 미국에서 컴퓨터 회사들이 다른 회사의 컴퓨터들 간에 통신을 위해서 사용했던 문자세트이다. 여기에는 알파벳들과 몇몇 기호들이 들어갔을 뿐 한글은 포함되지 않았다. "파이썬"이라는 한글을 컴퓨터에 인식시킬 수 있는 방법이 없다. 이 때문에 한국에서는 KSC2601 혹은 EUC-KR이라는 문자세트를 사용하고 다른 나라에서는 각자 나라에서 정의한 문자세트를 사용했다. 각각 나라별로 문자세트를 만들면 여러 나라의 글자를 동시에 사용해야 할 때는 어떻게 해야 할까? 한글을 사용할 때 문자세트와 일본어를 사용할 때 문자세트가 다르기 때문에 여러 가지 복잡한 방법들이 필요하다. 이런 문제를 해결하기 위해서 등장한 것이 유니코드다. 유니코드는 현존하는 모든 문자 기호를 하나의 문자세트에 담고자 만들어졌다. 앞에서 본 ASCII표[그림 2-3]와 같은 테이블이 엄청 큰 것이 존재하고 그 안에 한글, 영어, 일본어, 중국어 등 문자로 사용되는 것들에 모두 코드를 부여했다. 여기에는 고대어도 포함되어 있다.

여기에 인코딩 문제가 발생한다. 모든 문자를 담고 있는 유니코드는 정말 좋은 의도에서 시작했지만 유니코드 문자세트 자체가 크기 때문에 보통 유니코드 한 글자를 표현하기 위해서 4바이트가 필요하다. abcd 네 글자를 표현하기 위해서 기존 ASCII로는 4바이트가 필요하지만 유니코드로 표현하면 16바이트, 네 배의 공간이 더 필요하다. 인코딩은 문자열을 파일에 저장하거나 네트워크에 저장할 때 공간을 아끼기 위해서 만들었다. 우리가 흔히 사용하고 있는 UTF-8은 문자세트 U+0000부터 U+007F 범위의 글자 즉, ASCII 코드에 있는 글자들은 1바이트를 사용하고, 나머지 글자들은 그 이상의 바이트를 사용하도록 표현하는 방식이다.

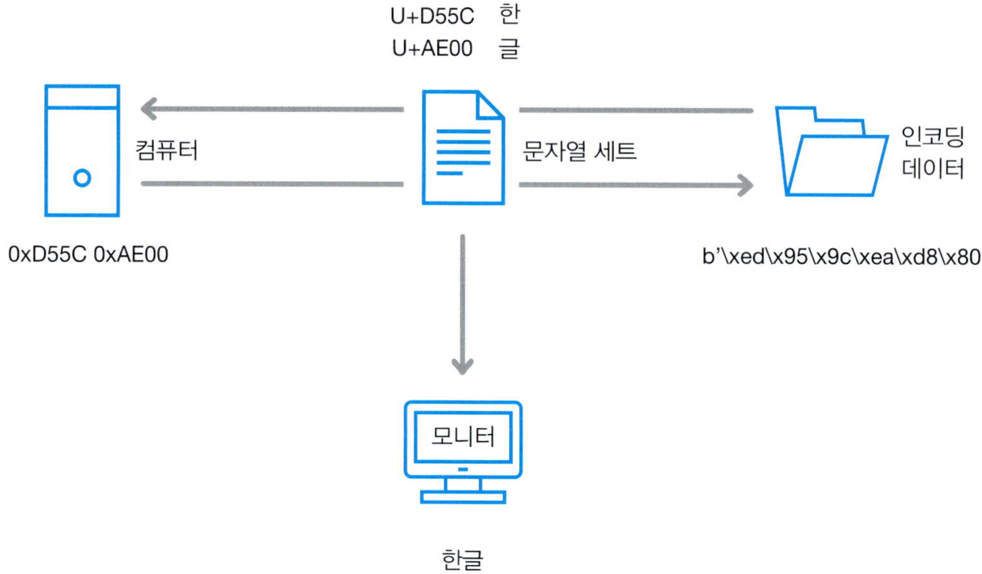

[그림 2-4] 문자세트와 인코딩

　[그림 2-4]를 보면 "한글"이라는 글자를 볼 수 있다. "한글"은 유니코드 문자 세트로는 U+D55C U+AE00으로 표현된다. 이 문자열이 파이썬이 동작하는 컴퓨터로 들어가면 원래 문자코드세트로 처리되었다가 모니터로 표시될 때는 "한글"이라는 글자로 변환되어서 보여 준다. 이때 폰트 파일이 사용된다. 폰트 파일에서 유니코드 글자에 해당하는 문자를 찾아서 표시한다. 문자열이 파일로 저장되거나 네트워크로 전송될 때는 인코딩 과정을 거친다. [그림 2-4]는 UTF-8로 변환된 바이너리를 코드로 표시하고 있다. 이렇게 문자세트를 중심으로 각각의 영역에서 다르게 표시되기는 하지만 결국 문자세트에서 표시하는 하나의 글자일 뿐이다.

04 문자 생성

　문자열을 생성하는 방법을 알아보자. 파이썬에서 문자를 다루기 위해서는 우선 문자를 파이썬에게 알려주어야 한다. 파이썬은 내부적으로 유니코드라는 단일 문자세트를 사용한다. 파이썬에게 문자를 입력하는 방법은 다음과 같다.

- "abcde": 쌍따옴표를 이용하는 방식
- 'abcde': 홑따옴표를 이용한 방식
- '''abcde fghhi''' : 쌍따옴표 """ 혹은 홑따옴표 '''를 이용하는 방식

```
>>> "abcdef"
abcdef
>>> 'abcdef'
abcdef
>>>"abcd'ef"
abcd'ef
>>>'abcd"ef'
abcd"ef
>>>"""multi line
string"""
'multi line\nstring'
```

위의 예제처럼 문자를 만드는 것 자체는 간단하다. 따옴표 사이에 원하는 문자를 입력하면 된다. 우리가 보통 사용하는 글자들은 직관적으로 입력하면 대부분 파이썬이 그대로 받아들인다. 파이썬에서 재미있는 것은 따옴표 세 개를 사용하는 방식이다. (""", ''')을 사용하면 여러 줄을 문자로 입력할 수 있다. 보통 다른 언어에서는 지원하지 않는 방식이다. 그리고 쌍따옴표를 이용할 때는 내부에 홑따옴표를 사용할 수 있고 반대로 홑따옴표를 사용할 때는 쌍따옴표를 사용할 수 있다.

```
>>> print("aa\tbb")        // <---- 1
aa   bb
>>> print ("aa\bbb")       // <---- 2
abb
>>> print("aa\x61bb")      // <---- 3
aaabb
>>> print("aa\141bb")      // <---- 4
aaabb
```

```
>>> print("aa\"bb")        // <---- 5
>>> print('aa"bb')         // <---- 6
aa"bb
```

위 예제에서 "\"는 특별한 의미를 갖는 문자이다. 즉 위에 나오는 문자에 따라서 의미가 달라진다. 위 예제는 그중 몇 가지만 살펴본 것이다. \t는 Tab 을 의미한다(키보드를 보면 Tab 이라고 표시된 키가 있다). 보통 공백 4자리 혹은 8자리를 의미하고 \b는 백스페이스 즉, 앞 글자를 지우라는 의미이다. 위 예제에서 2번을 보면 분명 문자열에는 두 개의 a가 있는데 화면에 보이는 것은 a가 하나다. a가 출력되었다가 삭제된 것이다. 그리고 \x는 16진수가 뒤를 따르는데 이것은 문자코드를 의미한다. '61' 문자 코드표에서 0x61(97) 문자인 'a'를 의미한다. 이외에는 다양한 의미를 가진 문자들이 많다. [표 2-3]을 보자.

표현식	의미
\n	줄 바꿈
\r	줄 앞으로 이동
\b	백스페이스(앞 글자 지우고 커서를 앞으로 이동)
\t	탭 문자(4 혹은 8칸 공백)
\xXX	16진수로 표현한 문자
\xxx	8진수로 표현한 문자

[표 2-3] 특별한 의미의 글자 표현

05 숫자와 문자의 변환

파이썬에서의 숫자를 설명하면서 숫자가 있는 문자열을 숫자로 변환하는 방법을 소개했다. 바로 int와 float를 이용하면 쉽게 int 혹은 float 타입의 숫자로 변환할 수 있었다. 여기서는 그 반대의 경우를 생각해 보자. 컴퓨터 내부에 있는 숫자를 문자로 변환해 보자.

```
>>> chr(97)               # 97번째 문자
a
```

```
>>> "%c" % 97
a
>>> "{0:c}".format(97)
a
>>> ord('한')
54620
>>> chr(54620)
한
```

파이썬 내부에서 문자를 가리키는 수를 문자로 변경하는 명령으로 chr( )를 쓰고 있다. chr( ) 함수는 유니코드 세트에 해당하는 문자로 변경한다. 즉 97은 a로, 54620은 '한'으로 변환한다. 문자로 변환하는 방식에는 format( ) 함수를 사용하는 방식도 있다.

- "%c" % 97
- "{0:c}".format(97)

위 방식은 문자 포맷을 이용한다. 이 방식은 문자만을 위한 것이 아니고 이야기해야 할 것들이 많기 때문에 따로 분리해서 설명한다.

글자 하나를 파이썬에서 관리하는 수로 변경하는 것은 ord를 쓰고 있다. '한'이라는 글자는 파이썬 내부에서 사용하는 문자세트 즉, 유니코드에서 54620의 문자이다. 아마도 직접적으로 ord( ) 함수나 chr( ) 함수를 쓰는 일은 많지 않을 것이다. 하지만 내부적으로 이렇게 쓰이고 있다는 것을 알고 있는 것이 좋을 것이다.

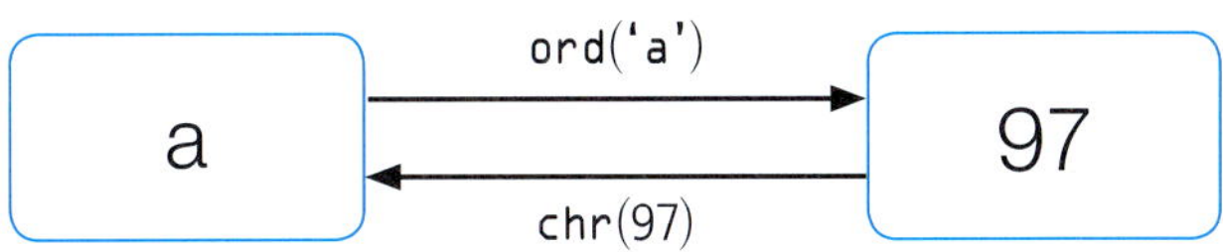

[그림 2-5] 글자와 숫자간 변환

06 바이트와 문자의 변환

```
>>> '한'.encode('utf-8')
b'\xed\x95\x9c'
>>> b'\xed\x95\x9c'.decode('utf-8')
한

>>> str(b'\xed\x95\x9c',encoding = 'utf-8')
한
```

문자를 다른 컴퓨터에 전송하거나 파일에 저장하기 위해서 인코딩 과정을 거치게 되는데 이때는 문자열(`str` 타입)의 `encode` 메소드를 사용한다. 이렇게 하면 bytes 타입의 데이터로 변환된다. 파일에는 이 bytes 타입의 데이터가 저장된다. 반대로 네트워크에서 받은 데이터나 파일 데이터는 bytes 타입으로 읽히는데 이것을 문자 즉 str 타입으로 변환하기 위해서는 bytes 타입의 `decode( )`메소드를 사용한다. `encode`, `decode` 메소드에는 인코딩 방식을 넣을 수 있는데 기본 값은 "utf-8"이다. 간혹 한글로 된 파일을 읽었는데 한글이 깨진다면 아마도 EUC-KR 인코딩 방식이 사용되었을 것이다. 이때는 encoding에 "EUC-KR"을 넣어보기 바란다.

문자열은 문자의 집합이다. 즉 'a'라는 한 글자는 문자이고 'abcde'는 문자열이다. 하지만 파이썬에서는 문자와 문자열의 구분이 없다. 그냥 모두 문자열이다. 'a'는 글자 하나로 이루어진 문자열로 보는 것이다.

어쨌든 문자열은 문자가 일렬로 쭉 배열된 것과 같다.

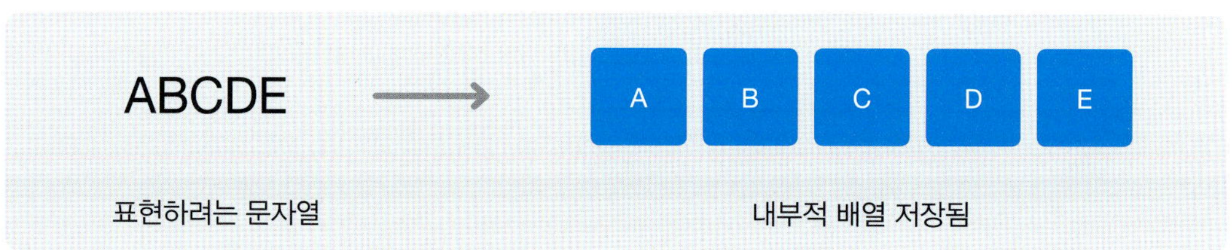

[그림 2-6] 파이썬은 문자열을 배열처럼 다룸

```
s = "abcde"
```

배열에 대해서 컨테이너에서 더 볼 것이다. 여기서 간단히 사용법을 살펴보자. 가장 첫 번째 글자만 찾고 싶으면 s[0]이라고 하면 된다. 같은 방식으로 두 번째는 s[1]이다. "[ ]" 안에 위치를 넣는 것이다. 그럼 마지막은 어떨까? s[4]라고 하면 되지만 뭔가 항상 마지막 글자를 찾을 수 있는 코드를 작성하고 싶다면 s[len(s)−1] 혹은 s[−1]이라고 하면 된다. [ ]에 들어가는 값을 인덱스라고 하고 0부터 시작한다. 음수가 되면 문자열 뒤에서 카운팅한다.

자. 그럼 범위는 어떻까? ab 두 글자를 원한다면 s[0:2]라고 한다. 마지막 두 글자는 s[−2:]라고 하면 구할 수 있다.

문자열의 이런 특징은 배열하고 비슷하기 때문이 이것에 대한 자세한 것은 리스트를 다루면서 더 자세히 알아 볼 것이다. 지금은 문자열에 대해서 더 집중해 보도록 하자.

07 문자열 API들

파이썬은 문자를 잘 다룬다. 이 말은 곧 문자열에 적용할 수 있는 API들이 잘 정리되어 있다는 뜻이다. 문자열에 적용할 수 있는 API들은 아주 많지만 우선 기본적인 것들을 알아보도록 하자. 아마도 대부분은 여기에 있는 API들을 모두 사용하지는 않겠지만 이런 API들이 있다는 것을 알아두길 바란다. 파이썬은 언제나 여러분들이 사용해 주길 바라는 API들을 만들어 놓고 기다리고 있다는 사실을 기억하기 바란다.

문자열에 적용할 수 있는 API들이 많으니 몇 가지 그룹으로 나누도록 해 보자.

문자열의 특징을 파악하는 API들

❶ `str.isupper()`

문자열이 모두 대문자이면 True를 반환한다. 앞의 명령에서 `str`은 문자열 타입 데이터다.

`str`을 `"ABCD"`로 교체될 수 있다.

```
>>> 'ABCD'.isupper()
True
```

❷ `str.islower()`

문자열이 모두 소문자이면 True

```
>>> 'abcd'.islower()
True
```

❸ str.isalnum( )

문자열이 알파벳과 숫자로 이루어져 있으면 True

❹ str.isalpha( )

문자열이 알파벳으로 이루어져 있으면 True

❺ str.isdecimal( )

문자열이 모두 숫자이면 True

❻ str.isprintable( )

문자열이 출력 가능하면 True

❼ str.isspace( )

문자열이 공백 문자들이면 True

❽ str.istitle( )

문자열의 첫 번째 글자가 대문자이고 나머지는 소문자이면 True

문자열에서 정보를 구하는 API

❶ len(문자열)

문자열의 길이를 반환한다. 사실 `len`은 문자열에만 사용되는 것이 아니다. 나중에 배울 리스트나 세트 사전 타입에서 사용될 수 있다. 모두 내부의 아이템의 개수를 반환한다.

```
>>> len('abcde')
5
```

❷ str.find(sub[, start[, end]])

문자열에서 sub에 해당하는 문자가 위치한 인덱스를 반환한다. 문자를 찾지 못하면 −1을 리턴한다. 문자열을 찾는 위치도 지정할 수 있다. `start`와 `end`로 원하는 위치에서만 찾을 수 있다.

```
>>> "python".find("py")
0
>>> "python".find("ruby")
-1
>>> "python".find("py", 2)
-1
```

find는 문자열에 포함된 특정 문자열의 위치를 파악할 때 사용한다.

만약 해당 문자열이 포함되어 있는지만 알고 싶다면 "in"을 사용하는 것이 의미상 더 맞다.

```
>>> 'Py' in 'Python'        # "Python" 문자열에 "Py" 글자가 있는지 조사
True
```

❸ str.index(sub[, start[, end]]):

이 메소드는 **find**와 동일하게 sub 문자열이 있는 인덱스를 반환하다. **find**와 다른 점은 찾는 문자열이 없을 때 ValueError가 발생한다는 점이다. 예외는 다른 장에서 다룰 예정이다.

❹ str.rfind(sub[, start[, end]])

find와 동일하고 찾는 순서는 뒤에서부터 검색한다.

❺ str.rindex(sub[, start[, end]])

index와 동일하고 찾는 순서는 뒤에서부터 검색한다.

❻ str.count(sub[, start[, end]])

주어진 문자열의 개수를 센다.

❼ str.startswith(prefix[, start[, end]])

문자열이 prefix로 시작하는지 확인한다.

❽ str.endswith(suffix[, start[, end]])

문자열이 suffix로 끝나는지 확인한다. 이 함수를 사용하는 예는 확장자를 이용해서 특정 종

류의 파일을 걸러낼 때 사용한다.

```
>>> 'xxx.mp3'.endswith('.mp3')
True
```

문자열을 어떤 기준으로 나누거나 합치는 API

❶ str.join(iterable)

리스트로 된 목록을 하나의 문자열로 합친다. `str`, `split`와 반대 기능이다.

```
>>> ','.join(['a','b','c'])
a,b,c
```

❷ str.partition(sep)

문자열을 `sep`을 중심으로 앞뒤로 나누고자 할 때 사용한다. `split`은 구분자가 빠지는데 partition은 포함된다.

```
>>> 'xxx.mp3'.partition('.')
('xxx', '.', 'mp3')
```

❸ str.split(sep = None, maxsplit = −1)

문자열을 `sep`으로 나눌 때 사용한다. 문자열을 나누어서 리스트로 반환한다. `sep`은 구분자를 명시할 수 있다. `maxsplit`은 분리하고 횟수를 지정한다.

```
>>> '1,2,3'.split(',')
['1', '2', '3']
>>> '1,2,3'.split(',' , maxsplit = 1)
['1', '2,3']
>>> '1,2,,3,'.split(',')
```

```
['1', '2', '', '3', '']
>>> '1 2 3'.split( )
['1', '2', '3']
>>> '1 2 3'.split(maxsplit = 1)
['1', '2 3']
>>> '  1  2  3  '.split( )
['1', '2', '3']
```

만약 문자열을 나눌 sep을 주지 않으면 공백 문자들을 기준으로 나누게 된다.

❹ str.splitlines([keepends])

주어진 문자열이 여러 줄로 되어 있을 때 각 줄를 분리해서 리스트로 반환한다. `split('/n')`과 다르게 마지막 라인이 공백이면 제거된다.

```
>>> 'ab c\n\nde fg\rkl\r\n'.splitlines( )
['ab c', '', 'de fg', 'kl']
>>> 'ab c\n\nde fg\rkl\r\n'.splitlines(keepends = True)
['ab c\n', '\n', 'de fg\r', 'kl\r\n']
>>> "".splitlines( )
[]
>>> "One line\n".splitlines( )
['One line']

>>> ''.split('\n')
['']
>>> 'Two lines\n'.split('\n')
['Two lines', '']
```

❺ str.rpartition(sep)

`str.partition`과 동일한 기능을 하는데 `str.partition`이 앞에서 검색을 시작한다면 `rpartition`은 뒤에서 검색을 시작한다.

❻ str.rsplit(sep = None, maxsplit = −1)

`str.split`과 같이 문자열을 나누는 기능을 하는데 뒤에서부터 나누기 시작하는 것이 차이점이다.

문자열의 일부를 바꾸는 API

❶ str.title( )

문자의 시작 단어의 첫 글자를 대문자로 변경한 문자를 반환한다.

```
>>> 'Hello world'.title( )
'Hello World'
```

❷ str.capitalize( ) :

주어진 문자열의 첫 단어만 대문자로 변환한 문자열을 반환한다. 영어 시간에 배웠던 것을 상기해 보면 문장의 첫 글자는 대문자이어야 하는데 그것을 대신해 준다. 한글처럼 대소문자가 없는 문자열에서는 아무 일도 하지 않는다.

```
>>> 'this is a python'.capitalize( )
'This is a python'
```

❸ str.zfill(width)

문자열의 길이를 주어진 width의 길이로 만든다. 이때 필요한 빈 여백은 0으로 채워진다. 메소드 이름에 z는 zero를 의미한다.

```
>>> "42".zfill(5)
'00042'
>>> "-42".zfill(5)
'-0042'
```

❹ str.center(width[, fillchar])

문자열을 중앙에 위치시킨다. `fillchar`값이 없으면 공백으로 채운다.

```
>>> "test".center(20, '=')
'--------test--------'
```

❺ str.encode(encoding = "utf-8", errors = "strict")

문자열을 주어진 인코딩 방식으로 인코딩한다. 기본 인코딩 방식은 "utf-8"이다.

❻ str.expandtabs(tabsize = 8)

tab 문자를 공백 문자로 대체한다. 탭은 8개의 공백으로 대체된다.

```
>>> '01\t012\t0123\t01234'.expandtabs()
'01      012     0123    01234'
>>> '01\t012\t0123\t01234'.expandtabs(4)
'01  012 0123    01234'
```

❼ str.lower()

문자열을 소문자로 변환한 후 리턴한다.

```
>>> 'ABC'.lower()
abc
```

❽ str.upper()

문자열을 문자로 변환한 후 리턴한다.

```
>>> 'abc'.upper()
ABC
```

❾ str.swapcase()

문자열의 대문자, 소문자를 소문자, 대문자로 변환하여 리턴한다.

❿ str.translate(table)

문자열을 변환 테이블에 따라서 변경한다. 예제는 `aeiou`를 각각 12345 문자로 변경한다.

```
>>> intab = "aeiou"
>>> outtab = "12345"
>>> trantab = str.maketrans(intab, outtab)
>>> str = "this is string example....wow!!!";
>>> print (str.translate(trantab))
```

이것을 이용해서 자신만의 암호를 만들 수 있다.

⓫ static str.maketrans(x[, y[, z]])

`str.translate`에서 사용할 변환 테이블을 만든다.

⓬ str.strip([chars])

문자열의 앞과 뒷부분의 여백을 제거한다. 직접 제거할 문자를 주면 해당 문자들을 제거해 준다.

```
>>> ' test '.strip()
'test'
>>> '[[test]]'.strip('[]')
'test'
```

⓭ str.rstrip([chars])

str.strip( )과 동일한 일을 하나 `rstrip`은 뒷부분의 여백만 제거한다.

```
>>> ' spacious '.rstrip()
' spacious'
>>> 'mississippi'.rstrip('ipz')
'mississ'
```

❶❹ str.lstrip([chars])

str.strip( )과 동일한 일을 하나 **rstrip**은 앞부분의 여백을 제거한다.

```
>>> ' spacious '.lstrip( )
'spacious '
>>> 'www.example.com'.lstrip('cmowz.')
'example.com'
```

❶❺ str.replace(old, new[, count])

문자열에서 기존 문자열(old)을 찾아서 새로운 문자열(new)로 변경한다. count가 주어지면 교체가 되는 문자열 개수도 제한할 수 있다.

이 함수를 이용해서 자주 틀리는 단어를 문서에서 한 번에 변경할 수 있다. 또, 파일에서 특정 축약문을 원래의 글로 교체할 수 있다.

08 포맷팅

포맷팅은 문자열을 만드는 방법을 말한다. 보통 우리가 만들게 되는 문자열들은 형식이 있기 마련이다. 이 형식에 내용을 조금씩 바꾸게 된다. 다음 예제를 보자.

```
for i in range(1,10):
    print("{} x {} = {}".format(9, i, 9*i))
9 x 1 = 9
9 x 2 = 18
9 x 3 = 27
9 x 4 = 36
9 x 5 = 45
9 x 6 = 54
9 x 7 = 63
9 x 8 = 72
9 x 9 = 81
```

위 예제는 구구단에서 9단을 출력하는 예제다. 출력하는 문자열을 보면 모양이 비슷하다. 이 비슷한 모양을 포맷이라고 한다. 포맷에 데이터가 들어갈 자리를 지정하는 것이다.

```python
"{} x {} = {}".format(9, i, 9*i)
```

위 문자열에서는 {}부분이 나중에 변경된 자리이고 `format`으로 데이터를 넣어 준다. 포맷팅을 이용하면 반복적인 문자열을 쉽게 만들 수 있다. 고객에게 보내는 편지나 SMS 문자를 만들 때도 쓸 수 있다. 보통 내용은 동일하고 고객명만 바뀌니 포맷팅을 사용하기 최적이다. 그것 외에도 포맷팅을 다양하게 사용한다.

파이썬에서 제공하는 포맷팅 방식은 두 가지가 있다.

- `printf` 방식
- `format` 방식

두 가지 방식은 데이터가 들어갈 자리를 지정하는 방식이 다르다. `printf` 방식은 "%s"처럼 %(퍼센트) 기호를 사용하는 반면 `format` 방식은 {}처럼 중괄호를 사용한다.

1-1 printf 방식

포맷팅에서 중요한 것을 변경되지 않을 문자열과 입력에 따라서 변경된 내용을 구분하는 일이다. 이때 사용하는 방법에 따라서 `printf` 방식과 `format` 방식 둘로 나뉘는 것이다.

`printf` 방식은 C 언어의 `printf()` 함수에서 사용하던 포맷 형식이다. 데이터에 따라서 변경될 자리를 % 기호로 표시한다.

```python
>>> import math
>>> print("pi is %f" % ( math.pi ))

pi is 3.141593
```

위 예제에서 "`pi is %f`"라는 부분을 볼 수 있다. 이 문자열이 포맷 스트링이다. "`%f`"부분은 나중에 들어올 데이터의 위치 및 타입을 나타낸다. f는 3.14와 같이 소수점으로 표현되는 `float` 타입이 들어간다는 의미이다. `float` 타입 이외에 문자열, 정수는 %s, %d를 사용한다.

포맷 스트링의 형식은 다음과 같다.

%[플래그][크기][.정확도]타입

[ ]로 표시되어 있는 부분을 생략할 수 있다. 마지막은 타입으로 생략할 수 없다. 타입으로 사용할 수 있는 것은 [표 2-4]와 같다. 정말 많은 타입이 있지만 가장 많이 쓰게 된 타입은 d, f, c, r, s 일 것이다. 각각 정수, 실수, 문자, 형식화된 문자열, 문자열 등을 표현할 수 있다.

타입	설명
d	정수, int 타입
i	정수, int 타입
u	정수
o	8진수
x	16진수, 소문자 표현
X	16진수, 대문자 표현
e	지수표현식, 아주 큰 숫자를 표현할 때 사용, 소문자 사용
E	지수표현식, 아주 큰 숫자를 표현할 때 사용, 대문자 사용
f	부동소수점 수, float 타입
F	부동소수점 수, float 타입
g	표현하려는 식이 정수이면 d와 같고 부동 소수점이면 f와 같고 그것으로 표현하지 못하면 지수 표현식인 e와 동일
G	표현하려는 식이 정수이면 d와 같고 부동 소수점이면 f와 같고 그것으로 표현하지 못하면 지수 표현식인 E와 동일
c	한 글자 표현
r	객체의 rstr( )을 반환되는 문자열
s	객체의 str( )을 반환되는 문자열
%	% 문자열 자체를 표현

[표 2-4] 사용 가능한 타입들

%에 지정한 타입은 출력하려는 데이터를 바꿔서 출력해준다. **float** 타입의 데이터를 **%d**로 출력하면 정수로 변환되고 나서 출력된다.

나머지들도 살펴보자. 나머지 값들을 출력하는 데이터는 어떻게 보이도록 할지 결정한다. 크기는 데이터를 위해서 얼마간의 공백을 잡아놓는 것이다.

```python
print("%d"    % (100, ))
print("%20d" % (100, ))        # 20글자의 공간에 데이터를 기록, 뒤쪽으로 정렬
print("%020d" % (100, ))       # 20글자의 공간에 데이터를 기록, 빈 공간은 0으로 채운다.
print("%-20d" % (100, ))       # 앞으로 정렬

import math
print("%f"    % (math.pi, ))
print("%.2f" % (math.pi, ))  # 소수점 2자리까지 표시
print("%.3f" % (math.pi, ))  # 소수점 3자리까지 표시
100
                 100
00000000000000000100
100
3.141593
3.14
3.14e+00
```

위 예제에서 "%20d" 라는 포맷을 볼 수 있다. 이 포맷의 의미는 20개의 공간을 무조건 확보하고 이 공간에 데이터를 사용한다. 비어있는 공간에는 빈칸을 만든다. 숫자의 경우 이곳에 0으로 채우고 싶을 때가 있다. 이때 "%020d"처럼 앞쪽에 0을 플래그로 써주면 비어있는 공간을 0으로 채워준다. 또한 앞쪽으로 정렬해야 한다면 0 대신 −를 넣어주면 된다. 앞에서 제시했던 형식과 비교해보면 이해될 것이다.

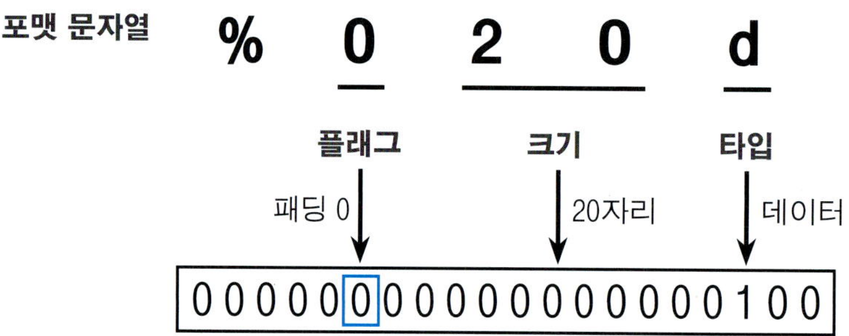

[그림 2-7] 포맷 문자열의 의미

표현하려는 수가 소수점이 있는 **float**형이나 지수 형식에는 정확도라는 것이 있다. 소수점 몇 째 자리까지 유효할지 정하는 것이다. 소수점 둘째자리까지 표시하고 싶으면 "**%.2f**"를 사용하면 된다. **printf** 표현법은 데이터의 위치가 중요하다. 다음 예를 보자.

 **소스**

```
print("""
===========================
%15s
===========================

제목: %s
가격: %d
설명: %s
""" % ('컴퓨터 개론', '컴퓨터 개론', 20000, '컴퓨터의 기초에 대해서 설명하고 있다.'))
```

실행 결과

```
===========================
       컴퓨터 개론
===========================

제목: 컴퓨터 개론
가격: 20000
설명: 컴퓨터의 기초에 대해서 설명하고 있다.
```

위 예제는 포맷 문자열을 가지고 도서 목록표를 만든 것이다. 포맷과 실제 데이터를 매칭시키는 것을 위치 정도로 첫 번째로 들어오는 데이터 첫 번째 포맷에 매칭된다. 같은 데이터가 들어가더라도 중복해서 데이터를 넣어 주어야 한다. 또 한 가지 문제는 어떤 데이터가 들어가는지는 포맷 문자열만으로는 알 수 없다는 점도 문제다. 조금만 복잡해지면 실수하게 된다. 그래서 위치 정보 대신 이름을 붙이는 방법이 있다.

```
print("""
===========================
%(title)15s
===========================

제목: %(title)s
가격: %(price)d
설명: %(desc)s
""" % { "title": "컴퓨터 개론",
    "price": 20000,
    "desc": '컴퓨터의 기초에 대해서 설명하고 있다.'})
```



```
===========================
        컴퓨터 개론
===========================

제목: 컴퓨터 개론
가격: 20000
설명: 컴퓨터의 기초에 대해서 설명하고 있다.
```

데이터를 넣을 때 딕셔너리로 넣어주면 키 이름을 직접 포맷 문자열에 사용할 수 있다.

1-2 format 방식

`printf` 방식을 잘쓰다가 파이썬 3에 와서 새로운 포맷 방식이 생겼다. 기존에 `printf` 형식에 비해서 조금 더 명확하고 옵션도 많다. 본 책에서는 되도록이면 `format` 방식을 사용하고 있다.

```
print("The sum of 1 + 2 is {0}".format(1+2))
The sum of 1 + 2 is 3
```

위 예제를 보면 "{0}"으로 되어 있는 부분이 3으로 변경되었다. 여기에 들어가는 데이터는 `str.format()` 함수에 매개변수로 들어간 값이다.

`format`에 사용되는 포맷 형식은 다음과 같다.

{ [필드이름] [! 변환형식] [: 포맷 스펙] }

위 형식은 앞에서 보았던 { 0 } 과 비교하면 0은 필드이름이다. 필드이름은 데이터의 인덱스이거나 키가 될 수 있다.

```python
print("{0} * {1} is {2}".format(2, 3, 2*3))
print("{1} * {0} is {2}".format(2, 3, 2*3))
print("{x} * {y} is {result}".format( x = 3, y = 4, result = 3 * 4 ))
2 * 3 is 6
3 * 2 is 6
3 * 4 is 12
```

위 예제처럼 {〈숫자〉}는 매개변수의 인덱스 정보다. {0}이면 첫 번째 매개변수가 포맷에 적용된다. 여기에 숫자를 입력하지 않으면 순서대로 숫자가 자동으로 부여된다. 반면 여기에 직접 이름을 넣을 수 있다. 매개변수로 이름이 있는 매개변수로 데이터를 넣으며 {〈이름〉}으로 데이터를 지정할 수 있다.

변환 형식에는 데이터의 `str( )` 결과값을 표현하는 !s와 `rstr( )` 값을 반영하는 !r 두 가지가 있다. `str( )` 값과 `rstr( )` 값의 차이점은 데이터의 형식적인 면이다. `rstr( )`의 결과는 대단히 형식이 갖추어져 있어서 파이썬 코드로 실행하면 동일한 객체가 생성될 수 있다.

포맷 스펙은 좀 복잡하다.

[[채움] 정렬] [싸인] [#] [0] [크기] [,] [.정확도] [타입]

다음 예제를 보자.

```
>>> print('{:f}'.format(3.14159265))
3.141593
>>> print('{:.8f}'.format(3.14159265))
3.14159265
```

소수점으로 표시되는 **float** 타입의 경우, 유효수를 지정할 수 있다. 특별히 지정하지 않으면 유효수 6자리를 사용한다.

```
# 자리 수 지정 및 자리 수 구분자
>>> print('{:d}'.format(123456789))
123456789
>>> print('{:20d}'.format(123456789))
          123456789

>>> print('{:,d}'.format(123456789))
123,456,789
>>> print('{:20,d}'.format(123456789))
         123,456,789

>>> print('{:020,d}'.format(123456789))
0,000,000,123,456,789
```

표시할 데이터의 크기를 미리 지정할 수 있다. 위 예제처럼 20자리를 미리 확보하고 데이터를 넣을 수 있다. 미리 잡아 놓은 자리에 데이터가 다 차지 않으면 공백으로 채워진다. 크기 앞에 '0'을 추가하면 공백들이 0으로 채워진다.

```
# 16진수나 8진수일 때 접두어 표시
>>> print('{:x}'.format(123456789))
75bcd15
>>> print('{:#x}'.format(123456789))
0x75bcd15
```

수를 16진수 등으로 10진수 이외의 수로 표시할 때 x를 사용할 수 있다. 이때 진수를 나타내는 프리픽스를 표시하고 싶다면 "#"을 추가할 수 있다. x는 16진수, o는 8진수, b는 2진수를 표시한다.

```
# 부호 표시
>>> print('{:+f} {:+f}'.format(-3.14, 3.14))    # 항상 부호 표시
-3.140000  +3.140000
>>> print('{:-f} {:-f}'.format(-3.14, 3.14))    # 음수일 때만 - 표시
-3.140000  3.140000
>>> print('{: f} {: f}'.format(-3.14, 3.14))     # 음수일 때 - 표시, 양수이면 공백
-3.140000  3.140000
```

음수의 경우 부호가 표시되는데 이 부호의 유무를 조정할 수 있다. +, -, 공백으로 각각 부호의 유무를 제어할 수 있다. +로 표시하면 부호를 무조건 표시한다. 반면 -로 지정하면 음수일 때만 표시한다. 공백은 -와 비슷한데 양수일 때 부호가 들어가는 자리를 비워둔다.

```
>>> print('{:)20d}|{:)20d}'.format(123456789, -123456789))
         123456789|        -123456789

>>> print('{:<20d}|{:<20d}'.format(123456789, -123456789))
123456789           |-123456789

>>> print('{:= 20d}|{:= 20d}'.format(123456789, -123456789))
         123456789|-        123456789

>>> print('{:^20d}|{:^20d}'.format(123456789, -123456789))
    123456789     |    -123456789
```

데이터의 크기를 20으로 지정하면 데이터가 들어갈 자리를 미리 확보해 둔다. 이럴 때는 정렬을 고려해야 한다. 기본적으로 앞, 뒤로 정렬할 수도 있고 "^" 기호를 쓰면 중앙에 정렬한다. "="는 음수일 때, 부호가 가장 앞으로 가게 된다.

지금까지 format 방식에서 쓰이는 다양한 포맷들을 살펴보았다. 정말 다양한 옵션들이 있다. 너무 다양해서 언제 이런 것들을 쓸까 생각할 수도 있다. 사실 대부분의 경우, 이렇게 자세한 스

펙까지 적어주어야 하는 것은 아니다. 대부분 데이터를 표시만 하면 되기 때문에 스펙은 필요 없다. 쓰게 된다면 데이터의 크기를 지정한 것과 정렬 옵션 정도만 쓰일 뿐이다. 그럼에도 가끔 쓰일 때가 있다. 가끔이지만 꼭 필요한 형식들이 있기 마련이다. 그럴 때 지금까지 배웠던 지식이 도움이 될 것이다. 그러기 위해서 어떤 것들이 있다 정도는 알고 있기 바란다.

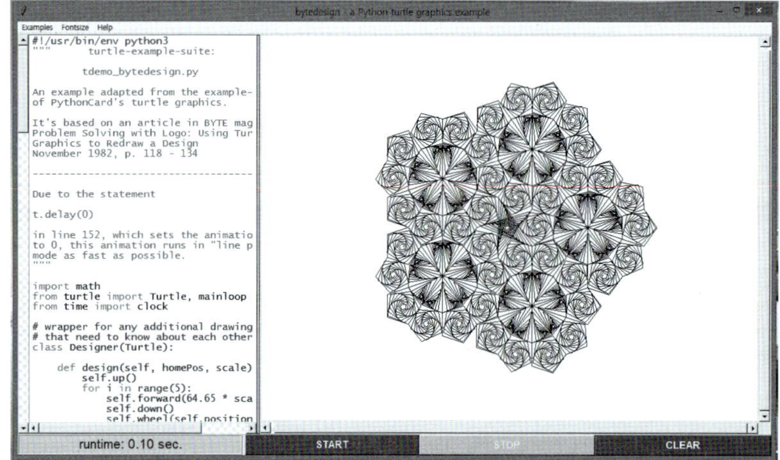

연습문제

1 "Hello Python"을 ASCII 코드로 표현하시오.

2 "대한민국"을 표현하는 Unicode를 표현하시오.

3 파이썬에서 처리하는 숫자 타입에 대해서 설명하시오.

4 문자세트와 인코딩, 디코딩의 관계를 설명하시오.

1 "Hello Python"을 ASCII 코드로 표현하시오.

ASCII 코드로 하면 다음과 같다.

72, 101, 108, 108, 111, 32, 87, 111, 114, 108, 100

책에 있는 ASCII 테이블을 이용하거나 파이썬 터미널에서 다음과 같이 입력한다.

```
>>> [ ord(x) for x in 'Hello World']
[72, 101, 108, 108, 111, 32, 87, 111, 114, 108, 100]
```

2 "대한민국"을 표현하는 Unicode를 표현하시오.

U+B300, U+D55C, U+BBFC, U+AD6D

https://r12a.github.io/apps/conversion/에서 문자를 다양한 타입으로 변환할 수 있다. 해당 사이트에서 "대한민국"을 입력하고 어떻게 표현되는지 확인할 수 있다.

3 파이썬에서 처리하는 숫자 타입에 대해서 설명하시오.

파이썬은 정수, 실수, 복소수를 지원한다. 각각 int, float, complex 타입을 사용한다. int로 나타낼 수 있는 수는 소수점이 없는 숫자로 파이썬은 큰 수의 정수를 지원하기 때문에 큰 수를 정확하게 다루어야 하는 경우에 파이썬의 정수를 사용할 수 있다. float는 소수점이 있는 수를 다루고 유효 자리 이상은 표현하지 못한다. 복소수 계산에 쓰이는 complex에는 복소수 계산을 위한 다양한 API들이 준비되어 있다.

4 문자세트와 인코딩, 디코딩의 관계를 설명하시오.

문자세트는 문자로 사용되는 것들에 번호를 부여한 것으로 문자세트로 제공하는 것 이상의 문자는 지원하지 못한다. 최근에 가장 많이 사용되는 문자세트로 유니코드가 있으며 이 코드세트는 전 세계, 전 세대에 걸쳐 사용했던 모든 문자를 포함하는 문자세트이다. 유니코드 문자세트를 그대로 사용하면 낭비되는 측면이 있고 문자을 저장하거나 통신을 할 때도 같은 문제가 있어서 문자코드를 특별한 방법으로 변형하는 과정을 인코딩이라고 하고 다시 문자세트로 복원시키는 방법을 디코딩이라고 한다. 유니코드의 인코딩 방법으로 UTF-8이 가장 많이 사용된다.

03장

컨테이너와 제어문

이번 장에서 배우게 될 컨테이너 타입은 다수의 다른 데이터 타입을 담을 수 있는 통과 같다. 2장에서 배운 숫자, 문자열 타입뿐 아니라 다른 컨테이너들도 컨테이너에 들어갈 수 있다. 파이썬은 다양한 컨테이너 타입을 지원한다. 리스트, 딕셔너리, 세트, 튜플 등이다. 이런 컨테이너 타입의 데이터를 처리하는 제어문 if, for 등에 대해서도 알아본다.

학습 목표

- 컨테이너 타입의 종류와 차이점을 알 수 있다.
- 컨테이너 타입에 다수의 데이터들을 넣고 뺄 수 있다.
- if, for 등의 제어문의 사용 방법을 알 수 있다.

 # 01 리스트

리스트는 순서가 중요한 데이터를 저장하는 컨테이너 타입이다. 키 순서로 정렬된 학생들의 이름을 저장하거나 마라톤 대회에서 가장 먼저 들어온 선수부터 순서대로 저장해야 하는 경우 리스트를 사용한다. 여기서는 리스트의 의미와 데이터를 추가하고 변경하고 삭제하는 방법에 대해서 알아보자.

 ## 01 순서가 있는 목록을 저장하는 리스트

리스트는 데이터들을 순서대로 저장할 수 있는 컨테이너 타입이다. 순서가 필요한 어떤 데이터도 리스트에 추가할 수 있다. 예를 하나 들어 보자. 중·고등학교 학생들은 학기 초가 되면 학년이 올라가고 다른 반에 배정을 받는다. 선생님은 각 학생들에게 번호를 부여하고 각 번호에 해당하는 학생들의 이름을 맵핑시켜서 출석부를 만든다. 이때 쓸 수 있는 것이 리스트이다. 학생들의 이름을 리스트에 순서대로 입력하는 것이다.

```
class_a_list = ["동방하연", "경정미", "서문정남", "임희선", "도하정", "고지우", "고선비"]
```

위 예제에서 `class_a_list`는 A반의 학생들의 리스트이다. 이 리스트에서 각 요소들의 인덱스라는 번호를 부여 받게 된다. 이 인덱스는 0부터 시작한다. 즉, "동방하연"은 A반의 0번에 해당한다. 마찬가지로 "경정미"는 인덱스 1이다. 우리가 평소에 쓰는 숫자는 1부터 시작하는데 파이썬에서는 0부터 시작한다. 파이썬의 리스트를 사용할 때는 이 부분을 잘 염두해 두고 사용해야 한다.

02 리스트 생성 방법

리스트 데이터를 생성하는 방법은 여러 가지가 있다. 여러분들이 가지고 있는 다양한 데이터를 리스트라는 형식으로 만드는 것이다. 이때 사용할 수 있는 데이터가 다양하기 때문에 파이썬에서는 다양하게 리스트를 생성할 수 있도록 지원하고 있다.

1-1 빈 리스트를 생성하는 방법

```
empty_list = []
```

```
empty_list = list()
```

위 예제는 빈 리스트를 만드는 방법을 보여 주고 있다. 데이터가 나중에 생성될 경우 빈 리스트를 만들고 추가하는 방법을 사용한다. 리스트는 기본 타입이기 때문에 별도의 문법이 존재한다. "[ ]"는 리스트를 더 쉽게 사용할 수 있도록 배려한 것이다. 아니면 "list( )"와 같이 명시적으로 선언하는 방식이 있다. 어떤 것은 더 좋고 더 나쁘지는 않다. 아무거나 선호하는 것을 사용하면 된다.

Note 인덱스가 0에서 시작하는 이유

파이썬의 리스트에서는 요소들의 각각의 위치에 인덱스라는 번호를 부여받는다. 이 인덱스는 0에서 시작한다. 파이썬만 유일하게 인덱스를 0부터 시작하도록 하는 것은 아니다. 많은 프로그램 언어들이 같은 방식을 사용하고 있다. C나 JAVA, C#에서도 인덱스는 0에서 시작한다. 그럼 왜 인덱스는 0에서 시작할까? 보통 우리가 사용하는 방식은 1에서 시작한다. 필자의 생각으로는 어셈블리어의 전통을 그대로 따르고 있기 때문이다. 지금 언어들의 메모리의 주소를 직접 다룰 일은 많지 않다. 언어가 그런 일을 만들지 않아도 되도록 설계되었다. 하지만 초기 언어들은 메모리를 직접 다룰 수 있어야 했다. 어셈블리가 그랬고 어셈블리에 가까운 C 언어가 그랬다. 리스트(혹은 배열)들은 메모리 입장에서 보면 연속으로 붙어 있는 큰 메모리 영역으로 볼 수 있다. 리스트는 시작되는 주소와 각 요소의 크기 그리고 인덱스를 이용해서 각 요소의 메모리를 찾을 수 있다.

요소의 시작 주소 = 초기 주소 + (요소 크기) × 인덱스

위 공식를 사용하면 인덱스는 0에서 시작하는 것이 자연스럽다.

빈 리스트는 리스트를 만들어 두고 나중에 이 리스트에 데이터를 넣을 목적으로 생성한다.

🔅 1-2 기존에 있는 리스트로 리스트를 만드는 경우

```
list_from_other_list = [1,2,3,4]
```

```
list_from_other_list = list([1,2,3,4])
```

위 두 가지 방법은 다른 리스트가 있을 때 첫 번째는 리스트 표현식으로 만든 것이다. 프로그램을 작성할 당시에 리스트 값을 알고 있는 경우에 사용한다. 두 번째 것은 기존의 리스트를 복사하는 방식을 사용한다.

```
alist = [1,2,3,4]
```

```
list_from_other_list = list( alist )
```

list([1,2,3,4])와 같이 직접 리스트를 넣지 않고 기존에 만들어진 리스트를 list(alist)처럼 만들게 되면 alist에 있던 모든 데이터를 복사해서 새로운 데이터를 만들게 된다. 데이터가 두 벌이 되는 것이다. 기존 데이터를 계속 남겨두어야 할 때 이런 방식으로 복사해서 리스트를 만든다.

🔅 1-3 이터레이터 데이터로부터 리스트 만들기

리스트를 이용해서 리스트를 만드는 방식과 동일하게 리스트처럼 동작하는 것으로부터 데이터를 얻어서 리스트로 만드는 방식도 있다. 이터레이터는 배열처럼 데이터에 순서가 있어서 순차적으로 조회될 수 있는 타입들을 말한다. 리스트도 이터레이터의 하나이다. 파이썬에는 다양한 이터레이터가 있다. 다음은 이런 이터레이터를 이용한 리스트 생성법이다.

0~9까지 정수

```
list_from_iter1 = list( range(0, 10) )
```

0~9까지의 정수 중 짝수인 수

```python
even_gen = (x for x in range(0, 10) if x % 2 == 0)list_from_iter2 = list(even_gen)
```

`range`는 특정 범위의 숫자를 리턴하는 `range` 객체(이터레이터)를 반환한다.

```python
>>> range(0,10)
range(0,10)
>>> list(range(0,10))
[0,1, 2, 3, 4, 5, 6, 7, 8, 9]
```

`range`로 생성하는 이터레이터를 list로 만들며 0에서 9까지의 숫자로 이루어진 리스트를 만들 수 있다. 위 예제 중에 `even_gen` 변수에 할당되는 것을 제너레이터라고 한다. 제너레이터는 데이터를 생성하는 함수 같은 것이다. 실제 데이터는 필요할 때 만들어진다. 제너레이터도 이터레이터의 한 종류다.

03 슬라이스로 리스트에서 데이터 추출하기

　앞의 방법으로 데이터를 넣은 리스트를 가지고 있다면 이 리스트에서 원하는 데이터를 가져오고 싶을 것이다. 간단하게 첫 번째 데이터를 가지고 오거나 마지막 데이터를 가져오고 싶을 수도 있다. 앞에서 10개의 데이터를 가져오고 싶을 수도 있다. 이럴 때 슬라이스를 이용한다. 슬라이스라는 용어를 쓰고 있지만 모양을 보면 간단하게 사용 방법을 알 수 있다.

A반 학생

```python
class_a = ["동방하연", "경정미", "서문정남", "임희성", "도하정", "고지우", "고선비"]
```

A반의 첫 번째 학생은?

```python
class_a[0]
```

A반의 마지막 학생은? (인덱스 −1은 마지막 번호 요소의 위치임)

```
class_a[-1]
```

A반의 중간 학생? (len은 리스트 크기 반환, //는 나눗셈의 몫)

```
class_a[len(class_a) // 2]
```

위 예제에서 알 수 있듯이, 원하는 위치를 가리키는 인덱스를 사용하는 것이다.

> 형식 : 리스트 [ ]

인덱스는 0부터 시작한다고 말했다. 그럼 −1과 같은 음수는 무엇일까? 음수는 리스트의 마지막 요소를 의미한다. 따라서 인덱스로 음수를 넣으면 뒤부터 순서를 따진다. [그림 3-1]을 보면 인덱스의 의미를 쉽게 알 수 있다.

[그림 3-1] 리스트와 인덱스 관계

[그림 3-1]은 12개의 요소를 가지고 있는 리스트의 인덱스를 표시하고 있다. 동일한 방식으로 더 큰 리스트의 요소들도 다룰 수 있다. 한국의 전 국민이 들어 있는 리스트라도 인덱스를 이용한 방식은 동일하다.

04 다양한 형태의 슬라이스

슬라이스는 앞에서 살펴본 형태만 있는 것이 아니다. 리스트에서 특정 영역에 해당하는 데이터를 가져올 수 있다.

```python
class_a = ["동방하연", "경정미", "서문정남", "임희성", "도하정", "고지우", "고선비"]

# 앞에서 2개 요소 가져오기
print(class_a[:2])

# 앞에서 2번째부터 2개 요소 가져오기
print(class_a[1:3])

# 뒤에서 2개 요소 가져오기
print(class_a[-1:-3:-1])
```

슬라이스의 조금 복잡한 사용 형태이다. 순서가 있는 리스트에서 원하는 영역의 데이터를 가져올 때 쓰는 것이 슬라이스이다. 이 특정 영역을 나타내는 방법은 다양하다. 원래 슬라이스가 가지고 있는 형태를 보자.

형식 : [시작 인덱스 : 끝 인덱스 : 증가 수]

앞에서 살펴본 인덱스를 다시 상기해 보자. 영역을 표시하기 위해서 시작과 끝을 주고 인덱스의 증가 수를 준다. 증가 수가 없으면 기본 값 1이 적용된다. 이때 끝 인덱스는 마지막 요소를 포함하지 않는다. 예를 들어 [0:5]라고 하면 0, 1, 2, 3, 4까지의 인덱스만 포함시킨다.

만약 각 영역에 값을 주지 않으면 기본 값을 갖는다.

```python
class_a[ ] → class_a[0:len(class_a):1]
```

이런 기준으로 예제의 코드를 살펴보자.

class_a[1:3]은 인덱스부터 인덱스 3의 앞의 1, 2 인덱스 영역을 의미한다. 그리고 class_a[-1:-3:-1]은 인덱스 -에서 -전까지 -1씩 증가를 하니 인덱스 -1, -2영역이다. 따라서 마지막 두 개의 요소를 가질 수 있다.

복잡해 보이지만 조금만 익숙해지면 쉽게 이해할 수 있다. 리스트와 슬라이스는 따로 떼어 놓고 생각할 수 없다. 리스트가 파이썬에서 자주 쓰이는 만큼 슬라이스도 아주 많이 쓰이는 방식이다.

05 리스트에서 추가, 삭제, 변경하기

리스트에 새로운 데이터를 추가하는 방법을 알아보자. 리스트는 순서가 있기 때문에 데이터를 넣을 때 리스트의 앞부분, 뒷부분, 중간에 넣을지 선택해야 한다.

```python
fruits = []                       # 빈 리스트 만들기
fruits.append('바나나')            # '바나나' 추가
fruits.insert(0, '키위')           # '키위'를 리스트 앞에 추가
fruits[1:1] = ['사과']            # 두 번째 위치에 '사과' 삽입
#fruits → ['키위', '사과', '바나나']   # 결과
```

위 예제는 `fruits`라는 빈 리스트를 하나 만들고 여기에 다양한 과일 이름을 넣는 것이다. `append`는 리스트의 뒤에 요소 하나를 추가하는 것이다. 데이터 하나하나를 따로 넣을 때 사용된다. `insert`는 요소 사이에 데이터를 추가하는 것으로 `insert`의 첫 번째 매개변수가 인덱스이다. 리스트의 앞자리에 데이터를 넣을 때는 "`fruits.insert(0, '키위')`"와 같이 인덱스 0을 사용한다.

슬라이스를 사용해서 리스트를 추가할 수도 있다. `fruits[1:1]`은 두 번째 요소 앞을 가리키고 있다. `fruits[1:1]` = ['사과']는 두 번째 요소 앞부분에 사과를 추가한다. 이때는 리스트를 사용하기 때문에 2개 이상의 요소를 추가할 때 유용한다.

```python
fruits = ['키위', '사과', '바나나']
del fruits[0]                     # '키위' 삭제
fruits.remove('사과')             # 사과 삭제
fruits[0:1] = []                  # 첫 번째 요소를 삭제
```

삭제 방법도 다양하다. `del`은 리스트의 인덱스에 해당하는 요소를 삭제한다. `del`은 리스트뿐

아니라 딕셔너리에서도 같은 용도로 사용된다. `remove` 메소드는 동일한 데이터를 리스트에 삭제할 때 사용된다. 슬라이스를 사용하면 특정 영역의 데이터를 한 번에 삭제할 수 있다.

06 다차원 리스트

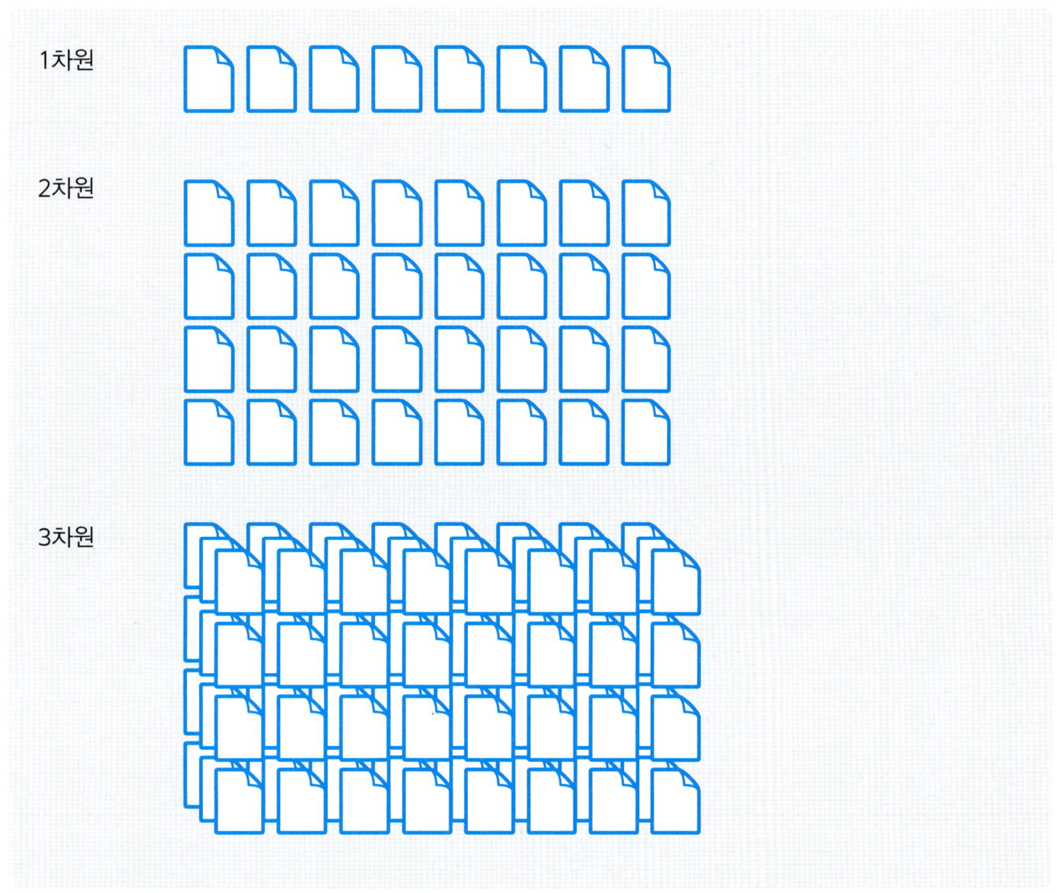

[그림 3-2] 다차원 리스트

리스트에 리스트를 추가하면 어떨까? 이렇게 리스트에 리스트를 추가하는 것은 다차원 데이터를 표현하기 위한 것이다. 다시 학교의 예를 들어보자. 한 반의 학생들을 하나의 리스트로 만들 수 있다. 10번 학생의 이름을 알고 싶으면 `students`[9](10번은 인덱스로 9임)로 알 수 있다. 전체 10반으로 이루어진 한 학년 전체를 리스트로 가지고 있다고 하자. 이때 5반 10번 학생을 알고 싶으면 우선 5반을 찾고 10번 학생을 찾아야 한다. `students`[4][9]를 찾으면 된다.

students[4]는 5반의 리스트를 찾고 그 리스트에서 다시 인덱스 9인 학생을 찾으면 된다. 같은 방식으로 여러 학년이 있을 때도 마찬가지다. 몇 학년, 몇 반, 몇 번 정보를 알면 학생을 찾을 수 있다. 이런 식으로 리스트를 중첩해서 만든 리스트를 다차원 리스트라고 한다. 예에서 한 학교를 다차원 배열로 표시했다. 이외에로 다차원으로 표시할 수 있는 것들이 있다. 예를 들어 행렬를 표현할 때도 사용할 수 있고 3차원 공간을 표현할 때도 다차원 리스트로 표현할 수 있다.

다차원 리스트를 만들어 보자. 여기서 만들어볼 다차원 리스트는 [그림 3-3]과 같다.

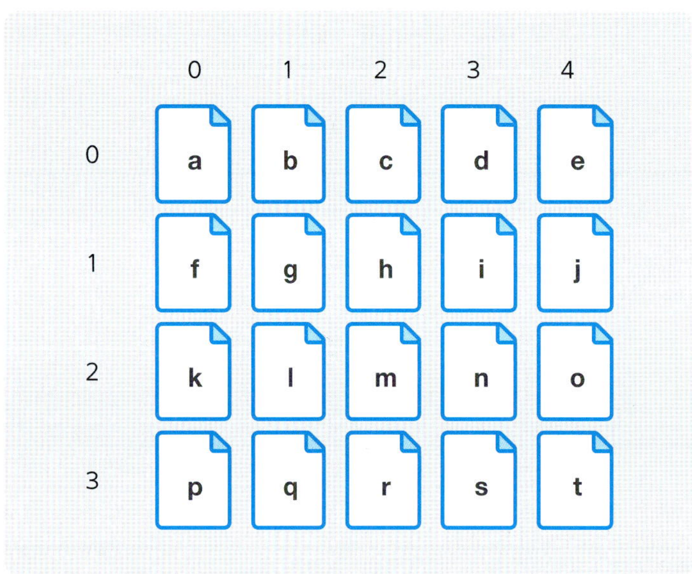

[그림 3-3] 2차원 리스트

Note **파이썬을 잘 하기 위해서 알아야 할 것**

현실 세계의 문제를 컴퓨터로 옮기기 위해서는 현실 세계를 컴퓨터 내부에서 사용할 수 있는 것으로 표현해 주어야 한다. 즉, 모델링을 하는 것이다. 파이썬은 현실 세계에 있는 것들을 컴퓨터에서 사용할 수 있는 것으로 모델링할 수 있도록 다양한 데이터형을 지원하고 있다. 숫자, 문자, 리스트, 딕셔너리 타입 등 다양한 데이터 형을 사용해서 풀고자 하는 형태의 데이터를 컴퓨터에게 알려 주어야 한다. 프로그램을 잘 할 수 있는 것은 이런 능력에서 시작한다. 그러니 평소에 풀려고 하는 문제들을 어떻게 파이썬으로 옮길지 생각해 보는 것이 파이썬을 잘하는 길이다.

```python
# 리스트 리터럴로 생성하기
data = [
  ['a','b','c','d','e'],
  ['f','g','h','i','j'],
  ['k','l','m','n','o'],
  ['p','q','r','s','t']
]


# 조회 방법
data[0]     # → ['a','b','c','d','e']
data[0][1]  # → 'b'


# 조작 방법
data[0][1] = 'z'  # → 0,1 좌표의 값이 b에서 z로 변경됨
```

다차원 리스트는 단순히 리스트를 아이템으로 가진다. 따라서 앞에 리스트를 조작했던 방식을 그대로 적용할 수 있다.

07 리스트 정렬 방법

　정렬은 파이썬에서 중요한 역할을 한다. 주변에서 흔히 볼 수 있는 것 중에서도 정렬해야 할 것들이 많다. 우리는 책상에 흔히 책이나 물품 같은 것들을 잘 정리해 둔다. 여러분 스스로 물품들을 나름의 원칙에 따라 정렬하는 것이다. 정렬은 나중에 물건을 쉽게 찾을 수 있도록 하기 위함이기도 하다. 파이썬은 정렬을 위해서 빌트인 함수로 `sorted`라는 함수를 가지고 있다. 이 함수에 `list`를 넣으면 정렬이 된 새로운 리스트를 얻을 수 있다. 리스트에도 `sort`라는 메소드가 있다. 어떤 것을 사용해도 좋다.

```python
data = [ 12, 35, 32, 5, 11 ]
data.sort( )  # data → [5, 11, 12, 32, 35]
data.sort(reverse=True)  # data → [35, 32, 12, 11, 5]
```

리스트의 **sort** 메소드는 리스트의 API이다. 이 메소드를 실행하면 데이터를 가지고 있는 리스트의 데이터들의 순서가 변경된다. 즉, 원본 데이터가 변경되는 것이다. 하지만 **sorted**를 사용하면 조금 다르다.

```
data = [ 12, 35, 32, 5, 11 ]
sorted_data = sorted(data)
revesed_data = sorted(data, reverse=True)
```

sorted는 정렬한 리스트를 매개변수로 받는다. 이 데이터를 이용해서 정렬하고 그 결과를 리턴한다. 즉, 원본 데이터인 **data**는 그대로 있고 정렬된 새로운 리스트를 반환하는 것이다. 사용 방법은 리스트의 **sort** 메소드와 동일하다. **sorted**는 일반적인 목적의 함수이다. 리스트뿐 아니라 이터레이터 종류의 다양한 데이터를 처리할 수 있다. 때문에 **sorted**는 데이터를 복사해서 정렬하는 것이다.

함수와 메소드의 차이

책에서 어떤 것은 함수, 어떤 것은 메소드라고 부르고 있다. 둘 다 뭔가 동작을 하고 있다는 점에서 동일하다. 클래스에 정의를 해서 특정 클래스 혹은 그와 관련된 객체에서 호출할 수 있는 것을 메소드라 하고 아닌 것을 함수라 한다.

08 리스트 복사하기

```
a = [1, 2, 3, 4, 5]
b = a[:]         # [:]를 이용해서 a의 복사본을 만든다.
c = a.copy( )    # copy 메소드를 이용해서 복사본을 만든다.
d = list(a)      # 새로운 리스트를 생성한다.
```

리스트를 사용하다보면 같은 데이터를 복사해야 할 때가 있다. 원본은 그대로 두고 복사본으로 작업해야 하는 경우이다. 이럴 때 데이터를 복사하는 방법 3가지가 있다. 슬라이스를 사용하는 방법, `copy` 메소드를 이용하는 방법, 그리고 리스트를 새로 만드는 방법이다. 어떤 것이든 동일한 결과를 얻을 수 있다.

보통의 경우에는 이렇게 복사를 해도 되지만 리스트에 또 다른 리스트가 포함이 되어 있다면 어떨까? 내부 데이터로 두 벌이 만들어질까? 그렇지 않다. 그래서 위와 같이 복사하는 것을 "얕은 복사"라고 하고 모든 데이터를 복사하는 것을 "깊은 복사"라고 한다. 이렇게 두 종류의 복사가 있는 것은 컴퓨터를 좀더 효율적으로 사용하기 위해서다. 깊은 복사를 하면 메모리도 많이 들고 해야 할 작업도 많기 때문에 꼭 필요한 경우에만 하자는 의도이다.

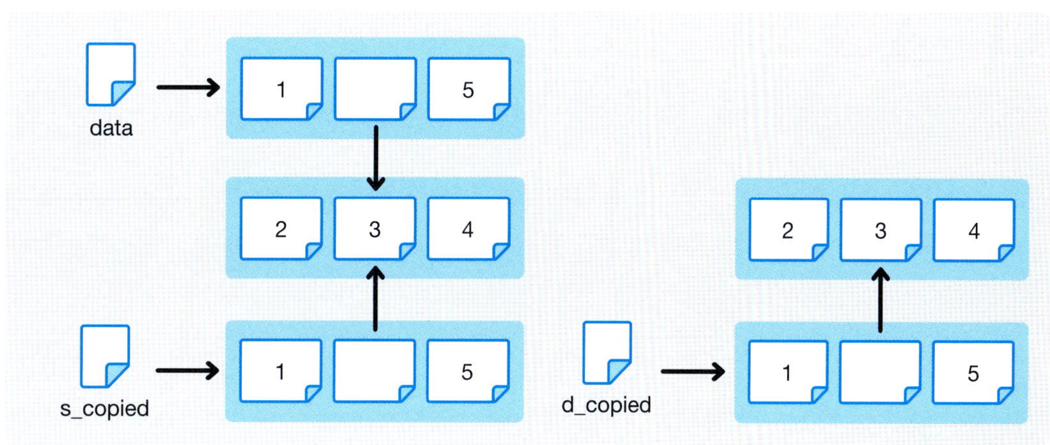

[그림 3-4] 데이터 복사

```python
data = [1,[2,3,4],5]

# 얕은 복사
s_copied = data.copy( )
# 깊은 복사
import copy
d_copied = copy.deepcopy(data)
# 원본 데이터 수정
data[1][1] = 'xx'
```

```
print(s_copied)  # [1, [2, 'xx', 4], 5]
print(d_copied)  # [1, [2, 3, 4], 5]
```

원본 데이터(**data**)에 리스트가 포함되어 있다. 메모리 상에서 본 리스트는 [그림 3-4]와 같다. **data**는 1, 5라는 숫자가 있고 [2, 3, 4]라는 리스트가 포함되어 있다. 얕은 복사를 하면 **s_copied** 변수가 가리키고 있는 것처럼 1차 리스트만 복사하고 내부에 있는 리스트는 복사하지 않는다. 모든 데이터를 복사하기 위해서는 **copy** 모듈의 **deepcopy** 함수를 사용해야 한다. 이 함수는 내부 데이터를 스캔하면서 복사가 필요한 데이터를 복사하는 일을 한다.

이 상태에서 원본 데이터를 변경하면 얕은 복사를 한 **s_copied** 내용이 변경됨을 확인할 수 있다.

간단해 보이는 이 문제는 실제로 적용하려고 하면 생각보다 복잡하다. 함수 호출에서 매개변수(parameter)로 리스트를 넘길 때 얕은 복사가 일어난다. 이때 함수 내부에서 리스트를 변경하면 함수 밖에서도 데이터가 변경된 상태로 남는다. 이런 것들이 내부적으로 일어나기 때문에 데이터 복사 문제는 잘 알고 있어야 한다. 간혹 이런 문제들이 버그가 된다.

09 리스트의 친척들

리스트는 순서가 있는 데이터를 보관하는 커다란 통과 같다. 이런 일을 하는 다양한 데이터 타입들이 있다. 바로 튜플과 레인지(range)이다.

1-1 튜플

튜플은 파이썬의 독특한 데이터 구조이다. 리스트처럼 사용할 수 있지만 내부 데이터 변경이 불가능하다. 튜플은 리스트처럼 순서가 있는 데이터를 저장하기에 적당하다. 단 저장하는 목적이 다르다. 리스트는 내부 데이터를 어떤 식으로든 변경할 수 있다는 것을 전제로 한다. 하지만 튜플은 오직 읽기만 가능하다. 따라서 한 번 만들고 변경되지 않을 데이터에 사용된다. 앞으로 배우게 될 함수의 리턴 값이 복수인 경우에 이 튜플을 사용한다.

튜플을 생성하는 것은 리스트를 생성하는 방식과 거의 동일하다.

```python
tuple1 = (1, 2, 3, 4, 5, 6)
tuple2 = tuple( [1, 2, 3, 4, 5, 6] )
tuple3 = tuple( range(0,10) )
tuple4 = tuple( )
```

리스트를 만들 때 "[ ]"를 사용했던 것처럼 튜플은 "( )"을 사용한다. 그리고 리스트를 사용할 때는 `list`를 사용했지만 튜플은 `tuple`이라는 명칭을 사용한다.

튜플를 사용하는 것은 리스트와 동일하다. 단지, 쓰기와 관련된 API들만 사용하지 못한다는 점을 기억하면 된다.

```python
odd_list = (1, 3, 5, 7, 9, 11, 13, 15, 17, 19)
even_list = (2, 4, 6, 8, 10, 12, 14, 16, 18, 20)

2 in even_list                      # → True, even_list에 2가 있는지 확인
1 not in even_list                  # → True, event_list에 1이 없는지 확인


all_list = odd_list + even_list     # → 1~20까지 수가 포함된
                                    # 튜플 생성
odd_list * 2                        # → odd_list가 연속으로 붙어 있는 튜플 생성
2 * odd_list                        # → odd_list * 2와 동일


odd_list[0]                         # → 1, 인덱스 0인 수
odd_list[0:5]                       # → [1,3,5,6,9]
odd_list[0:5:2]                     # → [1,5,9]


len(odd_list)                       # → 10, odd_list 크기
min(odd_list)                       # → 1, odd_list에서 가장 작은 수
max(odd_list)                       # → 19, odd_list에서 가장 큰 수


odd_list.index(3)                   # → 1, odd_list에서 값이 3인 요소의 인덱스
odd_list.index(2)                   # ValueError 발생
odd_list.count(5)                   # → 1, odd_list에서 5인 요소의 개수
```

💡 1-2　range

　　`range` 함수는 `range` 객체를 생성한다. `range` 객체는 특정 범위의 정수를 표현한다. 예를 들어 0~9 사이의 수를 나타내거나 0~9 사이의 수 중에 짝수인 수를 `range`로 표현하는 것도 가능하다. `range`의 장점은 아무리 큰 수도 규칙만으로 표현할 수 있다는 점이다. 0~9,999의 수를 리스트로 표현하려면 10,000개의 요소를 가진 리스트를 만들어야 한다. 그러면 많은 메모리가 소요된다. 반면 규칙만을 가지고 있는 `range`는 적은 메모리로 같은 일을 할 수 있다.

`range`는 다음과 같은 형식을 따른다.

```
range(stop)
```

```
range(start, stop[, step])
```

　　매개변수로 1개를 주면 stop 값으로 간주되고 start는 0으로 설정된다. 매개변수로 하나의 수만 주면 `range`는 0에서 주어진 stop 전까지 정수 값 같은 `range` 객체를 만들다. 이때 모든 값들은 정수 값이어야 한다.

```
>>> list(range(10))          # 0~9까지의 정수
[0, 1, 2, 3, 4, 5, 6, 7, 8, 9]
>>> list(range(1, 11))       # 1~10까지의 정수
[1, 2, 3, 4, 5, 6, 7, 8, 9, 10]
>>> list(range(0, 30, 5))    # 0~29까지의 정수 중 5만큼씩
                             # 증가하는 수
[0, 5, 10, 15, 20, 25]
>>> list(range(0, 10, 3))    # 0~9까지의 정수 중 3만큼씩
                             # 증가하는  수
[0, 3, 6, 9]
>>> list(range(0, -10, -1))  # 0~ -9까지의 수
[0, -1, -2, -3, -4, -5, -6, -7, -8, -9]
>>> list(range(0))           # 조건에 맞는 정수 없음
[]
```

```
>>> list(range(1, 0))   # 조건에 맞는 정수 없음
[]


>>> r = range(0, 20, 2)   # 0~19까지 2씩 증가하는 수
>>> r
range(0, 20, 2)


>>> 11 in r             # r에 11이 없으므로
False
>>> 10 in r             # r에 10이 있으므로
True
>>> r.index(10)         # r에서 10인 값의 인덱스
5
>>> r[5]                # r에서 인덱스 5인 수
10
>>> r[:5]               # r에서 인덱스 0에서 5 전까지의 수
range(0, 10, 2)
>>> r[-1]               # r에서 마지막 수
18
```

    `range`를 보면 튜플과 성질이 비슷하다. 읽기 전용으로 데이터 변경이 불가능하다는 점과 튜플에서 쓰이는 쓰임들이 동일하게 쓰인다는 점이다. 인덱스를 이용해서 데이터를 가져오는 방식이나 슬라이스를 쓰는 방식 등이 동일하다. 단지 차이점은 데이터를 표현하는 식 혹은 규칙으로 만들어졌다는 점이 다를 뿐이다.

여기서는 리스트의 유사한 타입으로 튜플과 `range`를 소개했다. 앞으로 다른 타입들도 보게 될 것이다. 하지만 이런 타입들은 기본 타입들의 사용법을 동일하게 사용하는 경향이 있다. 따라서 어떤 타입을 볼 때 기본 타입을 기준으로 다른 타입들을 보는 눈이 필요하다. 그게 다양한 타입을 더 잘 기억하는 방법이다.

10 API들

리스트에서 사용할 수 있는 다양한 API들을 살펴보자. 리스트의 API는 크게 두 가지 종류로 나눌 수 있다. 하나는 리스트를 변경하지 않고 정보를 얻을 수 있는 API와 리스트를 수정할 수 있는 API들이다.

1-1 리스트는 변경하지 않고 정보를 얻을 수 있는 API들

명령	결과
x in s	리스트 s에 x 요소가 있으면 True 아니면 False
x not in s	리스트 s에 x 요소가 없으면 True 있으면 False
s + t	리스트 s와 t를 붙여서 새로운 리스트를 만든다.
s * n 또는 n * s	리스트 s를 n번 반복해서 붙인다.
s[i]	리스트 s에서 인덱스 i에서 j까지의 영역 요소를 리스트로 반환한다.
s[i:j]	리스트 s에서 특정 인덱스의 요소를 찾는다.
s[i:j:k]	리스트 s에서 인덱스 i에서 j까지의 인덱스를 k만큼 증가시킨 요소를 리스트로 반환한다.
len(s)	리스트 s의 요소 개수 반환
min(s)	리스트 s에서 가장 작은 요소
max(s)	리스트 s에서 가장 큰 요소
s.index(x[, i[, j]])	리스트 s에서 x가 나타난 첫 번째 인덱스를 반환한다. 이때 i, j는 i 인덱스 이후, j 인덱스 전을 의미한다.
s.count(x)	리스트 s에서 x가 나타난 횟수

[표 3-1] 리스트에서 사용 가능한 API들

💡 1-2 리스트를 수정할 수 있는 API들

이제 리스트를 변경시키는 API들을 살펴보자.

명령	결과
s[i] = x	리스트 s의 i 인덱스의 요소를 x로 교체한다.
s[i:j] = t	리스트의 [i:j] 영역의 요소를 t로 교체한다.
del s[i:j]	리스트의 [i:j] 영역의 요소를 제거한다.
s[i:j:k] = t	리스트의 [i:j:k] 영역의 요소를 t로 교체한다.
del s[i:j:k]	리스트의 [i:j:k] 영역의 요소를 제거한다.
s.append(x)	리스트의 마지막에 요소 x를 추가한다.
s.clear()	리스트를 초기화해서 빈 리스트로 만든다.
s.copy()	리스트를 복사한다. (s[:]와 동일)
s.extend(t) or s += t	리스트 s에 리스트 t의 요소를 모두 추가한다.
s *= n	리스트 s의 내용을 n번 반복한 것을 s에 업데이트한다.
s.insert(i, x)	리스트 s의 내용을 n번 반복한 것을 s에 업데이트한다.
s.pop([i])	리스트의 i번째 인덱스에 x를 삽입한다.
s.remove(x)	리스트 s에서 x와 동일한 요소를 제거한다.
s.reverse()	리스트 요소들의 순서를 뒤바꾼다.

[표 3-2] 리스트를 변경시키는 API들

02 딕셔너리

파이썬에서 가장 자주 쓰는 데이터 타입을 고르라고 하면 단연 딕셔너리 타입이다. 딕셔너리는 우리가 평소에 쓰는 연락처 같은 것이라고 생각하면 된다. 이름은 딕셔너리의 키가 되고 전화번호는 값이 된다.

이 방식은 앞에서 살펴보았던 리스트와 비슷하다. 리스트는 인덱스를 키로 하는 딕셔너리 타입이라고도 할 수 있다. 리스트에서 인덱스를 이용해서 저장된 데이터를 한 번에 찾을 수 있는 것처럼 딕셔너리도 키 값을 이용해서 데이터를 단번에 찾을 수 있다.

01 딕셔너리 생성하기

딕셔너리를 생성하는 방식은 다양하다. 파이썬에서 제공하는 문법을 사용하는 방식은 리터럴 방식과 함수를 이용해서 객체를 생성하는 방식이다.

```python
a = {'one': 1, 'two': 2, 'three': 3}
b = dict({'one': 1, 'two': 2, 'three': 3})
c = dict(one = 1, two = 2, three = 3)
d = dict([('two', 2), ('one', 1), ('three', 3)])
```

리스트를 만들기 위해서 "[ ]"를 사용하고 튜플을 만들기 위해서 "( )"을 사용했던 것처럼 딕셔너리는 "{ }"를 사용한다. 위 예제는 a 딕셔너리를 만들 때 사용하는 방식이다. 딕셔너리를 만드는 가장 일반적인 방식이다. `one`, `two`, `three`가 키(key)이고 1, 2, 3 등이 값(Value)이다.

또 다른 방식은 명시적으로 `dict` 함수를 사용해서 만드는 것이다. `dict` 함수의 매개변수로 기존의 딕셔너리 객체를 넣을 수 있다. 또 이외에 함수 매개변수를 사용하는 방식(c 딕셔너리)과 키와 값을 가지고 있는 리스트를 사용하는 방식(d 딕셔너리)이 있다.

딕셔너리를 생성할 때 키는 반드시 해시 값을 구할 수 있어야 한다. 이 해시 값이 실제 키가 된다. 파이썬의 기본 타입들(문자열, 숫자 등)은 모두 해시 값이 있기 때문에 딕셔너리의 키가 될 수 있다.

```
>>> hash('key')
-1009643726115655785
>>> hash('new_key')
-6782414391772618193
```

hash 함수는 매개변수의 해시 값을 구한다. 위 예제에서 "key"와 "new_key" 문자열의 해시 값이 각각 다름을 볼 수 있다.

딕셔너리를 만드는 방식이 다양한 것은 다양한 곳에서 쓰기 때문이다. 일단 딕셔너리의 타입으로 데이터를 변환하면 저장된 키로 빠르게 데이터를 조회할 수 있다.

02 딕셔너리에서 데이터를 추가 · 변경 · 삭제하기

딕셔너리가 만들어지면 이 딕셔너리에 데이터를 넣거나 변경하고 삭제할 수 있어야 한다.

```python
# 빈 딕셔너리 생성
numbers = {}

# 추가, 변경
numbers["one"] = 1
numbers["two"] = 2
numbers["three"] = 3
numbers.update({"one": "first"})

# 삭제
del numbers["one"]
```

딕셔너리는 추가나 변경 방식이 리스트와 동일하다. 리스트에서는 인덱스가 사용되었는데 딕셔너리에서는 키를 사용한다. 원하는 키에 데이터를 넣으면 된다. 두 개 이상의 데이터를 변경하는 작업은 `update` 메소드를 사용할 수 있다. 그리고 삭제는 `del`을 사용한다. 리스트에서 리스트의 요소를 삭제하던 것과 동일하다. 리스트의 API 딕셔너리의 API가 어디가 똑같고 다른지 비교해 보면 딕셔너리를 더 잘 사용할 수 있다.

03 주요 API들

딕셔너리가 가지고 있는 다양한 API들은 사전을 이용할 때 유용하게 사용된다. 이 API들 중 일부는 리스트를 다루었던 API와 동일하다. 같은 이름의 API들은 동일한 기능을 가지고 있으니 API를 기억하는 데 이 점이 도움이 될 것이다.

❶ len(d): 딕셔너리에 저장된 아이템 개수

딕셔너리의 크기를 구할 수 있다. 사전의 크기는 어디까지일까? 딕셔너리에 데이터를 저장하면 데이터는 메모리에 저장된다. 따라서 메모리가 허용하는 데까지 사전에 데이터를 넣을 수 있다.

❷ dict.get(key [, default_value]): 키로 저장된 값 조회

사전에 데이터를 조회하는 방식은 다음과 같다.

```python
# 사전 생성
d = {}

# 사전에 데이터를 저장하는 일반적인 방식
d['k1'] = 'v1'
d['k2'] = 'v2'

# 사전에서 데이터를 조회하는 일반적인 방식
d['k1']
d['k2']
d['k3']   # 키가 없으면 KeyError 발생
```

```
d.get('k1')
d.get('k1', 'default_value')
```

값을 조회할 때 가장 많이 쓰이는 방식은 d['k1']과 같이 [ ] 사이에 키를 넣는 방식이다. 하지만 이때 주의할 것은 찾는 키가 딕셔너리가 없을 때, KeyError가 발생한다. 이런 경우에 예외를 처리해 주어야 한다. 따라서 처리를 위해서 코드를 추가해야 한다.

이런 예외를 방지하는 방법으로 **get** 메소드를 사용하는 것이다. **get** 메소드를 사용할 때 딕셔너리에 찾는 키가 없으면 예외를 발생시키는 대신 None(못 찾았다는 의미)을 반환한다. 혹은 디폴트 값이 있으면 기본 값을 반환한다.

또 다른 방법은 기본 값이 지정되는 사전을 사용하면 된다. **collections** 모듈에 정의되어 있는 **defaultdict**의 기본 기능은 **dict**과 동일하다. 한 가지 차이가 기본 값 즉, 기존에 없는 키를 조회했을 때 리턴되는 값이 지정되어 있다는 점이다.

❸ del d[key]: 키 삭제
키 삭제는 **del**을 이용한다. 객체에 따로 메소드가 없다. **del**은 딕셔너리 아이템을 제거할 때 사용된다. **del**은 사전뿐 아니라 리스트에서도 사용된다.

```
# 사전 생성
d = {}
d['k1'] = 'v1'
# 삭제
del d['k1']
```

❹ key in d 혹은 haskey(key): 키 존재 유무 판단
딕셔너리에 찾으려는 키가 있는지 미리 검색해야 할 때 **in** 키워드를 사용한다. 딕셔너리에서 키를 사용해서 값을 찾으려 할 때 원하는 키가 없으면 예외가 발생해서 프로그램이 종료하는 경우가 있다. 따라서 미리 키가 있는지 확인하고 조회를 할 때 사용한다.

```python
# 사전 생성
d = {}
d['k1'] = 'v1'
'k1' in d  # → True
'k2' in d  # → False
```

❺ iter(d), d.keys( ), d.values( ), d.items( ): 딕셔너리 아이템들을 순환

딕셔너리에는 키와 그 키에 연결된 값이 저장된다. 딕셔너리에 저장된 많은 키와 값들을 하나 하나 조회해야 할 경우가 있다. 이를 위해서 다양한 API들이 준비되어 있다. 먼저 딕셔너리의 키들만 알고 싶다면 `d.keys( )`를 사용할 수 있다. 그리고 값들은 `d.values( )`를 통해서 조회가 가능하다. 그리고 키와 값을 동시에 조회하려면 `d.items( )`를 사용한다. 이 API들은 모두 이터레이터로 사용할 수 있다. 나중에 살펴볼 for 반복문을 통해서 내부의 아이템들을 조회할 수 있다.

```python
# 사전 생성
d = {}
d['k1'] = 'v1'
d['k2'] = 'v2'
d['k3'] = 'v3'
print(list(d.keys( )))   # → ['k1', 'k3', 'k2']
print(list(d.values( )))  # → ['v1', 'v3', 'v2']
print(list(d.items( )))  # → [('k1', 'v1'), ('k3', 'v3'), ('k2', 'v2')]
```

❻ dict.clear( ): 딕셔너리 아이템들 제거

딕셔너리의 내용을 하나 하나 지우는 것은 del을 사용한다고 앞에서 이야기했다. 이렇게 하나 하나 지우지 않고 모든 데이터를 지우기 위해서는 `clear( )` 메소드를 활용할 수 있다.

```python
# 사전 생성

d = {}
d['k1'] = 'v1'
```

```
d['k2'] = 'v2'
d['k3'] = 'v3'
# 데이터 제거
d.clear( )
```

❼ dict.copy( ): 딕셔너리 얕은 복사

딕셔너리의 객체를 복사한다. 이때 딕셔너리의 내용만 복사한다. 따라서 내부에 리스트나 딕셔너리와 같은 컨테이너들을 복사하지 않는다. 이를 얕은 복사라고 한다. 필요에 따라서 모든 내용을 복사해야 한다면 `copy` 모듈의 `deepcopy( )` 함수를 사용해야 한다.

❽ dict.pop( ), dict.popitem( ): 아이템 추출

딕셔너리의 아이템을 하나 추출할 때 사용하는 API로 `dict.popitem( )`은 저장된 아이템의 키와 값을 한 번에 반환한다. 이때 반환된 아이템은 딕셔너리에서 제거된다.

```
# 사전 생성
d = {}
d['k1'] = 'v1'
d['k2'] = 'v2'
# 데이터 제거
d.pop('k1')    # --> 'v1'
d.popitem( )   # --> ('k1', 'k2')
```

❾ dict.update(dict [, **kwlist]): 아이템 업데이트

기존 딕셔너리의 내용을 한 번에 여러 아이템으로 변경하기 위해서는 update 메소드를 사용할 수 있다. 업데이트를 위한 사전을 받거나 `kwlist` 방식으로 데이터를 받을 수 있다. 변경하려는 키가 기존 딕셔너리에 있으면 기존 값을 변경하고 없으면 새로 추가한다.

```python
# 사전 생성
d = {}
d['k1'] = 'v1'
d['k2'] = 'v2'

# 데이터 제거
d.update({'k1': 'vv1'})  # → {'k2': 'v2', 'k1': 'vv1'}
d.update(k2 = 'vv2', k3 = 'vv3')  # → {'k2': 'vv2', 'k1': 'vv1', 'k3': 'vv3'}
```

03 조건절

프로그램을 만들게 되면 여러 가지 조건에 따라서 다른 일을 하게 해야 한다. 수차례 앞에서 이야기 했던 것처럼 컴퓨터는 바보이니 명확하게 이건 되고, 이건 안 되고를 알려주어야 한다. 컴퓨터에게 조건은 딱 두 가지이다. YES or NO이다. 이렇게 분명히 판단할 수 있을 때 각각 다른 로직을 수행할 수 있도록 하는 일을 조건절에서 수행한다. 모든 언어들은 이런 조건절을 가지고 있다. 파이썬도 예외는 아니다. 파이썬의 조건절은 "if"를 사용한다.

01 if 절

if 절의 형식은 다음과 같다.

```
if 조건 :
    로직
```

혹은

```
if 조건:
    로직 #1
elif 조건 :
    로직 #2
elif 조건 :
    로직 #3
else:
    로직 #4
```

위에서 보는 것처럼 if 키워드 다음에 참, 거짓을 판단할 수 있는 부분과 이후에 처리할 부분으로 나눌 수 있다. 참과 거짓이 판단되어서 처리할 부분은 if 다음 줄을 수행하고, 거짓이면 `elif` 혹은 `else` 부분을 수행한다. `elif`는 위에서 거짓인 경우 다시 한 번 조건을 검색해서 참이면 바로 다음의 로직을 수행한다. 마지막으로 `else`는 위에서 모든 조건들이 맞지 않을 때 수행한다. 컴퓨터를 사용해서 다양한 상황에서 동작하는 프로그램을 작성하고 싶다면 이 `if`절을 잘 작성해야 한다.

한 줄짜리 if절

정식으로 조건절을 쓰고자 하면 최소 2줄을 작성해야 한다. 프로그램을 잘 하는 프로그래머들은 종종 한 줄에 쓸 수 있는 부분들을 줄여서 사용한다. 다른 소스들을 보다 보면 이와 비슷한 형태를 보게 될 것이다. 그때를 대비해서 이런 형식이 있음을 알아두도록 하자.

```python
if b:
  val = '123'
else:
  val = '456'
```

위 예제를 보자. b의 값에 따라서 `val`에 설정되는 값이 달라진다. b가 **True**이면 문자열 '123'이 `val`에 설정되고 **False**이면 '456'이 설정된다. 이제 이 코드를 줄여보자. 보통 사용하는 형태는 다음과 같다.

```python
val = '123' if b else '456'
val = ['123', '456'][b = False]
val = b ==  True and "123" or "456"
val = b and "123" or "456"
```

파이썬의 문법 특성을 이용한 것으로 이런 형태로 프로그램을 작성하는 것을 지양해야 할 것으로 생각된다. 단 이렇게 쓰는 프로그래머들이 많으니 알아만 두도록 하자.

if절에서 참과 거짓 판단

if에서 주요한 부분은 어떤 것이 **True**이고 **False**인지 판단하는 일이다. 명시적으로는 Bool 타입으로 **True** 혹은 **False** 이렇게 명확하게 판단되는 것이 좋다. 가령

```
a == b
```

위와 같은 코드는 **a**와 **b**의 값이 같으면 **True** 아니면 **False**를 반환한다. 이렇게 반환되는 값이 **True**, **False**로 명확하지 않은 경우가 있다. 파이썬에서는 이런 경우, 자체적으로 판단한다. 파이썬이 판단하는 기준은 [표 3-3]과 같다.

데이터	예	결과
빈 리스트	[]	거짓
비어 있지 않은 리스트	[1,2]	참
빈 문자열	""	거짓
내용이 있는 문자열	"123"	참
빈 사전	{}	거짓
빈 Set	set( )	거짓

[표 3-3] 데이터와 참, 거짓 판단 기준

위에서 나열한 것처럼 데이터가 있으면 **True**이고 내용이 없으면 **False**이다. 이런 특성을 잘 이용하면 짧고 명확한 코드를 작성할 수 있을 것이다.

프로그램을 작성하는 일은 컴퓨터에게 명령을 하는 것이니 컴퓨터가 어떤 상황에서도 잘 이해할 수 있도록 명확하게 하는 것이 좋다.

02 논리 연산자

논리 연산자는 숫자의 덧셈(+), 뺄셈(−)과 같다. 덧셈, 뺄셈의 대상이 숫자라면 논리 연산자는 **True**, **False**와 같은 Boolean 값이다. 다음과 같은 것들을 표현하고 싶은 때 사용한다.

여기서 **and**가 논리 연산자이다. **and**는 양쪽의 두 개의 논리식이 모두 **True**일 때 **True**가 된다. 즉 모두 만족해야 한다. 다른 연산으로 **or** 연산이 있다. **or** 연산은 두 개 중에 한 개만 **True**가 되어도 전체적으로 **True**이다. 마지막으로 **not** 연산이 있다. **not** 연산은 **True**이면 **False**로, **False**이면 **True**가 되는 연산이다.

연산자	설명	예
and	논리1과 논리2가 모두 True이면 True	X % 2 = 0 and X % 3 = 0
or	논리1과 논리2 중 하나 이상 True이면 True	X % 2 = 0 or X % 3 = 0
not	논리가 True이면 False, False이면 True	not (X % 2 == 0)

[표 3-4] 파이썬의 논리 연산자

04 반복문

컴퓨터가 잘하는 것은 계산하는 것과 반복하는 것이다. 컴퓨터는 피곤이라는 것을 모르는 괴물같은 놈이니 우리가 시킨 동작을 끊임없이 계속 빠르고 정확하게 수행한다. 이렇게 어떤 것을 계속하도록 만드는 것을 반복문이라고 한다. 다른 언어들과 다르게 파이썬은 반복문이 두 가지로 한정되어 있다. for, while이다. 두 개 모두 반복시키는 것은 동일하나 멈추는 조건을 표현하는 방법이 다르다. 그럼 하나하나 알아보도록 하자.

01 for

for문은 파이썬에는 일반적으로 가장 많이 사용되는 반복문이다. 형식은 다음과 같다.

```
for [변수] in [이터레이터]:
    다른 코드들
```

형식을 보면 "변수" 그리고 "이터레이터"라는 것이 들어 있다. 이터레이터는 리스트나 사전과 같은 타입을 말하는 것이다. 다른 객체들을 가지고 있는 컨테이너가 이터레이터다. 이터레이터는 컨테이너에서 아이템 하나하나를 꺼낼 수 있는 타입을 의미한다. 리스트처럼 아이템이 순서대로 들어가 있는 컨테이너 타입의 이터레이터는 아이템을 순서대로 반환하고, 세트처럼 순서없이 저장되는 컨테이너의 이터레이터는 고정된 순서가 없는 아이템들을 순차적으로 반환한다. 어떤 것이건 어떤 집합에 데이터가 하나씩 나올 수 있는 것이다.

```
langs = ['python', 'ruby', 'nodejs']
for l in langs:
  print(l, len(l))
```

위의 코드를 보면 langs는 스크립트 언어들의 이름 목록을 가지고 있는 리스트이다. 이들의 각 요소에 길이를 출력하고 싶으면 리스트를 순환하면서 하나하나 확인을 해보아야 한다.

for l in langs는 langs의 아이템들 하나하나를 꺼내서 l에 할당한다는 의미이다. langs 에 더 이상 할당할 아이템이 없으면 반복문은 종료된다.

for문을 보면 알겠지만 반드시 in 다음에 이터레이터가 가능한 컨테이너가 와야 한다. 그럼 1~10까지 10번 반복하고 싶으면 어떻게 할까? 이런 경우에는 간단히 10개의 요소를 가지고 있 는 이터레이터를 생성해서 이용하면 된다. 이것이 range( ) 함수의 역할이다.

```
for i in range(1,10):
  for j in range(1,10):
    print("{} x {} = {}".format(i,j, i*j)
```

리스트, 세트, 튜플, 딕셔너리 등 여러 아이템들을 가지고 있는 컨테이너들은 모두 이터레이터라 고 보면 된다. 내부에 아이템들 하나하나를 순회하면서 조사하거나 변경할 때 for문을 사용할 수 있다.

```
a = {1:'a', 2:'b'}
for i in a:
  print(a)
```

위 예제는 사전의 아이템들을 순회하는 것이다. in 다음에 딕셔너리를 넣으면 키를 하나하나 받 을 수 있다. a.keys( )와 동일하다. 키와 그것과 연결된 값을 조회하고 싶으면 items( )라는 메 소드를 사용해야 한다.

```python
a = {1:'a', 2:'b'}
# key, val을 동시에 조회한다


for k,v in a.items():
    print(k,v)
# a의 key 목록만 조회한다


for k in a.keys():
    print(k)
# a의 값만 조회한다


for v in a.values():
    print(v)
```

만약, 사전에서 기존의 값을 변경하고 싶을 때가 있다. 이럴 때는 순회할 아이템을 복사해서 사용해야 한다. 리스트[:]와 같이 하면 복사가 된다. 현재 순환되고 있는 이터레이터의 내용을 변경하면 어떻게 동작할지 알 수 없기 때문이다.


```python
import keyword
kwlist = keyword.kwlist
for kw in kwlist[:]:
    if len(kw) < 8:
        kwlist.remove(kw)
print(kwlist)
```



```
['continue', 'nonlocal']
```

위 소스는 파이썬의 키워드에서 8자 이상인 목록만 찾는 것이다. `kwlist[:]`를 통해서 데이터를 복사했다. 그리고 `for`문 내부에서 8자 이하가 되면 리스트에서 삭제해 버린다. `kwlist`를 복제한 이유가 여기에 있다. 우리가 지금 순회하고 있는 리스트 데이터와 아이템을 삭제하고 있는 리스트가 동일하다면 알 수 없는 문제가 발생할 수 있다. 이런 문제를 자주 만나게 된다. 이럴 때는 기본 데이터를 복사하는 방법이나 별도의 리스트를 명시적으로 새로 만드는 방법이 있다.

1-1   break, continue

for문은 모든 아이템에 대해서 동일한 로직을 수행한다. 하지만 조건에 따라서 그만 두어야 할 때가 있고 다른 아이템을 처리해야 할 때도 있다. 이렇게 for의 로직 순서를 변경해야 할 때 break와 continue를 사용할 수 있다. break는 for문 자체를 중지해서 반복문을 끝내는 것이다. continue는 이번 처리는 여기서 중지하고 다음 아이템으로 넘어갈 때 사용한다. 다음 예제를 보자.

소스   **리스트 3.2**   **소수 구하기**   **ch03/02_prime_numbers.py**

```python
for n in range(2, 10):

    if n != 2 and n % 2 == 0:
        continue                  #<---- 1

    for x in range(3,n):
        if n % x == 0:
            break                 #<---- 2
    else:
        print('{ }는 소수임'.format(n))
```

실행 결과

```
2는 소수임
3는 소수임
5는 소수임
7는 소수임
```

위 코드는 2~10 사이의 수 중에 소수인 수를 찾는 것이다. 소수는 1과 자신을 제외하고 나누어 지지 않는 수를 의미한다. 두 개의 for문이 필요하다. 두 번째 for문을 통해서 숫자 하나씩 테스트해보는 것이다. 그래서 나누어지는 것이 있으면 코드 2에 의해서 for문이 중지된다. 이때 break문을 사용한다. break는 가장 가까운 for문을 중지시킨다.

그리고 짝수는 2를 제외하고는 모두 소수가 아니므로 조사할 필요가 없다. 코드 1의 `continue`를 통해서 뒷부분 로직을 생략할 수 있다.

 1-2 pass

`pass`는 아무것도 하지 않는 명령이다. 자리만 차지한다. 파이썬 인터프리터는 `pass`를 만나면 아무것도 하지 않고 다음 명령을 찾아 수행한다. 그럼 이런 `pass`가 왜 필요할까? 무한루프가 필요하거나 임시 함수를 만든다고 해보자.

```python
while True:
    pass


def dummy_function():
    pass
```

위 예제는 무한루프와 임시 함수이다. 아무 일도 하지 않지만 문법적으로 뭔가 있어야 할 때 사용한다. 만약 `pass` 부분이 없으면 문법적으로 에러가 된다.

02 while

`for`와 다른 반복문이 있다. `while`은 어떤 조건이 될 때까지 계속 반복한다. `for`가 리스트나 딕셔너리의 아이템들을 순회하기 위해서 사용된다면 True는 조건이 만족하는 한 계속 수행된다.

```python
count = 0
while count < 10
    print(count)
    count += 1
```

위 예제는 `count`가 10 이하 즉 9까지만 반복된다. `for`문은 컨테이너의 데이터를 순회하면서 처리할 때 쓴다면 `while`은 조건을 확인해서 조건이 만족하기만 하면 반복한다. 작성할 로직이 특별히 컨테이너를 다루는 것이 아니라면 `while`이 더 적합할 수 있다.

1 주변 친구들의 이름, 나이, 출신지역 등을 리스트와 딕셔너리로 만드시오.

2 1에서 20까지의 피보나치 수열을 출력하는 프로그램을 작성하시오(피보나치 수열은 0, 1로 시작해서 앞의 두 수의 합이 다음 수가 되는 수열임).

3 사용자로부터 원하는 구구단 단수를 입력 받아 해당 구구단 리스트를 출력하시오.

4 다음과 같은 정보가 있는 리스트를 나이 순으로 정렬하시오.

```
people =[
    {"name": "noah", "age": 19}
    ,{"name": "liam", "age": 23}
    ,{"name": "jacob", "age": 9}
    ,{"name": "mason", "age": 21} ]
```

1 주변 친구들의 이름, 나이, 출신지역 등을 리스트와 딕셔너리로 만드시오.

```python
friends = [
    {"name": "noah", "age": 19, "hometime": "NY"}
    {"name": "liam", "age": 23, "hometime": "CA"}
    {"name": "jacob", "age": 9, "hometime": "CA"}
    {"name": "mason", "age": 43, "hometime": "Hawaii"}
]
```

2 1에서 20까지의 피보나치 수열을 출력하는 프로그램을 작성하시오(피보나치 수열은 0, 1로 시작해서 앞의 두 수의 합이 다음 수가 되는 수열임).

🔍 **소스** **리스트 3.3** **피보나치 수열** **ch03/03_fibonacci.py**

```python
# 초기 값
l = [0,1]
# 다음 수 계산
n = l[-2] + l[-1]
# 계산된 수가 20을 넘지 않도록 한다.
while n < 20:
    l.append(n)
    n = l[-2] + l[-1]

# 계산 결과를 출력한다.
print(l)
```

3 사용자로부터 원하는 구구단 단수를 입력 받아 해당 구구단 리스트를 출력하시오.

```python
dan = int(input("원하는 단을 입력하세요.. "))
for i in range(1,10):
    print(dan, 'x', i , '=', dan * i )
```

4 다음과 같은 정보가 있는 리스트를 나이 순으로 정렬하시오.

```python
people = [
    {"name": "noah", "age": 19}
    ,{"name": "liam", "age": 23}
    ,{"name": "jacob", "age": 9}
    ,{"name": "mason", "age": 21} ]
```

🔍 **소스** **리스트 3.4** **정렬** **ch03/04_sort.py**

```python
people = [
    {"name": "noah", "age": 19}
    ,{"name": "liam", "age": 23}
    ,{"name": "jacob", "age": 9}
    ,{"name": "mason", "age": 21} ]

people.sort(key=lambda x: x["age"])
print(people)
```

04장
함수와 파일

이번 장은 함수에 대해 다루어 볼 것이다. 수학 책에서 보았던 함수 $y = f(x)$라는 식에서 x를 입력받는 f( )가 바로 함수다. 함수는 입력에 따라서 데이터 처리를 하고 결과를 반환한다. 정의된 함수는 어디서나 쓸 수 있기 때문에 재사용이 가능하다. 복잡한 기능을 가지고 있다 하더라도 함수로 만들면 같은 기능을 사용하는 것은 간단하다. 이번 장을 통해서 함수를 만드는 방법과 쓰임에 대해서 다루어 볼 것이다.

학습 목표

- 함수를 만들 수 있다.
- 함수의 목적을 안다.
- 파일을 통해 데이터를 기록할 수 있다.

01 함수

함수는 앞에서 배웠던 변수와 명령 등을 하나로 묶어 놓은 것이다. 우리가 빨래를 하기 위해서는 여러 단계를 거친다. 각 단계를 하나의 명령이라고 해보자. 우리가 빨래를 하기 위해서 각 단계를 매번 의식하지는 않는다. 여러 단계는 하나의 명령을 기억한다. "빨래한다." 이렇게 여러 단계의 일들을 하나로 만드는 것이 함수다. 여러 명령들을 하나로 만들어 주는 함수에 대해 알아보자.

01 함수 정의

함수는 다음과 같은 요소로 나눌 수 있다.

- 함수 이름(필수): 함수를 구분하기 위한 이름
- 매개변수(`parameter`): 함수에 입력으로 넣을 값
- 반환값: 함수의 결과값
- 로직: 함수의 처리 내용
- 설명: 함수를 설명하는 문자열

함수를 만들기 위해서 요소를 문법에 따라서 배치해야 한다. 위 함수 요소 중에 함수 이름을 제외하고는 선택적이다. 필요에 따라서 넣을 수도 있고 그렇지 않을 수도 있다.

다음은 `fractions` 모듈에 정의된 최대 공약수(두 수를 공통적으로 나눌 수 있는 최대수)를 구하는 `gcd` 함수이다. 이 함수의 내용을 이해할 필요는 없고 함수의 구조를 알아보자.

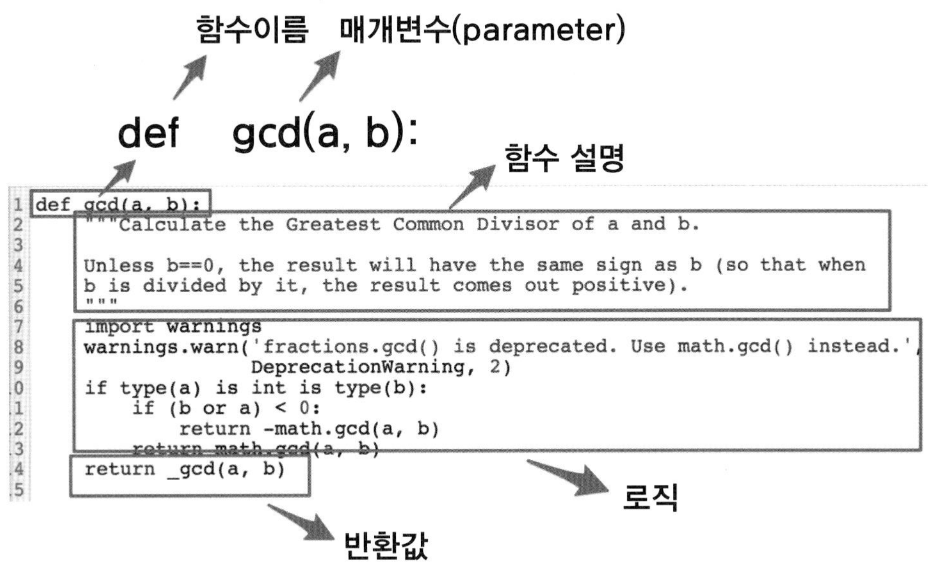

[그림 4-1] 함수의 구성

`gcd()` 함수에 있는 함수의 요소를 찾아보자. 함수는 `def`라는 키워드로 시작한다. 이후에 함수 이름, 매개변수(parameter), 함수 설명, 로직 그리고 반환값을 위한 `return`문까지 있음을 알 수 있다. `def`는 함수 선언을 위한 키워드다.

함수에서 매개변수가 없으면 매개변수 부분은 비우고 "( )"만 표시할 수 있다. 그리고 결과값이 없으면 `return`문이 없어도 된다. 그리고 함수 설명은 필수가 아니다. 단지 설명을 해두면 나중에 문서화에 유리한 점이 있을 뿐이다. 하지만 필수는 아니다.

함수 이름을 만들 때는 신중해야 한다. 함수의 이름이 너무 일반적일 때는 기존에 만들어진 함수가 있을 수 있다. 기존에 사용하던 이름과 동일한 이름으로 함수를 정의하면 새로 정의된 함수 이름이 기존의 이름을 갱신해버린다. 따라서 함수 이름을 선정할 때 중복될 수 있는 이름이 기존에 있는지 확인해야 한다. 다른 함수에서는 네임스페이스라는 것을 두고 이름의 중복 문제를 해결했다. 파이썬에도 비슷한 개념이 있다. 모듈이라는 것으로 별도로 네임스페이스를 제공한다. 모듈을 다른 장에서 자세히 다룰 것이다.

함수를 처음 만들 때는 함수를 작성하는 것이 쉽지 않다. 함수는 코드를 줄여서 짧은 코드를 만들기 위해서 사용한다. 사실 함수는 꼭 필요한 요소는 아니다. 컴퓨터는 주어진 명령을 위에서 아래로 차례로 읽으면서 실행한다. 따라서 어떤 프로그램도 하나의 파일에 필요한 모든 명령들을 순차적으로 나열해도 동일한 프로그램을 만들 수 있다. 하지만 이렇게 해버리면 첫째로 코드가 길어지고 이후에 프로그램이 성공해서 버전 2를 만들 때 기존 프로그램을 수정하지 못해서 처음부터 다시 만들어야 하는 불상사가 발생한다. 이런 점을 보완하기 위해 함수가 만들어졌다. 함수로 반복되는 코드 부분을 따로 떼어서 별도의 이름으로 만드는 것이다. 그럼 우리는 함수의 이름만 부르면 해당 기능을 호출할 수 있다. 편리하면서 실용적이고 나중에 수정하는 것도 쉽다. 또 다른 프로그램에서 재사용할 수도 있다.

이외에도 함수는 전체 프로그램을 구조적으로 만들어 준다. 처음에 실행되는 함수, 메인이 있는 로직 함수 그리고 뒷부분 함수 등으로 말이다.

이러한 이유로 함수를 쓰는 것이다. 함수를 잘 작성하면 좋은 프로그래머가 될 수 있다. 좋은 프로그래머는 전체 프로그램을 이해하기 쉬우면서 수정하기 쉽게 만들고 재사용할 수 있는 함수들을 사용한다.

02 함수의 매개변수

함수의 매개변수는 함수에 대한 입력 값이다. 다음 소스를 보자.

```python
def add(x, y):
    return x+y


add(1,2)   # --> 3
add(1)     # --> TypeError 예외 발생
```

매개변수로 x, y 두 개를 가지고 있다. 이제 함수를 사용할 때 x, y에 들어갈 데이터를 넣어 줄 것이다. add(1, 2)를 실행하면 파이썬 인터프리터는 x에 1을 대입하고 y에 2를 대입한다. 함수의 매개변수는 함수를 호출할 때 값이 설정된다. 로직은 동일하고 매개변수에 의한 변수값만 변경될 뿐이다. 이렇게 하면 함수를 변하지 않는 로직과 변경될 수 있는 데이터로 나눌 수 있다. 함수가 로직을 재사용할 수 있는 것은 함수에서 로직은 변경되지 않기 때문이다.

위 예제처럼 def add(x, y):로 선언하면 이 함수는 두 개의 매개변수를 꼭 넣어주어야 한다. 그렇지 않으면 예외가 발생한다. 이를 방지하기 위해서 기본 값을 부여하는 것은 어떨까? 이를 디

폴트 매개변수라고 하자.

```python
def unix_getpass(prompt = 'Password:', stream = None):
    """Prompt for a password, with echo turned off.

    Args:
      prompt: Written on stream to ask for the input. Default: 'Password: '
      stream: A writable file object to display the prompt. Defaults to
              the tty. If no tty is available defaults to sys.stderr.
    Returns:
      The seKr3t input.
    Raises:
      EOFError: If our input tty or stdin was closed.
      GetPassWarning: When we were unable to turn echo off on the input.

    Always restores terminal settings before returning.

    """
    passwd = None
    with contextlib.ExitStack() as stack:
        try:

            .....〈생략〉......
```

위 코드는 파이썬의 표준 라이브러리 `getpass.py`의 내용 중 일부이다. 유저로부터 암호를
입력받기 위한 함수이다. 이 함수의 **prompt** 매개변수를 보면 "Password:"라고 기본 값이 지
정되어 있다. 따라서 **prompt**를 지정하지 않으면 디폴트 값이 사용된다.

```
>>> import getpass
>>> getpass.unix_getpass()
Password:
'passwd'
>>> getpass.unix_getpass("Enter Password : ")
Enter Password :
'passwd'
>>>
```

[그림 4-2] 기본 매개변수의 사용

기본 매개변수를 설정할 때는 반드시 뒷쪽에 있는 매개변수를 먼저 설정해야 한다. 이것은 파이썬 인터프리터 입장에서 보면 당연한 것으로 함수를 호출할 때 입력한 매개변수를 함수의 앞에서 하나하나 대입하기 때문이다. 이런 규칙이 없으면 파이썬 입장에서 구분할 방법이 없다.

```python
def print_args(p1, p2 = "p2", p3 = "p3"):
  print(p1, p2, p3)


print_args()                              # --> TypeError 발생
print_args("p1")                          # --> p1 p2 p3
print_args("p1", "new_p2")                # --> p1 new_p2 p3
print_args("p1", "new_p2", "new_p3")      # --> p1 new_p2 new_p3
print_args("p1", p3="new_p3")             # --> p1 p2 new_p3
```

위 예제는 매개변수들을 출력하는 함수다. 매개변수로 3개를 가지고 있고 뒷쪽 두 개인 p2, p3에는 디폴트 매개변수가 부여되어 있다. p1 매개변수에 해당하는 값은 반드시 입력을 받아야 한다. 따라서 매개변수 하나만 입력하면 나머지 매개변수는 기본 값으로 대체되어 사용된다. 위 소스에서 마지막 함수 호출은 조금 다르다. p3 매개변수에 값을 설정하기 위해서 직접 이름을 입력했다. 이를 "이름 지정 매개변수(named parameter)"라고 하는데 원하는 매개변수를 직접 지정하는 방식이다. 이런 방식을 사용하면 순서에 상관없이 설정을 할 수 있기 때문에 복잡한 매개변수를 갖는 함수에서 자주 사용된다.

03 함수에서 명시적으로 정의하지 않는 매개변수 처리 방법

함수를 정의할 때 입력될 매개변수 개수를 알 수 없을 때 함수를 어떻게 만들어야 할까? 입력된 매개변수 개수를 알 수 없기 때문에 매개변수를 지정할 수 없다.

```python
def add(*args):
    total = 0
    for i in args:
        total += i
    return total


add(1, 2)                     # --> 3
add(1, 2, 3, 4, 5, 6, 7, 8, 9, 10)   # --> 55
```

위 **add( )** 함수는 매개변수로 입력된 숫자의 합을 구한다. 입력되는 수는 그 개수를 알 수 없다. 이런 경우 **add** 함수처럼 "*args"라는 매개변수를 추가해주면 된다. 파이썬은 함수의 매개변수에 정확히 대입할 수 없는 경우, 해당 매개변수들을 튜플로 만들어서 "*args"에 대입해 준다. 여기서 **args**는 다른 이름이어도 상관 없다. 대신 "*" 부분은 튜플로 여분의 매개변수를 받겠다고 지정한다는 의미를 가지고 있다.

같은 방식으로 이름을 가지고 있는 매개변수의 경우에도 마찬가지다.

```python
def print_args(**kwlist):
    print(kwlist)


print_args(p1 = "1", p2 = "2", p3 = "3") # --> {'p3': '3', 'p1': '1', 'p2': '2'}
```

함수에 선언되지 않은 이름 지정 매개변수를 사용하면 매개변수들을 딕셔너리로 만들어서 함수의 매개변수로 받을 수 있다. 이때 함수 선언에 지정된 "**kwlist"에 대입된다. kwlist라는 이름은 변경이 가능하다.

파이썬은 함수를 다양하게 사용될 수 있도록 최대한 유연하게 설계를 할 수 있다. 하지만 꼭 파이썬에서 제공하는 모든 기능을 사용해야 하는 것은 아니다. 사용할 사람들이 편리하게 사용할 수만 있다면 어떤 형태이건 상관없다. 형식보다는 목적이 중요하다.

04 리스트와 딕셔너리로 함수 호출하기

앞의 함수 선언부에서 다양하게 호출된 매개변수에 대응하기 위해서 *args, **kwlist 등을 사용했다면 이번에는 호출하는 쪽에서 어떻게 호출하는지 살펴보자. 매개변수로 쓰일 데이터들이 리스트나 튜플로 만들어져 있거나 딕셔너리로 만들어져 있을 때의 호출 방법이다.

```python
def add(*args):
    total = 0
    for i in args:
        total += i
    return total


vals = [1,2]      # 리스트로 만들어진 데이터
add(*vals)        # --> 3, add(1, 2)와 동일



vals = (1,2,3,4,5,6,7,8,9,10)  # 튜플로 만들어진 데이터
add(*vals)        # --> 55, add(1, 2, 3, 4, 5, 6, 7, 8, 9, 10)과 동일



def print_args(**kwlist):
    print(kwlist)


vals = {'p3': '3', 'p1': '1', 'p2': '2'}
print_args(**vals)  # -->{'p3': '3', 'p1': '1', 'p2': '2'}
```

위 예제들을 보면 호출하는 부분의 매개변수는 리스트, 튜플 혹은 딕셔너리 객체들이다. 이 데이터를 내부적으로 풀어서 호출하는 방식이다. 이렇게 하기 위해서 리스트나 튜플인 데이터는 "*vals"처럼 *를 붙여서 데이터를 풀어서 호출하라고 명시한다. 같은 방법으로 딕셔너리는 "**kwlist"와 같이 **를 붙여서 딕셔너리를 풀어서 이름 지정 매개변수로 호출하도록 지정할 수 있다.

참 다양한 호출방식이 있어서 당황할지 모르겠다. 다양한 호출방식을 어디에 어떻게 가져다 쓸까. 고민할 수도 있다. 하지만 이런 방식을 모두 쓰라고 하지는 않는다. 할 수 있는 만큼만 쓰면 지금까지 설명하는 기능들은 하나의 옵션이 된다. 그것을 쓰고 쓰지 않고는 모두 프로그램을 작성하고 있는 여러분의 몫이다. 너무 부담을 갖지 말자. 다양한 프로그램과 모듈을 사용하다보면 다양한 호출방식을 보게 될 것이다. 그때 호출방식이 이렇게도 쓰이는구나 하고 느낄 수 있을 것이다. 그때를 위한 공부다.

05 함수 설명

함수를 선언할 때 함수에서 어떤 일을 하는지 어떤 매개변수가 있어야 하고 어떤 값을 리턴하게 되는지 docstring을 사용해서 지정할 수 있다. 다른 언어들은 주석을 통해서 이런 내용들을 정리하고 별도의 프로그램을 통해서 문서화한다. 하지만 파이썬은 이런 설명들이 언어적으로 지원된다. 언어의 한 부분으로 문서화를 다루고 있다. 함수를 선언하고 함수를 설명하는 내용이 최대한 같은 위치에 있기 때문에 함수를 변경할 때 함수 설명도 바로 변경할 수 있어서 실제 소스와 문서 내용이 일치하지 않는 문제를 원천적으로 방치할 수 있다.

```python
def myfunc():
    """문서 설명.

    이 함수는 아무일도 하지 않는 함수로 함수의 docstring을 설명하기
    위한 함수이다.

    파라미터: 없음
    리턴: 없음
    """

    pass


myfunc.__doc__   # --> 문서 설명. \n  \n   이 함수는 아무일도 하지 않는 함수로 함수...
help(myfunc)     # --> 별도의 설명 화면이 보임
```

위 함수는 docstring만 있는 함수를 하나 정의한 것이다. 이 함수에는 함수 설명만 있다. 함수

를 선언하면 함수 설명 부분은 함수의 `doc` 멤버 변수로 설정된다. `myfunc( )` 함수의 경우에는 `myfunc.__doc__`에 선언된 함수 설명이 저장된다. `help( )` 함수를 사용하면 함수 설명을 좀 더 멋진 화면으로 볼 수 있다. `help(myfunc)`하면 [그림 4-3]과 같은 화면이 보인다.

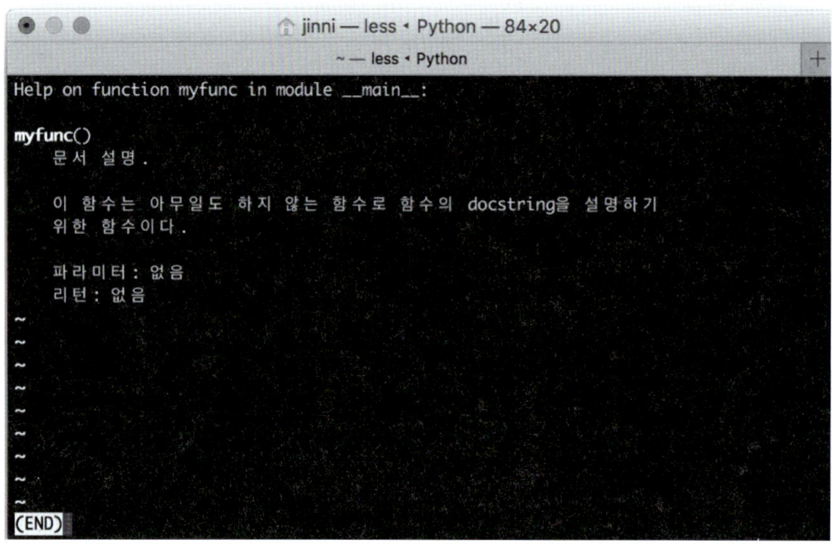

[그림 4-3] help( ) 함수를 이용한 함수 설명

파이썬에서 제공하는 모든 함수들은 설명이 포함되어 있기 때문에 함수를 공부하기 위해서 따로 검색해야 하는 수고를 덜 수 있다. 터미널을 하나 열어서 테스트하고 설명도 바로 볼 수 있다.

06 람다(Lambda) 표현식

위키피디아에 따르면 람다는 이론 컴퓨터과학과 수리논리학에서 등장한 추상화한 형식 체계로서의 함수다. 1930년대 수학기초론을 연구하던 알론조 처치라는 사람이 처음으로 형식을 정의했다. 그때는 수학적인 함수를 정의한 것이다. 이것을 컴퓨터 언어로 적용한 것은 LISP에 와서였다.

LISP는 알론조 처치의 람다 대수 표현식을 언어에 적용했다. 파이썬도 초기부터 LISP처럼 람다를 지원했다. 설명은 복잡하게 했지만 프로그램의 언어 입장에서 보면 함수를 축약해 한 줄로 표현한 함수라고 볼 수 있다.

```python
# 정렬할 대상
fruits = ['apple', 'banana', 'kiwi', 'watermelon']

# 정렬을 위해서 과일 이름의 길이를 리턴하는 함수
def name_length(x):
    return len(x)

# 과일을 이름 순으로 정렬(함수 사용)
fruits.sort( key = name_length)            #<--- 1
#['kiwi', 'apple', 'banana', 'watermelon']

# 람다를 사용한다면
fruits.sort(key=lambda x: len(x))          #<--- 2
#['kiwi', 'apple', 'banana', 'watermelon']
```

람마를 설명하기 위해서 일반 함수와 비교해서 설명하는 것이 좋겠다. 앞에서 살펴본 것처럼 함수는 def로 시작해서 함수 이름, 매개변수, 로직, 리턴 값 등 많은 요소들이 포함되어 있다. 이렇게 함수를 정의하는 것은 좋기는 하지만 간단한 로직을 모두 이렇게 만들려면 코드가 길어진다. 람마에서는 좀 더 깊은 의미가 있겠지만 외형적으로 보면 함수의 축약일 뿐이다.

예제를 보자. 위 코드는 과일 이름이 있는 리스트를 정렬하려고 하고 있다. 정렬을 위해서 list.sort( )를 이용하려고 하는데 이때 정렬에 사용된 기준을 정해주어야 한다. 어떤 것을 기준으로 정렬해야 하는지 알려주어야 하는 것이다. 여기서는 과일 이름의 길이를 기준으로 하려고 한다. list.sort에 기준을 알려주기 위해서 key라는 매개변수로 함수를 넘겨준다. 이 함수는 정렬에 사용될 기준 값, 여기서는 길이를 알려준다.

코드 1 (<---1)의 name_length라는 함수를 넘겨준다. name_length는 데이터를 받아서 기준 값을 리턴하는 함수다. 파이썬에서 함수는 다른 데이터들과 동일하다. 변수에 할당할 수도 있고 리스트에 다른 데이터처럼 저장할 수도 있다. 이렇게 어떤 기능을 하는 일부를 함수로 받아서 처리할 수 있다.

기존 함수를 넘기는 것처럼 람다를 만들어 넘길 수도 있다. 파이썬에서 람다는 함수와 동일하게 사용될 수 있다. 대신 람다의 표현은 길이가 훨씬 짧다. 코드 2를 보면 길이가 짧은 람바를 볼 수 있다. 같은 기능을 한다면 짧은 코드가 읽거나 유지보수 하기에 유리하다.

람다 형식

람다는 다음과 같은 형식을 갖는다.

```
lambda [매개변수]: [계산로직]
```

람다는 많은 것이 생략되어 있다. 로직도 한 줄로 계산되는 것이어야 한다. 이 값이 바로 리턴값이 된다.

예 `lambda a, b: a + b` → a, b 덧셈
`lambda x, y: math.sQrt(x**x + y**y)` → (0,0)에서 (x,y)까지의 거리
`lambda x: x % 2 == 0` → x가 짝수이면 True

람다 함수는 다음과 같은 특징이 있다.

- 함수의 이름이 없다.
- `return`문이 없다.
- 함수의 로직이 짧다.

람다를 통해서 함수를 적용하면 코드의 길이가 줄어든다. 코드를 줄이면서 원하는 일을 명확하게 정의할 수 있다.

02 파일

파일은 하드디스크나 CD롬에 저장되는 데이터이다. 우리가 워드 프로그램으로 문서를 작성하고 작성된 문서를 보관하기 위해서 파일로 만들어서 하드디스크나 USB 디스크에 저장한다. 프로그램은 파일을 읽어서 데이터를 읽을 수도 있고 파일에 데이터를 기록해서 보관할 수도 있다. 여기는 파이썬에서 파일을 보는 관점과 파일 관련 API를 살펴볼 것이다.

01 파일의 모형

파이썬에서 바라보는 파일 모형이 있다.

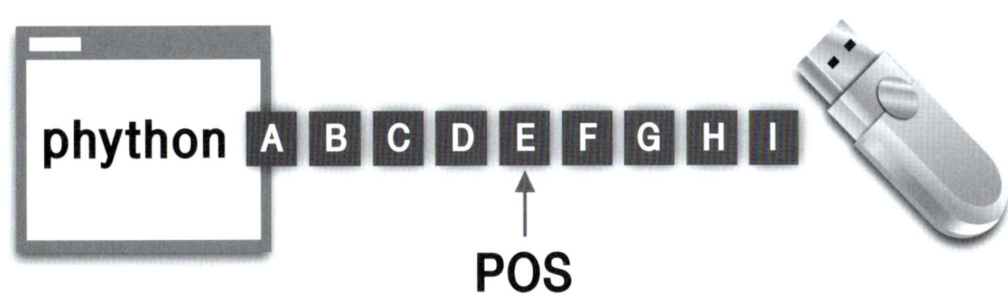

[그림 4-4] 파이썬과 파일

[그림 4-4]를 보면 파일은 바이트로 이루어진 데이터들이 길게 늘어서 있는 리스트 형태이다. 리스트가 일차원인 것처럼 파일도 일차원으로 데이터를 보관한다. 형태로 보나 쓰임으로 보나 파일은 마치 카세트 테이프와 같다. 카세트 테이프는 CD가 나오기 전에 음악을 저장했던 매체

였다. 카세트 테이프는 얇고 좁고 긴 형태로 되어 있고 자석을 이용해서 음악을 기록하고 읽었다. 이 카세트 테이프가 하나의 파일이라고 할 수 있다. 카세트가 음악을 저장했다면 파일에는 바이트 단위로 이루어진 데이터를 저장한다. 워크맨으로 카세트 테이프를 플레이시키면 테이프가 이동되면서 음악이 재생된다. 파일도 데이터를 읽으면 앞에서 뒤로 파일을 읽게 되고 내부에 현재 파일의 위치를 기억하는 변수가 변경된다.

파이썬은 이 모델을 바탕으로 할 수 있는 동작들을 함수로 만들어 두었다. 파이썬에서 제공하는 대표 API들은 다음과 같은 것들이 있다.

- `open( )`: 파일 열기, 파일 객체가 생성됨
- `file.close( )`: 파일 닫기
- `file.read( )`: 파일로부터 데이터 읽기
- `file.write( )`: 파일에 데이터 쓰기
- `file.tell( )`: 파일의 커서 위치 리턴

위 API들은 파일을 다루기 위한 필수 API들이다. 위 함수 이외에도 다양한 파일 관련 함수들이 있다. 이 함수들은 위에서 제시한 필수 함수들을 좀 더 쉽게 사용할 수 있도록 한 API들이 있다. 따라서 함수를 볼 때 대표 API들을 중심으로 다른 API들을 보는 것이 좋다.

02 파일 다루기

파일을 다루기 위해서는 일정한 절차를 거쳐야 한다. 그 첫 번째가 파일을 여는 것이다. 파일을 연다는 것은 파일을 다루기 위한 `file` 객체를 생성한다는 의미다. 이 파일 객체를 통해서 읽고 쓰는 것이 가능하다.

```
>>> f = open('todo.txt', 'wt')      # 파일을 연다.
>>> type(f)
<class '_io.TextIOWrapper'>
>>> dir(f)                          # 파일 객체의 변수와 메소드
['_CHUNK_SIZE', '__class__', '__del__', '__delattr__', '__dict__',
 '__dir__', '__doc__', '__enter__', '__eq__', '__exit__', '__format__',
 '__ge__', '__getattribute__', '__getstate__', '__gt__', '__hash__',
```

```
'__init__','__iter__','__le__','__lt__','__ne__','__new__',
'__next__','__reduce__','__reduce_ex__','__repr__','__setattr__',
'__sizeof__','__str__','__subclasshook__','_checkClosed',
'_checkReadable','_checkSeekable','_checkWritable','_finalizing',
'buffer','close','closed','detach','encoding','errors','fileno',
'flush','isatty','line_buffering','mode','name','newlines',
'read','readable','readline','readlines','seek','seekable',
'tell','truncate','writable','write','writelines']
```

open은 빌트인 함수로 파이썬에서 기본으로 제공해주는 함수다. 이 함수를 통해서 파일 객체를 만들 수 있다. 파일 객체는 파일을 가지고 할 수 있는 많은 API들을 제공한다. `dir()` 함수로 파일 객체의 심볼들을 보면 다양한 변수와 함수들이 보인다. 사용할 수 있는 API를 잊었다면 이런 식으로 찾을 수 있다.

일단 파일을 열고 나면 파일에 대한 읽기 쓰기가 가능해진다. open() 함수는 다음과 같은 정의를 가지고 있다.

```
open(file, mode = 'r', buffering = -1, encoding = None, errors = None, newline =
None, closefd = True, opener = None)
```

주요 매개변수만 살펴보자. `file`은 읽거나 생성할 파일 경로이다. 파일 경로는 파일이 위치할 디렉토리와 파일명 모두를 의미한다. 디렉토리를 지정하지 않으면 현재 디렉토리가 사용된다.

파일 경로
- 절대 경로: `- /Users/jinni/todo.txt`
  - `~/todo.txt`
- 상대 경로: `- todo.txt`
  - `./todo.txt`
  - `../todo.txt`

파일 경로에는 위와 같은 것들이 있을 수 있다. 위 예의 파일 경로에는 모두 파일 이름으로 `todo.txt`를 가지고 있다. 이름을 제외한 나머지 부분은 파일이 위치할 디렉토리를 가리킨다. "`/Users/jinni/`"는 루트(`/`)부터 시작하는 경로를 보여 주고 있다. 이렇게 전체 경로를 모두 나열하는 것을 **절대 경로**라고 한다. 절대 경로를 사용하면 현재 위치와 상관없이 사용할 수 있기 때문에 경로명이 고정된 경우 절대 경로를 사용한다. 절대 경로가 루트에서부터 원하는 디렉토리까지의 위치를 표시하는 것이라면 상대 경로는 현재 디렉토리를 기준으로 위치를 정한다. “./”는 현재 경로를 의미하고 “../”는 부모 디렉토리를 의미한다.

파일 모드

open( ) 함수에는 파일의 모드를 설정한다. 파일 모드는 파일을 어떻게 다룰지를 지정하는 것이다. 파일로 작업을 할 때는 어떤 목적이 있을 것이다. 파일을 읽기 위한 것일 수도 있고 파일에 데이터를 기록하려고도 할 수 있다. 그리고 기존 데이터를 수정하거나 덧붙이는 작업을 하고 싶을 수 있다. 이렇게 파일을 가지고 어떤 일을 할지를 결정하게 되는데 이때 필요한 것이 파일 모드이다. 파일 모드는 특별한 문자를 조합한다.

문자	의미
‘r’	파일을 읽기 위해서 연다(기본 값).
‘w’	파일에 데이터를 쓰기 위해서 연다.
‘x’	새로운 파일을 생성해야 한다. 파일이 기존에 있으면 예외 발생(FileExistsError 발생)
‘a’	파일의 뒷부분에 데이터를 추가하기 위해 파일을 연다.
‘b’	파일을 바이너리 데이터로 본다.
‘t’	파일을 텍스트 데이터로 본다(줄바꿈, 인코딩 등을 자동으로 처리).
‘+’	기존 파일 업데이트를 위해서 파일을 연다.

[표 4-1] 파일 모드

> **Note 파일 객체**
>
> 파이썬 2까지는 open( ) 함수를 이용해서 함수를 열면 직접 file 객체를 생성해주었다. 바이너리를 다루는 것이건 Text를 다루는 파일이건 모두 file 객체를 통해서 조작했다. 이것으로 파이썬 3에서는 종류별로 파일 객체를 만들었다. text I/O, binary I/O, raw I/O를 다루는 각각의 클래스를 분리해서 작성되었다. 공통된 API와 특수화된 API를 분리하기 위한 조치이다.

[표 4-1]에서 제시한 파일 모드 문자를 조합해서 파일 모드를 결정하게 된다. 자주 사용되는 것은 다음과 같다.

- r: 문자로 이루어진 파일을 읽는다.
- w: 문자로 이루어진 데이터를 파일에 쓴다. 기존 파일이 있으면 삭제된다.
- w+: 기존 파일을 수정한다.
- rb: 바이너리로 이루어진 파일을 읽는다.
- wb: 바이너리 데이터를 파일에 쓴다.
- wb+: 바이너리 데이터로 쓴 파일을 수정한다.

일단 파일을 열고 나면 여기에서 파일의 내용을 읽기도 하고 쓸 수도 있다.

소스 | **리스트 4.1** | **파일 쓰기** | **ch04/01_write_todo.py**

```python
f = open('todo.txt', 'wt')
f.write('2016-05-01\n')
f.write(' - [ ] 책 읽기\n')
f.write(' - [ ] 커피 한잔\n')
f.write(' - [ ] 회의\n')
f.close()
```

위 프로그램을 파이썬 파일로 만들어서 실행하면 **todo.txt**라는 파일이 생성된다. 코드에서 \n 은 줄바꿈을 의미한다. 생성된 파일을 열어보면 다음과 같다.

```
2016-05-01
 - [ ] 책 읽기
 - [ ] 커피 한잔
 - [ ] 회의
```

이 파일을 읽으려면 다음과 같이 한다.

```
f = open("todo.txt", "r")
data = f.read()
print(data)
```

위 프로그램은 **todo.txt** 파일을 열고 파일 내용을 모두 읽어서 **data** 변수에 저장한다.

🔍 **실행 결과**

```
2016-05-01
 - [ ] 책 읽기
 - [ ] 커피 한잔
 - [ ] 회의
```

파일을 읽기 위해서 먼저 파일을 열어야 한다. **todo.txt**는 문자열을 저장한 것이기 때문에 **text** 모드로 열어주어야 한다. **text** 모드로 열면 파일을 읽으면서 디코딩을 내부에서 처리해서 우리가 읽을 수 있는 문자열(**str** 타입)을 만들어준다. 만약 **open( )** 함수에서 파일 모드를 "r" 대신 "rb"로 했다면 어떻게 됐을까?

```
python3 read_todo.py
b'2016-05-01\n - [ ] \xec\xb1\x85 \xec\x9d\xbd\xea\xb8\xb0\n - [ ]
\xec\xbb\xa4\xed\x94\xbc \xed\x95\x9c\xec\x9e\x94\n - [ ] \xed\x9a\x8c\xec\x9d\x98\n'
```

바이너리 모드로 열면 모든 데이터를 바이너리 데이터로 보기 때문에 **read( )**의 결과가 byte 타입이 되어 한글로 작성한 부분이 보이지 않는다. 이것은 문자열에서 설명한 바 있다.

　이제 파일을 한 번 수정해보자. **todo.txt** 파일의 첫 번째 "[ ]"를 "[X]"로 변경할 것이다. 파일 수정에서는 모든 데이터를 메모리에 로드해서 파일을 새롭게 만드는 방법이 있다. 또 파일의 특정 위치에 데이터를 쓰는 방법도 있다. 첫 번째 것은 데이터를 새로 기록하는 방법과 동일하기 때문에 두 번째 방법에 대해서 설명한다.

```python
f = open('todo.txt', 'r+')
f.seek(15, 0)
f.write('X')
f.close
```

이번에는 파일의 15번째 글자를 'X'로 교체해보자. 파일에서는 파일의 쓰거나 읽는 위치를 가리키는 특수한 위치 변수가 있다. 파일을 열고 읽고 쓰는 모든 동작을 이 위치 변수('커서'라고 하자)에서 변경한다. 파일 변경을 위해서 "r+" 모드로 파일을 열면 파일의 커서가 파일의 마지막에 가 있다. 이 위치는 seek 함수로 변경한다.

```
seek(offset[, whence])
```

seek 메소드는 기준점(whence)과 이동거리(offset)를 가진다. 기준점은 다음과 같이 3개가 있다.

- 0 : 파일의 처음 위치
- 1 : 현재 위치
- 2 : 파일의 마지막 위치

앞 코드 중에 **f.seek**(16, 0)는 파일의 앞에서 16바이트 뒤로 이동한다. 이 위치가 "[ ]"의 중앙에 위치다. 여기에 X 문자를 기록한다.

지금까지 파일을 다루는 방법에 대해서 살펴보았다. 사실 파일을 앞에서 배웠던 API를 사용해서 직접 다루는 것은 흔한 일이 아니다. 파일을 직접 다루는 것이 어렵기도 하지만 파일보다 중요한 것은 데이터를 어떤 식으로 변형시켜서 파일에 저장할 것인가에 대한 내용이 들어가야 하기 때문이다. 따라서 여러분들이 다양한 함수를 배웠지만 이 내용으로 어떤 멋진 프로그램을 작성하기는 쉽지 않다. 파일에 데이터를 직접 저장하고 읽지 않아도 파이썬은 다른 멋진 방법들이 존재한다. 파일을 다루는 것은 이런 방법들 중에 가장 어려운 방법이다.

그럼에도 파일을 배워야 하는 것은 파일이 컴퓨터의 기본 요소이기 때문이다. 리눅스, 유닉스는 대부분의 OS를 파일로 처리하고 있다. 프린터를 제어하는 것도 파일을 이용한 입출력이고 모니터에 데이터를 출력하는 것도 파일에 데이터를 기록하는 것으로 처리할 수 있다. 따라서 파일을 공부하지 않고서는 컴퓨터를 정확히 이해할 수 없다고 생각한다.

비록, 자주 쓰지는 않겠지만 여기서의 지식을 바탕으로 다른 API나 기능들을 살펴보면 도움이 되리라 생각한다.

03 표준 입출력 파일들

UNIX 운영체제의 초기 목적은 시스템을 간단하게 만들자는 것이었다. 그래서 UNIX는 모든 것이 파일이라고 보았다. 파일, 모니터, 네트워트, 프린터 등 모든 것을 파일처럼 다룬 것이다. 그런 전통은 지금까지 계속 이어지고 있다. 그중에서 우리가 알게 모르게 쓰고 있는 것은 표준 입력, 표준 출력, 표준 에러라는 것이다. 우리는 자연스럽게 키보드를 사용하고 모니터를 사용하고 있다. 우리가 키보드를 사용할 수 있는 것은 키보드가 표준 입력이기 때문이다. 이 표준 입력 은 프로그램으로 들어가고 프로그램에서 이 입력에 따라서 명령을 처리한다. 마찬가지로 프로그 램에서 생성되는 메시지들은 표준 출력과 표준 에러를 통해서 화면에 뿌려진다. 이 표준 입력과 표준 출력, 표준 에러들은 프로그램이 동작할 때 OS가 자동으로 만들어서 연결해준다. 파이썬도 이 표준 파일들을 이용하고 있다.

표준 파일들은 [표 4-2]와 같이 다음 변수에 연결되어 있다.

변수	이름	용도
sys.stdout	표준 출력	모니터에 출력
sys.stdin	표준 입력	키보드로부터 입력받음
sys.stderr	표준 에러	모니터로 출력

[표 4-2] 표준 입출력

◎ 소스 · **리스트 4.4** · **표준 출력을 이용해서 메시지 출력** · **ch04/04_stdout.py**

```python
import sys
print("This is message for standard output")
print("Thie is message for standard output", file = sys.stdout)
sys.stdout.write("Thie is message for standard output")
```

```
This is message for standard output
Thie is message for standard output
Thie is message for standard output
```

위 코드는 모든 화면에 문자열을 출력한다. `print( )` 함수는 표준출력에 문자열을 출력한다. `print( )`문 말고 다른 방식으로 표준출력에 `write( )`를 이용해서 문자열을 출력할 수도 있다. `write( )` 함수를 쓸 수 있는 것은 표준 출력이 파일이기 때문이다. 다른 표준 파일들도 동일하다. 단, 표준 출력, 표준 에러는 쓰기만 가능하고 표준 입력은 읽기만 가능하다.

04 유사 파일 객체(file-like object)

파이썬의 특징 중에 하나는 다이나믹 타입이다. 다이나믹 타입을 지원하는 언어들은 타입 체크를 잘하지 않는다. 물론 필요하면 타입을 체크하는 로직을 넣을 수는 있지만 언어 자체에서는 타입을 체크하지 않는다. 유사 파일은 이런 언어적인 특징을 이용한다. 파일 객체에서 제공하는 API들을 구현했다면 어떤 객체이건 파일 객체로 봐주겠다는 말이다. 이것을 '덕 타이핑(Duck Typing)'이라고 한다. 예를 들자면 "꿱꿱"이라고 울 수 있는 객체를 오리라고 하자. 이렇게 되면 "꿱꿱"이라고 흉내낼 수 있는 앵무새가 있다면 이 앵무새도 오리라고 볼 수 있다는 말이다. 좀 말이 안되는 것 같지만 그런 일이 일어난다.


```python
import io
f = io.StringIO( )
f.write('2016-05-01\n')
f.write(' - [ ] 책읽기\n')
f.write(' - [ ] 커피한잔\n')
f.write(' - [ ] 회의\n')


# getvalue( )로 출력한 내용을 볼 수 있음
```

```
print(f.getvalue( ))
f.close( )
```

위 코드는 앞에서 보았을 때 파일에 할 일을 기록하는 프로그램과 유사하다. 전에는 **f** 변수에 **open**( ) 함수로 만들었던 파일 객체를 할당했다. 이번에는 **StringIO** 객체를 이용하고 있다. **StringIO**는 파일 객체에서 지원하는 다양한 API를 자체적으로 구현하고 있다. **StringIO** 객체에 쓰여진 데이터는 내부의 buf 변수에 저장된다. 저장된 내용은 **f.getvalue**( ) 메소드를 통해서 파일을 닫기 전에 볼 수 있다.

StringIO는 파이썬에서 상당히 많이 사용한다. 파이썬의 코드 중에는 파일만을 위해서 작성된 API들이 있다. 이런 API들은 파일로 만들어진 데이터만 처리할 수 있다. 하지만 데이터를 메모리에 동적으로 만드는 경우라면 이 API를 사용하기 위해서 임시파일을 만들어야 한다. 이렇게 되면 디렉토리가 지저분해지고 프로그램의 속도 면에서도 불리하다. 따라서 메모리의 일부를 파일로 보이도록 한다면 임시파일이 필요 없다. **StringIO**가 그런 역할을 한다. 메모리의 일부를 파일처럼 보이도록 한 것이다.

StringIO 이외에 **BytesIO**도 있다. **StringIO**는 문자열을 유사 파일로 만드는 것이고 **BytesIO**는 바이너리(bytes 타입) 데이터를 위한 유사 파일이다.

```
# 파이썬 3의 Library 테스트 코드 중
class LegacyBase64TestCase(unittest.TestCase):

  # .... 생략 ....

  def test_encode(self):
    eQ = self.assertEQual
    from io import BytesIO, StringIO
    infp = BytesIO(b'abcdefghijklmnopQrstuvwxyz'      <----1
         b'ABCDEFGHIJKLMNOPQRSTUVWXYZ'
         b'0123456789!@#0^&*( );:<>,. []{}')
    outfp = BytesIO( )                                <----2
    base64.encode(infp, outfp)                        <----3
    eQ(outfp.getvalue( ),
```

```
        b'YWJjZGVmZ2hpamtsbW5vcHFyc3R1dnd4eXpBQkNE'
        b'RUZHSElKS0xNTk9QUVJTVFVWV1hZWjAxMjM\nNT'
        b'Y30DkhQCMwXiYQKCk70jw+LC4gW117fQ==\n')
# Non-binary files
self.assertRaises(TypeError, base64.encode, StringIO('abc'), BytesIO())
self.assertRaises(TypeError, base64.encode, BytesIO(b'abc'), StringIO())
self.assertRaises(TypeError, base64.encode, StringIO('abc'), StringIO())
```

위 코드는 파이썬 3.5.1에 있는 **Base64** 인코딩 단위 테스트 코드이다. **Base64.encode( )**는 문자열을 입력 받아서 **Base64**로 인코딩한다. 코드 1은 입력할 데이터를 BytesIO로 유사 파일 객체를 만든다. 코드 2는 인코딩된 데이터를 받을 유사 파일 객체를 생성한다. 코드 3은 실제로 인코딩을 실시한다. **encoding** 메소드는 원래 파일 객체의 입력과 출력을 받는다. 이때 파일을 사용해야 한다면 파일을 만들어야 하는데 이것은 유사 파일을 만들어서 해결했다. 유사 파일 객체는 파일 객체이면서 메모리를 사용한다.

이처럼 유사 파일 객체는 파일을 대신해서 처리하기 때문에 파일을 대상으로 하는 API들에 대한 테스트에도 쉽게 실행 가능하다.

1　복리이자를 계산하는 함수를 작성하시오. 파라미터로 원금(m), 가입 기간(n개월), 복리 기간 단위(x 개월), 년이자율(r)이라고 하자. 다음과 같이 사용된다.

```
>>> money = compound_interest(1000, 36, 12, 0.1)
>>> print("1000만 원을 넣으면 {:0.2f}만 원이 된다.".format(money))
1000만 원을 넣으면 1331.00만 원이 된다.
```

2　다음은 함수 선언이다. 잘못된 부분은 찾고 이유를 설명하시오.

```
def 9_gcd(a = 1, b)
    """Calculate the Greatest Common Divisor of a and b.
    Unless b==0, the result will have the same sign as b (so that when
    b is divided by it, the result comes out positive).
    """
import warnings
    warnings.warn('fractions.gcd( ) is deprecated. Use math.gcd( )
instead.', DeprecationWarning, 2)
    if type(a) is int is type(b):
      if (b or a) < 0:
        return -math.gcd(a, b)
      return math.gcd(a, b)
    return _gcd(a, b)
```

3 파일의 크기를 계산하는 방법으로 파일 포인터를 사용할 수 있다. 파일 포인터로 파일을 작성하는 함수를 작성하시오. 다음과 같이 사용한다.

```
>>> getsize("sample_file.txt")
```

4 “,”로 구분되어 있는 데이터를 int 타입으로 변환해서 리스트로 반환하는 함수를 작성하시오. 함수는 파일 객체를 매개변수로 받는다.

파일 예제:
　　1, 2, 3, 4, 5, 6, 7, 8

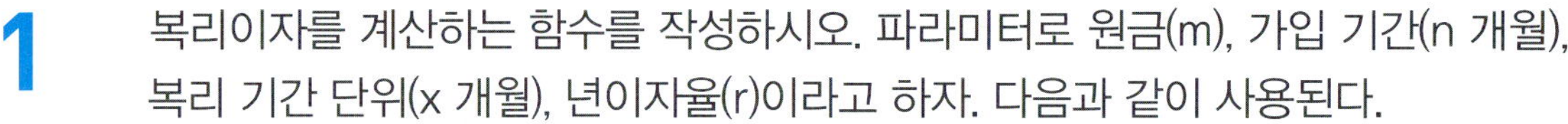

1 복리이자를 계산하는 함수를 작성하시오. 파라미터로 원금(m), 가입 기간(n 개월), 복리 기간 단위(x 개월), 년이자율(r)이라고 하자. 다음과 같이 사용된다.

```
>>> money = compound_interest(1000, 36, 12, 0.1)
>>> print("1000만 원을 넣으면 {:0.2f}만 원이 된다.".format(money))
1000만 원을 넣으면 1331.00만 원이 된다.
```

이 문제는 복리 계산식만 알고 있으면 간단하다. 계산식을 파이썬으로 표현하기만 하면 된다.

```python
def compound_interest(m, n, x, r):
    return m * (1+r)**(n/x)


money = compound_interest(1000, 36, 12, 0.1)
```

2 다음은 함수 선언이다. 잘못된 부분은 찾고 이유를 설명하시오.

```python
def 9_gcd(a = 1, b)
    """Calculate the Greatest Common Divisor of a and b.
    Unless b == 0, the result will have the same sign as b (so that when
    b is divided by it, the result comes out positive).
    """
import warnings
    warnings.warn('fractions.gcd( ) is deprecated. Use math.gcd( )
instead.', DeprecationWarning, 2)
    if type(a) is int is type(b):
        if (b or a) < 0:
            return -math.gcd(a, b)
        return math.gcd(a, b)
    return _gcd(a, b)
```

예제 파일에는 총 세 가지의 오류가 있다.
- 함수명이 숫자로 시작한다.
- 함수가 선언된 줄의 마지막에 ":"을 추가해야 한다.
- docstring이 끝나고 import warnings 부분에 TAB을 추가해야 한다.

3 파일의 크기를 계산하는 방법으로 파일 포인터를 사용할 수 있다. 파일 포인터로 파일을 작성하는 함수를 작성하시오. 다음과 같이 사용한다.

```
>>> getsize("sample_file.txt")
```

파일의 포인터를 마지막으로 옮기고 포인터의 위치를 구해오면 된다.

```python
def getsize(filename):
    f = open(filename, 'rb')
    f.seek(0,2)
    ret = f.tell()
    return ret

# 사용 방법
import os.path
print(getsize(os.path.expanduser('~/.bash_history')))
```

4 ","로 구분되어 있는 데이터를 int 타입으로 변환해서 리스트로 반환하는 함수를 작성하시오. 함수는 파일 객체를 매개변수로 받는다.

파일 예제:
```
1, 2, 3, 4, 5, 6, 7, 8
```

파일 객체의 데이터를 모두 읽어서 ","로 나누고 타입 변환을 한다.

```python
def read_num_list(file_obj):
    file_obj.seek(0,0)        # 가장 앞으로 이동
    text = file_obj.read( )   # 데이터를 모두 읽는다.
    ret = []
        for i in text.split(','):
        ret.append(int(i))


    return ret


# 테스트 코드
# 파일을 만드는 대신 유사 파일 객체를 만들었다.
import io
f = io.StringIO('1, 2, 3, 4, 5, 6, 7, 8, 9, 10')
print(read_num_list(f))
```

05장
데이터 저장

파이썬 프로그램이 영원히 실행되면 좋겠지만 이것은 불가능한 일이다. 아무리 완벽한 프로그램이라고 해도 종종 프로그램을 내리고 정비를 해야 할 시간이 필요하다. 이럴 때 메모리에 있는 데이터들은 사라진다. 때문에 데이터를 디스크에 저장해서 프로그램이 종료하더라도 데이터를 보존할 수 있는 방법이 필요하다.

학습 목표

- 데이터를 저장하는 방법을 이해한다.
- 데이터를 DB에 저장할 수 있는 방법을 이해한다.
- SQLite를 이용해서 데이터를 저장하는 방법을 안다.

01 데이터 저장과 직렬화

컴퓨터 메모리에는 수많은 데이터가 있다. 이들 중에 꼭 필요한 데이터는 파일 혹은 네트워크를 통해 저장된다. 이때 데이터는 저장될 수 있는 형태로 변형된다.

데이터는 어디에나 존재한다. 컴퓨터에 있는 데이터는 메모리에 있거나 하드디스크에 있거나 혹은 여러분들의 USB 디스크에 저장되어 있다. 이 데이터들이 자신들이 있던 자리에 영원히 잘 있으면 좋겠지만 그렇지 못하다는 것이 문제다. 특히나 메모리에 있는 데이터들은 컴퓨터에 0.1초라도 전원이 들어오지 않으면 영원히 날아가 버린다. 아무리 중요한 데이터라도 순식간에 사라진다.

그래서 우리는 데이터를 저장해서 파일에 만들어 둔다. 혹시 문제가 생길 수 있기 때문이다. 이런 문제로 데이터를 저장하는데, 저장하는 방법에는 여러 가지가 있을 수 있다. 간단히 파일을 만들어 저장하거나 혹은 전문적인 데이터 저장시스템인 DB에 저장하는 방법도 있다. 혹은 구글이나 아마존의 PaaS를 이용하기도 한다.

어떤 방식이건 데이터를 보관하면 현재 데이터를 가지고 있는 프로세스가 종료하더라도 데이터가 보존될 수 있다. 이를 위해서 데이터를 전송해야 한다. 데이터 전송이 꼭 네트워크를 통해서 전송되는 것을 의미하지는 않는다. 파일에 저장하는 것도 데이터 전송이다.

데이터를 전송하기 위해서는 전송을 위한 어떤 형태로 변형해주어야 한다. 파일에 저장하거나 네트워크로 전송하기 위해서는 바이트로 이루어진 리스트 같은 형태의 데이터로 변형해야 한다. 이렇게 메모리에 있는 데이터를 바이트 스트림으로 변경시키는 것을 **직렬화**한다고 한다. 바이트들을 어떤 규칙에 따라서 줄을 세우는 것이다. 이 데이터들은 나중에 다시 역직렬화를 통해 다시 메모리에 올라올 수 있다.

앞으로 소개할 모듈들은 모두 이렇게 데이터를 직렬화하고 역직렬화해주는 모듈들이다. 여기서는 파일에 대해서 이야기하고 있지만 이것은 네트워크에서도 적용될 수 있다.

파이썬은 데이터 저장을 위해서 다양한 API들을 내장하고 있다. 그 중에서 많이 사용되는 모듈을 소개하려고 한다. 이들 모듈을 통해 데이터를 쉽게 저장하는 방법에 대해 알아보자.

01 피클

피자 가게에 가면 오이 피클을 준다. 새콤달콤한 피클은 설탕과 식초가 들어간 물에 오이를 담궈서 만들면 오이를 더 오래 보관할 수 있다. 우리가 앞으로 배우게 될 모듈도 같은 일을 한다. 데이터를 오래 보관할 목적으로 변형시킨다.

`pickle` 모듈의 주요 기능은 파이썬 객체를 직렬화해서 저장하고 다시 역직렬화해서 객체로 만드는 작업이다. 이 기능을 위해서 두 개의 API가 핵심이다.

- `pickle.dump`(객체, 파일 객체)
- `pickle.load`(파일 객체)

`dump( )` 함수는 매개변수로 입력한 객체를 직렬화해서 파일에 저장한다. 이때 데이터를 내부 규칙에 따라서 변형한다. 변형된 데이터들은 파일로 저장되었다가 `pickle.load( )` 함수를 통해서 다시 복원된다. 다시 원래의 데이터로 돌아오는 것이다. `pickle` 모듈의 장점은 파이썬의 기본 타입인 데이터 저장과 복원이 가능하다는 것이다. 말하자면 파이썬에 최적화되어 있다는 것이다.

🔍 **소스**   **리스트 5.1**   **pickle을 이용한 데이터 저장**   **ch05/01_pickle.py**

```python
from pprint import pprint
import pickle

person1 = {
    'name': '김하나',
    'height': 170,
    'weight': 60
}
person2 = {
    'name': '이대호',
    'height': 200,
    'weight': 80
}

# 데이터를 리스트로 만들었다.
people = [person1, person2]

# 데이터를 저장한다.
with open('people.pickle', 'wb') as f:   #<---- 1
    pickle.dump(people, f)               #<---- 2

# 저장된 데이터를 읽는다.
with open('people.pickle', 'rb') as f:   #<---- 3
    loaded_people = pickle.load(f)       #<---- 4

pprint(loaded_people)
```

🔍 **실행 결과**

```
[{'height': 170, 'name': '김하나', 'weight': 60},
 {'height': 200, 'name': '이대호', 'weight': 80}]
```

사용 방법은 위의 코드와 같다. `dump`, `load` 함수는 파일을 대상으로 한다. 따라서 코드 1, 3 처럼 파일을 먼저 열어야 한다. 이때 반드시 바이너리 모드를 선택해야 한다. `pickle`은 데이터 저장을 위해서 바이너리를 사용하고 있다. 파일을 열었으면 코드 2와 같이 데이터와 파일 객체를 이용해서 데이터를 파일에 기록한다. 기록된 파일을 코드 4와 같이 다시 읽어서 객체화할 수 있다. 코드 1에서 `with`를 이용하고 있는데 `with`를 사용하면 파일 객체를 닫지 않아도 알아서 파일의 `close( )` 메소드로 호출해 준다.

위에서 사용한 API와 비슷하면서 조금 다른 API도 있다.

- `pickle.dumps`(객체)
- `pickle.loads`(바이트 객체)

위 두 함수는 앞의 함수들과 동일하지만 한 가지 다른 점이 있다. 바로 파일에 직접 저장하고 읽는 것이 아니라 바이트 객체로 변환하는 점이다. `dumps`과 `loads`를 사용하는 목적은 데이터를 파일이 아닌 다른 곳으로 보내거나 다른 형태로 이용하기 위해서이다. 파일로 저장하지 않기 때문에 임시로 쓰는 경우에 사용되기도 한다. 간혹 테스트를 위해서 사용될 때도 있다. 컴퓨터도 상상력이 좀 필요하다. 어떤 목적의 API건 목적이 꼭 정해져 있는 것은 아니다. 어떻게 쓸 것인지는 각자의 몫이다.

⚙ 1-2 임의 클래스를 피클링하기

Pickle은 늘 파이썬의 기본 타입 객체(리스트, 딕셔너리, 숫자, 등…)들만 저장할 수 있는 것은 아니다. 임의 타입들도 저장하고 로드할 수 있다. 물론 자동으로 할 수 있는 일은 아니다. pickle이 모든 것들을 하기 위해서는 정보가 부족하기 때문이다. `pickle` 모듈에 힌트를 제공하기 위해 클래스에 다음 두 개의 메소드를 만든다.

- `__getstate__`(self)
- `__setstate__`(self, state)

클래스의 `__XXXX__` 메소드들은 특별한 일을 하는 메소드로 사용자가 직접 호출하기보다 특별한 경우에 호출된다. `__getstate__`, `__setstate__`도 그렇다. 피클에 의해서 상태를 저장하거나 읽어올 때 호출된다.

__getstate__는 데이터가 직렬화되기 전이고 __setstate__는 객체로 다시 역직렬화된 직후에 호출된다.


```python
import pickle


class Book:
    """책 정보들을 파일이 저장하는 클래스"""

    def __init__(self, category):
        self.category = category
        self.books = []

    def addBook(self, book_title):
        if book_title not in self.books:
            self.books.append(book_title)

    def getBooks(self):
        return self.books

    def __getstate__(self):           #<---- 1
        state = self.__dict__.copy()
        # 여기서 필요 없는 데이터를 삭제할 수 있다.
        return state

    def __setstate__(self, state):  #<---- 2
        self.__dict__.update(state)

if __name__ == '__main__':

    # Book 객체를 만든다.
    book = Book('my book')
```

```
book.addBook('book 1')
book.addBook('book 2')
print(book.getBooks( ))


# 객체를 바이너리 데이터로 만들고
pickled_data = pickle.dumps(book)


# 다시 객체화한다.


new_book = pickle.loads(pickled_data)


# 기존 데이터와 동일한 데이터의 객체
print(book.getBooks( ))
```

위의 코드를 보면 __getstate__에서 self.__dict__를 복사해서 state로 만들었다. state가 저장될 대상 데이터들이다. __getstate__에서 저장할 state 데이터를 선택할 수 있다. 예를 들어 파일 객체나 소켓 객체들은 만들어서 임시로 사용한 후 저장될 수 없기 때문에 제거되어야 한다. 다시 로드될 때는 코드 2의 __setstate__가 호출된다. 여기에는 저장되었던 데이터가 오고 이 데이터를 이용해서 필요한 데이터들을 다시 만든다.

02 JSON

JSON 타입은 자바스크립트 객체 표현법(JavaScript Object Notation)의 약자이다. 자바스크립트에서의 객체를 간편하게 표시하기 위한 방법이다. 데이터를 간단하게 표시할 수 있기 때문에 최근에 AJAX 통신에 자주 사용된다. 또 문자열로 이루어져 있기 때문에 사람들이 읽기 쉬워서 애플리케이션의 설정 파일 포맷으로 많이 사용되고 있다. 앞에서 살펴본 pickle은 바이너리로 데이터를 변환하기 때문에 사람이 그냥 읽어서 확인할 수 없다.

JSON 모듈의 API는 앞에서 살펴보았던 pickle과 같다.

- `dump`
- `dumps`
- `load`
- `loads`

API가 같기 때문에 기억하기도 쉬울 것이다.

💡 1-1　파이썬 객체를 JSON으로 변환하기

데이터를 JSON 타입으로 변환해보자.

🔍 **소스**　리스트 5.3　json을 이용한 데이터 저장　ch05/03_json.py

```python
import json

person1 = {
    'name': '김하나',
    'height': 170,
    'weight': 60
}


print(json.dumps(person1))
```

🔍 **실행 결과**

```
{"height": 170, "name": "\uae40\ud558\ub098", "weight": 60}
```

`person1` 객체의 정보를 JSON으로 변경한다. `pickle`과 같은 API인 `dumps`를 사용했다. `dumps`를 사용하면 바이트 문자열로 변환된다. 이것을 그대로 파일로 저장할 수 있다. 혹은 `dump`를 바로 사용하는 것도 가능하다. JSON을 이용하면 우리가 데이터를 읽을 수 있는 문자열 형태로 저장되기 때문에 데이터의 문제를 바로 확인할 수 있다는 장점이 있다. 대신 데이터의 크기가 좀 커진다는 문제가 있기는 하지만 말이다.

```python
with open('test.json', 'w') as f:
    json.dump(person1, f)
```

JSON으로 데이터를 파일에 기록하려면 위 예제처럼 dump( ) 함수를 이용할 수 있다. 이때 파일 객체는 text 모드로 open해야 한다. pickle에서는 바이너리 모드로 파일을 열었다.

⚗ 1-2　JSON 파일을 파이썬으로 로드시키기

JSON 형식으로 변형된 데이터는 json 모듈의 loads 혹은 load를 통해서 다시 불러들인다.

🔍 소스　**리스트 5.4**　**json 데이터 읽기**　**ch05/04_read_json.py**

```python
from pprint import pprint
import json

json_data = '''{"height": 170, "name": "\uae40\ud558\ub098", "weight": 60}'''
obj = json.loads(json_data)                # 문자열 데이터에서 로드

print('load from string : ', end = '')

pprint(obj)

with open('test.json', 'r') as f:
    obj=json.load(f)                       # 파일에서 로드

    print('load from file   : ', end = '')
    pprint(obj)
```

◎ 실행 결과

```
load from string : {'height': 170, 'name': '김하나', 'weight': 60}
load from file   : {'height': 170, 'name': '김하나', 'weight': 60}
```

json 문자열에서 데이터를 로드하려면 `load( )`를 사용하고 파일이면 `load( )` 함수를 사용한다. API가 `s`로 끝나는데, 이 `s`가 `string`을 의미한다.

`json`은 파이썬의 모든 자료구조를 표현하지는 못한다. JSON으로 표현할 수 있는 자료구조는 [표 5-1]과 같다.

Python	JSON
dict	object
list, tuple	array
str	string
int	number(int)
float	number(real)
True	true
False	false
None	null

[표 5-1] 파이썬 데이터가 JSON 데이터로 변환될 때

`json` 모듈에서 `pickle`에서 지원했던 임의 클래스를 저장할 수 없다. 따라서 JSON으로 만들고 로드하는 별도의 API를 만들어야 한다. 조금 귀찮은 작업이기는 하지만, JSON으로 데이터를 표현할 수 있으면 다른 시스템들과 정보교환할 때 훨씬 유리하다.

03 marshal

`marshal` 모듈들은 파이썬 자료구조를 저장하고 읽기 위한 모듈이다. 파이썬에 특화되어 있기 때문에 다른 언어에서 읽을 수 없다. 파이썬은 내부적으로 파이썬 코드를 바이트 코드로 만들어 .pyc라는 파일로 만드는데 이때 사용되는 모듈이 `marshal` 모듈이다. 파일 포맷이 파이썬 버전에 따라서 변경될 수 있기 때문에 버전 호환성은 없다. 때문에 일반적인 데이터를 보관할 목적으로 사용되기는 어렵다. 임시 데이터와 같이 단기적으로 사용되는 데이터들을 보관하는 것이 좋다.

```python
from pprint import pprint
import marshal

person1 = {
    'name': '김하나',
    'height': 170,
    'weight': 60
}
person2 = {
    'name': '이대호',
    'height': 200,
    'weight': 80
}

people = [person1, person2]

# 데이터를 저장한다.
with open('people.marshal', 'wb') as f:   #<---- 1
    marshal.dump(people, f)               #<---- 2

# 저장된 데이터를 읽는다.
with open('people.marshal', 'rb') as f:   #<---- 3
    loaded_people = marshal.load(f)       #<---- 4

pprint(loaded_people)
```

실행 결과

```
[{'height': 170, 'name': '김하나', 'weight': 60},
 {'height': 200, 'name': '이대호', 'weight': 80}]
```

위의 코드는 pickle에서 보았던 코드와 거의 동일하다. 코드 2는 데이터를 파일에 저장한다. `dump( )`를 실행하면 데이터를 바이너리로 만들어 파일에 저장한다. 반대로 코드 4의 `load( )`는 바이너리를 데이터로 변환한다. `marshal`은 주로 시스템에서 사용하려고 만들기 때문에 다양한 데이터를 저장할 수 있기보다는 일부 데이터를 빠르게 저장하기 위한 것을 목표로 한다. `pickle`이 지원하는 사용자 객체를 저장하는 기능도 제공하고 있지 않다.

데이터	pickle	json	marsharl
객체 중복 처리	O	X	X
저장 포맷	바이너리	텍스트	바이너리
사용자 정의 데이터 처리	O	X	X
버전별 호환성	O	O	X
주요 사용처	일반적 파이썬 객체 저장	통신을 위한 JSON 데이터	컴파일된 파이썬 코드 저장용

[표 5-2] 저장 모듈별 차이점

03 SQLite를 이용해서 데이터 저장하기

SQLite는 파일 DB로 표준 SQL을 통해서 데이터를 관리할 수 있다.

데이터를 전문적으로 저장하고 관리하기 위한 시스템으로 DB라는 것이 있다. 이런 DB에는 종류도 많고 저장할 수 있는 데이터의 종류도 다양하다. 이 중에서 전통적으로 많이 쓰이는 DB의 종류로 RDB가 있다. 이 RDB에는 쟁쟁한 업체들의 제품들이 있다. 오라클의 Oracle DB 혹은 My SQL, 마이크로소프트의 MS SQL 등이 있다. 오픈 소스로 Maria DB가 있다.

우리가 사용하게 될 SQLite도 이런 DB과 같은 RDB의 하나이다. 앞에서 소개한 DB처럼 별도의 시스템이 있는 것이 아니라 파일을 사용하는 파일 DB이다. 작은 데이터를 보관하거나 개인이 사용할 목적이라면 간단한 `SQLite`를 사용하는 것이 편리하다. 별도의 시스템은 별도의 설치과정과 관리를 위해서 노력해야 하는데 SQLite는 하나의 파일이기 때문에 사용이 간단하다.

라이선스도 퍼블릭 라이선스를 사용하고 있기 때문에 어떤 목적으로든 사용할 수 있다. 파일 사이즈도 작기 때문에 모바일의 데이터 저장용으로 사용된다. 안드로이드나 iOS에서 SQLite를 사용하는 이유도 이 때문이다.

파이썬은 `SQLite` 이용을 위한 모듈이 준비되어 있다. 내부에서 정의한 DB-API 2.0을 준수하고 있는데 이 표준 API들은 다른 DB의 API를 만들 때도 준수되기 때문에 다른 DB로 전환할 때도 API들을 수정해야 하는 일이 적다.

01 SQLite 기본

SQLite 모듈에서 디스크 혹은 메모리에 데이터를 저장하게 된다. 디스크에 저장하면 데이터가 파일에 저장되기 때문에 프로그램이 종료되더라도 데이터는 안전하다. 반면 메모리에 저장하면 프로그램이 동작하는 동안만 데이터가 유지되지만 속도 면에서 아주 빠르다. 어떤 것을 사용할지 선택하는 방법은 Connection 객체를 만들 때 입력하는 파일명으로 결정된다. 파일명을 입력하면 파일에 저장하고 ":memory:"로 입력하면 메모리에 DB가 생긴다.

Connection 객체는 저장매체와의 연결을 주로 처리하고 실제로 데이터를 저장하고 조회하는 것은 Cursor 객체에서 한다. 주로 다룰 API들은 주로 Cursor의 API다. Cusor를 통해서 SQL문을 수행하고 결과를 가져온다.

02 테이블 만들기

SQLite는 데이터를 엑셀처럼 생긴 테이블에 저장한다. 따라서 데이터를 저장하기 위해서 테이블을 먼저 만들어야 한다. 다음은 테이블을 만드는 SQL문이다. SQL문은 표준이기 때문에 어떤 DB를 사용하든 공통적으로 사용할 수 있다. 잘 공부하면 다른 DB를 사용할 때도 도움이 된다.

```
CREATE TABLE student
(
    name  text,
    no    integer,
    addr  text
)
```

student라는 테이블을 만들텐데 여기에는 학생 이름, 학생 번호, 주소 값이 들어갈 것이다. 내용을 보면 "name text"라는 것이 보이는 데 첫 번째 나오는 값은 컬럼 이름이고 다음에 나오는 값은 text로 저장될 데이터 타입이다. 문자열이기 때문에 text를 사용한다.
SQLite에서 사용할 수 있는 데이터 타입은 5가지이다. 다른 타입을 사용하더라도 내부적으로는 [표 5-3]과 같이 5개의 타입으로 변경된다.

타입	용도	비고
TEXT	문자열 저장	다른 DB에는 크기를 지정하게 되어 있는데 SQLite는 없다.
INTEGER	정수 저장용	
REAL	실수 저장용	
NUMERIC	숫자로 표현될 다른 데이터들. 날짜, 시간 등	
BLOB	임의 데이터 저장용 파일	바이너리 데이터를 저장하는 용도로 사용 가능

[표 5-3] SQLite의 데이터 타입

앞에서 만든 SQL문으로 테이블을 만들어 보자. SQLite를 사용하기 위해서 **SQLite3** 모듈을 로드한다.

```python
import sqlite3
conn = sqlite3.connect('student.db')
```

SQLite3 모듈의 함수로 **connect**가 있는데 이 함수를 이용해서 **connection** 객체를 만든다. 위 코드에서 student.db 파일에 DB를 생성한다. 파일이 없으면 새로 만들고, 파일이 있으면 기존 데이터를 로드한다. 여기서 ":**memory:**"를 파일명으로 사용하면 DB를 메모리에 만든다.

SQL을 실행하기 위해서 **Cursor** 객체를 만들어야 한다.

🔍 **소스** **리스트 5.6** **테이블 생성** **ch05/06_create_table.py**

```python
sql = ''''
 CREATE TABLE student
  (
    name  text,
    no    integer,
    addr  text
  )
```

```
''''
c = conn.cursor( )  # 객체 생성
c.execute(sql)
c.close( )
```

`Connection` 객체를 이용해서 `cursor`를 만든다. 이 커서를 이용해서 SQL문을 실행한다.
`cursor` 객체에 `execute`를 통해서 SQL문을 실행한다. 원래 DB는 SQL 명령으로 모든 것을
수행한다. 파이썬의 **sqlite** 모듈은 DB에 전달할 SQL문을 잘 만들어 전달하는 역할을 한다.

03 테이블에 데이터 넣기

　앞에서 만든 테이블에 데이터를 넣어보자. 데이터를 넣는 것도 앞에서 사용했던 것과 같이
SQL문을 만들고 execute( ) API를 사용한다.

```
INSERT INTO student VALUES
    (
    "학생 1", 1, "서울 강남구 일동"
    )
```

위 SQL은 한 명의 학생 데이터를 넣고 있다. 이런 명령을 여러 번 사용해서 몇천, 몇만 개의
데이터도 테이블에 넣을 수 있다. SQL문을 사용하면 간단한 명령으로 데이터를 다룰 수 있기
때문에 편리하다. 그리고 표준이기 때문에 같은 방식으로 오라클 DB에서도 사용할 수 있다.

```
sql = '''
 INSERT INTO student VALUES
    ("학생 1", 1, "서울 강남구 일동")
'''
c = conn.cursor( )  # 객체 생성
c.execute(sql)
c.close( ) conn.commit( )
```

Cursor 객체의 **execute**를 실행하는데 만약 SQL문이 잘못되었으면 **sQlite3.OperationalError**가 발생한다. 성공하면 **Cursor** 객체를 다시 반환하기 때문에 다음처럼 사용할 수 있다.

```
c.execute(sql1)
 .execute(sql2)
 .execute(sql3)
```

테이블에 우리가 원하는 데이터를 넣고 싶으면 SQL문을 만들어야 한다는 것을 배웠다. SQL문은 일반 문자열로 되어 있다. 이 문자열을 안전하게 만들기 위해 특별한 방식을 사용한다.


```python
sql = '''
 INSERT INTO student VALUES
    (?, ?, ?)
'''
c = conn.cursor( )  # 객체 생성
c.execute(sql, ('학생2', 2, '서울'))

data = [
  ('학생3', 3, '서울'),
  ('학생4', 4, '서울'),
  ('학생5', 5, '서울'),
]
c.executemany(sql, data)
c.close( )
conn.commit( )
```

SQL의 데이터가 들어갈 자리에 '?'을 넣고 나중에 실행할 때 데이터를 넣는 방식이다. 데이터는 반드시 튜플 혹은 리스트 타입 형태의 데이터여야 한다. **execute**로 하나의 데이터만 들어가는데 **executemany**를 이용하면 다수의 데이터를 입력할 수 있다. 다수의 데이터를 넣어야 한다면 **executemany**를 이용하자.

04 테이블에서 데이터 조회하기

이제 데이터를 조회하자. 데이터를 조회하기 위해서 `Cursor` 객체에 `fetchone` 혹은 `fetchmany`, `fetchall` 등을 사용할 수 있다. API만 봐도 API의 역할을 알 수 있다. `fetchone`은 하나씩 데이터를 가져오고, `fetchmany`는 일정 개수의 데이터를 리스트로 리턴한다. `fetchall`은 모두 가져온다. 많은 데이터를 효율적으로 처리해야 한다면 `fetchmany`가 좋다. `fetchmany`의 기본 값은 1이다.

소스 **리스트 5.8** **테이블에 데이터 조회** **ch05/08_query_data.py**

```python
sql = 'select * from student'
c = conn.cursor()
c.execute(sql)

# 하나의 데이터만
print(c.fetchone())

# 10개의 데이터를
for s in c.fetchmany(10):
    print(s)

# 모든 데이터를 가져온다.
for s in c.fetchall():
    print(s)
```

`fetchone()`을 호출할 때마다 하나씩 데이터를 가져온다. `cursor` 객체에는 조회한 데이터의 위치를 가지고 있기 때문에 다음 데이터를 가져올 수 있다. 데이터가 없으면 **None**을 리턴한다. `fetchmany()`는 주어진 개수만큼씩 가져온다. 오고 없으면 [ ]을 리턴해서, 데이터가 더 이상 없으면 리턴한다. `fetchall()`도 동일하다.

위에서는 데이터를 가져오는 간단한 SQL문을 사용했지만 로직에 따라서 학생 번호가 두 번 이상이 데이터가 필요하다면 그런 데이터를 조회하기 위한 SQL문을 만들어야 한다.

```python
sql1 = 'select * from student where no = ?'
sql2 = 'select * from student where no = :no'  #<--- 1
```

```
c = conn.cursor( )
c.execute(sql1, (2,))
print(c.fetchall( ))


c.execute(sql2, {"no": 2})                    #<--- 2
print(c.fetchall( ))
```

SQL문을 만들기 위해서 데이터를 입력하는 부분에서 사용했던 것을 데이터가 들어갈 자리에 '?'를 넣었던 것을 기억할 것이다. ?를 대신해서 : 이름을 이용하는 방법도 있다. 코드 1처럼 선언한다. :no는 데이터가 들어갈 자리다. 이 값은 코드 2의 딕셔너리 데이터에서 같은 키의 값으로 대치된다.

연습문제

1 데이터를 저장해야 하는 이유를 설명하시오.

2 파이썬의 데이터를 저장하기 위한 단계인 직렬화에 대해서 설명하시오.

3 본 장에서 설명한 저장 방법과 장단점은 간단히 설명하시오.

4 데이터를 저장할 때 파일을 이용하는 것과 DB를 사용하는 것의 차이를 설명하시오.

연습문제 풀이

1 데이터를 저장해야 하는 이유를 설명하시오.

데이터를 저장해야 하는 이유는 프로그램이 영원히 완벽하게 동작하지 않기 때문이다. 데이터는 프로그램이 동작을 하기 위한 기초 자료이기도 하면서 프로그램이 동작을 하면서 생성하는 것이 기도 하다. 이런 데이터들은 주로 메모리에 로드되어 사용된다. 프로그램이 중지되면 메모리에 있던 데이터들은 모두 사라진다. 그동안 열심히 만들었던 데이터들이 사라지게 되므로 프로그램은 다시 계산해야 한다. 데이터를 저장하게 되면 프로그램이 중지하더라도 다시 동작할 때 이전 상태를 복원할 수 있다.

2 파이썬의 데이터를 저장하기 위한 단계인 직렬화에 대해서 설명하시오.

데이터를 저장하기 위해서 모든 데이터는 바이트 단위의 데이터가 되어야 한다. 파이썬에서 사용하는 모든 데이터, 문자열, 숫자, 리스트, 딕셔너리 데이터들도 모두 바이트 단위의 어떤 데이터가 되어야 한다. 이렇게 파이썬에서 사용되는 데이터들이 바이트 데이터로 변경되는 것을 직렬화라고 한다. 직렬화의 반대로 바이트 데이터에서 다시 파이썬이 인식할 수 있는 원래의 데이터로 복원되는 것을 역직렬화라고 한다.

3 본 장에서 설명한 저장 방법과 장단점은 간단히 설명하시오.

파이썬이 지원하는 고수준의 데이터 타입들을 저장하기 위해서 파이썬은 다음과 같은 저장 모듈을 지원한다. pickle, marshal, json, sqlite 등이다. pickle은 파이썬의 데이터를 바이너리 데이터로 저장할 수 있어서 저장에 필요한 공간이 작다. json은 자바스크립트의 객체표현 방식인 JSON 방식을 지원하는데 평문으로 저장되기 때문에 사람이 직접 데이터를 보거나 수정할 수 있어서 편리하다. 하지만 지원하는 데이터 형식이 한정적이고 평문이기 때문에 저장에 필요한 공간이 많이 필요로 한다. marshal은 파이썬의 컴파일된 코드를 저장하기 위한 목적으로 사용되는데 바이너리 데이터로 저장한다. 마지막으로 sqlite는 파일 DB의 일종인 sqlite를 사용한 방식으로 표준 SQL문을 이용해서 데이터를 저장할 수 있다. 표준 SQL을 지원하기 때문에 전문 RDBMS로 이전이 용이하다.

4 데이터를 저장할 때 파일을 이용하는 것과 DB를 사용하는 것의 차이를 설명하시오.

데이터를 저장할 때 크게 파일에 저장하는 방식과 전용 DB 시스템을 이용하는 방식이 있다. 파일을 사용하면 별도의 다른 시스템의 도움없이 데이터를 저장할 수 있기 때문에 시스템이 간단하지만 파일에 어떤 식으로 저장해야 하는지에 대한 표준화된 방법이 없기 때문에 추후에 저장 방식을 변경했을 때 버전 이슈가 발생할 수 있다. 또 데이터의 빠른 처리를 위한 인덱싱과 같은 처리를 시스템별로 따로 개발해야 한다. 하지만 DB는 전문적인 데이터 저장용 시스템으로 데이터에 대한 SQL과 같은 표준 인터페이스를 제공하기 때문에 버전이 이슈나 다른 시스템으로 이동하는 것이 비교적인 간단하다. 또 데이터 간의 중복성을 제거하고 빠른 검색과 계산을 지원하는 등 많은 이득이 있어서 보통 서비스가 복잡하고 큰 시스템의 경우 데이터를 파일로 저장하기 보다는 별도의 DB 시스템을 갖추는 것이 더 좋다. 중지하더라도 다시 동작할 때 이전 상태를 복원할 수 있다.

모듈이란 파이썬에서 작성한 수많은 함수나 클래스들이 서로 충돌하지 않고 잘 공유하기 위해서 나누어 놓은 일종의 코드 저장 영역이다. 지금까지의 코드를 보면 코드의 앞부분에 import문을 썼던 것을 기억할 것이다. 지금까지 특별히 의식없이 사용했던 코드의 의미에 대해서 상세히 알아보고 그외에 모듈에 대한 다양한 내용들을 알아보도록 하자.

학습 목표

- 모듈의 의미를 알 수 있다.
- 모듈을 로드하는 방법을 알 수 있다.
- 모듈을 만드는 방법을 알 수 있다.

01 모듈 로딩

다른 프로그래머들이 만들어 공유한 코드들은 모듈로써 사용할 수 있다. 여기서는 모듈의 의미를 알아보고 모듈을 로드하는 방법을 살펴보자.

01 코드 재활용을 위해 만들어진 모듈

프로그래밍 기법 중에 "모듈라 프로그래밍(Modular Programming)"이 있다. 이 기법은 큰 시스템을 작은 시스템으로 분리하거나 라이브러리를 분리시키는 기법이다. 간단히 말해서 크고 복잡한 것을 작고 간단한 것으로 나누는 것이다. 모듈라 프로그래밍의 최대 목적은 코드의 재활용이다. 모듈라 프로그래밍은 1960년도부터 시작되어 현재까지 계속 이어지고 있다. 다양한 방식과 형식을 사용하면서 말이다. 이 기법은 파이썬에서 모듈이라는 이름으로 사용된다.

앞에서 우리는 파이썬 코드를 작성하면서 수많은 import문을 작성했다. 이것을 썼던 이유는 다른 곳에서 정의했던 코드를 사용하기 위해서 였다. import로 모듈을 로드해서 사용하지 않았다면 우리는 필요한 모든 것들을 재정의해서 사용해야 한다.

하나의 파이썬 파일에 유틸 함수들, 상수들 그리고 클래스들을 모두 정의해서 사용하면 파일의 크기가 커지고 또 중복된 코드들이 많아져 프로그램을 실행시키기 위해서 더 많은 메모리가 필요하게 된다.

이런 모든 것들을 해결할 목적으로 파이썬은 모듈을 만들었다. 모듈이 처음으로 적용되었던 파이썬 1.3부터 모듈은 파이썬의 가장 중요한 기능이었다. 파이썬은 모듈을 통해서 코드를 별도의 파일로 나눌 수 있게 되었고 공통된 API를 모듈로 만들어서 메모리 사용도 줄일 수 있었다. 또,

모듈은 별도의 네임스페이스를 제공해주기 때문에 기존의 코드들과 이름이 중복되지 않아 심볼 중복으로 인해 발생할 수 있는 문제를 해결했다.

02 모듈의 기능

모듈은 코드를 효율적으로 나누고 서로 간의 비정상적인 영향을 주는 것을 막기 위해 사용한다. 모듈이 가져다 주는 기능에 대해서 자세히 알아보면 다음과 같다.

1-1 네임스페이스를 제공한다

먼저 모듈은 별도의 네임스페이스를 만들어 준다. 네임스페이스는 변수, 함수들이 존재하는 공간이다. 프로그래머는 이 공간에 뭔가를 채워넣는다. 이게 왜 중요할까?

세상에서는 수많은 개발자가 있다. 이 개발자들이 각자의 문제를 풀고자 한다. 그래서 변수를 만들고 함수를 만들고, 클래스를 여러 개 만들기도 한다. 파이썬의 모든 것들은 각각의 이름을 갖게 되는데 만약 모든 것들이 한 파일에 있게 되면 어떻게 될까?

예를 하나 들어보자. 우리는 프로그램 하나를 만들 것이다. 이 프로그램에는 A 개발자가 만든 **eat( )**라는 함수를 써야 한다. 그리고 개발을 진행해보니 B 개발자가 만든 **eat( )**라는 함수도 써야 했다. 그런데 이 두 함수는 이름이 동일했다. 파이썬에서는 동일한 이름을 동시에 가질 수 없다. 모든 것은 유니크한 이름이 있어야 한다.

C/C++은 이 문제로 인해서 외부의 라이브러리를 가져와서 사용할 때 이름으로 인해서 생기는 컴파일 문제가 생긴다. 이 문제가 발생하면 라이브러리의 이름을 변경하기 위해서 소스를 변경해야 하는 일이 발생한다. 이런 문제를 막기 위해서 함수를 만들 때 꼭 별도의 프리픽스(예: MYLIB_XXXX( ))를 붙이는 방법을 사용한다.

프리픽스를 사용하는 것이 하나의 방법일 수는 있겠지만 최선의 방법은 아니다. 이럴 때 좋은 개념이 네임스페이스이다. 파이썬에서는 스코프라고 부른다. 이 공간은 다른 공간과는 구별된 영역이다. 절대 다른 곳의 심볼과는 겹치지 않는다. 따라서 이름이 같더라도 공존이 가능하다.

A 개발자의 API를 위한 공간과 B 개발자의 API를 위한 공간이 각각 주어지는 것이다.

모듈은 이렇게 새로운 스코프를 마련해 준다.

1-2 코드를 나눌 수 있다

모듈을 이용하면 파이썬이 가지고 있는 코드들을 쉽게 나누고 조직화할 수 있다. 우리가 os의 기능을 사용하기 위해서는 os 모듈의 API를 사용하고 경로명과 관련된 API를 원한다면 os.path 모듈을 사용하는 것과 같이 관련된 API를 같은 모듈로 나누어 관리할 수 있다.

코드를 잘 나누는 것은 방정리를 하는 것과 동일하다. 나에게 있어서 방정리는 지저분한 것을 눈에 보이지 않도록 여기저기에 숨겨두는 것 정도이지만 방 정리의 대가들은 자신만의 기준을 만들어서 물건들을 이 기준에 따라 비슷한 것들의 그룹으로 만들어 모아 놓는다. 여름 물놀이에 썼던 튜브나 물안경은 창고 한켠에 모아두고 책들은 책장에 둔다. IT 책은 IT 책끼리 문학책은 문학책끼리 따로 분리해 둔다. 이런 것처럼 우리가 만든 코드들도 하나의 파일에 몽땅 두기에는 그 성격이 다른 것이 많다. 이때 서로 다른 성격의 코드를 분리하면 좋다. 파이썬에서는 이런 일을 모듈이 담당한다. 모듈은 별도의 방과 같아서 이 공간에 어떤 것이든 들어갈 수 있다. 다른 것들과 겹치지 않는 공간이다.

1-3 모듈별로 로드할 수 있다

파이썬에서는 변수 혹은 함수들을 사용하기 위해 해당 변수 혹은 함수가 메모리에 올라와야 한다. 반대로 메모리에 올라오지 못하면 쓸 수 없다. 현실적으로 모든 것들을 메모리에 올리는 것은 불가능하다. 또 그럴 필요도 없다. 사용해야 할 때 메모리에 있기만 하면 된다.

모듈은 코드를 구별하기 위한 단위인 동시에 로드하기 위한 단위이기도 한다. 파이썬에서 필요한 모듈을 지정하면 파이썬은 지정한 모듈을 메모리에 로드해서 사용할 수 있도록 준비한다.

1-4 모듈을 배포 단위로 사용할 수 있다

모듈은 또 배포 단위이기도 하다. 파이썬은 다른 개발자들이 만든 API를 쉽게 재사용할 수 있는 방법을 제공하고 있다. 파이썬은 패키지 매니저로 easy_install과 pip를 사용하고 있는데 패키지 이름만 알고 있으면 패키지 매니저를 이용해서 쉽게 다운로드해서 사용할 수 있다.

패키지 매니저를 이용해서 패키지를 설치하면 모듈이 만들어진 것이니 로드해서 사용할 수 있다.

03 모듈을 로드하는 방법

앞선 많은 예제에 우리는 모듈을 로드해서 모듈의 API를 사용했다. 하지만 아직 이것에 대한 정확한 설명을 하지 않았다. 이제 모듈을 로드시키는 여러 가지 방법들을 좀더 자세히 설명하고 그 의미를 생각해보도록 하자.

사실 모듈은 별게 아니다. 모듈이라고 특별한 문법이 있는 것도 아니다. 모듈은 그냥 파이썬 코드들이 있는 일반 파일이다. 이 파일 내에 정의된 것들을 우리가 사용하게 되는 것이다.

모듈의 API를 사용하기 위해서는 모듈을 메모리에 로드시키는 것이 우선이다. 이것을 임포트(import)라고 한다. 한 번 로드된 모듈들은 다시 로드하면 기존의 로드했던 것을 재사용한다. 내부에서 한 번 로드한 모듈을 기억하고 있기 때문이다.

가장 일반적인 로드 방법은 예제를 통해서 많이 본 형태다. os와 sys 모듈을 로드한다.

```
import os
import sys
```

혹은

```
import os, sys
```

`import`문을 이용해서 모듈을 로드한다. 이때 각각 `import`문을 사용하거나 여러 모듈을 동시에 로드하는 것도 가능하다. 모듈을 로드하면 **os**, **sys**의 모듈 내에 정의된 함수를 사용할 수 있다.

```
print(os.getcwd())
/Users/jinni/JBook/GetStartedPython/book/06/src
```

`getcwd()` 함수는 앞에서 로드했던 모듈 내에 있는 함수다. 이 함수에 접근하기 위해서는 모듈이 필요하다. 위 예제처럼 **os.getcwd()**라고 호출한다. 이 방식은 모듈에서도 사용하지만 클래스의 메소드를 호출할 때도 사용된다. 모듈과 클래스가 다름에도 같은 표현 방식을 쓰고 있다.

만약 **getcwd()**를 직접 사용하고 싶으면 다음과 같이 임포트를 한다.

```python
from os import getcwd, environ
print(getcwd())
```

os라는 모듈에서 getcwd( ) 함수와 environ 변수를 모듈을 거치지 않고 바로 사용할 수 있도록 한다. 위와 같은 표현법을 사용하면 지정한 심볼(getcwd, environ과 같은 것들)을 현재 스코프에 저장한다. 따라서 os 모듈을 거치지 않고 호출할 수 있다. 이렇게 하면 코드의 길이도 짧아진다. 그리고 동일한 함수이지만 버전에 따라서 다른 모듈로 자리를 옮긴 경우에도 동일한 코드를 사용할 수 있다.

```python
# 출처 : pyQuery.py
PY3k = sys.version_info >= (3,)

if PY3k:
    from urllib.parse import urlencode
    from urllib.parse import urljoin
    basestring = (str, bytes)
    unicode = str
else:
    from urllib import urlencode # NOQA
    from urlparse import urljoin # NOQA
```

위 코드는 HTML 문서를 분석하는 외부 모듈인 **pyQuery**의 일부이다. 코드를 보면 파이썬3과 이전 파이썬에 따라서 로드되는 모듈이 다르다. URL을 다루는 함수의 위치가 파이썬2와 파이썬3에서 다르다. 이런 경우 위 코드 이후에 전개되는 코드에서는 **urlencode**를 사용하면 내부 코드의 변경을 최소화할 수 있다.

```python
from <모듈명> import <내부 심볼>
```

위와 같은 형식으로 내부 심볼 하나 하나를 로드하는 방식 이외에 모듈에 정의된 모든 심볼들을 직접 사용할 수 있도록 로드하는 방법도 있다.

```
from os import *
print(getcwd())
```

import 뒤에 "*"를 사용하는 것이다. "*"는 외부에 공개하고자 하는 모든 심볼을 의미한다. 이 것에 대해서는 모듈을 만드는 방법을 설명하면서 더 자세히 알아보자. 여기서는 간단히 이렇게 로드하는 방법이 있다는 것 정도만 알고 넘어가자. 모듈의 함수 하나를 임포트하면서 이름을 변 경할 수도 있다.

```
from os import getcwd as pwd
print(pwd())
```

`getcwd()` 함수를 로드하고 이름을 `pwd`로 변경한다. 긴 이름을 가진 함수를 쉽게 사용할 수 있는 방법이다. 또 자신에게 익숙한 이름으로 바꿀 수 있기 때문에 기억하기도 쉽다. 또 이름이 같아서 문제가 될 수 있을 때 유용하다. 모듈을 만들 때 심볼로 인해서 생기는 문제를 최소화하 기 위해 많이 사용한다.

모듈 내부의 심볼뿐 아니라 모듈 자체의 이름을 변경하는 것도 비슷한 문법을 가지고 있다.

```
# 표준 라이브러리인 tempfile.py의 일부
import functools as _functools
import warnings as _warnings
import io as _io
import os as _os
import shutil as _shutil
import errno as _errno
```

위 코드는 `tempfile.py`의 일부로 모듈 내부에서 사용할 목적으로 다양한 모듈을 로드한다. 이때 로드한 모듈들의 이름을 바꾸고 있다. 이 모듈들을 내부에 사용할 것이고 모듈 밖에서는 사 용하지 않는다고 표시하기 위함이다. `as` 키워드 다음에 새로운 이름을 지정한다.
모듈 내부에서 꼭 이렇게 모듈의 이름을 변경해야 하는 것은 아니다. 모듈을 개발자가 선택하는 것이다. 이렇게 하는 것은 선택의 문제일 뿐이다.

`import`문은 문법적으로 모듈을 로드하기 위한 특별한 형태다. 만약 로드해야 하는 모듈명이 문자열이라면 동적으로 생성되는 모듈을 로드해야 한다. 이런 경우는 조금 특별한 방법을 사용한다. 약간 편법같기도 하다.

우선, 파이썬 코드를 실행시키는 `exec( )` 빌트인 함수를 이용하는 방법이 있다. `import`문을 문자열로 만들어서 실행하면 내부에서 `import`문을 쓴 것과 동일하다.

```python
exec("import os")
print(os.getcwd())
```

또는 빌트인 함수 `__import__`를 사용하는 방법도 있다.

```python
os = __import__("os")
print(os.getcwd())

getcwd = os.getcwd
print(getcwd())
```

`__import__( )` 함수는 `import`문을 함수 형태로 만든 것과 동일하다. 리턴값으로 모듈을 리턴하기 때문에 변수에 저장해서 사용해야 한다. 일단 로드되면 내부 심볼을 내부 변수로 사용할 수 있다. [표 6-1]은 모듈을 로드시키는 방법을 정리한 것이다.

방법	설명	사용
import os	os를 로드한다. os 모듈 이름을 사용해야 한다.	os.getcwd
import os as _os	os를 로드해서 _os로 이름을 변경한다.	_os.getcwd
from os import getcwd	os의 getcwd 함수를 바로 사용한다.	getcwd
from os import getcwd as pwd	os의 getcwd를 로드하여 이름을 pwd로 변경한다.	pwd
from os import *	os의 모든 함수를 로드한다. 모듈 이름 없이 사용한다.	getcwd

[표 6-1] 모듈을 로드하는 여러 가지 방법

모듈을 로드하는 것을 이렇게 많은 방법으로 표현할 수 있다는 것이 신기하다. 굳이 이렇게 많은 표현법이 있어야 할 필요가 있을까 생각할 수도 있다. 표현법이 많다는 것은 그만큼 모듈이 중요하다는 것이고 다양하게 사용되어야 한다는 것에 대한 반증이다.

모듈 임포트를 위한 다양한 표현법이 있는 만큼 다양하게 사용해보길 바란다. 그래서 자신의 스타일을 찾아보는 것이 좋다. 어떤 것이 더 좋고 더 나쁘지는 않다. 파이썬은 표현의 제약이 없다.

04 모듈 로드 에러

모듈에는 여러 가지가 있다. 파이썬 내부에 포함된 빌트인 모듈도 있고 표준 모듈도 있다. 또 다른 개발자들이 만든 모듈도 있다. 이런 모듈들은 이름이 변경되거나 아직 설치되지 않거나 하는 이유로 로드되지 못하는 경우가 있다. 이럴 경우 예외가 발생한다.

```
import unknown_module
```

모듈을 임포트하지 못하면 **ImportError**가 발생한다. 이런 경우 다음과 같이 예외를 처리해야 한다. 예외는 다른 장에서 상세히 다룰 예정이다. 여기서는 모듈 에러 처리를 위해 이렇게 한다는 것만 기억하자.

```
try:
    import unknown_module
except ImportError:
  print("unknow_module is not loaded")
```

꼭 필요한 모듈이 있다면 모듈 설치 방법을 출력해 주거나 임시로 사용하는 모듈을 대신 로드하거나 대신 사용할 수 있는 함수를 정의해야 한다.

```
try:
    import webob
    import restkit
except ImportError:
    from .pyQuery import PyQuery
else:
    from .ajax import PyQuery
```

위 코드는 pyQuery 모듈에 정의된 부분이다. 우선 `webob`, `restkit` 모듈을 로드하고 뭔가 문제가 생기면 `except` 구문을 실행한다. 그리고 임포트에 문제가 없으면 else 구문을 실행해서 PyQuery 심볼을 만든다. 어떤 경우에도 PyQuery 심볼을 사용할 수 있도록 조치하고 있다. ".pyQuery"는 현재 패키지에 있는 pyQuery 모듈을 로드한다는 의미다.

파이썬은 계속해서 발전하는 중이다. 파이썬 자체도 변경이 계속되고 있고 파이썬의 라이브러리들도 그렇다. 이런 문제가 없으면 좋겠지만 세상 일이 그렇게 간단하지만은 않은 것 같다. 만약 여러 사람들이 사용할 목적으로 모듈을 만든다면 여러 가지 상황을 대비한 코드가 필요하다. 임포트 중에 발생할 수 있는 문제도 그 중에 하나다.

작성한 코드표를 잘 정리하기 위해서 모듈이 필요하다. 파이썬으로 모듈을 만들어 보도록 해 보자.

01 모듈 생성

모듈은 특별한 것이 없다. 모듈로 만들고 싶은 것들을 별도의 파일로 만들어 두면 그것이 모듈이 된다. 이렇게 만든 모듈은 import문을 통해서 로드할 수 있다.

이 모듈은 나만의 전용 수학 모듈이다.

🔍 **소스** | **리스트 6.1** | **수학 모듈** | **ch06/my_math.py**

```python
# 파일명: my_math.py
"""
My Math
=======
"""

__all__=['fib']        #<--- 1
# 모듈 버전
__version__ = 1.0


# 원주율
PI = 3.1415
```

```
def fib(n):
"피보"나치 수열 생성"
a, b = 0, 1

while b < n:
    yield b
    a, b = b, a+b
```

위 코드는 간단한 모듈을 만든 것이다. 코드는 모듈에 대한 설명이 담긴 문자열로 시작한다. 이 문자열은 함수의 `docstring`과 동일한 것이다. 모듈의 이름, 사용 방법, 주의사항 같은 내용을 담을 수 있다. 그리고 이 문자열을 `help()` 함수를 통해서 볼 수 있다. 파이썬은 코드 내에 문서화를 할 수 있기 때문에 문서화를 위해서 따로 문서를 만들 필요가 없다. 그리고 모듈에 정의한 여러 가지 함수와 변수들이 있다. 위 코드에서 실제로 모듈의 내용은 변수 `PI`와 함수 `fib()` 두 개이다.

🔍 **소스**　**리스트 6.2**　**my_math 모듈 로딩**　**ch06/02_loading_my_math.py**

```
import my_math

print('\pi = {}'.format(my_math.PI))
print(list(my_math.fib(10)))
```

이렇게 만든 모듈은 다음과 같은 코드로 이용할 수 있다. 앞페이지의 코드 1의 `all`이라는 변수는 특별한 변수다. 이 변수에 리스트로 외부로 노출하고 싶은 것들을 문자열로 정의해준다. 모듈을 로드하는 방식 가운데 하나인 "`from my_math import *`"와 같이 로드를 하면 `__all__`에서 정의한 심볼들만 로드된다. "`from my_math import *`"를 사용하는 방식은 현재 스코프에 모듈의 모든 심볼들을 로드하기 때문에 너무 일반적인 심볼을 사용하고 있는 경우 예상하지 못한 버그가 생겨서 한참 고생하게 될 수 있다.

🔍 **소스**　**리스트 6.3**　**from을 이용한 모듈 로딩**　**ch06/03_loading_my_math.py**

```
from my_math import *
```

```
print(list(fib(10)))
print(PI)
File "<stdin>", line 2, in <module> NameError: name 'PI' is not defined
```

예제를 보면 `fib`라는 함수는 사용할 수 있는데 PI는 사용할 수 없다. 이것은 `__all__`에 `fib`만 정의되어 있기 때문이다. 하지만 그렇다고 해서 PI를 완전히 사용 못하는 것은 아니다. 파이썬에서 완전 비공개는 없다. 어떤 식으로든 사용할 수 있다.

```
import my_math
print(my_math.PI)
```

이처럼 모듈을 임포트시키면 모듈의 모든 것을 사용할 수 있다.

02 패키지는 또 다른 모듈

파이썬에는 모듈의 또다른 형태로 패키지라는 것이 있다. 패키지는 단순한 모듈보다 크기가 크다. 앞에서 파이썬 파일 하나가 모듈이라면 패키지는 디렉토리이고 그 안에는 다양한 모듈들이 정의되어 있다. 복잡한 로직이 들어가서 여러 부분으로 코드를 나누어 작성해야 하는 경우, 이것을 패키지로 정의할 수 있다.

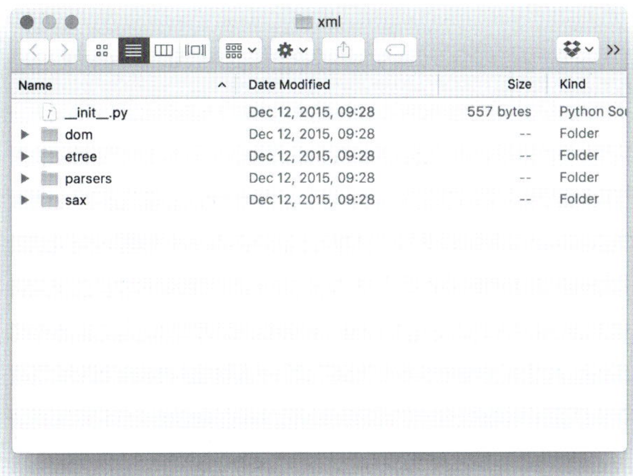

[그림 6-1] 파이썬 모듈의 또 다른 형태, 패키지

위 [그림 6-1]은 표준 라이브러리의 XML 패키지의 모습이다. 패키지의 모습은 일반 디렉토리와 동일하다. 내부에 다른 디렉토리가 있고 __init__.py라는 파일 하나가 있다.

```
import xml
```

패키지를 정의하는 것은 간단하다. 어떤 디렉토리이건 내부에 __init__.py가 있으면 파이썬은 해당 디렉토리를 패키지로 인식해서 "import xml"처럼 로드할 수 있다. 디렉토리 전체가 하나의 모듈 파일과 같이 취급된다. __init__.py에 아무 것도 없어도 상관없다. 물론 정의되어 있으면 좋겠지만 없어도 상관없다.

XML 패키지는 내부에 dom, etree, parsers, sax 패키지를 또 가지고 있다. 각각 디렉토리에도 init.py가 정의되어 있다. 내부에 있는 것도 각각 패키지가 된다.

```
import xml.etree.ElementTree

# 혹은

import xml
import xml.etree
import xml.etree.ElementTree
```

xml.etree.ElementTree를 로드하면 그것을 포함하고 있는 모든 패키지들을 순차적으로 로드한다. 즉, XML을 로드하고 xml.etree를 로드한다. 그리고 최종적으로 xml.etree.xml.etree.ElementTree를 로드한다.

앞에서 패키지라는 명칭으로 모듈과 구별해서 사용했지만 쓰임에 있어서 패키지나 모듈이나 구별이 없다. 같은 방식으로 사용하고 파이썬이 패키지나 모듈을 검색하는 순서도 동일하다. 따라서 정확히 패키지와 모듈을 나누어서 사용하지 않아도 좋다고 본다. 이 책에서는 패키지와 모듈을 구별하지 않고 사용하고 있다.

03 특별한 변수들

모듈에는 앞에서 살펴본 all 이외에 다른 특별한 변수들이 있다.

우선 name 변수이다. name 모듈의 이름이 저장된다. os 모듈의 __name__ 값은 "os"다. 하지만 모듈의 코드를 직접 파이썬 인터프리터로 실행시키는 경우라면 "main"이 된다.

이런 성질을 이용해서 모듈을 직접 실행시킬 때 다른 일을 할 수 있도록 만들 수 있다. 예를 들어 모듈로 사용할 때는 API를 제공하고 직접 실행하면 테스트를 할 수 있도록 할 수 있다.

```python
# 표준 모듈: dis.py
def _test():

    """Simple test program to disassemble a file."""
    import argparse

    parser = argparse.ArgumentParser()
    parser.add_argument('infile', type=argparse.FileType(), nargs='?', default='-')
    args = parser.parse_args()
    with args.infile as infile:
        source = infile.read()
    code = compile(source, args.infile.name, "exec")
    dis(code)

if __name__ == "__main__":  #<---- 1
  _test()
```

표준 모듈 중 하나인 dis.py에 정의된 코드의 일부를 보면 코드 1과 같은 코드를 볼 수 있다. 이 모듈을 모듈로써 사용하면 실행되지 않지만 실행파일로 사용하면 코드 1에 의해서 _test() 함수가 실행된다.

```
python3 -m 'dis' my_math.py
```

dis 모듈은 파이썬 코드를 파이썬 바이트 코드로 해석해 주는 역할을 한다. 파이썬도 내부적으로 자바와 같은 VM을 가지고 있다. 모듈을 이용해서 파이썬 바이트 코드로 컴파일할 수 있다. `python` 인터프리터의 `-m` 옵션은 지정된 모듈을 직접 실행한다. 이것을 `python3〈파일명〉`으로 실행시키는 것도 동일하다.

그리고 `file` 변수가 있다. `__file__`은 모듈이 있는 절대 경로 위치를 가지고 있다. 모듈이 있는 위치를 직접 알아야 할 때 이용할 수 있다.

```
curdir = os.path.dirname(__file__)
```

`__file__`에 저장되는 경로 값을 이용해서 모듈의 디렉토리를 얻을 수 있다. 테스트 코드나 혹은 필요한 리소스들을 보관할 때 모듈이 있는 디렉토리만한 곳이 없다. `curdir`은 이때 중요하게 사용된다.

모듈에 대해서 알고 싶으면 `help()` 함수를 통해서 간단히 검색할 수 있다. 이때 사용되는 것이 `__doc__`이다. 모듈을 정의하면서 모듈의 앞부분에 정의했던 모듈 설명문들이 이 변수에 저장된다. 이 변수는 모듈뿐 아니라 함수나 클래스도 동일하게 가지고 있다.

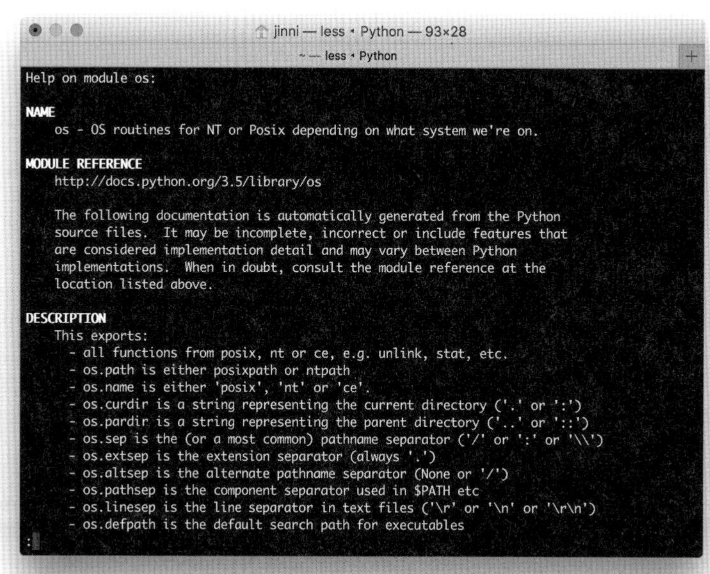

[그림 6-2] help 함수로 모듈을 알아본다.

변수명	설명	이용
__name__	모듈명	모듈을 직접 실행하는지, 모듈로 이용하는지 구별하는 데 이용
__file__	모듈이 있는 절대 경로	모듈이 있는 디렉토리를 얻을 때 사용
__doc__	모듈에 대한 설명	모듈의 이용 방법에 대한 설명을 얻을 때

[표 6-2] 모듈의 특별한 변수들

04 모듈 검색

파이썬 프로그램은 모듈을 로드해서 원하는 일을 한다. 조금만 복잡한 기능을 가진 프로그램을 작성하려고 해도 다양한 모듈의 도움이 필요하다. 그래서 `import`를 사용해서 모듈을 로드한다. 이때 파이썬은 어떻게 모듈 코드를 찾을 수 있을까? 모듈이 있는 위치를 어떻게 찾고 어떤 순서로 찾게 되는지 보자.

```
import foo
```

`foo`라는 이름의 모듈을 로드한다고 하자. 이때 파이썬은 먼저 빌트인 모듈들을 찾는다. 빌트인 모듈은 `file` 변수가 없다. 즉 별도의 모듈 파일이 있는 것이 아니라 파이썬 인터프리터에 같이 포함된다. `foo`가 빌트인 모듈 리스트에서 찾지 못하면 `sys.path`에 있는 디렉토리 순서대로 모듈을 찾는다.

`sys.path`는 다음과 같은 순서로 결정된다.

① 현재 스크립트가 실행되는 디렉토리
② PYTHONPATH 환경변수에 저장된 디렉토리
③ 시스템에 설치된 파이썬의 라이브러리 디렉토리

자신만의 파이썬 라이브러리 디렉토리가 있다면 PYTHONPATH에 하는 것이 좋다. 작성 중인 모듈을 테스트할 때도 PYTHONPATH를 이용할 수 있다.

```python
import sys
from pprint import pprint
pprint(sys.path)
```



```
['',
 '/Users/jinni/local/libs/python',
 '/usr/local/Cellar/python3/3.5.1/Frameworks/Python.framework/Versions/3.5/lib/
python35.zip',
 '/usr/local/Cellar/python3/3.5.1/Frameworks/Python.framework/Versions/3.5/lib/
python3.5',
 '/usr/local/Cellar/python3/3.5.1/Frameworks/Python.framework/Versions/3.5/lib/
python3.5/plat-darwin',

 '/usr/local/Cellar/python3/3.5.1/Frameworks/Python.framework/Versions/3.5/lib/
python3.5/lib-dynload',
 '/usr/local/lib/python3.5/site-packages']
```

위 코드는 실제 `sys.path`의 값이다. 현재 파이썬이 설치된 시스템은 맥이고 맥의 패키지 매니저인 brew를 이용해서 파이썬을 설치했다. 그리고 `PYTHONPATH`로 "`~/local/libs/python`"을 지정했다. 이런 환경에서의 `sys.path` 값이다. 파이썬이 설치된 버전이나 os에 따라서 많은 차이가 있을 수 있다.

모듈을 로드할 때 `sys.path`에 지정된 디렉토리를 순서대로 찾는다. 이 과정에서 먼저 찾은 모듈을 로드한다. `sys.path`에 있는 순서를 보면 현재 경로와 `PYTHONPATH`로 지정한 경로가 표준 모듈의 경로보다 앞에 있다. 이렇게 되면 만약 현재 디렉토리에 표준 모듈과 동일한 이름의 모듈을 정의하고 있다면 현재 디렉토리에 있는 모듈이 로드된다는 의미다. 이 규칙은 모듈에도 동일하게 적용된다. 따라서 표준 모듈의 이름과 동일한 이름의 모듈을 만들지 않도록 해야 한다.

파이썬에서 모듈을 임포트할 때 특정 경로의 모듈을 직접 로드할 수 없다는 단점이 있다. 다른 언어들은 모듈들의 경로를 직접 지정할 수 있어서 명확히 원하는 것을 로드할 수 있지만 파이썬에서는 그것을 할 수 없다.

```python
for filename in testfiles:
    if filename.endswith(".py"):
        # It is a module -- insert its dir into sys.path and try to
        # import it. If it is part of a package, that possibly
        # won't work because of package imports.
        dirname, filename = os.path.split(filename)
        sys.path.insert(0, dirname)        #<---- 1
        m = __import__(filename[:-3])   #<---- 2
        del sys.path[0]                    #<---- 3
        failures, _ = testmod(m, verbose=verbose, optionflags=options)
```

위 코드는 표준 라이브러리의 **doctest.py**의 일부이다. **doctest**는 주석에 있는 테스트 코드를 실행시키는 라이브러리로 파일명으로 지정된 모듈을 로드시켜야 한다. 그러기 위해서 코드 1로 **sys.path**의 앞에 파일이 있는 디렉토리를 추가한다. 이렇게 **sys.path**를 수정하면 모듈을 임포트할 때 추가된 디렉토리가 먼저 검색된다. 그리고 코드 2로 모듈을 로드한다.
__import__는 **import**와 같은 기능을 하는데 차이점은 문자열로 지정된 모듈명으로 로드시킬 수 있다. 그리고 마지막으로 코드 3으로 다시 **sys.path**를 원상복귀시켜서 다른 곳에서 모듈을 임포트할 때 영향이 없도록 한다.

# 03 모듈 재로딩

모듈 재로딩을 사용할 일은 별로 없다. 수년간 파이썬 개발을 해오면서 재로딩이 필요한 적은 거의 없었다. 또 재로딩이 필요한 경우라면 간단히 프로그램을 재부팅시키는 방법이 더 편리하다. 하지만 재로딩을 공부하면 모듈을 더 자세히 알아 볼 수 있기 때문에 재로딩을 소개한다.

모듈은 한 번 로드가 되면 내부에 저장된다. 일단 로드된 모듈은 업로드가 불가능하다. 많은 개발자들이 다양한 방법으로 시도해 보았지만 아직 이렇다 할 방법이 없다. 대신 모듈이 변경되었을 때 다시 로드할 수 있는 방법은 제공하고 있다. 모듈은 로드되면 sys.modules에 등록된다.

소스

```python
import sys, argparse
print(sys.modules["argparse"])
print('ref count : {}'.format(sys.getrefcount(argparse)))
```

실행 결과

```
<module 'argparse' from '/usr/local/Cellar/python3/3.5.1/Frameworks/Python.
framework/Versions/3.5/lib/python3.5/argparse.py'>
ref count : 3
```

로드가 되면 모듈의 레퍼런스 카운트가 올라간다. 레퍼런스 카운트는 다른 소스에서 현재 얼마나 연결해서 사용하는지를 숫자로 표현한 것이다. 파이썬의 모든 오브젝트, 모듈, 변수들은 모두 참고 카운트를 가지고 있다. 파이썬의 가비지 컬렉터의 참조 카운터가 0인 것들을 수집에서 제거한다.

```python
s = __import__("argparse")
print('ref count : {}'.format(sys.getrefcount(argparse)))
ref count : 4
```

앞에서 `argparse` 모듈을 로드했다. 여기서 다시 `argparse`를 로드하면 참조카운트가 하나 늘어난다. 참조카운트는 모듈이 `argparse`를 참조하는 횟수를 의미한다. 이 값이 0이면 아무도 `argparse` 모듈을 사용하지 않는 것을 의미한다.

한번 로드된 모듈은 메모리에 상주한다. 모듈을 다시 로드하려고 해도 기존 모듈이 다시 사용되고 참조카운트만 올라갈 뿐이다. 만약 기존 모듈을 다시 로드하려면 메모리에 올라온 모듈을 내리고 다시 로드시키면 되겠지만 그건 어렵다. 파이썬에서는 대신 재로딩을 위한 함수를 제공하고 있다.

재로딩할 때 사용되는 함수는 `reload( )`다. 이 함수는 파이썬 버전에 따라서 함수의 위치가 변경되었다. 파이썬2에서는 빌트인 함수로, 파이썬3의 초기에는 `imp` 모듈의 함수로 있었지만 지금은 `importlib`에 있는 `reload( )` 함수로 로딩이 가능하다.

```python
# 모듈 재로딩을 위한 reload 함수 찾기
try:
    from importlib import reload
except:
    try:
        from imp import reload
    except:
        pass
```

`reload( )` 함수가 파이썬 인터프리터 버전마다 다르기 때문에 다양한 방법으로 `reload` 함수를 찾는다. 테스트를 위해서 간단한 메시지만 출력하는 모듈을 하나 만든다.

```python
print('module "{}" is loaded'.format(__name__))
```

이 모듈은 로드가 되면 로드되었다는 메시지를 출력한다. 이 모듈을 로딩해 보자.


```python
import mod_test

import mod_test
```



```
module "mod_test" is loaded
```

두 번을 로드해도 한 번만 메시지가 보인다. 이것은 로드가 한 번만 되었다는 것을 의미한다. 이제 재로드를 해 보자.


```python
import mod_test
reload(mod_test)
```



```
module "mod_test" is loaded
module "mod_test" is loaded
```

reload를 이용해서 다시 로드를 하면 위 메시지처럼 다시 로드되었다는 메시지가 두 번 보이게 된다. reload를 사용할 때는 매개변수로 앞에서 로드했던 모듈을 다시 전달해 주어야 한다.

1 모듈의 기능을 두 가지 이상 쓰시오.

2 파이썬에서 모듈을 로드하기 위해서 찾는 순서를 설명하시오.

3 파이썬에서 라이브러리로 사용되는 모듈과 실행 파일로 실행되는 모듈의 차이점을 설명하시오.

4 로드된 모듈의 실제 경로를 알아내는 파이썬 코드를 작성하시오.

5 다음은 모듈을 로드할 때 발생하는 예외를 처리한 코드이다. 빈칸에 들어갈 예외를 쓰시오.

```
try:
    import foo
except [        ] as e:
    print("foo를 로드하지 못합니다.")
```

연습문제 풀이

1 모듈의 기능을 두 가지 이상 쓰시오.

- 네임스페이스를 제공한다.
- 코드를 기능별로 나눌 수 있다.
- 필요한 기능이 있는 모듈만 로드할 수 있다.
- 모듈별로 배포할 수 있다.

2 파이썬에서 모듈을 로드하기 위해서 찾는 순서를 설명하시오.

파이썬에 모듈을 찾을 때는 다음과 같은 순서로 찾는다.

① 현재 디렉토리에서 모듈을 찾는다.
② PYTHONPATH 환경 변수에 지정된 경로들을 찾아본다.
③ 파이썬의 표준 라이브러리 경로를 찾는다.

최종적으로 위에서 설명한 경로들을 sys.path에 모두 적용한다. 실제로 파이썬에 찾게 되는 경로는 다음 코드로 확인할 수 있다. 파이썬 인터프리터에서 다음 코드를 실행시켜본다.

```
>>> import sys
>>> print(sys.path)
```

3 파이썬에서 라이브러리로 사용되는 모듈과 실행 파일로 실행되는 모듈의 차이점을 설명하시오.

파이썬 코드는 다른 파이썬 코드에서 로드되어 실행되거나 직접 실행된다. 모듈로써 실행이 되면 __name__ 변수에 모듈명(파일명에서 .py가 빠진 이름)이 저장되고 직접 실행하면 __main__이 저장된다. 이 특징을 이용해서 직접 실행되는 코드와 모듈로써의 코드를 하나의 파일에 넣을 수 있다. 다음 코드에서 main( ) 함수는 파일을 직접 실행할 때만 실행된다.

```
def main( ):
    # 여기 실행 로직이 들어간다.
if __name__ == "__main__":
    main( )
```

4 로드된 모듈의 실제 경로를 알아내는 파이썬 코드를 작성하시오.

```python
import sys
print(sys.path)
```

5 다음은 모듈을 로드할 때 발생하는 예외를 처리한 코드이다. 빈칸에 들어갈 예외를 쓰시오.

```python
try:
    import foo
except [ ImportError ] as e:
    print("foo를 로드하지 못합니다.")
```

이제 드디어 클래스에 대해 알아볼 때가 되었다. 앞에서 우리는 다양한 클래스를 사용했다. 하지만 그것이 클래스인지 모르고 사용했을 것이다. 어떤 것은 쓰이는 방식이 기존의 함수의 사용법과 동일하기 때문에 클래스인지 알 수 없었다.

사실 파이썬의 모든 것들은 클래스이다. 숫자, 문자할 것 없이 파이썬에서 만들고 사용했던 모든 것들이 클래스로 만들어져 있다. 이번 장에서는 클래스가 왜 만들어졌는지 알아보고 또 클래스를 만드는 방법을 통해서 기존의 API를 더 잘 이해하고 쓸 수 있게 될 것이다.

학습 목표

- 클래스의 목적과 장점을 알 수 있다.
- 클래스를 만들 수 있다.
- 클래스의 상속을 통해 기능을 추가할 수 있다.

컴퓨터 프로그램을 한 번이라도 했던 사람들은 객체지향 프로그램이라는 용어를 들어봤을 것이다. 객체지향 프로그램은 프로그램을 바라보는 하나의 개념이다. 그것을 객체지향 이전의 패러다임과 구별짓는다.

객체지향 프로그램 이전에는 프로그램 전체를 기능별로 나누었다. 프로젝트가 커지지만 개발해야 하는 기능들도 많아지고 복잡한 것은 당연했다. 이런 방식은 프로그램의 각 요소들끼리 의존하는 경향이 생긴다. 이것은 설계가 변경될 때 문제가 된다. 프로그램의 각 부분들이 서로 연결되어 있기 때문에 일부를 변경하고자 해도 다른 영역까지 변경해야 하는 문제가 발생한다. 객체지향 프로그램은 이런 변경 상황에서 어떻게 잘 대응할 지에 대한 고민에서 만들어졌다.

객체지향 프로그램은 프로그램 전체를 객체들의 모임으로 보는 것이다. 객체에는 데이터가 있고 이 데이터와 관련있는 기능들이 있다. 이 객체를 충분히 독립적으로 만드는 것이다. 전체 프로그램에서 변경사항이 발생하면 그것과 관련있는 일부만 수정하면 된다. 즉, 객체를 통해서 관련 데이터와 기능의 응집성을 높이고 다른 객체 간의 결합성을 낮출 수 있다.

또, 객체를 이용하면 현실세계를 쉽게 모델링할 수 있는 장점도 생긴다. 우리가 보는 현실은 눈에 보이는 구체적인 사물들로 이루어져 있다. 모델링하려는 것들의 구체적인 사물들에 해당하는 객체들을 만들고 이들 객체들의 상호작용으로 일을 정의하면 기존에 했던 구조적인 프로그램보다 쉽게 모델링하는 것이 가능하다(물론, 실제로 모델링할 때는 눈에 보이는 것 이외에 더 근원적인 것을 찾아야 하기 때문에 쉽지 않지만 말이다).

객체지향 프로그램은 프로그램의 변경에 빠르게 대응할 수 있을 뿐만 아니라 대규모 프로그램을 만드는 프로젝트에서도 사용할 수 있다. 그리고 현실세계의 모델링도 쉽게 할 수 있는 측면

이 있기 때문에 현대의 대부분의 언어는 객체지향 언어들이다. 대표적으로 파이썬이 있고 자바, C++, C#, 델파이, 루비, 스위프트, Go 등로 모두 객체지향 프로그램 언어들이다.

01 객체지향 프로그램들의 특징

객체지향 프로그램의 특징으로는 자료 추상화, 상속, 다형성, 동적 바인딩 등이 있다.

1-1 자료 추상화

객체지향 프로그램의 가장 중요한 특징은 추상화이다. 기존에 데이터를 그대로 노출하지 않고 꼭 필요한 부분만 노출하고 이 데이터를 다루기 위한 API들을 정의해서 사용할 수 있도록 한다. 이때 중요한 것은 선택적으로 노출한다는 점이다. 외부에서 알 필요 없는 내부 처리 로직들을 감추고, 필요한 API들만 노출하기 때문에 내부 로직의 변화로 인해서 생기는 문제를 줄일 수 있다. 이렇게 불필요한 부분을 감추는 것을 캡슐화라고 한다. 캡슐화로 인해서 변경될 수 있다고 판단되는 부분은 외부로 공개하지 않는다. 비공개 API는 필요할 때 언제든지 변할 수 있다. 대신 외부로 노출한 API는 변경되지 않도록 한다.

물론 파이썬에서 완벽한 캡슐화는 불가능하다. 모든 API나 데이터들이 외부에 노출되기 때문이다. 대신 관습적으로 "_"로 시작하는 멤버 변수나 메소드는 비공개 API로 본다.

1-2 상속

상속은 기존에 만들었던 클래스가 있다면 그 기능을 물려받아서 일부의 기능만 구현하자는 개념이다. 같은 일을 두 번 하지 말자는 것이다. 상속으로 인해서 경제적인 프로그래밍을 할 수 있다. 프로그램을 함에 있어서 중복은 반드시 제어해야 할 대상이다.

상속을 통해서 만들어진 클래스는 자식클래스이고 자식클래스에 상속을 시켜준 클래스를 부모클래스라고 한다. 상속을 통해서 부모 자식 관계가 형성된다. 이를 통해서 프로그램을 조직화할 수 있다. 공통 기능들은 부모클래스에 정의하고 특별한 기능들은 자식클래스에 정의해서 공통된 API를 사용할 수 있도록 배려하는 것이다.

상속을 잘 이용하면 코드를 줄이면서 기능들이 명확해지고 확장이 쉬워진다.

💡 1-3   다형성

　다형성은 하나의 API에 비슷한 다양한 기능을 부여하는 오버로딩과 자식클래스가 부모클래스의 API를 재정의하는 오버라이딩을 말한다.

오버로딩은 같은 클래스에서 같은 기능을 하는 API를 하나로 합치는 것을 말한다. Cat이라는 객체가 있다고 하자. Cat 객체에는 eat( )라는 메소드가 있다. eat( )가 호출되면 "얌"이라는 소리를 낸다고 해보자. 이때 n번 먹는 메소드를 만들어야 한다면 eat_n( )이라는 함수를 따로 만들어야 할까? 둘 다 먹는 것과 관련이 있으니 하나로 만들 수 있다. eat(10)이라고 하면 10번을 먹고 eat( )이라고 호출하면 1번을 먹는 것으로 정의할 수 있다. 이렇게 하나의 같은 일을 하는 API를 하나만 정의하자는 것이 오버로딩이다.

파이썬은 오버로딩을 위한 특별한 문법적인 특징을 가지고 있지는 못하다. 프로그래머가 메소드에 들어오는 매개변수를 조사해서 원하는 형태의 다양성을 추구하도록 하고 있다.

오버라이딩은 부모클래스에서 정의했던 코드를 자식클래스에서 재정의하는 것을 말한다. 부모클래스에서는 일반적인 기능을 하도록 하고 자식클래스에서 특화된 기능을 부여하기 위한 방법으로 사용된다.

💡 1-4   동적 바인딩

　동적 바인딩은 실행 과정에서 동적으로 프로그램의 API나 연산이 변경될 수 있음을 의미한다. 객체지향 프로그램에서는 모든 것들이 객체로 이루어져 있고 이들 객체는 메시지를 통해서 명령을 주고 받는다. 이때 이 메시지가 변경될 수 있다. 또 메시지를 받은 객체에서 호출한 메소드를 변경할 수도 있다. 동적 바인딩은 사실 잘 쓰면 약이지만 잘못 쓰면 프로그램의 어디가 어떻게 잘못되었는지 디버깅하는 것이 쉽지 않게 만든다. 파이썬은 동적 바인딩을 할 수 있다. 파이썬의 모든 API들을 새로운 API로 대체가 가능하다. 심지어 빌트인 API도 재정의할 수 있다.

지금까지 일반적인 개념에서 객체지향 프로그램를 살펴보았다. 언어에 따라서 이런 특징들을 따르고 있는 것도 있고 일부는 다른 방식으로 구현하는 것도 있다. 파이썬은 대부분의 객체지향 프로그램의 특징들을 초기부터 충실히 따르고 있다.

02 파이썬에서 클래스 만들기

클래스를 만들어 보자. 클래스를 통해서 원하는 로직을 만들 수만 있다면 파이썬으로 하지 못할 것이 없다.

  객체지향에서는 프로그램을 객체들의 모임으로 본다. 이때의 객체는 메모리에 실제로 데이터가 올라가 있는 상태를 말한다. 이런 객체를 만들기 위해서 클래스가 필요하다. 우리는 클래스를 통해서 객체를 만들 수 있다.

클래스는 객체를 만들기 위한 틀이다. 이 틀에는 앞으로 객체가 만들어졌을 때 사용하게 될 메소드와 저장할 수 있는 데이터의 종류가 정의된다. 클래스라는 틀에서 많은 객체들이 만들어진다. 각 객체는 별도의 데이터를 갖게 된다.

소스　**리스트 7.1**　**책 클래스**　**ch07/book.py**

```python
class Book(object):
    """책 클래스.

    이 클래스는 책 정보를 위한 데이터이다.
    """

    def __init__(self, title, author):  #<---- 1
        """초기화.

        |name| 매개변수를 받아서 객체 멤버 변수 name에 저장한다.
        """
```

```python
        self.title = title              #<---- 2
        self.author = author
        self.borrowed = False

    def borrow(self):                   #<---- 3
        """책을 대여한다.

        책을 대여한다. 멤버 변수 borrowed 변수에
        현재 상태를 기록한다.
        """
        self.borrow = True              #<---- 4

    def takeBack(self):                 #<---- 5
        """책을 반납한다.
        """
        self.borrow = False

    def printInfo(self):                #<---- 6
        log = []
        log.append("Book: ")
        log.append("  - title : {}".format(self.title))
        log.append("  - author : {}".format(self.author))
        log.append("  - borrowed : {}".format(self.borrowed))
        print('\n'.join(log))

b1 = Book(title="The Art of Computer Programming", author="도널드 크누스")
                                    #<---- 7
b2 = Book(title = "Design Patterns: Elements of Reusable Object-Oriented
    Software", author = "The 'Gang of Four'")

b1.printInfo()                      #<---- 8
```

Book 클래스는 파이썬의 최상의 클래스인 **object**를 상속한다. 사실 **object**로 명시하지 않아도 모든 클래스는 `object`를 상속하게 된다. 클래스의 초기화 즉, 객체가 생성될 때 객체의 상태를 만들기 위해서 init 메소드가 자동으로 호출된다. 이 메소드 내에 코드 2와 같이 `self.XXX` 형태로 되어 있는 것들이 있다. 이것들은 클래스의 멤버 변수로 객체의 데이터 값들이다. 멤버 변수들은 객체마다 다른 값을 가질 수 있다. 때문에 객체를 만들 때 초기화된다.

코드 3, 5, 6 등은 클래스의 메소드로 객체의 기능들을 의미하다. 앞에서 본 코드는 책 정보를 담기 위한 Book 클래스를 정의한 것이다. `Book` 클래스에서는 책을 위해서 제목과 저자 정보가 들어갈 멤버 변수를 정의했다. 그리고 이 책이 대여가 되었는지 판단하기 위한 변수가 들어 있다. Book 클래스의 목적은 도서관에서 책을 빌려주고 받는 과정에서의 데이터를 보관하기 위한 것이다. 그러기 위해서 메소드 `borrow( )`, `takeBack( )` 등을 정의했다. 그리고 현재 상태의 정보를 출력하기 위한 `printInfo( )` 메소드를 정의했다.

클래스는 멤버 변수과 메소드를 정의한다. 이제 이것을 이용하기 위해서는 객체로 만들어야 한다. 앞에서 이야기 했던 것처럼 객체지향 프로그램에서는 모든 것들이 객체다. 코드 7은 `Book` 클래스를 이용한 객체 b1과 b2를 만들었다. 현재 두 권의 책에 대한 정보를 관리하는 객체를 만들었다. 코드 8은 그중에 도널드 크누스의 책의 정보를 출력하고 있다.

클래스는 이렇게 구현한다. 객체로 이루어진 현실 세계에서 공통적인 특징을 가지고 있는 것을 클래스로 만든다. 그리고 클래스는 새로운 타입을 생성한다. 타입은 객체를 다룰 수 있는 방식을 제공한다. 어떤 객체가 `int` 타입이면 `int` 클래스에서 정의되어 있는 멤버 변수나 메소드를 가지고 있다는 것을 의미한다. 우리가 어떤 작업을 하기 위해서는 이런 타입을 가지고 사용할 수 있는 API에 대한 것을 알고 있어야 한다.

우리가 만약 도서관 도서 관리 프로그램을 만든다면 이 Book 클래스를 가지고 도서관의 모든 도서를 관리할 수 있다(물론, 실제는 훨씬 복잡하고 이렇게 도서를 메모리에 올리지 않고 DB를 사용해서 보관하고 필요할 때 객체화해서 사용하겠지만 말이다).

클래스는 이것이 전부라고 할 수 있다. 객체에서 사용할 데이터의 종류와 메소드를 정의하는 것이 대부분이다. 이제 앞으로 다룰 내용은 객체를 다른 객체 혹은 기존의 API들과 어떻게 효율적으로 같이 사용할 수 있도록 하느냐를 다룬다.

03 클래스 상속하기

클래스의 기능을 확장시키기 위해서 상속을 사용한다. 상속을 사용하면 기존 코드를 수령하지 않고 기능을 추가할 수 있다.

클래스를 사용하면 프로그램이 명확해진다. 즉, 관련 기능들을 클래스에 모두 넣어 필요한 데이터와 그 데이터를 이용하는 메소드를 정의하는 것이다. 이렇게 하면 다른 어떤 것에 의존하지 않고 코드를 작성할 수 있다. 프로그램은 그 자체로 완벽하다고 해도 환경이 변하게 되면 수정을 해야 한다.

예를 들어 다음과 같은 문제가 발생했다고 하자. 1년 전에 만들었던 클래스에 기능을 더 추가하고 싶다는 것이다. 이때 두 가지 방법이 있는데 첫째는 기존 클래스인 Book 클래스 자체를 수정하는 방법이다. 하지만 Book 클래스는 이미 다른 클래스에 많이 사용되고 있어 Book 클래스를 바로 고치는 것은 위험하다. 그래서 절대 기존 코드를 변경하지 말라고 한다. 이런 상황에 쓸 수 있는 대안으로 상속이 있다. Book 클래스를 상속받아서 새로운 데이터와 메소드를 추가하는 것이다.

소스 | **리스트 7.2** | **책 확장 클래스** | *ch07/bookex.py*

```python
class BookEx(Book):                        #<---- 1
  def __init__(self, title, author, number):  #<---- 2
    super().__init__(title, author)          #<---- 3
    self.number = number                     #<---- 4


  def printInfo(self):                       #<---- 5
    super().printInfo()                      #<---- 6
    print("  - number : {}".format(self.number)) #<---- 7
```

```
b1 = Book(title = "The Art of Computer Programming", author = "도널드 크누스")
b2 = Book(title = "Design Patterns: Elements of Reusable Object-Oriented Software",
    author = "The 'Gang of Four'")


e1 = BookEx(title = "The C Programming Language", author = "Dennis Ritchie. Brian
    Kernighan", number = 1)                          #<---- 8


e1.printInfo()                                       #<---- 9
```

기존 Book 클래스는 그대로 두고 새로운 기능을 추가하는 방법으로 상속을 사용했다. 상속은
부모클래스의 데이터와 기능을 그대로 가져오는 것을 의미한다. 따라서 부모클래스의 기능을 다
시 구현할 필요는 없다. 변경해야 할 부분만 변경하면 된다.

예제에서 BookEx는 기존 데이터에 책 번호를 추가했다. 먼저 코드 1을 보면 BookEx(Book)
라는 코드가 보인다. BookEx는 Book을 상속한다는 것을 정의한 부분이다. 그리고 초기화 코드
를 보면 특이한 코드가 보인다. 코드 3으로 super( ) 메소드가 보인다. 이것은 부모클래스의 객
체를 의미한다. 상속을 하게 되면 부모클래스도 반드시 초기화해 주어야 한다.
코드 5~7은 부모클래스의 printInfo( ) 메소드를 재정의한다. 부모클래스의 메소드를 완전히
재정의할 수도 있지만 여기서는 일부만 정의했다. 즉, 부모클래스에서 정의한 메소드를 재사용
하고 있다. 이때도 super( ) 메소드를 이용했다. 현재 객체의 메소드를 이용해야 한다면 self.
XXXX( ) 식으로 호출하고, 부모클래스를 호출해야 한다면 super( ).XXXX( ) 식으로 호출해야
한다.
새롭게 정의한 BookEx를 이용해서 객체를 만들어 보자(코드 8). 이렇게 e1을 생성하면 e1은
분명 BookEx를 객체화한 것이다. 하지만 그와 동시에 e1 객체는 Book의 객체이기도 하다. 따
라서 Book으로 할 수 있는 것은 모두 BookEx의 객체로도 할 수 있다.
여기서는 아주 간단한 상속만을 다루고 있다. 상속을 기존 클래스의 확장이라는 관점에서만 보
았는데 이것은 클래스 쓰임의 아주 일부다. 상속을 처음 설계에서 이용하면 코드의 양을 줄일 수
도 있고 미래의 변경에 대비할 수도 있다. 우리가 다루게 될 Qt5를 보면 복잡한 상속 구조로 되
어 있다. 주로 GUI 라이브러리처럼 많은 클래스들이 필요하고 기능이 비슷한 경우에 상속이 많
이 사용된다.

04 타입 체크

클래스는 객체를 만드는 틀이다. 이 틀은 객체가 할 수 있는 기능들을 정의한다. 객체들의 한계를 정하는 것이다. 이처럼 객체가 어떤 일을 할 수 있는 클래스인지 확인하는 것이 타입 체크다.

클래스는 원칙적으로 새로운 타입을 생성한다. 이것은 추상화라는 특징을 만든다. 우리가 만드는 모든 클래스는 타입으로써 다른 것들과 구별된다.

숫자 1은 `int` 타입이고 문자 "abc"는 *str* 타입이다. 이 둘은 분명 다른 타입이기 때문에 쓰이는 데이터와 메소드들도 다르다. 따라서 다르게 처리해야 한다. 파이썬은 동적 타입 언어로써 프로그램 초반에 타입을 설정하지 않는다. 설정한다고 해서 그 타입으로 머무는 것도 아니다. 따라서 중간에 타입이 변경될 수 있기 때문에 타입을 체크해야 한다. 이럴 때 다음과 같은 방법을 쓸 수 있다.

```python
# random.py
class Random(_random.Random):
    # ..생략...
  def seed(self, a = None, version = 2):
    # ..생략...
    if version == 2:
      if isinstance(a, (str, bytes, bytearray)):  #<---- 1
        if isinstance(a, str):                     #<---- 2
          a = a.encode()                           #<---- 3
        a += _sha512(a).digest()
        a = int.from_bytes(a, 'big')
```

위 코드는 표준 라이브러리 중에 random 모듈에 정의된 Random 클래스의 일부이다. seed 메소드를 보면 변수 a의 클래스 타입을 확인하는 코드가 있다. 코드 1은 변수 a의 객체가 str, bytes, bytearray 타입 중 하나인지 확인한다. 그리고 코드 2를 통해서 str 타입이면 다시 encode( ) 메소드를 통해서 bytes 타입으로 a를 변경시키다. 이후 코드는 bytes 혹은 bytearray 타입이라고 가정한 코드들이다. 이렇게 타입들을 중간에 맞추어 주는 로직이 필요하다.

보통 isinstance( ) 함수는 이렇게 함수의 초반에 외부에서 받은 매개변수 데이터의 검증용으로 사용된다. 원하는 데이터 타입인지 확인해야 하고 혹 그렇지 못한 데이터는 변형을 통해서 함수에서 가정하고 있는 데이터 타입으로 변경해야 하기 때문이다.
isinstance( ) 함수를 쓰는 것 이외에 다른 방법도 있다. type( ) 함수를 사용하는 것이다.

```
>>> a = 1
>>> type(a)
<class 'int'>
>>> type(a) == int
True
```

위 코드를 보면 type( ) 함수를 수행하면 객체의 클래스를 확인할 수 있다. 이런 방법을 통해서 type(a) == int와 같은 방식으로 타입을 확인할 수 있다. 두 가지 방법 중에 isinstance를 사용하는 것이 코드를 더 명확히 할 수 있기 때문에 이와 같은 작업이 필요하다면 isinstance를 사용하는 것이 좋다.

만약 클래스의 상속 관계를 확인하고 싶다면 issubclass를 이용할 수 있다.

```
>>> from collections import OrderedDict
>>> issubclass(OrderedDict, dict)
True
```

위 코드는 OrderedDict 클래스가 dict 클래스의 자식인지 확인하는 부분이다. issubclass의 결과는 True로, OrderedDict는 dict 클래스의 자식 객체로 dict가 사용되는 곳이라면 OrderedDict를 사용해도 무방하다.

issubclass, isinstance가 쓰이는 방법은 비슷한데 큰 차이점이 있다. 그것은 조사 대상이다. isinstance는 어떤 객체의 타입에 대한 것으로 객체와 타입을 비교한다. 하지만 issubclass는 타입간 관계를 비교하게 한다. 만약 어떤 객체의 타입이 dict 클래스의 자식 클래스의 객체인지 확인하기 위해서는 다음과 같이 코드를 작성해야 한다.

```
>>> from collections import OrderedDict
>>> a = OrderedDict()
>>> type(a)
<class 'collections.OrderedDict'>
>>> issubclass(type(a), dict)
True
```

객체의 타입을 알기 위해서 type() 함수로 클래스를 찾고 이 클래스를 이용해서 issubclass 로 비교하는 것이다.

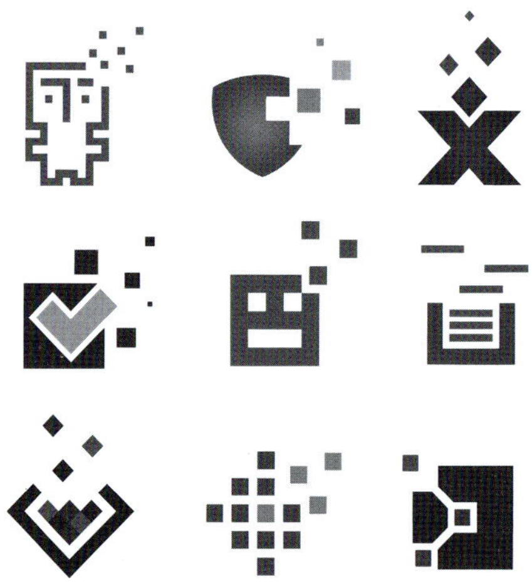

05 덕 타이핑

대다수 스크립트 언어들이 덕 타이핑을 사용한다. 파이썬에서 제공하는 덕 타이핑이 어떤 것인지 알아보자.

덕 타이핑이라는 개념이 있다. 덕 타이핑은 오리라는 이름만큼이나 특이하다. 기존에 C나 C++처럼 정적인 프로그램을 했던 이들에게 덕 타이핑은 말도 안 되는 기능이다. C나 C++는 프로그램의 실행 전에 타입이 검사된다. 즉, 실행 전에 타입 검사를 완벽하게 해서 조금이라도 타입이 맞지 않으면 실행 자체를 할 수 없다. 반면 파이썬과 같은 스크립트 언어들은 타입에 대해서 관대하다. 타입이 맞지 않아도 실행된다. 실행 중에 문제가 발생하면 그때 에러를 낸다. 그것도 실행 중간에 에러를 낸다.

자. 질문을 하나 해보자. 컴퓨터에게 있어서 오리는 어떤 것인가?

C++, Java에서는 `Duck`이라는 클래스를 정의하고 `Duck` 클래스 혹은 `Duck` 클래스를 상속한 클래스를 사용해서 만든 객체들이다. 명확하고 깔끔한 방식이다. 하지만 덕 파이핑으로도 정의할 수 있다.

즉, 오리는 "꽥"하고 울 수 있는 있는 것이라고 정의할 수 있다.

어떤 객체이건 "꽥"이라고 울 수만 있으면 오리로 보자는 것이다. 중요한 것은 어떤 타입이 아니라 어떤 일을 할 수 있는지이다.

```python
class Duck:
  def Quack(self):

    print("Quaaaaaack!")
  def feathers(self):
    print("The duck has white and gray feathers.")

class Person:
  def Quack(self):
    print("The person imitates a duck.")
  def feathers(self):
    print("The person takes a feather from the ground and shows it.")
  def name(self):
    print("John Smith")

def in_the_forest(duck):
  duck.Quack()
  duck.feathers()

def game():
  donald = Duck()
  john = Person()
  in_the_forest(donald)
  in_the_forest(john)

game()
```

위 코드는 위키피디아에 있는 코드로 덕 파이핑을 잘 설명하고 있다. `Duck`은 `Quack()`, `feathers()`라는 메소드를 가지고 있다. `Person` 객체도 동일한 메소드가 존재한다. `in_the_forest()` 함수는 duct 객체를 받아서 `Quack()`과 `feathers()`를 호출한다. `in_the_foreset()`에게 duck은 `Quack()`과 `feathers()` 메소드가 있는 것이다.

이런 방식의 정의는 명확한 상속의 개념없이 상속을 구현하는 방식이다. 이런 방식은 쓰는 것에 논란의 여지가 많다. 클래스 간의 관계가 명확하지 않아서 복잡한 클래스 관계를 가져야 하는 경우에 많은 혼란을 야기할 수 있다. 그리고 동적으로 타입을 체크하게 되므로 타입을 체크하는 코드가 다수 들어가게 되는 것도 문제다.

사실, 덕 타이핑은 파이썬에는 많이 사용되지 못한다. 덕 타이핑이 많이 사용되는 언어는 자바스크립트로 자바스크립트는 기본이 함수이기 때문에 클래스를 사용하는 객체지향 프로그램 개념과는 거리가 멀었다. 그러다가 함수를 이용해서 클래스와 같은 기능을 하도록 만드는 방법을 고안하고 이들 간의 관계를 표현하는 방법으로 덕 타이핑이 사용되었다. 하지만 파이썬은 초기 부터 클래스라는 개념이 있었기 때문에 덕 타이핑과는 거리가 있다고 할 수 있다.

어쨌든 파이썬은 이런 요상한 방법까지 지원하는 좋은 언어라는 점을 알아두었으면 하는 마음에서 이것도 소개한다.

06 클래스 변수와 멤버 변수

클래스 변수는 클래스 자체에 저장되는 변수로, 모든 객체들이 공유하는 반면 멤버 변수는 객체마다 따로 저장된다.

앞에서 클래스를 이용해서 객체를 만들면 객체별로 멤버 변수를 위한 공간이 생긴다. 객체 A의 멤버 변수 a는 객체 B의 멤버 변수 a와는 전혀 관계가 없다. 하지만 같은 타입이면 공통적으로 가져야 하는 것이 있다면 어떨까? 클래스와 클래스로 생성한 모든 객체에 영양을 주는 변수를 클래스 변수라고 한다.

```python
class Cmd:
    """A simple framework for writing line-oriented command interpreters.

    These are often useful for test harnesses, administrative tools, and prototypes
        that will later be wrapped in a more sophisticated interface.

    A Cmd instance or subclass instance is a line-oriented interpreter framework.
        There is no good reason to instantiate Cmd itself; rather, it's useful as a
        superclass of an interpreter class you define yourself in order to inherit
        Cmd's methods and encapsulate action methods.
    """
    prompt = PROMPT
    identchars = IDENTCHARS
    ruler = '='
```

```
lastcmd = ''
intro = None
doc_leader = ""
doc_header = "Documented commands (type help <topic>):"
misc_header = "Miscellaneous help topics:"
undoc_header = "Undocumented commands:"
nohelp = "*** No help on %s"
use_rawinput = 1


# ....생략....
```

위 코드는 표준 모듈의 cmd 모듈의 Cmd 클래스의 일부이다. Cmd 클래스는 클래스 변수로 여러 가지 변수를 설정하고 있다. Cmd 클래스는 파이썬의 REPL과 같은 인터페이스를 제공한다. 이때 필요한 변수들을 클래스 변수로 설정한 것이다.

```
>>> from cmd import Cmd
>>> Cmd.prompt
'(Cmd)'
>>> c = Cmd( )
>>> c.prompt
'(Cmd)'
>>>
```

클래스 변수와 멤버 변수를 쓰는 방법은 동일하다. Cmd의 prompt 클래스 변수를 읽는다면 동일하다.

> 객체.멤버 변수   혹은   클래스.멤버 변수

클래스 변수는 모든 객체에서 공유되는 값이기 때문에 한 객체에서 변경되면 모든 객체들은 변경된 값을 쓰게 된다.

07 비공개 변수와 메소드

파이썬에서 비공개 변수와 메소드를 어떻게 만드는지 알아보자. 다른 언어들과는 다른 방식을 쓰고 있다.

자바나 C++과 같은 언어에는 비공개 변수와 메소드가 있다. 언어적으로 지원하는 것으로 비공개로 설정되면 클래스 내에서만 접근이 가능하고 외부에서는 그런 변수나 메소드의 존재 여부를 알 수 없다. 이런 속성을 캡슐화라고 하고 객체지향 프로그램의 중요한 특징으로 다룬다. 하지만 파이썬에는 별도의 비공개를 위한 키워드가 존재하지 않는다. 다만 파이썬 커뮤니티에서 사용하는 관례가 있다. 변수 혹은 메소드의 이름을 지을 때 "_"를 앞에 사용하는 것이다. (예: _private_var) 이런 변수나 메소드는 특별한 언급없이 변경될 수 있다.

또, 만약 "__"과 같이 두 개의 언더바를 사용하면 특수한 비공개 변수로 지정되어서 내부적으로 이름이 변경된다.

소스　**리스트 7.4**　**비공개 변수**　**ch07/04_private_variable.py**

```python
class Mapping:
  def __init__(self, iterable):
    self.items_list = []
    self.__update(iterable)

  def update(self, iterable):
    for item in iterable:
      self.items_list.append(item)


  __update = update  # private copy of original update() method
```

```
class MappingSubclass(Mapping):

    def update(self, keys, values):
        # provides new signature for update()
        # but does not break __init__()
        for item in zip(keys, values):
            self.items_list.append(item)
```

위 코드는 파이썬의 튜토리얼에서 발췌한 부분이다. 위 코드를 보면 __update라는 변수가 있다. '__'와 같이 언더바를 두 개 붙인 변수다. 이 변수는 update() 메소드를 복사한 것이다. 이렇게 복사한 __update는 실제로 실행될 때는 _Mapping__update처럼 클래스 이름이 포함된 이름으로 변경된다. 이런 것을 이름 변경(네임 맹글링)이라고 하는데 이런 기법은 자식클래스에서 동일한 이름을 사용할 수 없도록 하는 데 그 목적이 있다.

위 예제를 보면 __update() 메소드를 __init__에서 사용하고 있다. 자식클래스에서 update 메소드를 재정의한다고 해도 Mapping은 기존 update 메소드를 사용할 수 있다.

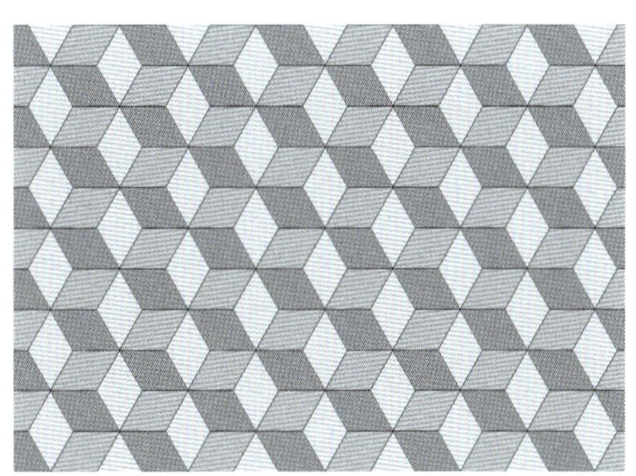

객체의 멤버 변수를 변수로서 바로 노출시킬 수 있다. 그러면 외부에서 변수의 값을 마음대로 변경할 수 있다. 변수가 특별한 제약이 없다면 이렇게 하는 것도 좋다. 하지만 만약 멤버 변수의 값이 10~100 사이의 `int` 값이어야 한다면 어떨까? 이런 조건에 만족하는 값만 설정할 수 있는 방법이 없을까?

소스 **리스트 7.5** **공개 멤버 변수를 이용한 width 값 설정** **ch07/05_public_variable.py**

```python
class Rectangle(object):
  def __init__(self, w, h):
    self.width = w
    self.height = h

  def getArea(self):
    return self.width * self.height

r1 = Rectangle(10, 10)
r1.width = 1000          #<---- 1

print("area : {}".format(r1.getArea( )))
```

위 코드는 사각형의 가로, 세로 길이를 이용해서 넓이를 구한다. 코드 1을 통해서 가로 길이를 변경했다. 하지만 변경된 값이 올바른 범위인지는 모른다. 이런 일을 방지하기 위해 함수를 만들어야 한다.

```python
class Rectangle(object):
  def __init__(self, w, h):
    self.width = w
    self.height = h

  def getArea(self):
    return self.width * self.height

  def setWidth(self, w):
    self.width = max( 10, min(100, self.width) )

r1 = Rectangle(10, 10)

r1.setWidth(1000)        #<---- 1

print("area : {}".format(r1.getArea( )))
```

코드의 **setWidth( )** 메소드는 가로 길이의 범위를 10~100까지로 제한하고 있다. 이 범위를 벗어나면 최소 혹은 최대값으로 재지정한다. 이 방법은 좋기는 하지만 뭔가 사용 방법에 있어서 불편하다. 가장 편한 것은 기존 변수에 값을 설정하듯, 사용하면서 데이터를 검증했으면 하는 것이다. 그런 의도로 만들어진 것이 프로퍼티다. 프로퍼티는 외부에는 변수처럼 보이게 하고 내부적으로는 함수로 처리되도록 한다.


```python
class Rectangle(object):
  def __init__(self, w, h):
    self._width = w
    self._height = h

  def getArea(self):
    return self._width * self._height
```

```python
    @property                                      #<---- 1
    def width(self):                               #<---- 2
        return self._width                         #<---- 3

    @width.setter                                  #<---- 4
    def width(self, w):                            #<---- 5
        self._width = max( 10, min(100, self._width) )

    @property
    def height(self):
        return self._height

    @height.setter
    def height(self, h):
        self._height = max( 10, min(100, self._height) )

r1 = Rectangle(10, 10)

r1.width = 100                                     #<---- 6
print("rectangle({}, {})".format(r1.width, r1.height)) #<---- 7
print("area : {}".format(r1.getArea( )))
```

파이썬에서 프로퍼티를 만드는 가장 쉬운 방법이 데코레이션을 사용하는 것이다. 데코레이션은 함수 앞에 선언을 해서 특별한 기능을 부여하는 방식을 말한다.

예제의 코드 1을 보면 @property라고 되어 있는 부분이 데코레이션이다. @property는 다음에 오는 함수 width( )를 프로퍼티의 getter로 선언한다. 즉 외부에서 width를 요청하면 그 값을 반환한다. 실제 width 값은 내부 변수인 _width에 저장한다. 코드 4는 width의 setter로 사용한 메소드를 지정한다. setter가 된 메소드는 외부에서 입력한 데이터를 매개변수로 받는다. 이 함수는 매개변수에 대한 검사를 하고 내부 변수인 _width에 데이터를 저장한다.

프로퍼티의 사용 방법은 기존에 변수를 직접 사용하던 때와 동일하다(코드 6, 7). 프로퍼티의 장점은 데이터를 검증할 수 있는 기회를 프로그래머에게 줄 수 있다는 것이다. 데이터가 입력될 때 데이터를 검증하면 앞 코드의 넓이 계산을 할 때처럼 내부적으로 데이터 검증을 재실행 할 필요가 없어서 에러가 발생할 여지를 그만큼 줄여준다. 그러면서도 사용 방법은 간단하다.

연습문제

1 클래스와 객체를 설명하시오.

2 파이썬에서 비공개 변수, 메소드를 만드는 방법을 설명하시오.

3 상속을 이용해서 원, 사각형, 삼각형의 넓이를 구하는 클래스를 만드시오. 원, 사각형, 삼각형을 각각 클래스로 만들고 Shape라는 클래스를 상속받도록 한다. Shape에는 면적을 구하는 calcArea( ) 메소드를 정의한다.

4 다음 함수에 들어온 매개변수가 str 타입인지 확인하는 코드를 작성하시오.

```python
def check_str(obj):
    if [    ]:
        return True
    return False
```

연습문제 풀이

1 클래스와 객체를 설명하시오.

클래스는 객체를 만드는 틀이다. 클래스에는 객체에서 사용하게 되는 멤버 변수와 메소드들이 정의되어 있다. 클래스를 통해서 객체를 만들게 되면 멤버 변수에 저장되는 변수들은 각기 다른 값을 갖게 되지만 클래스에서 정의된 메소드들은 모든 객체가 공유해서 사용한다.

2 파이썬에서 비공개 변수, 메소드를 만드는 방법을 설명하시오.

파이썬에는 비공개 변수나 메소드를 만들 수 있는 문법이 없다. 단지 관습적으로 _ (언더바)를 붙여서 이름을 작성하면 비공개 변수, 비공개 메소드로 취급한다. 또 _ _(더블 언더바)를 사용하면 파이썬이 메모리에 로드될 때 지정된 이름을 클래스 이름이 포함된 이름으로 변경해 버린다. 하지만 이렇게 해도 클래스 혹은 객체의 모든 변수나 메소드는 변경할 수 있다.

3 상속을 이용해서 원, 사각형, 삼각형의 넓이를 구하는 클래스를 만드시오. 원, 사각형, 삼각형을 각각 클래스로 만들고 Shape라는 클래스를 상속받도록 한다. Shape에는 면적을 구하는 calcArea( ) 메소드를 정의한다.

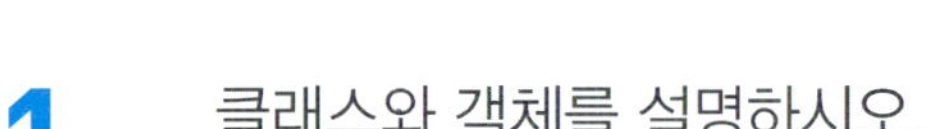


```python
import math


class Shape(object):
    """도형

    도형의 넓이를 구하는 공통 API를 갖는다.
    """

    def __init__(self, name):
```

```python
        self.name = name
    def calcArea(self):
        '넓이를 구하는 API. 상속 클래스에서 각각 구현해야 함'
        raise NotImplemented


class Circle(Shape):

    def __init__(self, name, r):
        super().__init__(name)
        self.r = r


    def calcArea(self):
        return self.r * self.r * math.pi


class Quadrangle(Shape):

    def __init__(self, name, width, height):
        super().__init__(name)
        self.width = width
        self.height = height


    def calcArea(self):
        return self.width * self.height


class Triangle(Shape):
    def __init__(self, name, width, height):
        super().__init__(name)
        self.width = width
        self.height = height
```

```python
    def calcArea(self):
      return self.width * self.height / 2


    def main( ):

# 원, 사각형, 삼각형들을 리스트로 만든다.
shapes = [ Circle('원', 2)
        , Quadrangle('사각형', 2,2)
        , Triangle('삼각형', 2,2) ]

# 각 도형의 넓이를 구한다
for s in shapes:
    print('{} : {}'.format(s.name, s.calcArea( )))

main( )
```

4 다음 함수에 들어온 매개변수가 str 타입인지 확인하는 코드를 작성하시오.

```python
isinstance(obj, str)
```

예외는 에러다. 에러는 나쁜 것이고 이런 일은 일어나지 말아야 한다. 하지만 항상 일어나는 일이다. 우리가 할 수 있는 일은 이것을 잘 관리하는 것뿐이다. 컴퓨터에서 예외는 프로그램의 한 부분이다. 새로운 언어가 나오면 항상 예외에 대한 처리 방법이 프로그램의 중요한 부분을 차지한다. 이번 장에서는 파이썬에서 예외를 어떻게 다루고 있는지 알아볼 것이다. 또 내부에서 사용할 예외를 만드는 방법에 대해서 알아보자.

학습 목표

- 예외의 의미를 알 수 있다.
- 예외를 처리하는 방법을 안다.
- 예외를 정의하고 발생시키는 방법을 안다.

모든 코드는 실패할 수 있다

모든 프로그램의 명령들은 실패할 수 있다. 이런 오류들을 잘 관리할 수 있어야 한다.

우리가 만든 프로그램은 완벽할 수 없다. 완벽하게 만들기에 우리의 실력이 부족한 것이 아니라 프로그램 자체가 그렇다. 우리가 만든 프로그램에서 에러가 전혀 일어나지 않도록 만들었다 하더라도 사용하는 라이브러리 혹은 OS에서 에러가 발생할 수 있다. 에러는 피할 수 있는 것이 아니다. 그러니 우리는 예외가 발생한 것을 최대한 잘 감지하고 관리해주어야 한다.

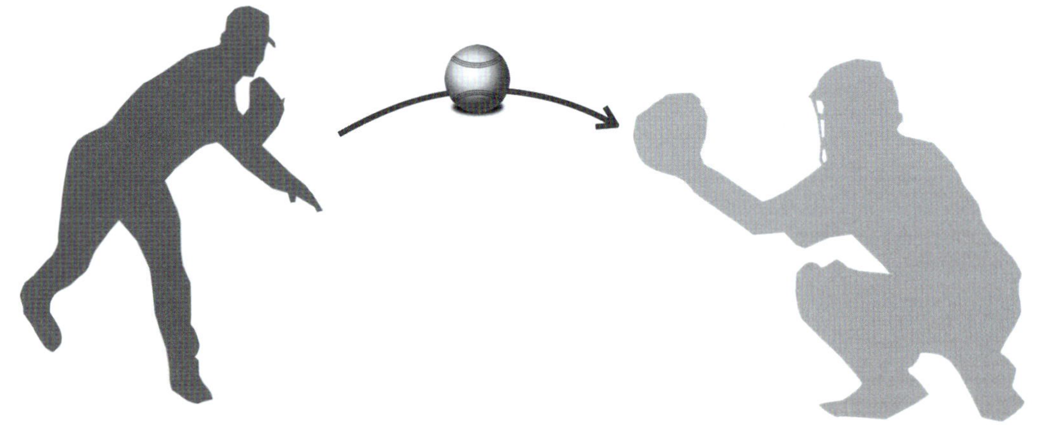

[그림 8-1] 예외와 야구

야구를 생각하면 예외를 이해하기 쉬울 것이다. 예외는 어디서든 발생할 수 있다. 파일을 복사하거나 이름을 바꿀 때도 발생할 수 있다. 이렇게 예외가 발생하면 API에서 예외가 발생했다는 것을 알리기 위해서 예외를 던진다(throw 혹은 raise). 이렇게 던진 예외는 어딘가로 날아간다. 공이 땅에 떨어지면 게임에서 지는 것처럼(꼭 그렇지는 않지만) 예외를 처리하지 않으면 파이썬이 예외를 처리하면서 프로그램이 종료된다. 그래서 항상 예외를 받을 준비를 하고 있어야 한다. 마치 포수가 항상 공을 받을 준비를 하고 있는 것처럼 말이다. 포수가 공을 잡지 못하면 실점을 하게 된다. 때문에 포수는 신중하게 공을 받는다. 예외도 마찬가지다. 받을 수 있는 예외를 신중하게 처리한다. 예외가 생길 수 있는 코드 주변에서 예외를 받는다. 예외 핸들러는 예외를 받아서 처리한다. 포수가 공을 잡아서 태그를 하거나 다른 곳으로 공을 던지기도 하듯 핸들러는 예외를 받아서 내부에서 처리하거나 다른 예외로 만들어 외부로 다시 던지는 일을 한다. 핸들러는 자신이 처리할 수 있는 수준까지만 처리한다.

길게 설명했지만 정리하면 이렇다.

- 예외는 어디서나 발생한다.
- 예외가 발생하면 예외 객체를 만들어서 외부로 던진다.
- 외부의 예외 핸들러가 예외를 처리한다.
- 핸들러가 처리하지 못하면 파이썬이 예외를 처리한다.

이제 파이썬에서 예외가 발생하고 처리하는 것들을 알아보도록 하자.

02 예외 발생

로직상 문제가 생기면 예외가 발생한다. 예외를 어떻게 발생시키는지 살펴보자.

예외의 발생부터 살펴보자. 통신 프로그램을 작성한다고 하자. 이때 전송할 데이터를 받아서 전송해야 한다. 이때 데이터가 정해진 형식이 아닐 때 어떻게 해야 할까? 어떤 방식으로든 잘못을 알려주어야 한다. 이럴 때 예외를 발생시키는 것이다. 파이썬은 예외 객체를 만들고 그것을 raise 키워드를 통해서 예외를 발생시킨다. 이때 발생시킬 수 있는 예외는 모두 `BaseException`을 상속받은 클래스만 가능하다.

```python
def __call__(self, string):
    # the special argument "-" means sys.std{in,out}
    if string == '-':
        if 'r' in self._mode:
            return _sys.stdin
        elif 'w' in self._mode:
            return _sys.stdout
        else:
            msg = _('argument "-" with mode %r') % self._mode
            raise ValueError(msg)                    #<---- 1

    # all other arguments are used as file names
    try:
        return open(string, self._mode, self._bufsize, self._encoding,
                self._errors)
    except OSError as e:
```

```
message = _("can't open '%s': %s")
raise ArgumentTypeError(message % (string, e))   #〈---- 2
```

이 코드는 표준 모듈의 **argument.py**에서 가져온 코드이다. 함수에서 받은 매개변수를 가지고 처리를 하는데 허용되지 않는 문자가 들어오면 코드 1에서 `ValueError( )` 예외를 발생한다. `ValueError`는 매개변수의 값이 잘못되면 발생한다. 이때 예외 객체는 어떤 예외인지 자세히 설명한다. 예외가 발생한 상세 원인을 적어두는 것이다. 이 문자열들을 근거로 프로그래머가 분석하게 된다. 혹은 이 문자열은 별도의 로그파일로 분류되어 보관되기도 한다.

코드 2는 **open( )** 함수 때문에 발생한다. OS에게 파일을 오픈해달라고 요청을 했는데 어떤 이유에서인지 예외가 발생했다. OS의 예외는 `OSError`다. `OSError`는 시스템에서 오는 예외다. 코드에서는 `OSError`를 받아서 `ArgumentTypeError`라는 예외로 바꿔서 다시 예외를 만든다.

위 내용을 간단히 정리하면 다음과 같다.

- 예외는 `raise` 키워드를 이용해서 발생시킨다.
- `raise` 〈예외클래스〉(〈예외상세 이유〉) 형식을 따른다.

예외는 로직상의 문제를 알릴 수 있는 효과적인 메커니즘이다. 이 예외를 통해 원인을 파악해서 처리를 하면 오랫동안 잘 동작하는 프로그램을 작성할 수 있다.

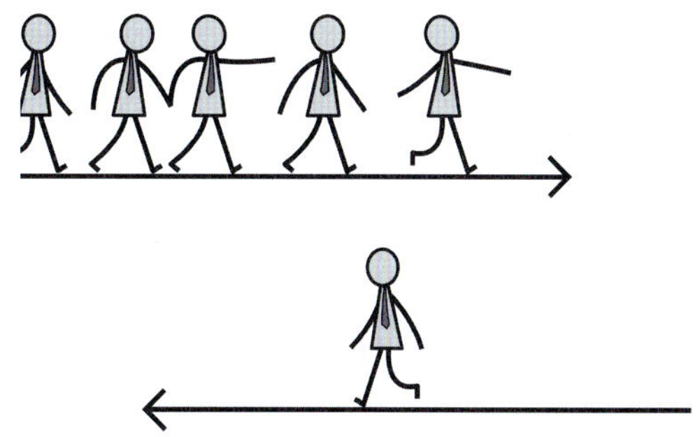

03 처리 방식

처리하는 방식에 대해 알아보자. 단순히 예외를 던지는 것에 비해서 예외를 처리하는 것은 좀 복잡하다. 문제를 일으키기는 쉽지만 잘 처리하는 것이 어려운 것처럼 말이다.

01 단순한 예외 처리 방식

예외가 발생하면 예외를 잘 처리해야 한다. 예외가 발생했을 때 프로그램을 종료하고 사용자에게 메시지를 보내는 것도 하나의 처리 방식이다. 하지만 가장 좋은 처리 방식은 프로그램을 최대한 계속 유지될 수 있도록 하는 것이다.

다음의 예외를 보자.

소스 **리스트 8.1** **예외 발생과 처리** **ch08/01_exception.py**

```python
print('Start')

try:
    print('processing #1')
    raise Exception("error is raise")   #<---- 1
    print('processing #2')              #<---- 2

except Exception:                       #<---- 3
    print('error is handled')           #<---- 4
```

```
else:                          #<---- 5
    print('else state')        #<---- 6


print('End')
```



```
Start
processing #1
error is handled
End
```

프로그램은 위에서 아래로 차례로 실행된다. 그리고 예외가 발생될 수 있는 영역에 "try: ~ except:"로 표시한다. 이 영역에서 예외가 발생하면 예외를 감지해서 처리할 수 있다. 프로그램은 위에서 아래로 진행하다가 코드 1에서 예외가 발생한다. 여기서는 직접 예외를 발생했지만 다른 함수 혹은 내가 쓰는 라이브러리에서도 예외가 발생할 수 있다.

어떤 함수가 예외를 발생할지는 매뉴얼을 참고하는 수밖에 없다. 자바 같은 경우 강한 예외 메커니즘을 가지고 있어서 언어적으로 처리가 필요한 예외를 미리 지정할 수 있다. 어떤 함수가 예외를 발생시킬 수 있는지는 컴파일을 하면서 확인할 수 있다. 하지만 파이썬은 느슨한 방식을 취한다. 매뉴얼을 숙지하고 개발하지 않으면 알 수 없는 예외가 발생해서 프로그램이 종료될지도 모른다. 이 때문에 파이썬으로 중요한 시스템을 개발하는데 어려움이 있다고 말한다.

　예외가 발생하면 발생한 시점에서 프로그램 진행을 멈추고 예외를 처리할 수 있는 예외 핸들러를 찾게 된다. 예제에서 코드 2는 실행되지 못한다. 예외가 발생하면 예외를 처리할 수 있는 가장 가까운 except: 구문을 찾는다. 코드 3처럼 처리할 예외 종류를 지정해도 되고 지정하지 않아도 된다. 지정하지 않으면 모든 예외를 처리하겠다는 의미다. 여기서 처리하지 못하면 계속 위로 찾아 올라가다가 최종적으로 파이썬 인터프리터가 받는다. 인터프리터가 예외를 받으면 프로그램을 종료시켜 버린다. 따라서 최선은 우리가 처리할 수 있는 것을 모두 처리하는 것이 좋다.

예외를 처리하면 정상적으로 처리과정으로 돌아와 프로그램을 진행할 수 있다. 대신 예외가 발생한 바로 뒷부분이 아니라 try ~ except 이후 코드를 실행하게 된다. 코드 5~6처럼 else 구문이 있는 경우도 있다. try ~ except로 지정한 영역에서 예외가 발생하지 않으면 else 구문이 `except:` 대신 실행된다. 많이 쓰는 방식은 아니다. 이렇게 쓰지 않고 `try:`의 마지막에 작성하면 동일한 효과가 발생하기 때문이다.

02 종료 작업

파이썬은 예외가 발생하면 예외가 발생한 시점에서 프로그램을 중지하고 `try ~ except`로 구성된 예외 처리 로직을 찾아서 수행한다. 예외를 처리하는 것은 좋은 데 기존 코드가 중지되면서 꼭 실행되어야 하는 코드가 실행되지 않는 문제가 있다. 대표적인 예로 파일 처리가 있다. 파일을 열어 뭔가를 기록하고 있다고 해보자. 정상적인 경우라면 원하는 데이터를 파일에 기록하고 파일을 닫아야 한다. 그런데 예외가 발생하면 예외 핸들러에서 파일을 닫아주어야 한다. 가만 보면 파일 처리는 예외가 발생하건 그렇지 않건 해야 하는 일이다. 이런 작업을 파이썬은 어떻게 처리할까?

🔍 소스   리스트 8.2   예외가 발생하면 파일을 닫지 못함   ch08/02_exception.py

```python
try:
    # 테스트를 위해 파일 생성
    open('__test.txt', 'w').close()

    # 파일 읽기로 연다.
    f = open('__test.txt','r')    #<---- 1
    # 파일에 뭔가를 쓰면 예외
    f.write('xxx')                #<---- 2
    # 이 코드는 절대 실행 안 됨
    f.close()                     #<---- 3
except OSError as e:              #<---- 4
    print(e)
```

위 코드는 읽기모드로 연 파일에 데이터를 쓰려 한다. 코드 1로 파일을 읽기 전용으로 열었다. 이 파일은 절대 내용을 쓸 수 없다. 하지만 이것을 무시하고 뭔가를 파일에 쓰면(코드 2) `OSError` 예외가 발생한다. 예외가 발생하면 코드 3이 실행되지 않는다.

코드 1에서 연 파일은 아직 열려있는 상태로 남아 있다. 파일과 같은 컴퓨터 자원은 무한한 것이 아니기 때문에 필요할 때 열고 필요 없으면 닫아주어야 한다. 한 프로세스에서 한 번에 열 수 있는 파일 개수가 유한하기 때문에 나중에 필요할 때 파일을 열 수 없게 될지도 모른다. 위 코드의 문제는 파일을 닫는 코드가 실행되지 않는데 있다. 코드 3이 파일을 닫는 역할을 하지만 실행되지 않는다.

이런 문제는 리소스를 다루는 모든 경우에 발생할 수 있다. 이 문제에 대한 해결 방법으로 다음과 같이 할 수 있다.


```python
try:
    # 테스트를 위해 파일 생성

    open('__test.txt', 'w').close()

    # 파일 읽기로 연다.
    f = open('__test.txt','r')
    # 파일에 뭔가를 쓰면 예외
    f.write('xxx')
except OSError as e:
    print('Exception: {}'.format(e))

finally:                  #<---- 1
    f.close()             #<---- 2
    print('release file')
```

`finally`라는 키워드를 이용할 수 있다. `finally`는 예외가 발생하던 그렇지 않던 모두 실행된다. 내부에서 사용한 리소스들을 종료하기에 적당한 장소다. 파일과 같은 형태의 문제가 많이 발생하고 처리하는 방법도 동일하다 보니 이것만 전용으로 하는 특별한 문법이 생겼다. `with` 구문으로 다음 예제를 보자. 앞에서 보았던 일을 동일하게 한다.

```
with open('__test.txt', 'r') as f
    f.write('xxx')
```

코드가 간결해졌다. `with`에서 파일을 열고 파일 객체는 `f`에 할당한다. 내부에서 예외가 발생하건 정상 종료를 하건 상관없이 파일 객체를 닫아준다. 이제 우리가 직접 `close( )`를 호출하지 않아도 된다. 이런 방식은 다른 리소스에도 동일하게 적용된다. 이 방식을 사용할 수 있는지는 각 모듈의 매뉴얼에 명시되어 있으니 사용 전에 확인해야 한다.

03 예외가 발생한 함수 찾기

예외가 발생하면 예외가 왜 발생했는지 알아야 한다. 환경에 의해서 어쩔 수 없이 발생할 수도 있지만 프로그램이 잘못된 경우에도 발생하기 때문이다. 후자라면 프로그램이 잘못된 것이니 수정해야 한다. 그러기 위해서 예외가 발생한 코드의 위치를 알아야 한다.

소스　**리스트 8.4**　**예외 디버깅 메시지**　**ch08/04_traceback1.py**

```python
def func1( ):
    raise Exception("error is raise")

def func2( ):
    func1( )

func2( )
```

실행 결과

```
Traceback (most recent call last):
  File "exception3.py", line 7, in <module>
    func2( )
  File "exception3.py", line 5, in func2
```

```
  func1()
 File "exception3.py", line 2, in func1
   raise Exception("error is raise")
Exception: error is raise
```

예외가 발생하면 예외가 발생할 때까지의 호출 경로를 담고 있는 프레임 정보를 가지고 있는 Traceback 객체를 예외 클래스에 담는다. 이 값은 traceback이라는 멤버 변수로 저장된다. 이 객체 정보를 이용하는 예외가 발생한 위치를 좀 더 잘 보일 수 있도록 할 수 있다.


```python
def func1():
   raise Exception("error is raise")


def func2():
   func1()


try:
   func2()
except Exception as e:

   import traceback
   for frame in traceback.extract_tb(e.__traceback__): #<---- 1
       print("File: {}, Func: {}, Line: {}".format( frame.filename, frame.name, frame.
           lineno) )
```



```
File: exception4.py, Func: <module>, Line: 8
File: exception4.py, Func: func2, Line: 5
File: exception4.py, Func: func1, Line: 2
```

traceback 객체에는 프레임 정보가 들어 있다. 함수가 호출될 때의 정보들을 가지고 있다. 따라서 여러 번 함수를 호출하면서 왔다면 그에 따라서 프레임들이 만들어진다. 우리는 이 프레임 정보를 가지고 함수가 어떻게 호출되어 왔는지 알 수 있다.

앞의 예제를 보자. 예외가 발생하면 except 구문이 실행된다. 이 구문에서 얻을 수 있는 예외 객체 Exception으로부터 예외의 위치를 찾을 수 있다. 앞서 설명한 것처럼 Exception 객체의 __traceback__에 모든 정보들이 있다. 여기서 우리가 원하는 위치 정보를 얻기만 하면 된다. 파이썬은 traceback 정보를 처리하기 위한 별도의 모듈을 가지고 있다. traceback 모듈의 extract_tb 함수를 이용하는 것이다. extract_tb를 통해서 traceback에서 FrameSummary 객체를 얻을 수 있다. FrameSummary 객체에 우리가 지나온 모든 파일 호출 위치가 저장되어 있다.

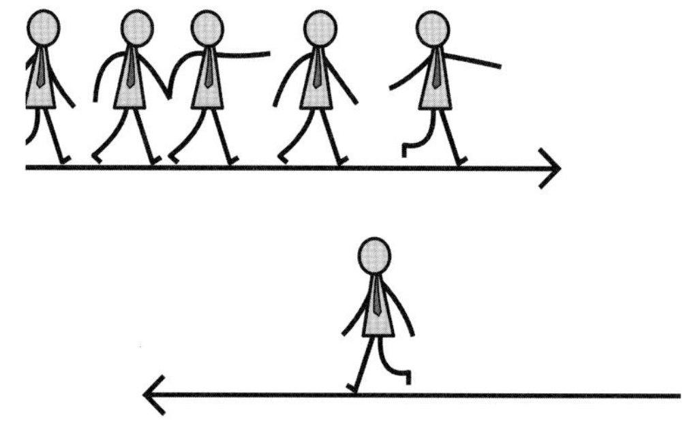

예외를 만들어 우리가 만든 로직에서 발생할 수 있는 예외를 정의해서 사용할 수 있다.

01 예외 구조

우리만의 예외를 만들기 전에 파이썬에서 만들어 사용하고 있는 예외를 먼저 살펴보자. 예외
는 복잡한 상속 구조를 가지고 있다. 이는 예외의 발생 원인을 중심으로 종류를 나눈 것이다.

```
BaseException
 +-- SystemExit
 +-- KeyboardInterrupt           #<---- 1
 +-- GeneratorExit
 +-- Exception                   #<---- 2
   +-- StopIteration
   +-- StopAsyncIteration
   +-- ArithmeticError
   |   +-- FloatingPointError
   |   +-- OverflowError
   |   +-- ZeroDivisionError
   +-- AssertionError
   +-- AttributeError
   +-- BufferError
   +-- EOFError
   +-- ImportError               #<---- 3
```

```
+-- LookupError
|   +-- IndexError
|   +-- KeyError
+-- MemoryError
+-- NameError
|   +-- UnboundLocalError
+-- OSError                    #<---- 4
|   +-- BlockingIOError
|   +-- ChildProcessError
|   +-- ConnectionError
|   |   +-- BrokenPipeError
|   |   +-- ConnectionAbortedError
|   |   +-- ConnectionRefusedError
|   |   +-- ConnectionResetError
|   +-- FileExistsError
|   +-- FileNotFoundError
|   +-- InterruptedError
|   +-- IsADirectoryError
|   +-- NotADirectoryError
|   +-- PermissionError
|   +-- ProcessLookupError
|   +-- TimeoutError
+-- ReferenceError
+-- RuntimeError
|   +-- NotImplementedError
|   +-- RecursionError
+-- SyntaxError
|   +-- IndentationError
|       +-- TabError
+-- SystemError
+-- TypeError                  #<---- 5
+-- ValueError                 #<---- 6
|   +-- UnicodeError
|       +-- UnicodeDecodeError
```

```
    |      +-- UnicodeEncodeError
    |      +-- UnicodeTranslateError
    +-- Warning
        +-- DeprecationWarning
        +-- PendingDeprecationWarning
        +-- RuntimeWarning
        +-- SyntaxWarning
        +-- UserWarning
        +-- FutureWarning
        +-- ImportWarning
        +-- UnicodeWarning
        +-- BytesWarning
        +-- ResourceWarning
```

위 클래스를 보면 `BaseException` 클래스를 선두로 해서 다양한 `Exception`들이 보인다. 이 예외는 파이썬 시스템과 라이브러리를 위해서 사용된다. 모든 예외 클래스들은 `BaseException`을 상속 받는다. `raise`를 이용해서 예외를 발생시킬 때 `BaseException` 예외가 아닌 객체를 주면 예외가 발생한다. 예외를 발생시키는데 예외가 발생하는 것은 재미있는 일이다.

`BaseException`을 직접 상속 받는 것 중에 `SystemExit`는 `exit( )` 함수를 호출할 때 발생한다. `SystemExit`가 발생하면 프로그램이 종료되고 종료 코드를 OS에 알린다. 보통 OS는 0이면 정상 실행 종료, 0이 아닌 다른 정수는 오류가 발생한 것으로 본다.

`KeyboardInterrupt`는 `Ctrl` + `C`를 눌렀을 때 발생하는 예외다. 콘솔 기반 애플리케이션을 만들 때 많이 사용한다. 이 예외를 처리하지 않으면 긴 예외 발생에 대한 메시지를 출력하고 종료하는 것이 좋아보이지는 않는다. 이럴 때 `KeyboardInterrupt`를 처리해주면 원하는 메시지를 출력하고 종료할 수 있다.

우리가 예외를 정의할 때는 `Exception` 클래스를 상속 받아서 만들게 된다. 파이썬도 대부분의 예외들을 `Exception` 클래스를 이용하고 있다. 여기에는 다음과 같은 예외들이 있다. 에러 메시지가 길게 나열되면 프로그램이 종료되어 버린다.

`ImportError`는 모듈을 로드할 수 없을 때 발생한다. 모듈이 설치되어 있지 않거나 플랫폼에 따라서 다른 모듈을 사용해야 한다거나 할 때 `ImportError`를 처리한다.

`OSError`는 `os` 모듈을 사용할 때 많이 보인다. `os` 모듈에는 파일의 정보를 조회하거나 삭제, 생성 등 운영체제에서 제공하는 기능들이 있다. 시스템 API에서 발생하는 에러들은 숫자로 되어 있는데 예를 들어 파일이 없을 때 발생하는 에러 코드는 `errno` 변수에 저장된다. `OSError`는 OS에서 발생하는 예외라고 보면 된다.

그리고 많이 사용하는 예외가 `TypeError`, `ValueError`이다. `TypeError`는 매개변수 입력의 타입이 허용한 타입이 아닌 경우 발생한다. `ValueError` 값도 비슷하게 쓰이는데 `ValueError`는 매개변수의 타입이 아니라 값이 허용된 값이 아니거나 범위를 넘어서는 경우에 발생한다.

파이썬의 예외는 이 정도만 알고 있으면 사용하는 데는 크게 무리가 없다.

- `BaseException`
- `SystemExit`
- `KeyboardInterrupt`
- `Exception`
  - `ImportError`
  - `OSError`
  - `TypeError`
  - `ValueError`

나머지 예외들은 해당 예외를 사용할 때 살펴보면 된다.

02 예외 정의 방법

프로그램에서 발생할 수 있는 예외를 정의하기 위해서는 `Exception` 예외 클래스를 직간접적으로 상속받아야 한다.


```python
class OwnerError(Exception):      #<---- 1
    def __init__(self, message):  #<---- 2
        self.message = message    #<---- 3
```

```
class MyError(Exception): pass        #<---- 4
try:
    raise OwnerError("조용히 하세요.")


except OwnerError as e:                #<---- 5
    print("사장님 말씀 : ", e.message)    #<---- 6
```



```
사장님 말씀 :  조용히 하세요.
```

코드 1에서 `OwnerError`를 정의할 때 `Exception`을 상속받아서 예외를 정의했다. 하지만 꼭 이렇게 내부 메소드를 만들어야 하는 것은 아니다. 예외 클래스 자체가 예외를 설명해주고 있기 때문에 코드 4처럼 예외 클래스만 정의하는 경우가 많다. 다른 추가 정보를 넣고 싶으면 코드 2~3처럼 생성할 때 변수를 넣을 수 있도록 해야 한다. 클래스 생성 시에 넣었던 값은 코드 5~6에서처럼 예외를 처리할 때 활용할 수 있다. 예외 객체를 받아야 하기 때문에 코드 5처럼 예외 객체를 받는다. 여기서는 e로 정의했고 이 객체의 앞에서 설정했던 `message` 멤버 변수를 사용한다.

> **Note** 함수와 메소드의 차이
>
> 이 책을 보면 어떤 것은 함수라고 부르고 어떤 것은 메소드라고 부르고 있다. 함수나 메소드 모두 데이터를 처리하거나 변경하는 등 어떤 동작을 한다는 면에서 동일하고 정의하는 방식도 동일하다.
>
> 차이점은 정의하는 위치다. 메소드는 클래스 내에 정의된다. 따라서 메소드는 객체를 대상으로 정의한다. 'abc'를 대문자로 만드는 메소드는 `str.upper( )` 메소드다. upper 메소드는 `str` 클래스에 정의되어 있고 문자열 객체를 대상으로 대문자로 만든다.
>
> 반면 함수는 독립적으로 정의된다. 보통 함수에서 처리할 데이터를 매개변수로 받는다. 정렬하는 함수로 `sorted( )` 함수가 있다. 이 함수는 어떤 객체와도 연관이 없다. 정렬에 필요한 데이터는 매개변수로 받는다.
>
> ```
> >>> sorted([5, 4, 3, 2, 1])
> [1, 2, 3, 4, 5]
> ```

1   파이썬의 예외 메커니즘을 설명하시오.

2   다음 예제에서 처리되는 순서를 설명하고 이유를 설명하시오.

```python
import os

f = None

try:
    os.chdir('test')                   #<---- 1
    f = open('test.txt', 'r+')         #<---- 2
    f.write('my name is jinniahn')     #<---- 3
    unknown_api()                      #<---- 4
except OSError as e:
    print(e)                           #<---- 5
except NameError as e:
    print(e)                           #<---- 6
except Exception as e:
    print(e)                           #<---- 7
finally:
    print('done')                      #<---- 8
    if f:
        f.close()                      #<---- 9
```

3   MyException 예외를 만들고 발생시키는 코드를 작성하시오.

1 파이썬의 예외 메커니즘을 설명하시오.

파이썬은 로직에 문제가 생기면 다양한 예외를 발생시켜서 발생한 문제에 대한 상세 내용을 전달한다. 이것을 '예외를 발생시킨다'라고 한다. 이렇게 발생한 예외는 try ～ except 구문을 통해서 처리한다. try ～ except 사이에 있는 코드에서 예외가 발생하면 except의 코드가 실행되면서 예외를 처리한다. 여기서 예외를 제거하는 코드를 작성하거나 다른 예외로 바꾸어서 다시 예외를 발생시켜 다른 곳에서 처리하도록 하기도 한다.

2 다음 예제에서 처리되는 순서를 설명하고 이유를 설명하시오.

```python
import os

f = None

try:
    os.chdir('test')                    #<---- 1
    f = open('test.txt', 'r+')          #<---- 2
    f.write('my name is jinniahn')      #<---- 3
    unknown_api()                       #<---- 4
except OSError as e:
    print(e)                            #<---- 5
except NameError as e:
    print(e)                            #<---- 6
except Exception as e:
    print(e)                            #<---- 7
finally:
    print('done')                       #<---- 8
    if f:
        f.close()                       #<---- 9
```

예제 코드는 상황에 따라서 다른 예외가 발생하게 된다. 따라서 상황을 나누어 설명해야 한다.

① test 디렉토리가 없을 때

1 → 5 → 8

os.chdir에서 디렉토리가 없기 때문에 OSError가 발생한다. finally가 실행되지만 f가 None이기 때문에 코드 9는 실행되지 않는다.

② test 디렉토리에 test.txt 파일이 없을 때

1 → 2 → 5 → 8

파일이 없으면 open( ) 함수에서 예외가 발생한다. OSError가 발생하고 finally 코드가 실행되지만 f가 None이기 때문에 9는 실행되지 않는다.

③ 모든 것들이 정상일 때

1 → 2 → 3 → 4 → 6 → 8 → 9

test 디렉토리와 test.txt 파일이 있으므로 코드 3까지 진행된다. 하지만 unknown_api( ) 함수는 정의되지 않아서 NameError가 발생한다. 코드 2에서 open( ) 함수가 정상적으로 실행되었으므로 코드 9가 실행된다.

3   MyException 예외를 만들고 발생시키는 코드를 작성하시오.

🔍 **소스**   **리스트 8.7**   **예외 정의**   **ch08/07_define_exception.py**

```python
# 예외 정의
class MyException(Exception):
    def __init__(self, msg):
        self.msg = msg


try:
    # 예외 발생
    raise MyException('예외 발생')

except MyException as e:
    print(e.msg)
```

## 09장

QT를 이용한 UI 만들기

이번 장에서는 QT를 이용해서 GUI를 가진 애플리케이션을 만드는 방법을 알아본다. 파이썬은 주로 데이터 처리, 자동화, 웹 서비스 등을 만들지만 GUI를 이용해서 유용한 유틸리티를 만드는데도 종종 사용된다. 이번 장에서는 QT를 이용해서 멋진 GUI 프로그램을 만드는 방법을 알아보자.

학습 목표

- 파이썬으로 간단한 UI 프로그램을 만들 수 있다.
- QT 라이브러리에서 제공하는 다양한 위젯을 사용할 수 있다.
- 매뉴얼을 보고 사용할 수 있는 API를 알 수 있다.

파이썬 프로그램의 대부분은 UI가 없는 콘솔에서 동작하거나 데몬으로 동작한다. 즉, 사용자와 직접적으로 인터페이스가 있는 프로그램이 많지 않다. 이런 경향은 파이썬에 한계가 있어서 그런 것은 아니고 파이썬이 다른 쪽에 더 강한 측면이 있기 때문이다. 파이썬으로도 좋은 UI 프로그램을 작성할 수 있을 뿐 아니라 파이썬 코드로 작성된 UI 애플리케이션은 자연히 멀티플랫폼을 지원하는 장점도 있다.

파이썬은 UI 라이브러리를 내장하고 있다. TK라는 것으로 내장 라이브러리이기 때문에 따로 설치과정이 없어서 쓰기에 가장 편리한 라이브러리다. 하지만 UI가 세련되지 못하고 GUI 프로그램을 하면서 필요한 기능들을 지원하고 있지 않기 때문에 많은 프로그래머들은 다른 대안으로 GUI 라이브러리를 이용한다. 대표적인 것은 다음과 같다.

```
• GTK
• QT
• pySlide
• wxPython
```

그 중에서 가장 많이 사용되는 것은 GTK와 QT로 리눅스의 GUI 프로그램에 많이 사용되는 GUI 라이브러리이다. GTK와 QT는 각각 C와 C++로 작성되어 있고 멀티플랫폼을 지원하고 있다. C와 C++로 작성된 GUI 라이브러리를 파이썬과 연결하는 확장 모듈이 있기 때문에 가능하다. GTK와 QT는 워낙 유명한 라이브러리라서 기존에 사용해본 적인 있다면 API가 동일하기 때문에 파이썬에서도 어렵지 않게 사용할 수 있다.

우리가 이번 장에서 사용할 확장 모듈은 pyQT다. pyQT는 QT의 파이썬 확장 라이브러리 중에 하나다.

QT는 듀얼 라이선스를 채택하고 있다. 듀얼 라이선스는 무료로 사용할 수 있지만 소스를 공개해야 한다. 반면 상용으로 사용하기 위해서는 일정 금액을 지불하고 라이선스를 구매해야 한다. 유료이지만 그만큼 많은 기능과 지원을 받을 수 있다.

QT는 GUI 라이브러리로 높은 인지도를 가지고 있고 오랜 시간 동안 꾸준히 발전해왔다. 많은 API들이 준비되어 있고 GUI를 가지고 사용할 수 있는 많은 기능을 제공하고 있어서 QT를 이용하는 개발자 입장에서 적당한 API를 찾아서 사용하기만 하면 된다. pyQT는 C++로 작성된 QT를 포팅한 것이기 때문에 사용하는 API가 동일하다. 따라서 기존에 QT를 사용한 개발자라면 쉽게 적응할 수 있다.

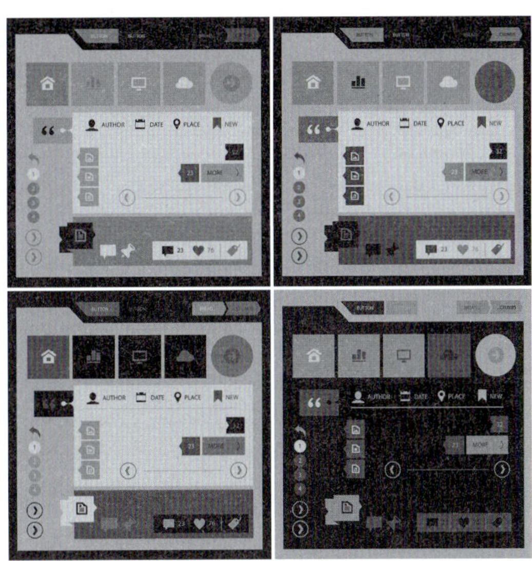

📓 **02** pyQT 모듈 설치

QT와 pyQT는 별도로 설치를 해야 한다. 플랫폼 별로 설치 방법을 알아보자.

pyQT를 사용하기 위해서는 QT5와 함께 pyQT 모듈을 설치해야 한다. QT5는 C++ 라이브러리이고 pyQT는 QT5 라이브러리를 연결한다.

설치 방법은 다음과 같다.

🔅 1-1 window

❶ pip3으로 pyQT5를 설치한다.

커맨드 창(cmd.exe를 실행)을 열어서 다음과 같이 입력한다.

```
pip3 install PyQt5
```

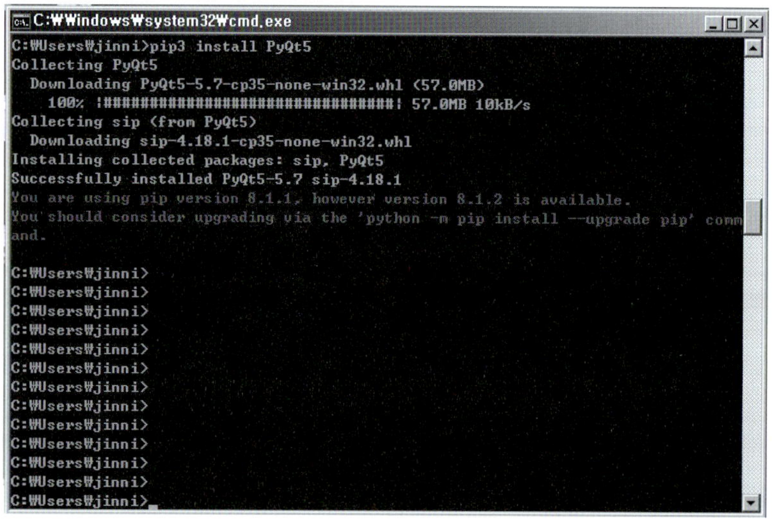

```
C:\Windows\system32\cmd.exe
C:\Users\jinni>pip3 install PyQt5
Collecting PyQt5
  Downloading PyQt5-5.7-cp35-none-win32.whl (57.0MB)
    100% |################################| 57.0MB 10kB/s
Collecting sip (from PyQt5)
  Downloading sip-4.18.1-cp35-none-win32.whl
Installing collected packages: sip, PyQt5
Successfully installed PyQt5-5.7 sip-4.18.1
You are using pip version 8.1.1, however version 8.1.2 is available.
You should consider upgrading via the 'python -m pip install --upgrade pip' command.

C:\Users\jinni>
C:\Users\jinni>
C:\Users\jinni>
C:\Users\jinni>
C:\Users\jinni>
C:\Users\jinni>
C:\Users\jinni>
C:\Users\jinni>
C:\Users\jinni>
C:\Users\jinni>
C:\Users\jinni>
C:\Users\jinni>
```

[그림 9-1] pip3으로 pyQT5 설치

1-2 mac

pyqt5는 QT5를 포함하고 있지 않다. 따라서 QT5를 별도로 설치해야 한다. 맥의 패키지 매니저를 통해서 간단히 설치할 수 있다.

```
brew install Qt5
pip3 install pyQt5
brew install caskroom/cask/brew-cask
brew cask install Qt-creator
```

QT5는 파이썬과 상관없이 QT5 라이브러리이고 pyqt5는 이 QT5를 파이썬 언어로 사용할 수 있도록 한 랩퍼 라이브러리이기 때문에 설치 방법이 다르다. brew에 대한 설치 방법은 파이썬 프로그램을 설치하면서 설명했다.

1-3 리눅스

우분투(ubuntu)를 기준으로 설명하겠다. 다른 배포판들도 설치 방법이 비슷하다.

```
sudo apt-get install python3-pyQt5
```

항상 느끼는 것이지만 개발하는 데는 리눅스 머신이 가장 편리한 것 같다. 프로그램 설치나 환경이 뛰어나기 때문이다.

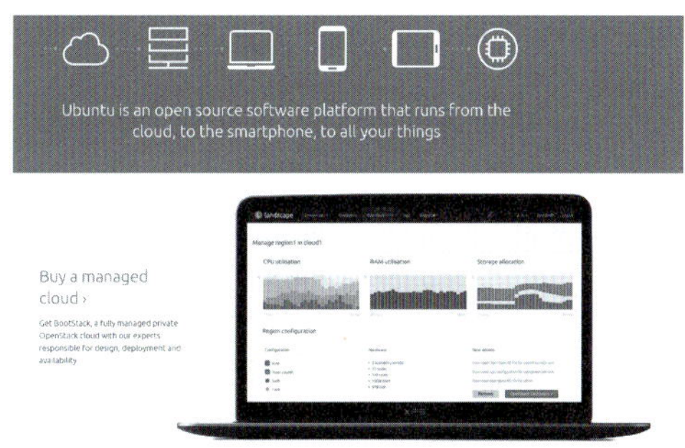

03 GUI의 구성

GUI 프로그램은 몇 가지 구성 요소들로 이루어진다. GUI 프로그램은 이들 요소를 어떻게 배치시키는지가 핵심이다.

GUI는 크게 보면 다음과 같은 구성요소로 나눌 수 있다.

- 윈도우
- 메뉴, 상태바, 툴바
- 다이얼로그
- 레이아웃
- 위젯
- 이벤트

지금까지 사용했던 GUI 프로그램들을 상상하며 보기 바란다. 뭔가 정보를 표시할 영역이 필요하다. 이곳에 글자도 들어가고 이미지도 들어간다. 이런 영역을 제공하는 것이 윈도우다. GUI 프로그램은 하나 이상의 윈도우를 가지고 있다. 다른 모든 요소들은 이 윈도우 위에서 동작한다. 그리고 프로그램에서 제공하는 다양한 기능을 표시하기 위한 메뉴바와 툴바가 있다. 상태바는 프로그램의 상태나 도움말들을 표시하는데 이용되고 있다. 메뉴바는 프로그램에서 사용할 수 있는 다양한 기능들을 표시한다. 사용자는 이중에 하나를 선택해서 기능을 동작시킨다. 툴바은 메뉴바의 많은 기능 중에서 자주 사용하는 기능만을 보여준다. 말하자면 바로가기 같은 것이다.

윈도우에 실제로 정보를 표시하는 것은 모두 위젯의 몫이다. 그리고 이 위젯들을 윈도우의 넓은 화면에서 효과적으로 위치시켜주는 것이 레이아웃이다. 레이아웃에 다양한 종류가 있어서 위젯들을 가로로 배열하는 것이 있는가 하면 세로로 배치하는 것이 있다. 개발자는 여러 레이아웃을 적절히 이용해서 원하는 화면을 만들어야 한다.

위젯과 위젯 간에는 서로 연관성이 없다. 각각 독립적이다. 이런 위젯들을 사용해서 원하는 것을 만드는 것이 프로그래머의 역할이다. 프로그래머는 이벤트를 통해서 위젯 간의 관계를 만든다. 한 위젯에서 생성하는 이벤트와 이 이벤트를 처리할 핸들러를 만들어 연결시킨다.

앞에서 설명한 것 이외에도 다양한 것들이 있지만 크게 보자면 GUI 프로그램은 이것들을 통해서 만들어진다고 보면 된다. 이제 각각의 역할에 대해서 더 자세히 알아볼 차례다.

01 윈도우

윈도우는 마이크로소프트 사의 윈도우 제품군들을 사용해 보았다면 쉽게 알 수 있을 것이다. 보통 프로그램을 실행시키면 윈도우라는 창이 하나 생긴다. 이 윈도우는 마우스로 이곳 저곳으로 이동시킬 수도 있고 다른 윈도우에 의해서 가려질 수도 있다. 하지만 가려진 윈도우에 마우스를 클릭하면 가려져 있던 윈도우가 다시 나타나고 내부의 위젯들도 원래 그대로 보인다. 윈도우는 이렇게 다른 것과 구별되는 별도의 영역을 나타낸다.

QT에 QMainWindow로 메인 윈도우를 나타낸다. QT의 모든 클래스는 Q를 프리픽스로 사용하고 있다. 대부분 이름만으로 그 클래스의 역할을 알 수 있을 만큼 잘 구성해 놓은 것이 QT의 장점이다.

소스 리스트 9.1 윈도우 띄우기 ch09/01_hello.py

```python
import sys
from PyQt5.QtWidgets import QMainWindow, QAction, QApplication


class HelloWindow(QMainWindow):
  def __init__(self):
    super().__init__()


    # UI 초기화
    self.initUI()                              #<---- 1
```

```
    def initUI(self):
        self.setGeometry(300, 300, 300, 200)      #<---- 2
        self.setWindowTitle('HelloWindow')  #<---- 3
        self.show()                               #<---- 4

 if __name__ == '__main__':
   app = QApplication(sys.argv)
   ex = HelloWindow()                             #<---- 5
   sys.exit(app.exec())                           #<---- 6
```

PyQt5를 이용하기 위해서 먼저 모듈을 로드한다. Qt에서 화면에 표시되는 것들은 QtWidgets에 포함되어 있다.

```
from PyQt5.QtWidgets import QMainWindow, QAction, QApplication
```

QApplication은 GUI 프로그램 전체를 관리한다. 한 Application에서는 하나의 QApplication 객체가 있다. 주요하게 하는 일은 애플리케이션의 시작과 종료를 관리한다. 좀 더 어렵게 이야기해서 라이프 사이클을 관리한다.

예제에서 HelloWindow는 QMainWindow를 상속받아서 메인 윈도우의 속성을 변경한다. 다른 OOP 프로그램들도 마찬가지이지만 어떤 기능을 가진 클래스의 속성이나 기능을 이용하는 방법으로 인스턴스를 직접 생성하는 방식이 있고 상속을 받는 방식이 있다. 여기서는 상속을 받아서 처리하고 있다.

이제 HelloWindow가 메인 윈도우가 될 것이다. 코드 2를 통해서 윈도우가 위치할 곳을 지정한다. 화면의 (300, 300) 위치에 300 × 200 사이즈의 윈도우를 하나 만든다. 그리고 윈도우 제목으로 "HellowWindow"를 변경하고(코드 3) 윈도우를 화면에 표시한다.

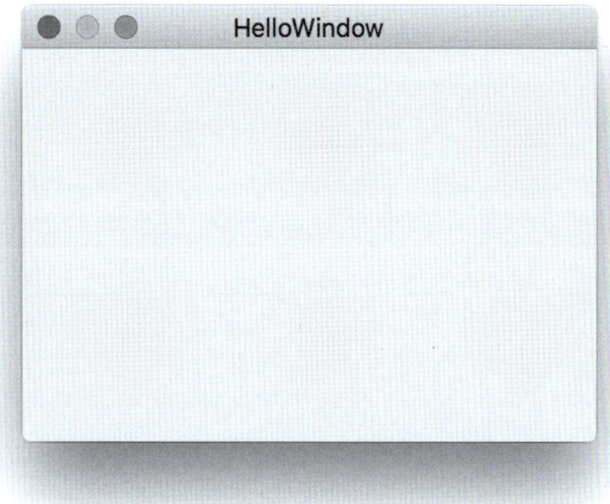

[그림 9-2] 첫 번째 GUI 프로그램

이것으로 간단한 GUI 프로그램을 만들어 보았다. 우리가 지정한 제목만을 가지고 있는 작은 윈도우지만 이제 여기에 우리가 원하는 어떤 위젯이건 넣을 수 있다. 작은 윈도우일 뿐이지만 뭘 넣는지에 따라서 다양한 애플리케이션이 될 것이다.

02 위젯

다음 페이지의 [표 9-1]은 위젯 화면에 표시할 수 있는 컨트롤들이다. 위젯이란 버튼이나 체크박스와 같은 것들을 말한다. 화면에 표시해야 하는 데이터들이 다양한 만큼 아주 많은 종류의 위젯들이 있다. 개발자는 사용자가 쉽게 사용할 수 있는 위젯을 선택하고 데이터를 연결하고 이벤트를 처리하는 작업을 한다.

위젯	설명
버튼	버튼, 토글 버튼으로 사용
체크박스	on/off를 선택할 수 있는 위젯
프레임	색을 지정할 수 있는 영역 제공
슬라이더	일정 범위 영역 사이의 값을 입력 받을 때 사용
라벨	문자열 표시
프로그레스바	진행 사항 표시
달력	달력 표시
라인에디터	한 줄짜리 문자열 입력
텍스트 박스	두 줄 이상 데이터 문자열 입력
스플릿터	위젯의 영역을 나눌 때 사용, UI 상으로 크기 변경 가능

[표 9-1] 다양한 위젯들

위젯은 유저가 필요한 정보를 표시하기도 하고 정보를 받기도 한다. 사용자는 위젯을 사용해서 원하는 작업을 하게 된다. 사용자가 데이터를 입력하거나 어떤 동작을 하면 위젯에서 이벤트가 생성되고 이것을 핸들러에서 처리한다. 일반적으로 위젯을 가지고 하는 일들을 이런 식의 동작을 할 수 있도록 코딩하는 것이다.

위젯을 사용하기 위해서 다음과 같을 일을 해주면 된다.

- 위젯 생성 및 배치
- 콜백 함수 생성
- 이벤트 등록
- 버튼

1-1 버튼

가장 간단한 위젯으로 버튼이 있다. 버튼은 사용자가 마우스로 누르는 동작이 전부다. 이 버튼을 눌렀을 때 어떤 동작들이 일어나고 프로그램으로 우리가 해야 하는 것이 무엇인지 살펴보도록 하자.

```python
#!/usr/bin/python3
# -*- coding: utf-8

import sys
from PyQt5.QtWidgets import QWidget, QPushButton, QApplication, QMessageBox,
QMainWindow
from PyQt5.QtCore import Qt

class MyWindow(QMainWindow):

    def __init__(self):
        super().__init__()

        button = QPushButton('Push Me', self)     #<---- 1
        button.move(10, 10)
        button.clicked.connect(self.message)    #<---- 2
        button.clicked.connect(message2)        #<---- 3

        self.show()

    def message(self):                          #<---- 4
        msg = QMessageBox(self)
        msg.setText("You Push Me.")
        msg.show()

def message2():
    print("push me")

if __name__ == '__main__':
    app = QApplication(sys.argv)
    ex = MyWindow()

    sys.exit(app.exec())
```

위 예제는 위젯을 생성하고 핸들러와 이벤트를 연결하는 것을 보여주고 있다. 코드 1로 버튼 하나를 생성했다. 그리고 이 버튼에 이벤트 중 하나인 clicked 이벤트에 핸들러를 연결한다(코드 2). clicked는 버튼이 만들어내는 이벤트 중 하나다. QT에서는 이것을 시그널이라고 부르고 있다. 따라서 이 책에서는 이 두 용어를 같은 것으로 사용할 것이다.

코드 4는 버튼이 클릭되면 호출되는 핸들러에 해당된다. UI 프로그램은 다양한 이벤트에 대한 핸들러들로 구성된다. 시그널의 connect( ) 메소드를 이용해서 객체의 메소드이건 함수이건 같은 방식으로 연결할 수 있다. 클래스의 메소드이면 클래스의 인스턴스가 연결된다는 점이다(코드 2). 함수이면 함수가 호출된다(코드 3). 직관적으로는 당연해 보일 것이다. 다른 언어를 배워본 경험이 있다면 이렇게 사용하는 것이 이상하게 보일 수도 있지만 파이썬에서는 가능하다.

위 예제에서 QPushButton 하나만 사용해보았다. 이번에는 다른 방법이 다른 위젯에서도 동일하게 사용된다. 앞으로 살펴볼 예제에서도 다양한 위젯들이 사용되는데 이때 위젯이 만들어진다. 이벤트에 핸들러를 등록하는 코드를 살펴보기 바란다. 동일한 방식으로 사용하고 있다는 것을 알 수 있을 것이다. 우리가 할 일은 매뉴얼을 보면서 적당한 위젯을 선택하는 것이다.

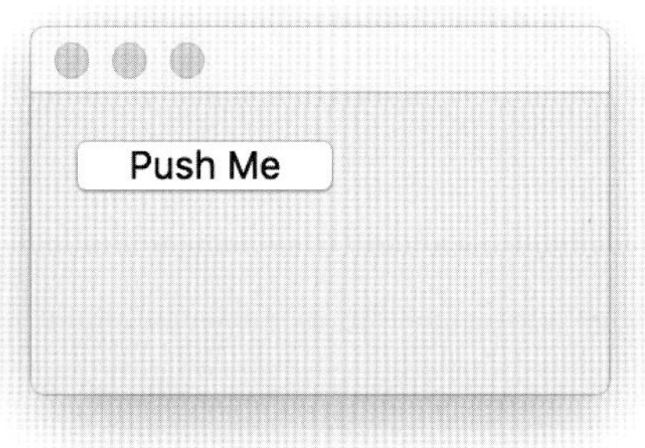

[그림 9-3] 버튼을 사용한 화면

💡 1-2 슬라이더

다른 위젯 하나만 더 살펴보도록 하자. 슬라이더 위젯이다. 슬라이더 위젯은 일정 범위의 값 중에 하나를 선택해야 할 때 사용하는데 사용자가 선택한 값을 리턴한다. 따라서 기본의 버튼과는 다르게 어떤 값을 리턴하게 된다.

🔍 소스 리스트 9.3 슬라이더 생성 ch09/03_slider.py

```python
#!/usr/bin/python3
# -*- coding: utf-8 -*-

import sys
from PyQt5.QtWidgets import (QWidget, QSlider, QLabel, QApplication, QMainWindow)
from PyQt5.QtCore import Qt
from PyQt5.QtGui import QPixmap


class MyWindow(QMainWindow):

  def __init__(self):
    super().__init__()

    # 가로 슬라이더 생성
    self.slider = QSlider(Qt.Horizontal, self)              #<---- 1
    self.slider.setMaximum(1000)                            #<---- 2
    self.slider.setMinimum(0)                               #<---- 3

    # 위치와 크기
    self.slider.setGeometry(30, 40, 100, 30)

    # 시그널 연결
    self.slider.valueChanged[int].connect(self.changeValue)   #<---- 4

    # 라벨 생성
    self.label = QLabel("current : 0", self)                #<---- 5
    self.label.setGeometry(30, 70, 100, 30)
```

```python
    # 윈도우 위치
    self.setGeometry(300, 300, 280, 170)
    self.setWindowTitle('Slider Example')
    self.show()



def changeValue(self, value):                       #<----- 6
    "슬라이더 값 출력"
    self.label.setText("current : {}".format(value)) #<----- 7



if __name__ == '__main__':
    app = QApplication(sys.argv)
    ex = MyWindow()
    sys.exit(app.exec())
```

위젯을 생성하고 배치하는 것은 기존과 동일하다. 차이점은 위젯별로 독특한 설정과 이벤트 연결 방식이다. 코드 1에서 가로 슬라이더를 하나 만들고 슬라이더의 범위를 설정한다. 0~1,000 사이의 값을 선택할 수 있다. Qt5의 슬라이더는 `int` 값을 갖는다. 유저가 슬라이더를 움직이면 `valueChanged` 이벤트가 발생한다. 따라서 여기에 핸들러를 등록하도록 한다. 이때 QT만의 독특한 방식으로 이벤트를 연결하고 있는데. 바로 이벤트에서 생성되는 값의 타입을 지정하는 것이다. `valueChanged[int]`는 시그널의 매개변수로 `int` 타입의 값이 사용된다는 점을 명시하고 있다. 파이썬에서 이런 식의 사용도 허용하고 있다는 것이 특이하다. 슬라이더의 `valueChanged`에 다른 타입들을 부여할 수 있는데 각 위젯마다 다르다. 따라서 매뉴얼을 통해서 사용하려는 시그널이 허용하는 타입이 뭔지 확인할 필요가 있다.

PyQt5는 별도의 매뉴얼이 없고 대신 Qt5의 매뉴얼을 이용한다. Qt5는 C++을 베이스로 해서 만들어지고 매뉴얼도 C++의 API를 설명하고 있지만 PyQt5도 동일한 API를 사용하고 있기 때문에 큰 문제가 없다.

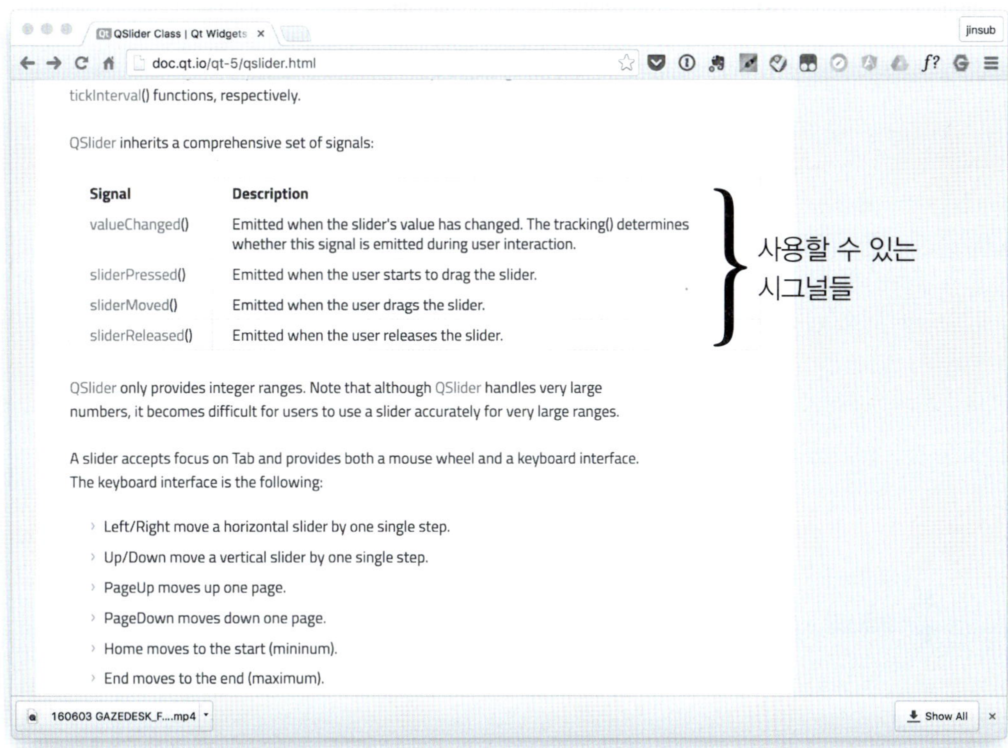

[그림 9-4] QSlider의 지원하는 시그널

매뉴얼에서 볼 수 있는 것처럼 다양한 시그널들이 있다. 우리는 그 중에서 값이 변경되어 호출되는 이벤트를 사용한 것이다. `valueChanged`의 설명을 보면 `int` 값을 전달해 주는 것도 확인할 수 있다.

이벤트 핸들러는 이 값을 메소드 매개변수로 받았고 그 값을 라벨로 다시 출력했다. 코드 6은 슬라이더 값이 변경되면 호출되는 핸들러다. 여기서는 라벨 값을 변경하고 있다.

03 레이아웃

윈도우에서 작업하기 위해서는 윈도우에 필요한 위젯들을 추가해고 임무를 부여해 주어야 한다. 가장 간단한 것은 앞의 예제에서 했던 것처럼 위젯이 있어야 하는 자리를 x, y 좌표로 명확하게 표시해주는 것이다. 하지만 이렇게 하면 프로그래머가 힘들어진다.

모든 작업을 수작업으로 해야 한다면 다음과 같은 일을 해야 한다.

① 수많은 위젯들의 위치를 정해주어야 한다.
② 위젯들의 정렬을 맞추어 주어야 한다.
③ 윈도우의 크기가 변경되면 계산을 다시 해주어야 한다.

모든 위젯에 대해서 좌표를 정하는 것은 어려운 작업도 아니고 도전적이지도 않다. 그렇기 때문에 이를 해결할 대안으로 나온 것이 레이아웃이다. 레이아웃은 다양한 레이아웃의 위치를 자동으로 결정해준다.

가장 많이 사용되는 레이아웃으로 QHBoxLayout, QVBoxLayout, QGridLayout이 있다.

- QHBoxLayout : 위젯들을 가로로 배치한다.
- QVBoxLayout : 위젯들을 세로로 배치한다.
- QGridLayout : 화면을 일정한 크기의 격자로 나누고 그 안에 배치한다.

QT5는 이것 이외에 다양한 레이아웃들이 준비되어 있는데, 그들은 모두 QXXXXXLayout이라는 이름을 가지고 있다. 여기서 XXXXX에 다른 이름들이 들어간다. 매뉴얼을 보면 다양한 레이아웃들이 준비되어 있음을 알 수 있다.

먼저 레이아웃을 사용하지 않으면 어떻게 되는지 보자.

소스 **리스트 9.4** **좌표를 이용한 배치** **ch09/04_layout_manual.py**

```python
import sys
from PyQt5.QtWidgets import QMainWindow, QLabel, QApplication


class LayoutExample1(QMainWindow):

    def __init__(self):
        super().__init__()


        lbl1 = QLabel('This is', self)
```

```
    lbl1.move(20, 50)                              #〈---- 1
    lbl2 = QLabel('Not Layout Example', self)
    lbl2.move(50, 70)                              #〈---- 2

    self.setGeometry(300, 300, 300, 200)
    self.setWindowTitle('Layout Example')
    self.show()


if __name__ == '__main__':
  app = QApplication(sys.argv)
  ex = LayoutExample1()
  sys.exit(app.exec())
```

위 코드는 위젯 두 개가 있는 간단한 윈도우를 만들고 있다. 코드 1, 2는 각각 위젯의 위치를 x,
y 좌표로 직접 지정한다. 이렇게 지정하면 정확하고, 무엇보다 원하는 모든 위치에 위치시킬 수
있다. 하지만 손으로 직접 하기는 귀찮은 작업이다. 두 개의 위젯만 있는 UI도 이런데 수많은 위
젯들이 있다면 그 작업은 얼마나 힘들지 상상해보라. 그래서 이런 일을 해결하고자 레이아웃이
필요하다.

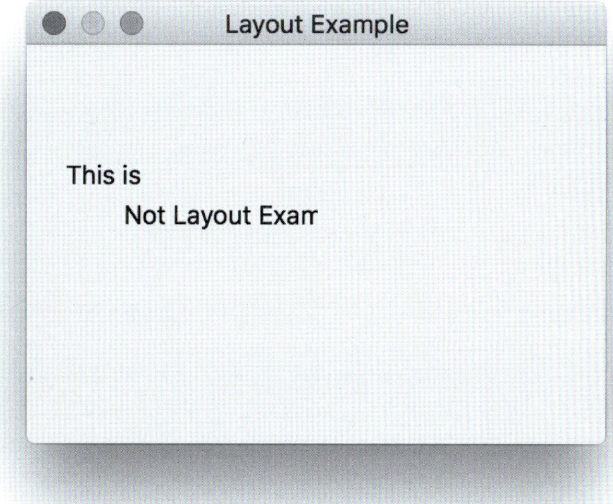

[그림 9-5] 레이아웃 없이 만든 화면

이번에는 레이아웃 클래스를 사용해서 위젯 배치를 해보자.


```python
import sys
from PyQt5.QtWidgets import ( QWidget, QMainWindow, QLabel,QApplication,QPushButt
    on, QHBoxLayout, QVBoxLayout )


class LayoutExample2(QMainWindow):

  def __init__(self):
    super().__init__()

    # 사용한 위젯들을 생성
    lbl1 = QLabel('This is')                         #<---- 1
    lbl2 = QLabel('Layout Example')


    okButton = QPushButton("OK")
    cancelButton = QPushButton("Cancel")


    hbox = QHBoxLayout()                             #<---- 2
    hbox.addStretch(1)                               #<---- 3
    hbox.addWidget(okButton)                         #<---- 4
    hbox.addWidget(cancelButton)                     #<---- 5


    vbox = QVBoxLayout()                             #<---- 6
    vbox.addWidget(lbl1)                             #<---- 7
    vbox.addWidget(lbl2)                             #<---- 8
    vbox.addLayout(hbox)                             #<---- 9


    window = QWidget()                               #<---- 10
    window.setLayout(vbox)                           #<---- 11
    self.setCentralWidget(window)                    #<---- 12


    self.setGeometry(300, 300, 300, 150)
```

```
    self.setWindowTitle('Layout Example')
    self.show( )


 if __name__ == '__main__':

   app = QApplication(sys.argv)
   ex = LayoutExample2( )
   sys.exit(app.exec_( ))
```

코드가 조금 더 많아졌다. 우리에게 레이아웃 매니저가 있기 때문에 조금 더 많은 위젯을 추가하는 것이 크게 문제가 되지 않는다. 더 이상 **move( )** 메소드를 이용해서 위젯의 위치를 직접 지정하지 않아도 된다. 이런 일들은 모두 레이아웃에서 처리할 것이다. 필요한 위젯을 만들고 레이아웃에 이 위젯들을 배치할 수 있는 힌트를 주기만 하면 된다.

우리가 사용한 위젯을 만든다(코드 2, 6). 레이아웃을 사용하면 윈도우와의 관계가 생기기 때문에 따로 부모 위젯을 지정하지 않아도 된다.

```
lbl1 = QLabel('This is', self)
```

위 코드는 윈도우에 레이아웃을 사용하지 않고 위젯을 생성하고 위치를 지정할 때의 내용이다. 이때는 윈도우 인스턴스(self)를 지정하고 있다. 이렇게 하면 위젯의 위치를 잡을 때 윈도우 기준으로 위치가 결정된다.

반면 위에서 위젯을 생성할 때는 별도로 지정하지 않고 있다. 내부에서 처리해주기 때문이다. 코드 2와 6은 각각 **QHBoxLayout( )**과 **QVBoxLayout( )**을 생성해서 각각 **hbox**, **vbox**에 할당한다. **hbox**는 추가되는 위젯들을 가로로 배치할 것이고 **vbox**는 세로로 배치한다. 추가하는 방법은 코드 3~5, 7~8과 같다. **addWidget( )**은 위젯을 추가하고 **addStretch( )**는 빈 공간을 추가한다.

재미있는 부분은 코드 9다. 여기서 **vbox**에 **hbox**를 추가한다. 즉, 레이아웃에 다른 레이아웃을 추가할 수 있다. 이 말은 간단한 레이아웃을 결합해서 복잡한 레이아웃도 만들 수 있다는 뜻이다. 최종적으로 **vbox**에 모든 위젯들이 들어 있다. 이제 이것을 윈도우에 넣어야 한다. **MainWindow**에는 구조상 중심 위젯이 있다. 이 위젯에 **vbox**를 넣어야 한다. 바로 들어가지 않기 때문에 중간에 **QWidget( )**을 하나 만들어서(코드 10) 넣는다.

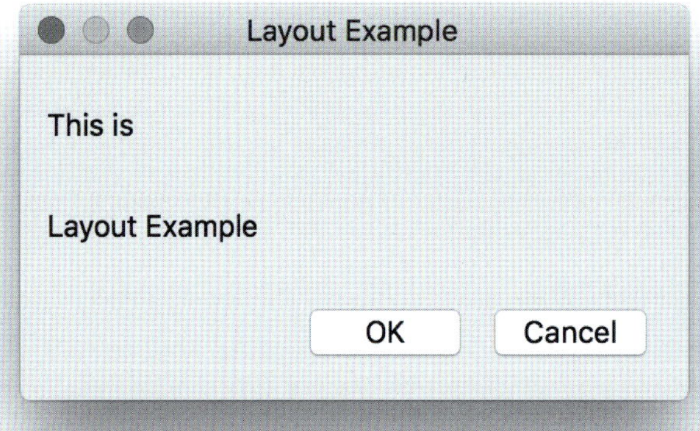

[그림 9-6] 레이아웃을 활용한 UI

마지막으로 그리드 레이아웃을 살펴보자. 그리드 레이아웃은 엑셀과 같다. 엑셀로 회사 양식을 만들어 본 사람들은 엑셀이 문서를 만드는데 얼마나 좋은지를 알 것이다. 적당한 크기의 셀들이 정렬이 맞추어진 상태로 있기 때문에 적당한 위치에 원하는 글을 넣기만 하면 된다. 그리드 레이아웃은 엑셀에 양식을 만들듯 위젯들을 배치하는 것이다.

 소스 리스트 9.6 grid 레이아웃 ch09/06_grid_layout.py

```python
import sys
from PyQt5.QtWidgets import (QMainWindow, QWidget, QLabel,
QLineEdit, QTextEdit, QPushButton, QGridLayout, QApplication)


class GridExample(QMainWindow):

  def __init__(self):
    super().__init__()

    # 라벨들
    title = QLabel('Title')
    writer = QLabel('Writer')
    comment = QLabel('Comment')


    # 데이터를 입력하는 위젯들
```

```python
        titleEdit = QLineEdit()
        writerEdit = QLineEdit()
        commentEdit = QTextEdit()

        # 버튼
        confirm = QPushButton("Confirm")

        # Layout
        grid = QGridLayout()                 #<---- 1
        grid.setSpacing(10)                  #<---- 2

        grid.addWidget(title, 0, 0)          #<---- 3
        grid.addWidget(titleEdit, 0, 1)      #<---- 4

        grid.addWidget(writer, 1, 0)
        grid.addWidget(writerEdit, 1, 1)

        grid.addWidget(comment, 2, 0)
        grid.addWidget(commentEdit, 2, 1, 4, 1)

        grid.addWidget(confirm, 6,0)

        window = QWidget()
        window.setLayout(grid)
        self.setCentralWidget(window)

        self.setGeometry(300, 300, 350, 300)
        self.setWindowTitle('Review')
        self.show()

if __name__ == '__main__':
    app = QApplication(sys.argv)
    ex = GridExample()
    sys.exit(app.exec_())
```

위 코드는 그리드 레이아웃을 이용해서 위젯들을 배치해본 것이다. 기존의 QHBoxLayout, QVBoxLayout을 이용했다면 여러 개의 레이아웃 클래스를 사용해야 했겠지만 Grid를 이용하면 더 쉽게 여러 개의 레이아웃을 지정할 수 있다. 복잡한 레이아웃이 필요하다면 그리드 레이아웃을 사용하는 것이 적합하다.

코드 1을 통해서 그리드 레이아웃 객체를 하나 만들고 그리드가 만드는 가상의 영역을 셀이라고 하는데 셀 간의 간격을 10으로 지정한다(코드 2). 이제 그리드의 위치에 위젯을 위치시킨다(코드 3~4).

```python
grid.addWidget(title, 0, 0)                 # 그리드의 (0, 0) 위치
grid.addWidget(commentEdit, 2, 1, 4, 1)  # 그리드의 (2,1) -- (4,1)
```

여기서는 두 가지 타입이 있는데 하나의 셀에 다 들어가는 경우에 위치 하나만 지정하고, 여러 영역에 해당하는 공간이 필요한 경우에는 시작 위치와 종료 위치를 지정한다. 위 코드를 보면 이해할 수 있을 것이다.

그리드 레이아웃은 전체 셀의 좌표 크기를 미리 지정하고 있지 않다. 대신 위젯이 추가되는 위치와 크기를 기반으로 전체 좌표 크기를 나중에 계산한다. 우리가 따로 계산을 하지 않아도 된다는 점은 좋은 일이다.

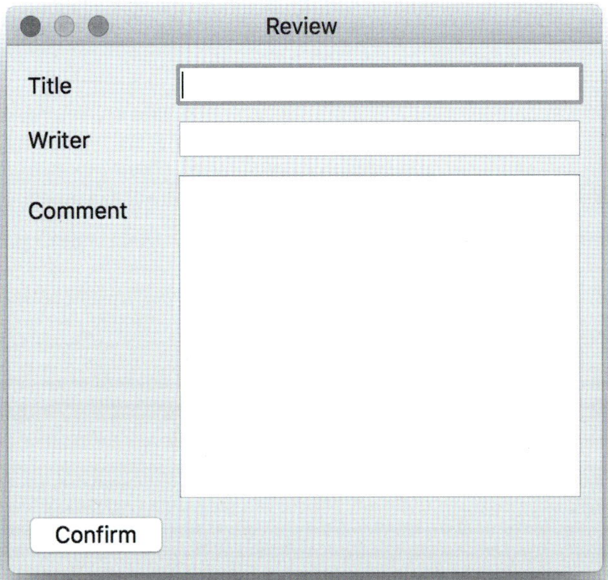

[그림 9-7] 그리드 레이아웃을 활용한 UI

04 이벤트

　Qt는 이벤트와 핸들러에 대해서 자체적인 메커니즘을 가지고 있다. Qt 용어로 이야기를 하면 시그널과 슬럿이다. 시그널은 프로그래머가 관심을 가질 만한 이벤트를 의미하고 이 시그널에 연결된 것이 슬럿이다. QT는 시그널과 슬럿을 통해서 이벤트 처리를 한다. 위젯은 각각 사용할 수 있는 시그널들을 정의하고 있고 이것들을 앞에서 살펴본 것과 같다. 우리는 이 시그널에 적당한 슬럿들을 만들어서 등록하면 된다.

여기서는 우리가 사용할 이벤트를 만들어보도록 하겠다. 이벤트를 만들 때는 `pyQtSignal( )` 함수를 이용한다. 이 함수는 `QtCore`에 정의되어 있다.

다음은 `pysQtSignal`의 정의다.

```
PyQt5.QtCore.pyQtSignal(types[, name[, revision=0[, arguments=[]]]])
```

이 함수에서 중요한 것은 **types**다. **types**는 이 시그널로부터 받을 수 있는 데이터의 종류를 지정한 것이다. 앞에서 살펴보았던 슬라이더를 기억할 것이다. 슬라이더를 이동하면 어떤 정수값이 핸들러로 들어가는데 이때 전달되는 데이터 종류(타입)가 여기서 결정된 것이다.

소스 | 리스트 9.7 | 시그널 생성 | ch09/07_custom_signal.py

```python
#!/usr/bin/python3
# -*- coding: utf-8 -*-

import sys
from PyQt5.QtCore import pyQtSignal, QObject
from PyQt5.QtWidgets import QMainWindow, QApplication



class MyWindow(QMainWindow):

    # 시그널 하나를 만든다. 데이터는 없다.
    closeApp = pyQtSignal( )            #<---- 1
```

```python
    def __init__(self):
        super().__init__()
        # 이벤트에 핸들러 등록
        # 앱을 종료한다.
        self.closeApp.connect(self.close)    #<---- 2

        self.setGeometry(300, 300, 290, 150)
        self.setWindowTitle('Emit signal')
        self.show()


    # 마우스를 누르면 closeApp 이벤트 발생
    def mousePressEvent(self, event):        #<----- 3
        self.closeApp.emit()                 #<----- 4


if __name__ == '__main__':

    app = QApplication(sys.argv)
    ex = MyWindow()
    sys.exit(app.exec_())
```

위 예제는 별도의 시그널을 만들어 사용하는 것을 보여주고 있다. 코드 1은 `pyQtSignal()`
을 호출하고 있다. 이 함수는 시그널 객체를 만든다. 이제 이 객체에 핸들러를 등록하고 호출할
수도 있다.

코드 2에서는 앞에서 만든 `closeApp` 시그널에 종료 메소드를 연결한다. 이것으로 `closeApp`
에 시그널이 발생하면 `self.close()` 메소드가 호출된다. 그럼 시그널 발생은 어떻게 할까? 코
드 4에서 `closeApp` 시그널 객체에 `emit()` 메소드로 호출하고 있다. `mousePressEvent()`
는 윈도우에 마우스로 클릭하면 호출된다. 마우스나 키보드, 윈도우의 메소드를 재정의해서 사
용하고 있다. `emit`은 '내뿜다'라는 의미를 가지고 있다. 이벤트를 발생시킨다는 의미로 여기서
사용되고 있다.

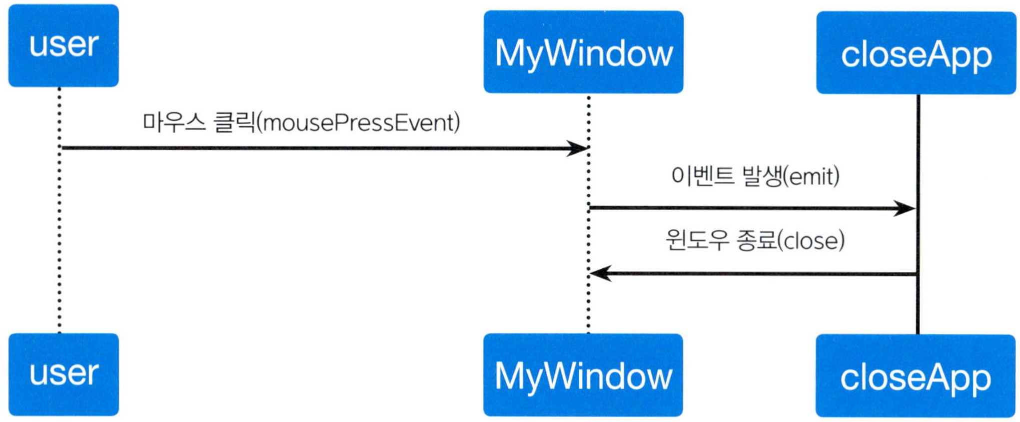

[그림 9-8] 이벤트 발생과 처리

이벤트와 핸들러가 발생하고 처리되는 과정은 [그림 9-8]과 같다. 사용자(user)가 마우스를 클릭하면 윈도우에서 **closeApp** 이벤트를 발생시키고 핸들러로 등록된 윈도우 종료 핸들러가 동작하면 윈도우가 종료된다. 코드로 보면 복잡해보이지만 그림으로 보면 좀 더 이해하기 쉽다.

05 메뉴바, 상태바 그리고 툴바

애플리케이션의 구성에서 메뉴와 상태바, 그리고 툴바가 중요하다. 애플리케이션의 주요 정보를 표시하기 위해서 상태바를 사용한다. 또 애플리케이션에서 사용할 수 있는 기능을 표시하기 위해서 메뉴와 툴바를 사용한다.

소스 | **리스트 9.8** | **메뉴바, 상태바 그리고 툴바 생성** | **ch09/08_menu_status_toolbar.py**

```python
#!/usr/bin/python3
# -*- coding: utf-8 -*-

import sys
from PyQt5.QtWidgets import ( QMainWindow, QAction, QApp,
            QApplication, QFileDialog )
from PyQt5.QtGui import QIcon
```

```python
class Example(QMainWindow):
    def __init__(self):
    super().__init__()

        self.click_count = 0                                    #〈---- 1


        # Menu
        self.init_menu()                                        #〈---- 2
        self.init_toolbar()

        self.print_on_statusbar('.')

        self.setGeometry(300, 300, 300, 200)
        self.setWindowTitle('Example')
        self.show()

    def init_menu(self):                                        #〈---- 3
        openFile = QAction(QIcon('open.png'), 'Open', self)     #〈---- 4
        openFile.setShortcut('Ctrl+O')                          #〈---- 5
        openFile.setStatusTip('Open new File')                  #〈---- 6
        openFile.triggered.connect(self.onShowDialog)           #〈---- 7

        menubar = self.menuBar()                                #〈---- 8
        fileMenu = menubar.addMenu('&File')                     #〈---- 9
        fileMenu.addAction(openFile)                            #〈---- 10

    def init_toolbar(self):
        # 툴바 아이템 생성
        exitAction = QAction(QIcon('close.png'), 'Exit', self)  #〈---- 11
        exitAction.setShortcut('Ctrl+Q')                        #〈---- 12
        exitAction.triggered.connect(QApp.Quit)                 #〈---- 13

        printAction = QAction('Click', self)                    #〈---- 14
        printAction.triggered.connect(self.onClickButton)
```

```python
    # 툴바Q
    self.toolbar = self.addToolBar('Exit')          #⟨---- 15
    self.toolbar.addAction(exitAction)              #⟨---- 16
    self.toolbar.addAction(printAction)

def print_on_statusbar(self, text):
    self.statusBar( ).showMessage(text)

def onClickButton(self):
    self.click_count += 1
    self.statusBar( ).showMessage("clicked : {}".format(self.click_count))

def onShowDialog(self):
    fname = QFileDialog.getOpenFileName(self, 'Open file', '/home')
    if fname[0]:
        f = open(fname[0], 'r')
        self.print_on_statusbar('trying file : {}'.format(fname[0]))

if __name__ == '__main__':

    app = QApplication(sys.argv)
    ex = Example( )
    sys.exit(app.exec_( ))
```

메뉴는 윈도우 OS나 리눅스의 경우 현재 윈도우의 상단에 표시된다. 맥은 화면의 상단에 표시된다. 메뉴를 표시하기 위해 QMainWindow를 상속받았다. 코드 2를 통해서 메뉴를 초기화한다.

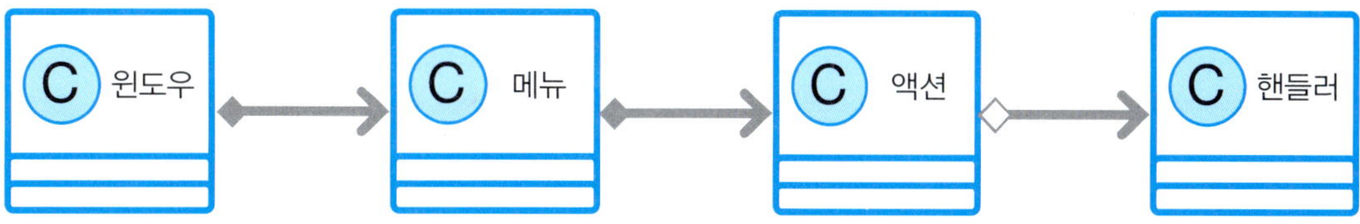

[그림 9-9] 메뉴와 핸들러

윈도우의 메뉴는 [그림 9-8]과 같은 방식으로 연결되어 있다. [그림 9-8]에서 볼 수 있는 구조를 코드로 만들어 주어야 한다. 코드 4는 `Action`을 만든다. `Action`에는 메뉴 이름, 아이콘 그리고 툴팁과 같은 정보들이 들어간다. 또 메뉴가 호출되었을 때 호출할 핸들러도 가지고 있다. 앞에서 살펴보았던 시그널과 슬롯 구조를 확장한 형태이다. 액션이 가지고 있는 시그널은 다음과 같은 것들이 있다(참고: http://doc.qt.io/qt-5/qaction.html#signals).

- `changed`
- `hovered`
- `toggled[int]`
- `triggered[int]`

위 시그널 중에 마지막 시그널을 이용하겠다. 코드 7을 통해서 `onShowDialog( )` 메소드를 연결했다. `menuBar`에 메뉴를 등록하는 과정은 코드 8~10에서 보여주고 있다.

툴바에 아이콘을 등록하는 과정은 메뉴의 등록과정과 동일하다. 먼저 메뉴에 했던 것처럼 `Action`을 하나 만든다(코드 11~14). 코드 14에서 `QApp`은 `Application` 인스턴스를 가리키고 있다. `QApp.Quit`는 애플리케이션을 종료하다. `Action`이 만들어졌으면 `Toolbar`를 하나 생성해서 `Action`을 등록한다(코드 16, 17). 메뉴바와 툴바는 기본적으로 동일하다. 윈도우에 있는 툴바에 액션을 추가하고 액션에 핸들러를 추가하는 구조다.

예제를 실행하면 [그림 9-10]과 같은 윈도우가 나온다. 그림의 애플리케이션은 맥에서 실행했기 때문에 메뉴 부분은 다른 곳에 보인다. 윈도우라면 윈도우에 모두 보인다.

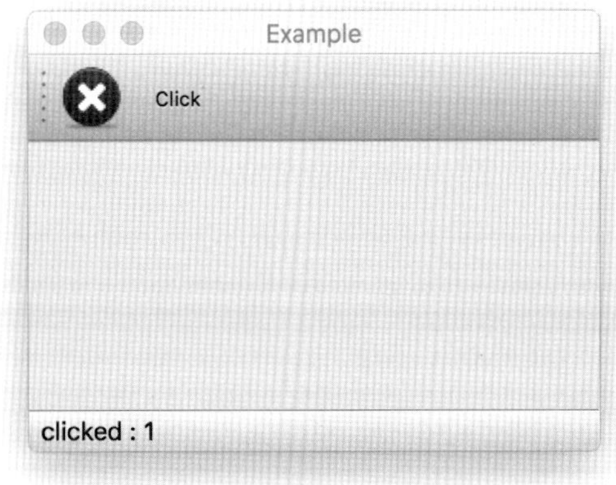
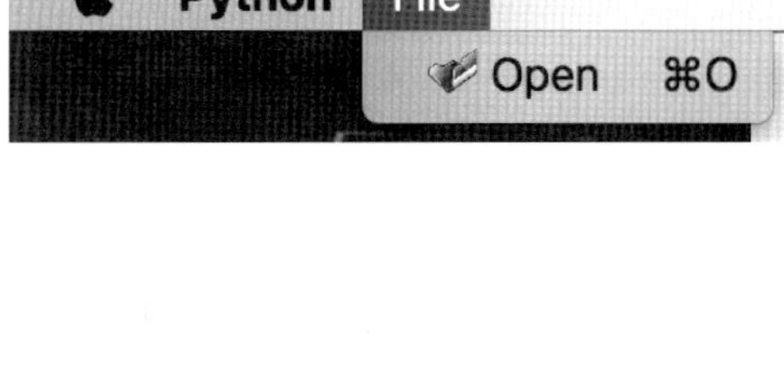

[그림 9-10] 메뉴와 툴바 그리고 상태바가 적용된 UI

06 다이얼로그

마지막으로 다이얼로그에 대해서 살펴보자. 여기서는 FileDialog만 살펴볼 것이다. 사용하는 방법을 잘 보고 매뉴얼을 찾는 방법을 소개한다.

파일을 열거나 프린터를 하고 색을 고르는 것들은 일반적인 작업이다. 즉, 많은 개발자들이 필요한 작업들로 이런 것들을 따로 개발하는 것은 시간 낭비다. 따라서 이런 공통적인 것들을 표준 다이얼로그로 만들었다. 다이얼로그를 사용하는 것은 기존에 사용했던 메뉴나 툴바보다 더 쉽다. 이벤트를 등록할 필요도 없는 것들도 있다. 필요할 때 생성해서 사용하고 결과를 얻는다.

소스　**리스트 9.9**　**파일 다이얼로그 이용**　**ch09/09_file_dialog.py**

```python
#!/usr/bin/python3
# -*- coding: utf-8 -*-

import sys
from PyQt5.QtWidgets import (QWidget, QPushButton, QTextEdit, QFileDialog,
                QApplication)

class Example(QWidget):

  def __init__(self):
    super().__init__()

    self.btn = QPushButton('Dialog', self)              #<---- 1
    self.btn.move(20, 20)
    self.btn.clicked.connect(self.showDialog)           #<---- 2

    self.textEdit = QTextEdit(self)                     #<---- 3
    self.textEdit.setGeometry(20, 60, 450, 180)

    self.setGeometry(300, 300, 500, 300)
    self.setWindowTitle('Dialog')
    self.show()

  def showDialog(self):
```

```python
        # 다이얼로그의 반환값의 형태 : ('<filename>', '')
        fname = QFileDialog.getOpenFileName(self, 'Open file', '.')       #<---- 4

        if fname[0]:                                                       #<---- 5
          with open(fname[0], 'r') as f:                                  #<---- 6
            data = f.read()
            self.textEdit.setText(data)                                   #<---- 7


if __name__ == '__main__':

  app = QApplication(sys.argv)
  ex = Example()
  sys.exit(app.exec_())
```

위 예제는 하나의 버튼과 **TextEdit** 위젯을 화면에 표시한다(코드 1, 3). 버튼을 누르며 **FileDialog**를 표시한다(코드 4). **QFileDialog**의 **getOpenFileName**( ) 클래스 메소드를 사용해서 화면에 표시하고 사용자로부터 파일의 경로를 입력 받는다. 다이얼로그는 이처럼 인스턴스를 생성하지 않아도 바로 사용할 수 있도록 만들어져 있다. 물론 경우에 따라서 다르기는 하겠지만 일반적으로 그렇다는 말이다. **getOpenFileName**( )을 실행하면 파일을 선택할 수 있는 UI를 화면에 표시한다. 파일 선택과정을 마치기 전까지 로직은 중지된다. 이렇게 기존 코드가 중지되는 것도 다이얼로그의 큰 특징이다. 파일을 선택하면 선택한 파일경로가 리턴된다. 리턴된 값은 튜플 형태로 반환되는데 이중 첫 번째에 경로가 들어간다. 코드 5~7까지의 코드는 선택한 파일의 내용을 TextEdit에 표시하는 것이다.

이외에 다양한 다이얼로그들이 있다.

- QFontDialog
- QColorDialog
- QInputDialog
- QMessageBox
- QProgressDialog

매뉴얼을 통해서 각각의 다이얼로그들을 살펴보면 사용이 어렵지 않다는 것을 알 수 있다. 사용자에게 뭔가를 선택하라고 할 때 다이얼로그를 사용하면 편리하다.

    지금까지 pyQT를 이용해서 UI 프로그램을 만들 수 있는 방법을 알아보았다. UI 프로그램은 사용자들에게 더 쉽게 프로그램을 사용할 수 있도록 하는 배려다. 사실 좋은 프로그램을 만드는 일도 어렵지만 이 프로그램을 많은 사람들이 쓰도록 하는 것 또한 어렵다. 이때 UI가 있어서 사용자들이 직관적으로 사용할 수 있도록 한다면 더 많은 사람들이 프로그램을 사용할 수 있도록 하는 계기가 될 것이다.

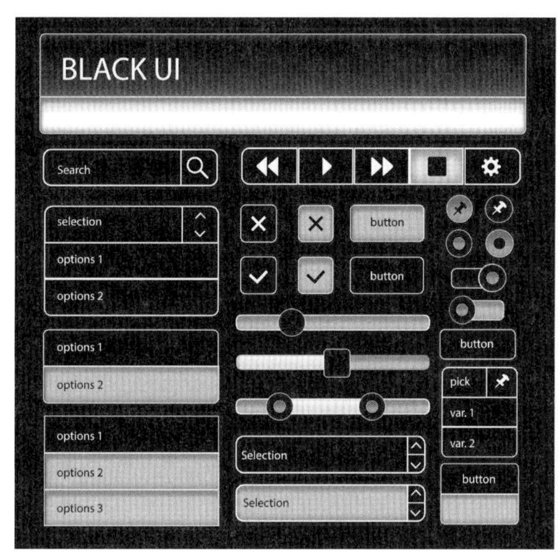

연습문제

1 GUI 애플리케이션의 구성에 대해서 설명하시오.

2 QT API를 이용해서 온도의 변화를 보내는 시그널(이벤트)을 pyqtSignal로 만드시오. 이때 시그널의 이름은 temperatureChanged로 하고 float 타입으로 온도를 보내준다.

3 윈도우를 하나 만들어서 클릭하면, 클릭한 수를 세는 간단한 GUI 프로그램을 작성하시오.

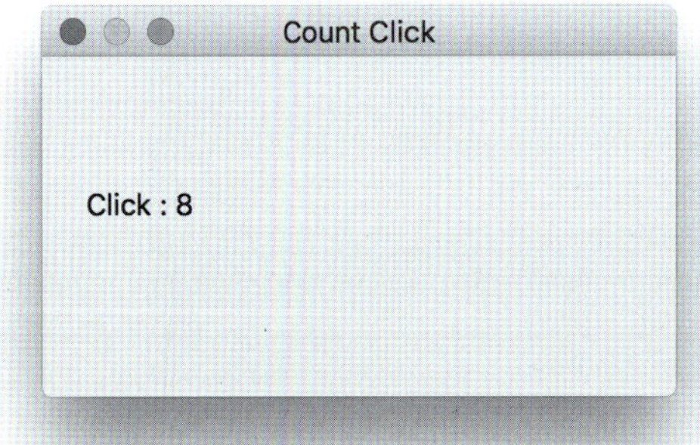

4 Qt5 매뉴얼의 QMainWindow에서 제공하는 시그널들을 나열하시오.

1 GUI 애플리케이션의 구성에 대해서 설명하시오.

GUI 애플리케이션은 크게 다음과 같은 요소들로 나눌 수 있다.

- 윈도우
- 메뉴, 상태바 그리고 툴바
- 위젯
- 이벤트

윈도우는 우리가 프로그램을 실행시키면 나타내는 사각형의 영역이다. 애플리케이션이 사용할 수 있는 영역으로 이곳에 위젯 등을 배치시킬 수 있다. 메뉴, 상태바 그리고 툴바 등을 애플리케이션이 제공하는 다양한 기능들을 사용자에게 효과적으로 제공하는 방식으로 키보드와 마우스로 선택할 수 있다. 위젯은 윈도우에 배치되어 사용자와의 상호작용을 할 수 있는 요소로 그림, 버튼, 슬라이더 등 다양한 모양과 기능을 제공한다. 애플리케이션은 이런 위젯 등을 사용자의 입력에 따라서 이벤트를 발생하며, 발생하는 이 이벤트를 처리한다. 키보드를 누르면 화면에 입력한 글자를 입력하는 것도 이런 이벤트 처리에 해당한다.

2 QT API를 이용해서 온도의 변화를 보내는 시그널(이벤트)을 pyqtSignal로 만드시오. 이때 시그널의 이름은 temperatureChanged로 하고 float 타입으로 온도를 보내준다.

이때 시그널의 이름은 temperatureChanged로 하고 float 타입으로 온도를 보내준다. pyqtSignal을 사용하기 위해서는 QObject를 상속받는 클래스에서만 선언이 가능하다. 다음 예제와 같이 QObject를 상속한 클래스에서 시그널을 정의한다.

🔍 소스 | **리스트 9.10** | **시그널을 이용한 온도 표시** | **ch09/10_temperature.py**

```python
import random
from PyQt5.QtCore import pyQtSignal, QObject


class Temperature(QObject):
    # 정의
    changed = pyQtSignal(float, name='temperatureChanged')
```

```python
    def __init__(self):
        super().__init__()

    def measure(self):
        # 이벤트 발생
        rand_temp = random.randint(10,50)
        self.changed.emit(rand_temp)

# 핸들러 연결:
def print_temperature(val):
    print('current temperature : {}'.format(val))

t = Temperature()
t.changed.connect(print_temperature)

# 온도 측정
t.measure()
t.measure()
```

🔍 실행 결과

```
current temperature : 22.0
current temperature : 23.0
```

3 윈도우를 하나 만들어서 클릭하면 클릭한 수를 세는 간단한 GUI 프로그램을 작성하시오.

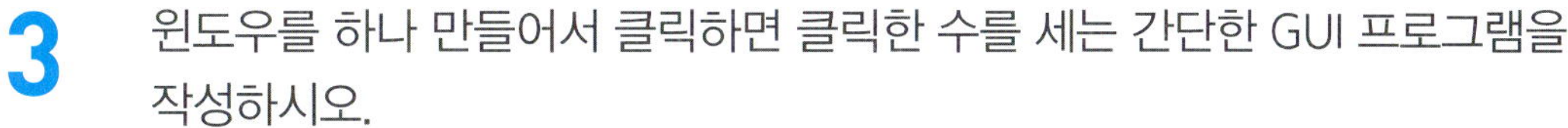


```python
#!/usr/bin/python3
# -*- coding: utf-8 -*-

import sys
from PyQt5.QtWidgets import QMainWindow, QApplication, QLabel, QApp

class MyWindow(QMainWindow):

  def __init__(self):
    super().__init__()

    # 카운팅을 위해 변수 초기화
    self.click_count = 0

    # 라벨로 현재 카운팅 값 표시
    self.lbl_count = QLabel('Click : 0', self)
    self.lbl_count.move(20, 50)

    # 윈도우를 표시한다.
    self.setGeometry(300, 300, 290, 150)
    self.setWindowTitle('Count Click')
    self.show()
```

```python
    def update(self):
      # setText( ) 메소드를 써야지 화면에 표시됨
      self.lbl_count.setText('Click : {}'.format(self.click_count))
      # 마우스를 누르면 closeApp 이벤트 발생
    def mousePressEvent(self, event):
      self.click_count += 1
      self.update( );
      print(self.click_count)


if __name__ == '__main__':
  app = QApplication(sys.argv)
  ex = MyWindow( )
  sys.exit(app.exec_( ))
```

4 Qt5 매뉴얼의 QMainWindow에서 제공하는 시그널들을 나열하시오.

pyQt5 전용 매뉴얼이 없기 때문에 QT C++ 매뉴얼을 확인한다. 매뉴얼을 찾는 가장 쉬운 방법은 구글에서 "QT5 QMainWindow"라고 입력하는 것이다. 여기서는 Signals 항목을 확인할 수 있다.

QMainWindow 전용 시그널

- iconSizeChanged
- toolButtonStyleChanged

QMainWindow는 QWidget과 QObject를 상속받았기 때문에 이 두 클래스의 시그널도 사용할 수 있다.

이번 장에서는 파이썬의 표준 모듈에 대해서 알아보려고 한다. 파이썬은 언어 자체로도 충분히 매력적이지만 잘 만들어지고 정리된 모듈들이 있어 더 매력적이다. 많은 모듈 중에 자주 사용되는 표준 모듈과 주요 API를 살펴보겠다.

학습 목표

- 표준 모듈의 사용 방법을 알아본다.
- subprocess 모듈을 이용해서 다른 프로세스를 실행시킬 수 있다.

01 subprocess 모듈

subprocess는 외부 프로그램을 실행하고 정보를 주고 받을 수 있는 일관된 API를 제공한다.
subprocess로 어떻게 프로세스를 실행시킬 수 있는지 알아보자.

모든 프로그램은 프로세스 형태로 실행된다. 프로세스는 프로그램이 실행되는 단위이다. 여러분이 사용하는 윈도우나 리눅스와 같은 데스크탑뿐만 아니라 안드로이드나 iOS의 앱들도 알고 보면 하나 혹은 그 이상의 프로세스로 이루어져 있다.

따라서 프로그램을 실행시킨다는 의미는 프로세스를 만든다는 것과 동일하다. 파이썬에서는 subprocess 모듈을 통해서 다른 프로그램을 실행시킬 수 있다.

subprocess 모듈이 만들어지기 이전에는 프로그램을 실행시킬 목적으로 다양한 API들이 사용되었다. 하지만 이런 API들은 OS의 API를 그대로 사용하고 있는 것이기에 사용하기 어렵고 일관된 원칙으로 만들어진 것도 아니었다. 그래서 파이썬에서는 이런 API들을 통합해서 하나의 모듈로 만들었다.

subprocess 모듈 이전에 사용했던 API

- `os.system`
- `os.spawn*`
- `os.popen*`
- `popen2.*`
- `commands.*`

01 외부 프로그램과 데이터 교환

프로그램을 만들 때, 우리가 하고자 하는 일들은 복잡하고 하는 일도 많아서 하나의 프로그램으로 만들 수 없는 경우가 있다. 그렇기 때문에 다른 프로그램들과 일을 나눈다.

이미 잘 동작하는 프로그램이 있다면 같은 기능을 다시 개발하는 것보다 기존 프로그램을 잘 이용하는 것이 현명하다. 따라서 이런 경우에 subprocess를 이용해서 실행시키고 결과를 이용할 수 있다.

1-1 외부 프로그램 실행

파이썬에서 외부 프로그램과 데이터를 교환하기 위해서는 먼저 프로그램을 실행시켜야 한다. `subprocess`의 Popen을 이용해서 실행할 프로그램의 경로를 지정한다.

```
>>> import subprocess                                    #<---- 1
>>> subprocess.Popen("open -a Safari.app", shell = True)  #<---- 2


# 혹은 아래와 같이 실행한다.


>>> subprocess.Popen(["open", "-a", "Safari.app"],shell = True)    #<---- 3
```

위 코드는 맥에서 사파리 브라우저를 실행시킨다. `subprocess` 모듈을 위해서 코드 1처럼 모듈을 임포트시킨다. 이렇게 하면 프로그램에 `subprocess`의 API를 사용할 수 있다. `Popen`은 프로세스를 실행시킨다. 이때 프로그램 경로와 몇 가지 옵션을 매개변수로 입력할 수 있다.

`Popen` 함수의 첫 번째 매개변수로 실행할 프로그램의 경로와 매개변수들을 받는다. 이때 두 가지 방법이 있다. 프로그램을 문자열로 주거나 혹은 리스트로 줄 수 있다. 리스트를 사용하면 프로그램에 전달한 매개변수를 전달하기가 쉽다. 개인적으로는 리스트를 사용하는 것을 권장한다 (코드 3). 이렇게 하는 것이 실수를 줄이는 방법이다.

그리고 중요한 옵션으로 shell이 있다. `shell` 옵션을 `True`로 설정하면 주어진 명령을 셸이 해석한다. 리눅스의 경우, "`/bin/sh`"를 사용하고 윈도우의 경우 "`cmd.exe`"를 이용한다. 셸을 사용하면 셸에서 사용할 수 있는 명령을 그대로 사용할 수 있다.

```
>>> import subprocess
>>> subprocess.Popen('ls -w1 | wc -l')  #<---- 1
Traceback (most recent call last):
 File "<stdin>", line 1, in <module>
 File "/usr/local/Cellar/python3/3.5.1/Frameworks/Python.framework/Versions/3.5/
    lib/python3.5/subprocess.py", line 950, in __init__restore_signals, start_new_
    session)
 File "/usr/local/Cellar/python3/3.5.1/Frameworks/Python.framework/Versions/3.5/
    lib/python3.5/subprocess.py", line 1544, in _execute_child raise child_
    exception_type(errno_num, err_msg)
FileNotFoundError: [Errno 2] No such file or directory: 'ls -w1|wc -l'
>>>
```

위 코드는 **shell** 옵션 때문에 생긴 오류이다. 위 코드에서 코드 1을 보면 "**ls -w1| wc -l**"은 현재 파일의 개수를 세는 셸코드이다. **shell**을 지정하지 않거나 **True**로 지정하면 파이썬은 정확히 "**ls -w1| wc -l**"이라는 이름의 파일을 찾아서 실행하려고 한다. 당연히 이런 파일은 없고 에러가 난다. 셸코드이기 때문에 셸이 해석할 수 있도록 해야 한다. **shell** 옵션에 **True**를 하는 것도 이 때문이다.

⚙ 1-2 외부 프로그램과 데이터 교환

Popen은 외부 프로그램을 단순히 실행시키는 것이 아니라 출력 결과를 받아서 별도의 처리를 할 수 있다.

```
import subprocess

ls_proc = subprocess.Popen('ls', stdout=subprocess.PIPE)  #<---- 1
ret = ls_proc.stdout.read().decode()                      #<---- 2
print(ret)
```

```
a.txt
b.txt
c.txt
```

위 예제는 현재 디렉토리를 출력하는 'ls' 명령을 실행하고 그 결과를 파이프로 받는다. 셸에서 **ls**를 실행하면 실행 결과는 표준출력 즉, 모니터로 출력된다. 그런데 예제의 코드 1에서 **stdout**에 파이프를 연결했다. 모니터 대신 데이터를 받을 가상 파일을 사용한 것이다. 이렇게 하면 실행 결과를 가로 챌 수 있다. 코드 2의 **ls_proc.stdout.read( )**는 **ls** 프로세스가 만든 결과물을 읽어온다. 읽어온 데이터는 bytes 데이터이기 때문에 **decode( )** 메소드를 이용해서 문자열로 변환한다.

mp3를 분석하는 별도의 프로그램이 있다고 할 때, 분명 mp3 분석 프로그램은 결과를 표준출력을 이용해서 화면에 출력할 것이다. 이 출력화면을 가로채면 mp3 정보를 분석하는 함수를 만들 수 있다. 이런 방식을 사용하면 리눅스나 윈도우의 작은 유틸리티들을 이용해서 파이썬 프로그램으로 만들 수 있다.

02 subprocess의 다른 API들

앞에서 Popen을 이용하는 방법을 살펴보았다. Popen은 다양한 상황에서 쓰일 수 있도록 다양한 옵션들이 있다. 하지만 사용하기에 불편하다. **subprocess**를 사용하기 이전에 사용했던 방식보다 더 많은 코드를 사용해야 하는 경우도 있다. 이런 문제를 해결하고자 내부적으로 Popen을 사용하면서도 필요한 기능을 쉽게 표현할 수 있는 함수들을 제공하고 있다.

1-1 call( ) 함수

원형:
```
subprocess.call(args, *, stdin = None, stdout = None, stderr = None,
    shell = False)
```

`call( )` 함수는 주어진 명령을 실행시키고 프로세스 종료 코드를 리턴한다. 이 코드는 OS에서 관리하는 프로세스 종료 코드로 0이면 정상 종료된 것을 의미하지만 다른 코드가 리턴되면 뭔가 문제가 있다는 것을 의미한다.

```
import subprocess
subprocess.call('ls')
subprocess.call('ls -w1 | wc -l', shell = True)
```

1-2 getoutput( ) 함수

원형:
```
getoutput(cmd)
```

`call`이 실행 프로세스가 정상적으로 종료되었는지, 결과를 리턴한다면 `getoutput( )` 함수는 실행 결과를 반환한다. 앞에서 **Popen**과 PIPE를 이용했던 예제와 같은 역할을 한다. 리눅스에서는 실행 결과를 표준출력으로 리턴하는 프로그램들이 많다. 이런 프로그램과 협력하는 프로그램을 만들 때 유용한다. 내부적으로 **Popen**을 이용하고 파이프를 연결한다.

소스

```
import subprocess
file_list = subporcess.getoutput('ls -1').split( )
print(file_list)
```

실행 결과

```
['a.txt', 'b.txt', 'c.txt', 'd.txt']
```

💡 1-3   check_call( ) 함수

원형:
```
check_call(args, *, stdin = None, stdout = None, stderr = None, shell
= False)
```

check_call( )은 앞에서 살펴보았던 call( ) 함수와 기능적으로 동일하다. 한 가지 차이가 있다면 프로세스의 실행 결과가 0이 아닌 값이 리턴되어서 프로세스 실행 오류가 발생하면 CalledProcessError 예외가 발생한다. 이 예외에는 실행 결과 값과 메시지들이 담겨 있다.

💡 1-4   check_output( ) 함수

원형:
```
check_output(args, *, stdin = None, stderr = None, shell = False,
universalnewlines = False)
```

getoutput( ) 함수와 같은 기능이다. check_call( ) 함수와 마찬가지로 실행 결과가 0이 아니면 CalledProcessError 예외가 발생한다. 이렇게 예외가 발생하는 API들을 예외를 이용해서 프로그램을 좀더 견고히 하려 할 때 사용할 수 있다. 자세한 것은 예외의 다른 부분을 참조하기 바란다.

03   긴 수명을 가진 프로세스의 로그 출력

앞에서 subprocess의 check_output( ) 함수를 이용해서 외부 프로그램을 실행시키고 결과를 받을 수 있다고 배웠다. 하지만 이때 받을 수 있는 결과는 프로그램이 모두 종료된 이후이다. 즉, 프로그램이 실행하고 있는 중간에 데이터를 받을 수 없다.

```python
import subprocess
cmd = ["ping","-t", "10", "www.google.com"]
output = subprocess.check_output(cmd)
print(output)
```

위 프로그램은 네트워크의 연결 상태를 알 수 있는 `ping` 명령을 10초간 수행한다. `check_output( )`은 `ping` 프로그램을 실행하고 프로그램이 종료되기를 기다린다. `ping` 프로그램에 생성하는 모든 로그들을 계속 수집하다가 프로그램이 종료되면 그 동안 모아놓았던 결과를 반환한다. 모든 프로그램이 종료되고 결과를 받게 되면 처리하는 과정이 단순해져서 좋지만 모든 경우에 적용하기는 힘들다. 예를 들어 자바 웹 서비스를 실행시키는 톰캣을 실행하고 관리하는 프로그램을 작성한다고 할 때 톰캣 서버는 계속 동작을 하고 톰캣의 실행 결과를 주기적으로 가져와야 할 것이다. 이런 경우에 `check_output( )` 함수만으로 프로그램을 작성할 수 없다.

따라서 다른 방법이 필요하다. 먼저 원인부터 찾아보자. Popen의 PIPE를 이용해서 결과를 받게 된다. 이때 데이터를 받아오기 위한 PIPE가 블록킹 IO이기 때문이다. 블록킹 IO는 IO 작업이 모두 처리된 이후에 결과를 받을 수 있다. 문제를 해결하기 위해서 블록킹 IO를 넌블로킹 IO로 변경해야 한다.

소스 리스트 10.1 실시간 메시지 읽기 ch10/01_nonblock_reading.py

```python
import subprocess
import fcntl                                            #<---- 1
import os
import time


# 10초간 ping 수행
cmd = ["ping","-t", "10", "www.google.com"]


# 프로세스 시작
p = subprocess.Popen(cmd, stdout = subprocess.PIPE)     #<---- 2


# 파이프의 속성 값을 논블럭으로 설정
fd = p.stdout.fileno( )                                 #<---- 3
fl = fcntl.fcntl(fd, fcntl.F_GETFL)                     #<---- 4
fcntl.fcntl(fd, fcntl.F_SETFL, fl|os.O_NONBLOCK)        #<---- 5


# 프로세스가 종료할 때까지 주기적으로 읽는다.
while(True):
    data = p.stdout.readline( ).decode( )               #<---- 6
```

```
if data:
   print(data)
time.sleep(0.5)


# 프로세스가 종료되었는지 확인


if p.poll( ) != None:          #<---- 7
   break;
```

위 코드의 핵심은 코드 5로 파일의 속성을 넌블로킹으로 변경하는 것이다. 일단 파일이 IO가 넌블록이 되면 파일에서 읽는 순간 데이터가 있건 없건 모두 리턴된다. 코드를 자세히 살펴보자. 파일의 속성을 변경하기 위해서 코드 1을 통해서 `fcntl` 모듈을 로드한다. 나머지는 `Popen`을 위해서 ping 프로그램을 실행하고 실행 결과를 PIPE로 받을 수 있도록 한다. 이제 파이프의 파일 디스크립션의 속성을 변경해야 한다. 코드 3은 PIPE의 디스크립션을 조회한다. 그리고 기존의 속성을 읽어서(코드 4) `os.O_NONBLOCK` 값을 추가해서 다시 설정한다(코드 5). 이것으로 파일은 넌블로킹으로 변경되었다. 이제 코드 6처럼 데이터을 읽으면 바로 리턴된다. 이때 데이터가 있을 수도 없을 수도 있다. 그렇기 때문에 데이터 검증이 필요하다. 또 프로세스가 언제 끝날지 모르기 때문에 반복문을 통해서 주기적으로 프로그램의 종료 여부를 코드 7처럼 `poll( )` 메소드를 활용해서 확인한다. `poll( )` 함수의 결과값이 `None`이 아니면 프로세스가 종료한 것이다. 위 예제는 메인 스레드에서 프로세스 감시를 하고 있기 때문에 다른 작업을 하기가 힘들다. 실제로 이런 작업을 한다면 별도의 스레드로 분리하는 것이 좋다.

01 파일 복사

리눅스에서 파일을 복사할 때 쉘에서 cp라는 프로그램을 이용해서 파일을 복사한다. 윈도우에서는 `copy` 명령을 사용한다. `shutil` 모듈에서는 모든 플랫폼에서 동일하게 사용할 수 있고 다음과 같은 API를 제공한다.

- `shutil.copy(src, dst, *, followsymlinks = True)`
- `shutil.copy2(src, dst, *, followsymlinks = True)`

이 두 개의 API는 동일하게 `src`로 지정된 파일을 `dst`로 지정된 파일 혹은 디렉토리로 복사한다. `copy`와 `copy2`는 파일의 내용을 복사할 때 기능은 동일한데 복사하는 범위가 다르다. `copy()` 함수가 파일의 내용만 복사하는 반면 `copy2()`는 파일의 소유자, 파일의 생성, 변경 시간 등 파일의 메타데이터도 같이 복사한다. 완벽한 복사를 원한다면 `copy2()`를 이용해야 한다.

```python
import shutil
import os
import os.path

# dst 디렉토리가 없으면 생성
if not os.path.exists('dst'):
    os.makedirs('dst')

# 파일을 dst 디렉토리에 복사
shutil.copy2('sample.py', 'dst')
```

디렉토리를 복사하기 위해서 내부적으로 디렉토리를 순환하면서 파일 하나하나를 복사해야 한다. 이때 **copytree**를 사용할 수 있다.

```python
shutil.copytree(src, dst, symlinks = False, ignore = None, copyfunction =
copy2, ignoredanglingsymlinks = False)
```

함수의 **src**는 복사를 하고자 하는 디렉토리 경로를 지정한다. **dst**는 복사본을 저장할 경로로 새 디렉토리가 생성된다. 따라서 기존에 어떤 파일 혹은 디렉토리가 없어야 한다.


```python
import os
import os.path
import shutil

# 목적 디렉토리가 기존에 없어야 한다.
if os.path.exists('dst'):
    if os.path.isdir('dst'):
        # 디렉토리이면 rmtree로 제거
```

```python
    shutil.rmtree('dst')
  else:
    # 파일이면 unlink로 제거
    os.unlink('dst')

# 제외한 파일 패턴
ignore = shutil.ignore_patterns(['*.txt', '~*'])

# 디렉토리 복사
shutil.copytree('../../../src_dir', 'dst', ignore = ignore)
```

`copytree`는 소스 디렉토리의 파일들을 목적 디렉토리로 복사한다. 이때 불필요한 파일들을 제거할 수 있다. ignore로 무시할 파일들의 패턴을 넣어주면 해당 파일들은 복사되지 않는다. 이때 glob 모듈에서 쓰고 있는 패턴을 사용한다.

는 모든 글자와 매칭되기 때문에 ".txt"는 a.txt, b.txt, ab.txt 등을 모두 의미한다. glob에서 쓰는 패턴은 이것 이외에도 많으니 찾아보기 바란다.

02 파일 삭제

파일 하나를 삭제할 때는 `os.unlink( )`를 이용할 수 있다. 반면 폴더 전체를 삭제해야 한다면 shutil의 `rmtree( )`를 사용한다.

```python
shutil.rmtree(path, ignoreerrors = False, onerror = None)
```

`rmtree`를 삭제해야 한 디렉토리 경로를 받는다. 그러면 `rmtree`는 에러가 발생하지 않는다면 내부의 파일들을 제거하고 디렉토리도 제거한다.

🔍 소스   리스트 10.4   디렉토리 삭제   ch10/04_remove_directory.py

```python
from os.path import isdir, isfile
import os
```

```
import shutil

dst = 'dst'

if isdir(dst):          #<---- 1

    shutil.rmtree(dst)     #<---- 2


elif isfile(dst):

    os.unlink(dst)
```

rmtree를 사용하기 위해서는 반드시 지우고자 하는 것이 디렉토리여야 한다. 그러지 않으면 **NotADirectoryError** 예외를 발생시킨다. 예외는 프로그램을 중지시키는 중대한 요인이 되기 때문에 코드 1을 통해서 예외를 미연에 방지해야 한다.

소스　　**리스트 10.4**　　**디렉토리 삭제시 에러 처리**　　**ch10/05_handle_remove_error.py**

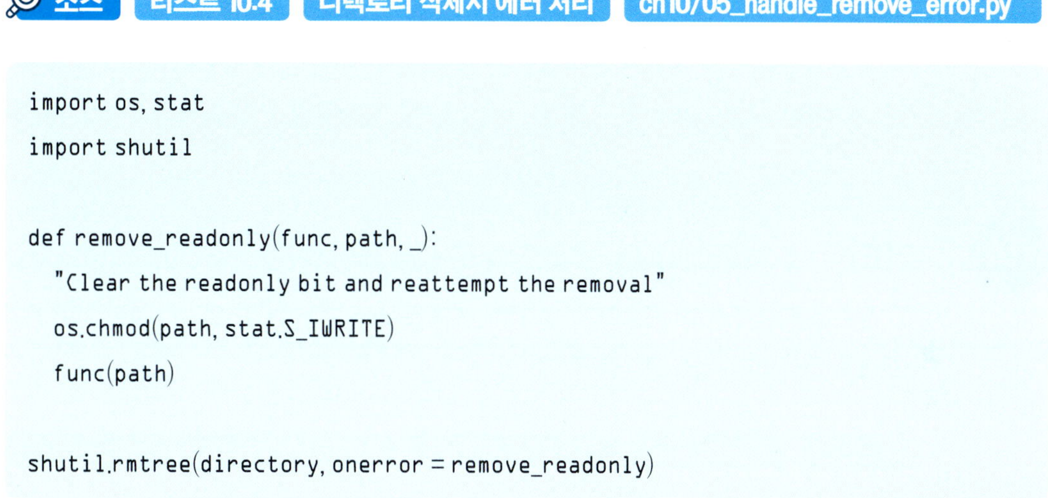

```
import os, stat
import shutil


def remove_readonly(func, path, _):
    "Clear the readonly bit and reattempt the removal"
    os.chmod(path, stat.S_IWRITE)
    func(path)


shutil.rmtree(directory, onerror = remove_readonly)
```

위 코드는 파이썬 공식 튜토리얼에 있는 예제로, 삭제하고자 하는 파일 권한 문제로 삭제하지 못했을 때 속성을 변경해서 다시 한 번 삭제를 시도하는 부분이다.

파이썬의 장점은 이런 세세한 제어가 가능하다는 것이다. 물론 그러기 위해서 해야 하는 작업이 늘어난다는 단점이 있지만 말이다.

03 파일 이동

파일 이동은 리눅스에서 `mv` 프로그램을 이용한다. `shutil`의 `move()` 함수는 `mv` 명령과 동일한 기능을 한다. 파일 혹은 디렉토리를 다른 곳으로 이동시키거나 이름을 변경할 수 있다.


```python
import shutil


# 파일 이름 변경
shutil.move('filename', 'new_filename')   #<---- 1
# 디렉토리 이동
# dir_a 디렉토리를 상위 디렉토리로 이동한다.
shutil.move('dir_a', '../dir_a')          #<---- 2
```

`mv` 프로그램은 파일 혹은 디렉토리 위치를 변경하기도 하지만 이름을 변경하는 일도 한다. 마찬가지로 `shutil.move()` 함수 역시 디렉토리 혹은 파일의 이동과 함께 이름을 변경할 수 있다.

04 기타

프로그램을 작성하다 보면 특정 디렉토리를 `zip` 혹은 `tar`로 만들어야 할 때가 있다. 이때 `make_archive()` 함수를 이용할 수 있다.


```python
import os, stat
import shutil
import subprocess


def backup_filename(prefix):
    '''백업 파일 이름 생성.

    파일 형식: <prefix>_날짜
    Usage:
    >>> backup_filename('test')
```

```
    test_20160101
    '''

    from datetime import date
    today = date.today( )
    return prefix + today.strftime('_%Y%m%d')


backup_fname = backup_filename('nginx-log')  # ⟨---- 1
root_dir = os.path.expanduser('~/logs')        # ⟨---- 2
shutil.make_archive(backup_fname, 'gztar'
, root_dir = root_dir
, base_dir = 'nginx/')                          #⟨---- 3


# 생성된 tar 파일 목록 보기
print('file name : ', backup_fname)
subprocess.call('tar -tzvf {}.tar.gz'.format(backup_fname)
         , shell = True)                         #⟨---- 4
```

`make_archive( )`의 장점은 다양한 압축 방식을 동일한 API로 사용할 수 있다는 것이다. 위 소스에서 코드 3은 tar 방식으로 파일들을 하나로 묶고 gzip을 이용해서 파일을 압축한다. gzip 이외에 bzip2로 압축하고 싶으면 gztar를 bztar로 변경하면 된다. 코드 1은 파일 이름을 생성하는 함수를 호출한다. 파일 이름이 중복되지 않도록 날짜를 이용해서 파일명을 만들었다. 코드 2는 `tar` 파일에 들어갈 파일들이 있는 디렉토리를 지정한다. 이 디렉토리는 코드 3에서 `root_dir`로 입력된다. `base_dir`은 `root_dir` 기준으로 압축할 서브 디렉토리를 지정한다. `root_dir`을 지정하지 않으면 `base_dir`은 `root_dir`과 동일하게 설정된 것으로 간주한다. `base_dir`이 설정되면 지정한 디렉토리만 압축한다. 압축파일이 잘 만들어졌으면 만들어진 압축파일을 반환한다.

타입	설명	확장자
zip	Zip 방식으로 압축	.zip
tar	Tar 방식으로 묶음	.tar
gztar	Tar + gzip	.tar.gz
bztar	Tar + bzip2	.tar.bz
xztar	Tar + xz	.tar.xz

[표 10-1] makearchive가 지원하는 다양한 압축 방식

03 OS 모듈

OS 모듈은 OS별로 차이가 나는 부분을 잘 메꾸어 모든 플랫폼에서 공통적으로 사용할 수 있는 API를 제공하고 있다. 파일을 복사하거나 삭제할 때 내부적으로 처리 방식이 다르지만 OS 모듈이 있기 때문에 파이썬에는 동일한 코드로 프로그램을 작성할 수 있다. 파이썬의 많은 모듈들이 OS 모듈을 이용한다.

01 환경변수

환경변수는 말 그대로 프로그램을 실행하는 환경들을 정의한 값들이다. 예를 들어서 HOME 이라는 환경변수에는 현재 사용자의 홈 디렉토리가 저장되어 있다.

```
>>> import os
>>> os.environ
environ({'PYTHONPATH': '/Users/jinni/local/libs/python:',
    'TERM_PROGRAM_VERSION': '361.1', '__PYVENV_LAUNCHER__':
    '/usr/local/bin/python3', 'USER': 'jinni', 'TERM': 'xterm-256color',
    'PATH':
    '/bin/:/usr/bin:/usr/local/bin:/Users/jinni/local/bin',
    'TMPDIR': '/var/folders/np/mygyQc4n4nQgk_tm011npm1r0000gn/T/',
    'SHELL': '/bin/bash', 'LC_ALL': 'en_US.UTF-8'
    'PWD':'/Users/jinni/','HOME': '/Users/jinni', 'LOGNAME': 'jinni'})
>>> os.environ['HOME']
>>> os.getenv('HOME', '~')


'/Users/jinni'
```

프로그램은 이 환경변수들을 이용해서 프로그램이 동작할 환경을 인지한다.

1-1 os.environ

환경변수는 딕셔너리 타입으로 저장되어 있다. 즉, 키와 값으로 구성된다. 위 소스처럼 os.environ으로 저장된 값 중에 일부를 원한다면 os.environ["HOME"]처럼 값을 구할 수 있다. 변경을 해야 한다면 딕셔너리 객체에 데이터를 설정하는 방식으로 값을 넣을 수 있다.
환경변수는 프로세스를 생성시키는 작업을 할 때 중요한 역할을 한다. subprocess를 통해서 다른 프로세스를 생성할 때 현재의 환경변수가 상속된다. 즉 자식 프로세스에 어떤 데이터를 주고자 할 때 환경변수를 이용할 수 있다.

02 디렉토리 파일 순환

디렉토리는 트리구조를 가지고 있다. 한 디렉토리 안에서는 다른 디렉토리 혹은 파일들이 있고 이런 구조가 연속된다. 이런 트리구조를 순환하면 모든 파일들을 찾는 것은 쉽지 않다. walk( ) 함수는 이렇게 많은 디렉토리를 찾아다닐 수 있도록 도와준다.

```
walk(top, topdown = True, onerror = None, followlinks = False):
```

walk( ) 함수는 주어진 디렉토리를 시작으로 내부에 있는 모든 디렉토리와 파일들을 찾는다. walk에 여러 매개변수가 있지만 많이 사용하는 옵션은 두 가지다. top은 조사할 디렉토리를 지정한다. 또 topdown은 파일과 디렉토리를 반환하는 순서를 결정한다. topdown이 True이면 상위 디렉토리에서 하위 디렉토리 순으로 조사하는 반면 False를 지정하면 디렉토리의 내부를 먼저 리턴하고 점차적으로 상위 디렉토리를 조사한다.

소스 **리스트 10.8** **디렉토리 조회** **ch10/08_walk_directory.py**

```
# 파일명: walk_files.py
import os
import os.path
```

```python
# ~/logs 디렉토리를 조회하겠다.
root_dir = os.path.expanduser("~/logs")


# walk 결과는 현재 디렉토리, 내부 디렉토리명들, 파일명들임.
for root, dirs, files in os.walk(root_dir):    #<---- 1
    # 디렉토리들
    for d in dirs:                             #<---- 2
        print("[D] {}/{}".format(root, d))     #<---- 3
    # 파일들
    for f in files:                            #<---- 4
        print("[F] {}/{}".format(root, f))     #<---- 5
```

실행 결과

```
[D] /Users/jinni/logs/apache
[F] /Users/jinni/logs/apache/log0.txt
[D] /Users/jinni/logs/nginx
[F] /Users/jinni/logs/nginx/log0.txt
[F] /Users/jinni/logs/nginx/log1.txt
[F] /Users/jinni/logs/nginx/log2.txt
[F] /Users/jinni/logs/nginx/log3.txt
[F] /Users/jinni/logs/nginx/log4.txt
[F] /Users/jinni/logs/nginx/log5.txt
[F] /Users/jinni/logs/nginx/log6.txt
[F] /Users/jinni/logs/nginx/log7.txt
[F] /Users/jinni/logs/nginx/log8.txt
[F] /Users/jinni/logs/nginx/log9.txt
```

os.walk( )를 수행하면 내부의 모든 디렉토리들을 돌아다니면서 내부의 디렉토리와 파일들을 찾는다. 이 값을 for문으로 코드 1처럼 처리할 수 있다. root는 현재 조사하고 있는 디렉토리 이름이다. dirs는 root로 지정된 디렉토리 내부에 있는 디렉토리명들이고 files는 파일들이다. 코드 2~3은 디렉토리의 경로를 출력한 것이고 코드 4~5는 파일들을 출력한 것이다.

```python
import os
import os.path

# ~/logs 디렉토리를 조회하겠다.
root_dir = os.path.expanduser("~/logs")

# walk 결과는 현재 디렉토리, 내부 디렉토리명들, 파일명들임.
for root, dirs, files in os.walk(root_dir):
    # dirs에서 apache로 되어 있는 부분들을 제거한다.
    # 그러면 apache 디렉토리를 조사하지 않는다.
    if 'apache' in dirs:              #<---- 1
        dirs.remove('apache')        #<---- 2

    # 디렉토리들
    for d in dirs:
        print("[D] {}/{}".format(root, d))
    # 파일들
    for f in files:
        print("[F] {}/{}".format(root, f))
```

실행 결과

```
[D] /Users/jinni/logs/nginx
[F] /Users/jinni/logs/nginx/log0.txt
[F] /Users/jinni/logs/nginx/log1.txt
[F] /Users/jinni/logs/nginx/log2.txt
[F] /Users/jinni/logs/nginx/log3.txt
[F] /Users/jinni/logs/nginx/log4.txt
[F] /Users/jinni/logs/nginx/log5.txt
[F] /Users/jinni/logs/nginx/log6.txt
[F] /Users/jinni/logs/nginx/log7.txt
[F] /Users/jinni/logs/nginx/log8.txt
[F] /Users/jinni/logs/nginx/log9.txt
```

`walk()` 함수의 재미있는 점은 필터를 추가할 수 있다는 것이다. dirs는 현재 디렉토리에 포함되어는 있는 디렉토리이자 다음 번에 조사할 디렉토리값이다. 이 값에서 검색하지 않은 디렉토리를 선택해서 삭제하면 해당 디렉토리는 조사 대상에서 빠진다. 위 코드에서 "apache" 디렉토리는 제거하고 출력한다. 이 방법을 통해서 탐색하는 범위를 줄일 수 있다.

03 디렉토리 API

디렉토리를 생성하고 삭제할 때는 mkdir과 rmdir을 사용할 수 있다. 이 함수는 하나의 디렉토리를 생성하고 삭제한다. rmdir는 디렉토리 내에 있는 파일이나 디렉토리가 없어야 정상 실행될 수 있다.

디렉토리 생성

- `makedirs(name, mode = Oo777, existok = False)`:
- `mkdir(name,mode = Oo777)`

`mkdir`이 하나의 디렉토리만 만들 수 있는 반면 `makedirs`은 여러 단계의 디렉토리를 한 번에 만들 수 있다. 예를 들어 "a/b/c" 디렉토리를 만들어야 하는, a 디렉토리가 만들어지지 않은 상태에서 `mkdir`로는 하위 디렉토리까지 만들 수 없다. `mkdir`은 한 번에 하나씩 만들어야 한다. 따라서 세 번을 실행해야 한다. `makedirs`는 이것을 내부적으로 해결한다. 즉, "a/b/c"를 한 번에 만들어 준다. 물론 내부적으로는 반복문으로 3번의 `mkdir`를 수행한다.

디렉토리 제거

- `removedirs(name)`
- `rmdir(name)`

`removedirs`는 `makedirs`와 그 쓰임이 동일하다. `rmdir`을 여러 번 수행해서 중첩으로 되어 있는 디렉토리들을 모두 제거한다. 이때 주의해야 할 것은 디렉토리를 삭제할 때 내부에 다른 파일들이나 디렉토리가 없어야 한다. 그렇지 않으면 `OSError` 예외가 발생한다.

OS 모듈에 있는 디렉토리 관련 API들을 사용하기 어렵다. 이것보다는 `shutil`이 이런 경우에 더 쉽다. `shutil.rmtree()`는 내부에 파일이 있어도 알아서 삭제한다. 또 에러가 발생했을 때

문제를 해결할 수 있는 메커니즘도 가지고 있다.

```
>>> import os
>>> os.mkdir('oo')
>>> os.mkdir('oo')                # 기존에 디렉토리가 있을 때 예외 발생
Traceback (most recent call last):
  File "<stdin>", line 1, in <module>
FileExistsError: [Errno 17] File exists: 'oo'
>>> os.makedirs("oo/o1/o2")  # 여러 단계의 디렉토리를 한 번에 생성 가능
>>> os.rmdir("oo/o1/o2")        # o2 디렉토리 제거
>>> os.removedirs("oo/o1")   # oo/o1을 제거하고 oo을 제거함
```

1-1　현재 디렉토리

　현재 작업중인 디렉토리는 `getcwd()` 함수를 통해서 알 수 있다. 현재 디렉토리가 중요한 이유는 파일과 관련된 모든 동작을 할 때 기준이 되기 때문이다. "`test.txt`"를 만든다고 하면 현재 디렉토리에 "`test.txt`"를 만들게 된다. 이 디렉토리를 바꾸는 것은 `chdir()` 함수를 통해서 가능하다.

```
>>> getcwd()
'/Users/jinni'
>>> chdir('test')
>>> getcwd()
'/Users/jinni/test'
```

04　파일 API

　파일과 관련된 API는 많지만 가장 많이 쓰이는 것들은 다음 세 개가 아닌가 생각한다. `stat`는 파일이 가지고 있는 모든 속성에 대한 정보를 구할 수 있다. 파일의 용량, 파일이 생성된 시간, 변경된 시간 등 파일의 속성과 관련된 모든 정보들을 구할 수 있다. `rename`은 파일의 이름을 변

경한다. 그리고 `unlink`는 파일을 삭제할 수 있다.

- stat(path, *, dirfd = None, followsymlinks = True)
- rename(src, dst, *, srcdirfd = None, dstdirfd = None)
- unlink(path, *, dirfd = None)

```
>>> import stat
>>> os.stat('/')                                              <---- 1
os.stat_result(st_mode = 16877, st_ino = 2, st_dev = 16777220, st_nlink = 33, st_uid =
    0, st_gid = 0, st_size = 1190, st_atime = 1462952370, st_mtime = 1459732287, st_ctim
    e = 1459732287)
>>> os.stat('/').st_mode & stat.S_IFDIR == stat.S_IFDIR <---- 2
True
>>> stat.S_ISDIR(os.stat('/').st_mode)                        <---- 3
True
>>> import os.path
>>> os.path.isdir('/')                                        <---- 4
True
```

위 코드를 보면 `stat( )` 함수를 통해서 구할 수 있는 다양한 값들이 보인다. `st_size` 값은 파일의 크기이고 `st_atime`, `st_mtime`, `st_utime` 등은 파일 접근, 변경, 그리고 생성 시간을 확인할 수 있다. 그리고 `st_mode`를 통해서 파일의 종류를 구할 수 있다. 코드 2~4는 "/"가 디렉토리인지 확인하는 부분들이다. os.stat는 OS의 정보를 그대로 사용한 것으로 파이썬 API 중 저수준에 속한다. 그리고 이 값을 바로 쓰기보다는 코드 3처럼 값을 해석해주는 함수를 사용하거나 코드 4처럼 별도의 API로 되어 있는 것을 사용한다.

04 os.path

os.path는 경로와 관련된 API들이다. 경로와 관련되어서는 pathlib이라는 모듈이 있고 여기에 고급 API들이 있지만 현재까지 대부분의 사람들이 os.path를 사용하고 있다. 다른 파이썬 프로그램에서도 os.path를 사용하고 있기 때문에 os.path를 먼저 보는 것이 좋다.

파일 경로는 컴퓨터에서 자료를 잘 보관하기 위해서 디렉토리와 파일들을 사용하는 것과 관련이 있다. 기본적이면서 항상 사용하는 부분이기 때문에 이것과 관련된 API들을 잘 알아야 한다.

01 경로명 자체 정보

경로명은 파일 혹은 디렉토리의 위치를 지정하는 것이다. 이 경로명에서 얻을 수 있는 정보들에 대한 API들이다.

```
/usr/local/bin/python3
```

위와 같은 경로가 있다고 할 때 어떤 정보를 얻을 수 있을까?

- os.path.basename(path)
- os.path.dirname(path)

경로명을 크게 "디렉토리명" + "파일명"으로 나눌 수 있다. dirname( )과 basename( )은 이 둘을 분리한다.

```python
from os.path import basename, dirname

python_path = '/usr/local/bin/python3'

print("python3 is loaded at: ")
print("  DIR : {}".format(dirname(python_path)))
print("  FILE: {}".format(basename(python_path)))
```

🔍 실행 결과

```
python3 is loaded at:
  DIR : /usr/local/bin
  FILE: python3
```

- os.path.splitext(path)

splitext는 파일명과 관련이 있다. 파일명은 파일 이름과 확장자로 구성된다. test.txt라는 파일명은 "text"라는 파일명과 ".txt"라는 확장자가 합쳐진 것이다. 확장자는 다양한 종류가 있다. 워드 파일은 .doc 혹은 .docx 파일을, 이미지는 .png, .jpg와 같은 확장자를 사용한다. 확장자는 파일의 종류를 구별하기 위해서 사용된다. 그래서 웹 서비스를 만들고 올바른 파일을 업로드하는지 확인할 때 첫 번째로 확인한다. 주어진 파일의 확장자가 지원하는 확장자인지 확인하게 된다.

🔍 소스　리스트 10.11　이미지 파일명 찾기　ch10/11_imagefile.py

```python
from os.path import splitext

def is_supported_files(filename):
    supported = ".png .jpg".split()
    # 파일명에서 확장자 분리

    name, ext = splitext(filename)
```

```
    return ext in supported
files = "test.png test.doc test.exe test.jpg".split()
for f in files:
  if is_supported_files(f):
    print("{} is allowed".format(f))
```

실행 결과

```
test.png is allowed
test.jpg is allowed
```

위 예제의 함수 `is_supported_files`는 파일명을 받으면 `splitext`로 확장자를 분리해서 허용되는 것(.png 혹은 .jpg)이면 **True**를 리턴한다.

02 경로명 조작

경로명은 환경변수를 이용하거나 다른 기호들을 조합해서 만들 수도 있다. 이렇게 경로명을 조작하는 작업과 관련 API들이 있다.

- os.path.expanduser(path)
- os.path.expandvars(path)

우선 환경변수와 관련된 API들을 보자.

```
>>> import os
>>> import os.path

>>> os.listdir('.')                                    #<----- 1
['recent_list.py']
>>> os.listdir('~')                                    #<----- 2
```

```
Traceback (most recent call last):
  File "<stdin>", line 1, in <module>
FileNotFoundError: [Errno 2] No such file or directory: '~'
>>> os.listdir(os.path.expanduser('~'))                          #<----- 3
['.android', '.ansible', '.aws', '.bash_history', '.bash_profile',
 '.bash_sessions', '.cache', '.cocoapods', '.config', '.cups']
>>>

>>> os.environ["TEST_DIR"] = '~/test'                            #<----- 4
>>> os.environ.get('TEST_DIR')
'~/test'
>>> os.path.expandvars('$TEST_DIR/python')                      #<----- 5
'~/test/python'
```

코드 1을 통해서 현재 디렉토리에 있는 파일과 디렉토리 목록을 리스트로 받아올 수 있다. 그럼
HOME 디렉토리를 의미하는 "~"를 사용하면 어떨까? "~"는 셸에서 HOME 디렉토리를 의미한
다. 따라서 파이썬과는 상관없는 문자이다. 그래서 코드 2를 실행하면 `FileNotFoundError`
가 발생한다. 때문에 ~를 해석해 줄 API가 필요한데, `expanduser()` 함수가 그것이다.
그리고 ~과 마찬가지로 `$TEST_DIR`과 같은 형태의 환경변수를 사용할 때도 있다.
`expandvars()` 함수는 경로명에 있는 환경변수를 해석해준다. 코드 5를 보면 경로명에 있는
환경변수를 해석해서 경로명을 변경해준다.

• os.path.join(path, *paths)

경로명을 구분하는 문자는 운영체제마다 조금씩 다르다. 윈도우의 경우 "\"를 사용하고 리눅스
나 맥은 "/"를 사용하고 있다. 파이썬 자체는 어떤 것을 사용해도 알아서 해석하기 때문에 문제
가 없지만 다른 프로그램들과 같이 작업을 할 때 문제가 될 수 있다. 따라서 프로그래머는 운영
체제에 따라서 경로명을 다르게 만들어야 한다. join() 함수는 이런 고민을 해결해준다.

```
>>> import os.path
>>> os.path.join('/', 'dir1', 'dir2', 'file')  #<---- 1
'/dir1/dir2/file'
```

```
>>> d = [ '/', 'dir1', 'dir2', 'file' ]          #<---- 2
>>> os.path.join(*d)
'/dir1/dir2/file'
```

join( ) 함수는 주어진 문자열을 사용해서 하나의 경로명을 만들어 준다. 문자열 작업을 하는 것보다 코드가 명확해진다.

- os.path.abspath(path)
- os.path.normpath(path)
- os.path.relpath(path, start = os.curdir)

경로는 절대 경로와 상대 경로로 나눌 수 있다. 절대 경로는 루트(/)에서부터 경로를 기록하는 것이다. 이 경로는 현재 프로그램이 어디에 있는가에 상관없이 명확하게 나눌 수 있다. 반면 상대 경로는 현재 작업하고 있는 디렉토리에 따라서 경로가 지정하는 파일이나 디렉토리가 달라진다.

```
>>> os.path.abspath('.')                         #<---- 1
'/Users/jinni'
>>> os.path.relpath('/usr')                      #<---- 2
'../../usr'
>>> os.path.relpath('.', '/usr')                 #<---- 3
'../Users/jinni'
>>> os.path.normpath('/usr/a/b/c/d/e/../../../../test')  #<---- 4
'/usr/a/test'
```

함수의 매개변수가 모두 path이다. 즉 경로를 주면 경로와 관련된 일을 하게 된다. abspath( )는 절대 경로를 반환하고 relpath( )는 상대 경로를 만든다. 코드 1은 루트부터 시작하는 절대 경로를 반환하고 relpath는 기준 디렉토리에서 주어진 디렉토리까지의 상대 경로를 반환한다(코드 2). 기준 경로를 주지 않으면 현재 작업 디렉토리가 기준이 된다. normpath( )는 경로명을 단순하게 줄여준다. 코드 4에서 주어진 경로는 ".."으로 복잡하게 표현되어 있는데 이것을 계산해서 필요 없는 부분은 삭제해 버린다.

03 파일에 대한 기본 정보

파일에 대한 기본 정보들이 필요할 때가 있다. 주어진 경로에 있는 것이 디렉토리인지 아닌지 그리고 해당 파일이나 디렉토리가 존재하는 파일인지에 따라서 다르게 처리해야 할 때가 있다. 셸프로그램을 작성해본 사람들은 이런 기존 정보들이 자주 사용되는 것을 알 수 있다. 많은 API들이 있지만 그중에서 실제로 많이 사용되는 API만 골랐다.

- `os.path.exists(path)`
- `os.path.isfile(path)`
- `os.path.isdir(path)`

```
>>> os.path.exists('/')
True
>>> os.path.exists('/not_exists')
False
>>> os.path.isfile('/')
False
>>> os.path.isdir('/')
True
```

`exists( )`는 주어진 경로에 디렉토리 혹은 파일이 있는지 확인한다. 파일을 생성하기 전에 미리 파악해야 할 때 사용한다. 디렉토리나 파일을 만들 때 기존 파일이 있으며 에러가 발생할 수 있다. 따라서 이런 경우, 미리 확인을 해야 한다. `isfile( )`과 `isdir( )`는 파일인지 디렉토리인지 불(Bool) 값으로 리턴한다.

04 파일에 대한 상세 정보

파일에 대한 상세 정보는 stat를 사용해서 파악할 수 있다. 하지만 `stat`는 너무 저수준 API이기 때문에 사용에 어려움이 있다. `os.path`에서는 `stat`로 확인할 수 있는 정보 중에 자주 사용되는 API를 따로 만들었다.

- `os.path.getsize(path)`

- os.path.getatime(path)
- os.path.getmtime(path)
- os.path.getctime(path)

```
>>> import time
>>> import os.path
>>> os.path.getatime('/')                                          #<---- 1
1463365672.0
>>> os.path.getmtime('/')                                          #<---- 2
1459732287.0
>>> os.path.getctime('/')                                          #<---- 3
1459732287.0
>>> ctime = os.path.getctime('/')                                  #<---- 4
>>> time.gmtime(ctime)                                             #<---- 5
time.struct_time(tm_year = 2016, tm_mon = 4, tm_mday = 4, tm_hour = 1, tm_min = 11, tm_
    sec = 27,   tm_wday = 0, tm_yday = 95, tm_isdst = 0)
>>> time.strftime("%Y-%m-%d %H:%M:%S", time.gmtime(ctime))         #<---- 6
'2016-04-04 01:11:27'
```

위 예제는 특정 디렉토리의 생성, 수정, 접근 시간을 구하는 함수를 보여주고 있다. `atime`, `mtime`, `ctime`은 각각 파일에 접근한 시간, 수정한 시간, 생성한 시간을 의미한다. 앞에서 우리는 동일한 정보를 `stat` 모듈을 이용해서 구했었다.

예제에서 코드 4는 '/'의 생성 시간을 반환한다. 생성 시간을 초 단위로 반환한 것이다. 이 시간을 우리가 알 수 있는 년, 월, 일, 시, 분, 초로 변환하기 위해서 `time` 모듈의 `gmtime`을 이용했다.

`getsize( )`는 파일 혹은 디렉토리 자체의 크기를 바이트 단위로 반환한다. 이것을 응용하면 현재 디렉토리의 전체 크기를 계산할 수 있다.

소스 **리스트 10.12** **전체 파일 사이즈 구하기** **ch10/12_getsize.py**

```
import os
import os.path
```

```python
target_dir = os.path.expanduser('~/local')      #<---- 1
# 최종 크기
dir_size = 0


# 모든 디렉토리를 다 조회한다.
for root, dirs, files in os.walk(target_dir):   #<---- 2
  for f in files:

      # 파일 경로를 만든다.
      fpath = os.path.join(root, f)              #<---- 3

      # 파일이면 파일 크기 구함
      if os.path.isfile(fpath):                  #<---- 4
         dir_size += os.path.getsize(fpath)      #<---- 5

# 크기를 MiB 단위로 출력
print("{} : {} MiB".format(target_dir, round(dir_size / 1024 / 1024)))
```

"~/local" 디렉토리에 포함된 일반 파일들의 크기를 모두 더해서 해당 경로의 크기를 구할 수 있다. 코드는 우리가 계산할 경로를 지정했다. '~'를 사용하고 있기 때문에 expanduser( ) 함수를 사용했다. 코드 2에서는 os.walk로 모든 경로를 다 찾았다. 이때 넘어오는 값을 이용해서 계산에 사용될 파일을 찾고(코드 3) 파일 크기를 합산한다(코드 5). 이때 isfile( )을 이용해서 일반 파일만 크기를 계산한다.

1 현재 디렉토리의 모든 파일들의 크기를 출력하는 프로그램을 작성하시오.

2 주어진 로그 디렉토리를 압축해서 백업 파일을 만든다. 이때 파일명은 현재 시간(예: 20160800_1100.zip)으로 한다.

3 우리가 새로운 프로젝트를 시작하려고 한다. 새로운 프로젝트에는 다음과 같은 형식의 폴더와 파일이 필요하다. 파이썬 API를 이용해서 파일과 디렉토리를 만드시오.

```
├── LICENSE
├── README.md
├── doc
│   └── README.md
└── src
    └── app.py
```

4 두 개의 디렉토리가 주어졌을 때 두 디렉토리 간의 다른 파일들을 출력하는 프로그램을 작성하시오.

1 현재 디렉토리의 모든 파일들의 크기를 출력하는 프로그램을 작성하시오.

소스   리스트 10.13   현재 디렉토리 파일 크기   ch10/13_getsize.py

```python
import os
import os.path


def get_all_files(target_dir):
    '주어진 디렉토리의 모든 파일 목록과 파일 사이즈를 반환한다.'
    ret = []
    for root, dirs, files in os.walk(target_dir):
        for f in files:
            # 파일명
            cur_file = os.path.join(root, f)
            # 파일 사이즈
            file_size = os.path.getsize(cur_file)
            ret.append((cur_file, file_size))
    # 결과 반환
    return ret


for item in get_all_files('.'):
    print("{} : {} Bytes".format(item[0], item[1]))
```

2 주어진 로그 디렉토리를 압축해서 백업 파일을 만든다. 이때 파일명은 현재 시간(예: 20160800_1100.zip)으로 한다.

소스   리스트 10.14   로그 파일 압축   ch10/14_compress_logs.py

```python
import os, stat
import shutil
```

연습문제 풀이


```python
import subprocess
def backup_filename(prefix):
    '백업파일에 쓰일 파일명 반환'
    from datetime import datetime
    now = datetime.now()
    return prefix + now.strftime('%Y%m%d_%H%M')

backup_fname = backup_filename('backup_')
root_dir = os.path.expanduser('.')
shutil.make_archive(backup_fname, 'zip', root_dir = root_dir)
```

3 우리가 새로운 프로젝트를 시작하려고 한다. 새로운 프로젝트에는 다음과 같은 형식의 폴더와 파일이 필요하다. 파이썬 API를 이용해서 파일과 디렉토리를 만드시오.

```
├── LICENSE
├── README.md
├── doc
│   └── README.md
└── src
    └── app.py
```

🔍 소스 | **리스트 10.15** | **프로젝트 파일 생성** | **ch10/15_create_project_files.py**

```python
import os
import shutil


# LICENSE 파일 생성
```

```python
open('LICENSE','w').close()
with open('README.md','w') as f:
    f.write("This is readme.md file")

os.makedirs('doc')
os.makedirs('src')

open('doc/README.md','w').close()
open('src/app.py','w').close()
```

4　두 개의 디렉토리가 주어졌을 때 두 디렉토리 간의 다른 파일들을 출력하는 프로그램을 작성하시오.

간단하게 두 개의 디렉토리를 비교하기 위해서 연습 문제 1을 응용했다. 따라서 이 프로그램에서 파일이 다르다는 것을 파일 경로와 파일 사이즈가 다른 것으로 가정했다.

🔍 **소스**　　리스트 10.16　　디렉토리 비교　　ch10/16_diff_directory.py

```python
import os
import os.path

def get_all_files(target_dir):
    ret = []
    for root, dirs, files in os.walk(target_dir):
        for f in files:
            # 절대 파일명
            cur_file = os.path.abspath(os.path.join(root, f))
            file_size = os.path.getsize(cur_file)
```

```python
        # 비교를 위해서 target_dir과의 상태 경로를 계산
        relpath = os.path.relpath(cur_file, target_dir)
        ret.append((relpath, file_size))
    return ret


def show_diff_files(dir1, dir2):
    # 경로를 키로 하고 파일 사이즈 값으로 사전을 만든다.
    files1 = dict(get_all_files(dir1))
    files2 = dict(get_all_files(dir2))

    # 일단 파일명이 완전히 다른 파일명들을 출력한다.
    for k in set(files1.keys()) - set(files2.keys()):
        print(" - {}".format(k))
    for k in set(files2.keys()) - set(files1.keys()):
        print(" - {}".format(k))
    # 파일명은 동일한데 사이즈가 다른 경우
    for k in set(files1.keys()) & set(files2.keys()):
        if files1[k] != files2[k]:
            print(" - {}".format(k))


# 테스트로 두 개의 디렉토리를 만들어 확인하자.
show_diff_files('test_dir1', 'test_dir2')
```

웹은 온갖 정보들이 넘쳐나는 정보의 바다다. 너무나 상투적인 표현이지만 사실이 그렇다. 요즘은 SNS의 대중화로 인해 가장 최신 정보는 SNS를 통해서 전파되지만 그래도 잘 정리된 정보들은 웹 페이지로 전달된다.

이번 장에서는 웹 페이지를 통해서 정보를 수집하는 방법에 대해서 알아볼 것이다. 파이썬은 웹 페이지에 있는 정보를 수집하는 데 좋은 언어이므로 파이썬의 기능들을 사용해서 원하는 정보를 빠르고 편리하게 수집할 수 있는 방법을 알아보도록 한다.

학습 목표

- 웹의 구조를 알 수 있다.
- 웹에서 정보를 추출할 수 있다.
- 웹의 정보를 다른 데이터로 표현할 수 있다.

01 웹에 정보가 표시되기까지

웹 브라우저로 웹 페이지를 열 때 내부적으로 수많은 일들이 일어난다. 무슨 일이 일어나는지 확인해 보자.
과정을 이해하면 이것을 다른 일에 응용할 수 있을 것이다.

먼저 웹이라고 하는 것이 무엇인지, 무엇으로 이루어져 있는지에 대해서 알아보도록 하자. 우리가 네이버 뉴스를 본다고 생각해보자. 그 사이에 정말 많은 일들이 일어난다.

이때 필요한 요소들은 크게 보면 웹 브라우저, 웹 서버, 그리고 DB가 있다. 이들 사이에 더 많은 것들이 있지만 크게 보면 이 세 가지로 압축할 수 있다.

[그림 11-1] 웹 브라우저에서 웹 페이지를 보는 과정

먼저 우리는 웹 브라우저에 우리가 보고 싶은 정보를 가지고 있는 서버의 주소를 넣는다. 네이버 뉴스는 news.naver.com이다. 웹 주소에 'http://news.naver.com/'을 입력하면 웹 브라우저는 웹 서버에 웹 페이지를 요청한다. 웹 페이지는 HTML로 작성된다.

이 HTML 문서에 우리가 보고 싶어하는 정보들이 포함되어 있다. 이때 포함되는 정보들은 고정된 정보를 표시하는 정적인 요소와 매 순간 달라지는 동적인 요소가 공존한다. 정적인 요소는 HTML이 만들어질 때 결정된다. 동적인 요소는 그때 그때 생성된다. 이런 동적인 부분들은 DB를 통해서 정보를 가져온다. 우리가 원하는 뉴스 데이터는 DB에 저장되어 있다. 웹 서버는 DB에서 오늘의 뉴스 정보를 가지고 와서 HTML을 만들고 웹 브라우저에 보낸다. 웹 브라우저가 받은 HTML에는 CSS나 이미지 주소들이 포함되어 있다. 그리고 여기에는 주요 뉴스들도 있다. 우리가 필요한 대부분의 정보들은 HTML 문서에 있다. 앞으로 보게 될 정보들은 이 HTML 페이지의 정보를 처리해서 얻게 될 것이다.

조금 더 가보도록 하자. HTML에는 표현해야 하는 이미지와 문서를 더 예쁘게 표현할 수 있는 CSS가 포함되어 있다. 이런 파일들을 웹 브라우저가 다시 가져와야 한다. HTML을 위한 이런 것들을 리소스라고 부른다. 이런 리소스를 가져오는 작업은 HTML을 가져오면서 사용했던 방식과 정확하게 일치한다. 웹 브라우저는 리소스들을 가져올 때마다 우리가 볼 수 있도록 화면에 표시한다. 그림을 가져오면 그림을 표시하고 CSS를 가져오면 글자의 크기와 색 등을 바꿔준다. 이 때문에 네트워크가 느린 곳에서는 웹을 보면 화면이 한번에 만들어지지 않고 문서가 완성되어 가는 것을 볼 수 있다.

이런 일련의 과정들을 내부에서 잘 수행하는 웹 브라우저가 있고 웹 페이지를 제공하는 웹 서버 그리고 데이터를 가지고 있는 DB가 있기 때문에 손쉽게 뉴스를 찾아 볼 수 있다.

웹 페이지에서 원하는 정보를 얻기 위해서는 일정한 절차를 거쳐야 한다.

앞의 설명을 보면 우리가 관심을 가져야 할 대상이 HTML 문서라는 것을 쉽게 알 수 있다. 요즘은 REST API라고 해서 직접 raw 데이터를 얻어오는 방식도 있지만 여기서는 그렇지 못한 사이트에서 정보를 찾는 방법을 설명한다.

웹 페이지에서 정보를 추출하기까지 대략적으로 다음과 같은 절차를 거친다.

❶ HTML 문서를 불러 온다

대부분의 정보들은 첫 번째 요청해서 가져오는 HTML 문서에 있다. 뉴스 페이지이면 뉴스 목록이 들어있을 것이고 사전이라면 검색된 단어들이 HTML 형태로 변경되어서 들어있을 것이다. 분석을 위해서 우선 이런 정보가 담겨있는 HTML 문서를 다운 받는 것이 당연하다.

파이썬에는 웹 페이지를 요청하기 위한 `urlopen`이라는 함수를 가지고 있다. 또는 다른 `requests` 라이브러리가 있다. 이 두 가지 모두를 사용해 볼 것이다.

❷ HTML을 분석한다.

앞 단계에는 분석할 대상을 가지고 왔으니 이것을 분석해서 데이터를 추출한다. 뉴스 페이지를 분석한다면 뉴스 목록과 뉴스를 가지고 있는 웹 페이지의 주소 등을 분석할 수 있다. 이런 데이터를 분석하기 위해서 파이썬은 정규식이나 HTML 파서를 가지고 있어서 다양한 파서들을 선택할 수 있다. 이번 프로젝트는 HTML 파싱을 위한 별도의 파서 모듈을 사용해 보려고 한다. 라이브러리를 이용하면 HTML 문서를 분석하는 것이 어렵지 않다. 정보의 정확한 위치만 알면 된다. 이 부분도 크롬과 같은 브라우저를 이용해서 해결할 수 있다.

❸ 정보를 처리한다

두 번째 단계에서는 HTML을 분석하고 원하는 정보를 찾아서 가져왔을 것이다. 이렇게 가져온 정보들은 다시 처리해야 한다. 정보를 가지고 다른 일을 하기 위해서 DB에 저장할 수 있다. 또는 페이지를 분석해서 다른 웹 페이지를 만드는 일도 가능하다. 이 단계에서는 여러분들이 원하는 어떤 것이든 할 수 있다.

이제 앞의 세 단계에 대해서 하나 하나 자세히 알아볼 것이다. 각 단계는 그 목적에 부합하기만 하면 다른 방식으로 변경하는 것도 가능하다. 이번 장에서는 많은 방법 중 하나를 설명한다.

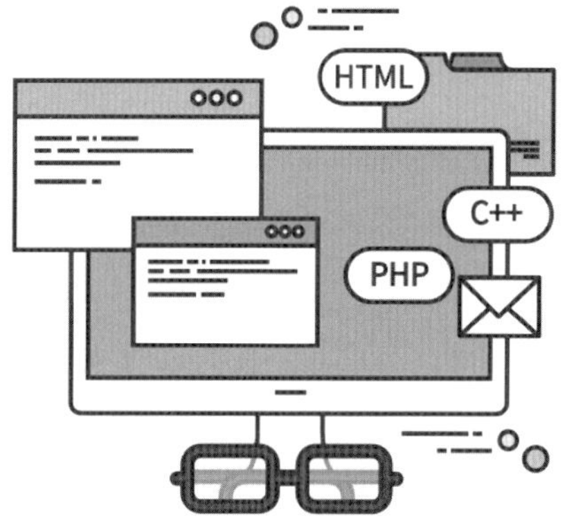

앞에서 살펴본 단계에 따라서 실제로 진행을 해 보도록 하자. 분석 대상이 될 HTML을 가져온다. 이번 프로젝트에는 위키피디아를 대상으로 할 것이다. 여기서 설명하는 방법을 통해서 다른 사이트에 적용해 보는 것은 여러분들이 해 보도록 하자.

01 urllib를 이용해서 정보 가져오기

urllib는 파이썬의 표준 모듈이다. 따라서 파이썬이 설치되면 urllib 모듈도 설치되어 있다. 다음 코드를 통해 바로 적용해 볼 수 있다.

```python
from urllib.request import urlopen
html = urlopen('https://en.wikipedia.org/wiki/Main_Page')
doc = html.read( ).decode('utf-8')
print(doc)
```

위 소스에서 doc는 HTML 문서이다. **urllib**는 URL과 관련된 다양한 기능을 가지고 있다. URL로 지정할 수 있는 다양한 형식의 데이터를 다운로드 받는 것도 **urllib**에서 제공하는 주요 기능 중 하나다. **urllib.request** 모듈에 리소스를 가져와서 읽는 함수가 있다. **urlopen**은 리소스를 읽는 함수이다. **urlopen**에 원하는 주소를 넣으면 데이터를 가져올 수 있다. **urlopen**은 기존 파일에 사용했던 **open** 함수와 동일하다고 생각하면 된다. **urlopen**으로 요청한 데이터는 파일에서 데이터를 읽듯이 **read( )** 함수를 통해서 읽을 수 있다. 이렇게 받는 데이터는 byte 형식이므로 이것을 str 타입으로 변경해야 한다. 보통 외부에서 읽는 데이터들은

byte 타입으로 되어 있다. 문자열로 만들기 위해 encoding을 지정해야 하는데 요즘은 대부분 utf-8을 사용하고 있다. 간혹 오래된 웹 페이지들은 에러가 발생하는데 이때는 'euc-kr'을 사용해 보자. euc-kr은 한글 문자세트를 위한 인코딩 방법이다.

02 requests 모듈을 사용해서 가져오기

`requests` 모듈은 `urllib`에서 제공하는 기능을 더 쉽고 간단하게 사용할 수 있다. 이 모듈은 파이썬의 공식 라이브러리 문서도 추천한다.

`requests` 모듈을 `pip`을 이용해서 설치한다.

```
pip3 install requests
```

앞에서 수행했던 작업을 `requests`로 다시 해 보도록 하자.

```
import requests
r = requests.get('https://en.wikipedia.org/wiki/Main_Page')
print(r.text)
```

`requests`는 대부분의 귀찮은 작업들을 내부적으로 해 준다. 예를 들어 `urlopen`은 데이터를 요청하고 가져온 데이터를 읽어서 디코딩해 주어야 하는데 `requests`는 문서의 내용을 파악해서 필요한 인코딩 방식에 따라서 디코딩 작업을 자동으로 해 준다.
또 HTTP 요청에 사용되는 헤더 정보를 수정하는 것도 `requests`에게는 쉬운 일이다. 어떤 웹 서버는 특정 브라우저가 아니면 정보를 주지 않는다. 이런 웹 서버에게는 브라우저 정보를 바꿔서 요청해야 한다. 이때 사용되는 값이 `user-agent` 헤더값이다. 서버에서 이 헤더값을 보고 어떤 브라우저를 사용할지 판단한다.

우리가 사용하는 브라우저 중에 크롬 브라우저는 다음과 같은 정보를 사용한다.

만약, 지금 내가 사용하고 있는 user-agent 값을 알고 싶다면 다음 URL로 접속해 보기 바란다.

- http://whatsmyuseragent.com/

접속하면 여러분들 브라우저의 user-agent 값을 확인할 수 있다.

그럼 user-agent 값은 어떻게 바꿀까. 요청 전에 헤더 정보를 다른 값으로 설정해 주면 된다.

```python
import requests
headers = {'user-agent': 'my-app/0.0.1'}
r = requests.get('https://en.wikipedia.org/wiki/Main_Page', headers = headers)
print(r.text)
```

원하는 헤더값을 dict 타입으로 만들어 매개변수로 넣는다. 이 밖에도 요청할 때 다양한 옵션들을 제공하고 있으니 다음 매뉴얼을 참고하면 되겠다.

- http://docs.python-requests.org/en/master/

03 로그인의 의미

우리가 코드를 통해서 수집하려는 정보가 로그인을 해야만 볼 수 있는 정보라면 어떻게 해야 할까? 파이썬 코드를 이용해서 로그인을 해 주어야 한다. 오늘 온 메일을 보고 싶으면 메일 서버로 가서 로그인을 하고 메일을 확인한다. 이렇게 매일하는 자연스러운 작업이지만 이것을 파이썬으로 자동화하려면 로그인 과정을 이해해야 한다.

그럼 로그인 과정이 무엇인지부터 확인해 보자. 로그인 과정은 인증된 사용자인지 아닌지를 확인하기 위한 절차이다. 이 절차의 마지막은 거의 대부분이 정상적인 사용자임을 나타내는 특정 값을 받는 것이다. 이 값은 쿠키에 저장된다. 실제로 쿠키를 확인해 보면 세션키라고 하는 이상한 값들이 저장되어 있는 것을 확인할 수 있다.

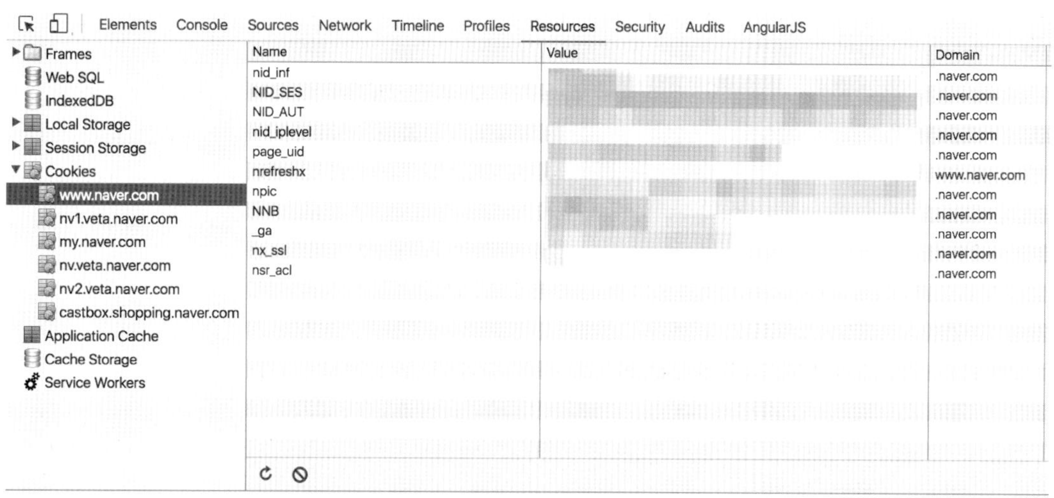

[그림 11-2] 네이버에 로그인하고 확인한 쿠키 정보

세션 정보는 쿠키에 저장된다. 이 쿠키값은 우리가 서버에 뭔가 요청할 때 헤더에 포함되어서 웹 서버로 넘어가고 웹 서버가 이 값을 보고 로그인을 했는지 하지 않았는지 판단하기 때문에 아주 중요한 데이터다. 이 값들은 로그아웃을 명시적으로 하지 않으면 일정기간 동안 웹 브라우저에 보관된다. 이런 이유 때문에 게임방과 같은 오픈된 곳에서 되도록 웹 서비스를 사용하지 말고 사용하더라도 로그아웃을 꼭 하고 나오라는 이유다. 로그아웃을 하지 않으면 이 세션값을 이용해서 여러분의 이름으로 메일을 보낼 수도 있다.

이제 앞에서 했던 질문에 답을 할 수 있게 되었다. 로그인이 필요한 페이지를 요청할 때 헤더에 세션키를 넣어서 보내면 웹 서버로서는 우리가 웹 브라우저를 사용하는지 프로그램을 사용하는지는 분간할 수 없다.

앞으로 하게 될 작업은 이 쿠키값을 얻기 위한 것임을 다시 한번 말하고 다음을 진행하겠다. 로그인 과정은 비슷하면서도 각 사이트별로 다르다. 간단하게는 아이디와 암호를 특정 로그인 주소로 보내면 끝난다. 이렇게 되면 아주 운이 좋은 것이다. 하지만 요즘 보안이 강화되면서 중간 과정이 추가되는 경우가 있다. 또 별도의 로그인 서버를 통해서 로그인하는 경우도 있다. 이런 경우 웹 화면이 여러 번 갱신되면서 로그인이 이루어진다. 중간에 복잡한 과정들이 진행되는 경우를 여기서는 로그인이 복잡한 경우라고 하겠다. 각각의 경우에 따라서 다른 해결 방법을 적용할 수 있다.

로그인 과정이 간단한 경우

로그인하기 위해서 ID/PW만 입력하면 바로 세션값이 나오는 경우에 사용하는 방법이다. 우리가 웹 브라우저에서 ID/PW를 입력하는 것처럼 HTML 상에서 ID/PW를 넣어서 서버에 전달해서 키를 얻는 방식이다. `MechanicalSoup` 모듈로 웹 사이트의 입력란에 ID/PW를 자동으로 입력하고 서버에 전송할 것이다. 예제로는 github.com에 로그인해 볼 것이다.

`MechanicalSoup`를 먼저 다음과 같이 설치한다.

```
pip3 install MechanicalSoup
```

`MechanicalSoup`은 HTML을 내려받는 방법으로 앞에서 사용했던 `requests` 모듈을 사용하고 HTML 분석용으로 `BeautifulSoup` 모듈을 사용하고 있다. `MechanicalSoup`은 css 셀렉션으로 폼의 input 태그를 찾아서 데이터를 입력할 수 있다.

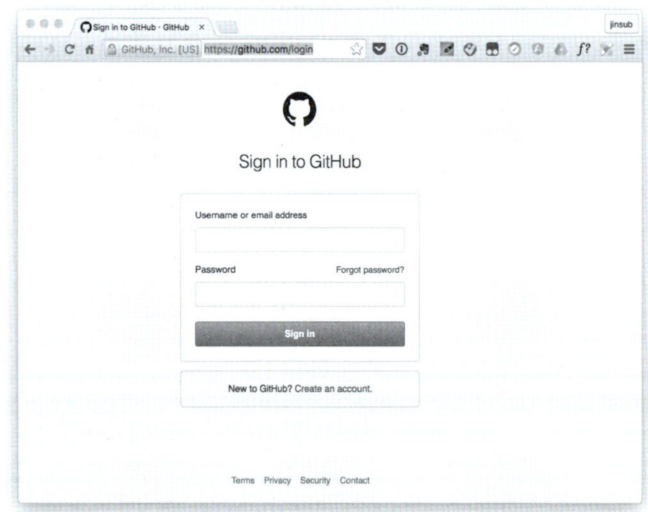

[그림 11-3] Github.com의 로그인 페이지

우리가 로그인하려는 시스템은 github.com이다. [그림 11-3]을 보면 email과 암호를 넣을 폼이 보인다. 이 페이지에 코드를 통해서 로그인해 보자.


```python
import mechanicalsoup
from pprint import pprint
from requests.utils import dict_from_cookiejar


browser = mechanicalsoup.Browser()                                    #<---- 1


# 여기에 자신의 ID/PW를 입력한다.
user_id = '<ID 입력>'                                                  #<---- 2
user_pw = '<암호 입력>'                                                #<---- 3


# 로그인 페이지
login_page = browser.get("https://github.com/login")                  #<---- 4


# login_page.soup 는 BeautifulSoup이 적용된 객체
# BeautifulSoup의 select()를 이용해서
# 로그인 폼을 찾는다.
login_form = login_page.soup.select("#login")[0].select("form")[0]
                                                                      #<---- 5
# ID / PW 입력
login_form.select("#login_field")[0]['value'] = user_id               #<---- 6
login_form.select("#password")[0]['value'] = user_pw                  #<---- 7


# 데이터를 전송하고 로그인 결과를 받는다.
page2 = browser.submit(login_form, login_page.url)                    #<---- 8


# 로그인 되었는지 확인한다.
messages = page2.soup.select('div.dropdown-header.header-nav-current-user.css-
truncate')[0]                                                         #<---- 9
if messages:
    print(messages.text.strip())                                     #<---- 10
```

```
cookies = dict_from_cookiejar(page2.cookies)          #<---- 11
pprint(cookies)
```



```
Signed in as jinniahn


{'user_session': 'xxxxx',
 '_gh_sess': 'xxxxxx'}
```

먼저 **Browser** 객체를 생성한다. **Browser**는 우리가 사용하는 브라우저와 같다고 보면 된다. 코드 2~3은 github.com에 있는 자신의 계정 정보를 입력한다. 이 정보를 사용해서 폼에 데이터를 입력할 것이다.

로그인을 위해서 로그인 페이지를 로드한다(코드 4). 로그인 페이지에는 로그인을 위한 form 태그가 있다. 로그인을 위한 form의 ID가 "**#login**"이다(코드 5). **login_page.soup**은 **Beatifulsoup**의 객체로 로그인 페이지를 분석한다. **select( )** 메소드로 '**#login**' 폼태그를 찾는다. 이때 사용하는 방식은 **css** 셀렉션으로 **css**에서 쓰고 있는 방식이다.
이제 ID/PW를 입력할 차례다. 코드 6~7은 각각 ID와 PW를 입력한다. 마지막으로 서버에 데이터를 전송해야 한다. 코드 8을 통해서 데이터를 서버로 보낸다. 그럼 서버에서 우리가 보낸 데이터를 검증하고 데이터가 맞으면 로그인 후에 보여지는 HTML 페이지를 전송해 준다. 코드 9~10은 로그인이 되었는지 확인한다. 정상 로그인이 되면 "**Signed in as jinniahn**"처럼 유저 아이디를 보내 준다.
마지막으로 주요한 단계는 쿠키값을 저장하는 것이다. 이 쿠키값이 우리가 로그인했다는 증표다. 로그인이 필요한 페이지를 받을 때 이 쿠키를 다음과 같이 요청할 때 같이 보내주면 된다.

```
import requests
cookies = {<쿠키 데이터>}
requests.get('https://github.com', cookies = cookies)
```

로그인 과정이 복잡한 경우

앞에서 살펴보았던 `mechanicalsoup`을 사용하면 대부분의 경우 로그인을 할 수 있다. 하지만 최근에 보안이 강화되면서 복잡한 로그인 과정을 거쳐야 하는 사이트들이 생겨나고 있다. 네이버 같은 경우가 그렇다. 네이버의 로그인 페이지에 같은 방식을 적용하면 로그인이 잘 되지 않을 것이다. 이럴 때 UI가 없는 브라우저를 이용해서 로그인 처리를 할 수 있다. 바로 PhantomJS로 UI만 없는 완전한 브라우저다.

실제 우리가 쓰고 있는 웹 브라우저와 같은 기능을 하는데 UI만 없다고 보면 된다. 따라서 로그인 과정이 복잡하다고 하더라도 아무런 문제가 없다. 웹 브라우저가 복잡한 작업을 대신해 줄 것이다.

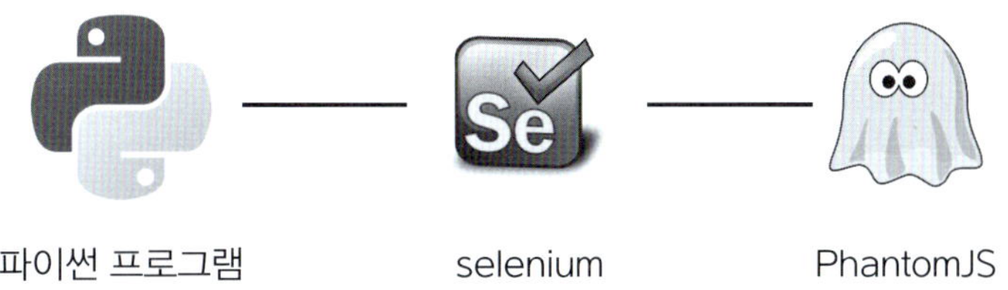

[그림 11-4] selenium으로 phantomJS를 이용

`selenium`은 크롬(Chrome)이나 파이어폭스(Firefox)와 같은 웹 브라우저를 API로 제어하고 데이터를 얻어올 수 있는 모듈이다. 원래 `selenium`은 UI 디버깅을 하기 위해서 만들어졌다. 수많은 종류와 버전의 브라우저에서 동일하게 보이고 행동하는지 테스트를 하는 데 사용된다. 여기서는 웹 서비스에 로그인하는 데 사용하고 있다. 바로 PhantomJS를 사용할 수도 있지만 selenium을 이용한 것은 파이어폭스와 같은 다른 브라우저에도 사용할 수 있어서 효용이 더 좋다고 생각하기 때문이다.

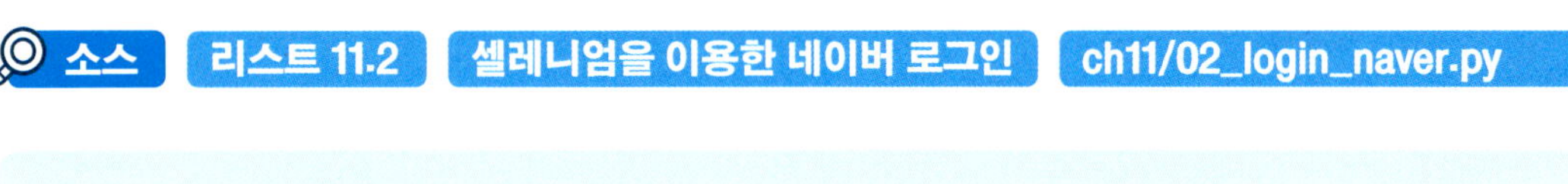


```python
#!/usr/bin/env python3


import re
import requests
from pprint import pprint
from selenium import webdriver
```

```python
from selenium.webdriver.support.ui import WebDriverWait
from selenium.webdriver.support import expected_conditions as EC

def naver_login(nid, npw):
    naver_url = 'https://nid.naver.com/nidlogin.login'

    driver = webdriver.PhantomJS()                                  #〈---- 1
    #driver = webdriver.Firefox();

    driver.get(naver_url)                                           #〈---- 2
    driver.set_window_size(1024, 768)                               #〈---- 3

    # selenimum manual

    # 주로 CSS selection을 사용
    # http://selenium-python.readthedocs.io/navigating.html
    text_id = driver.find_element_by_css_selector('#id.int')        #〈---- 4

    text_id.send_keys(nid)                                          #〈---- 5

    text_pw = driver.find_element_by_css_selector("#pw.int")
    text_pw.send_keys(npw)

    bt_login = driver.find_element_by_css_selector('#frmNIDLogin input.int_jogin')
    bt_login.click()
                                                                    #〈---- 6
    # 네이버 본 화면으로 넘어갈 때까지 기다린다.
    # time.sleep(2)로 얼마간 기다려도 된다.
    # http://selenium-python.readthedocs.io/waits.html
    wait = WebDriverWait(driver, 10)
    element = wait.until(EC.title_is('NAVER'))                      #〈---- 7

    # 쿠키를 dict 타입으로 간략화 한다.
    cookies = {}
```

```python
    for c in driver.get_cookies():              #<---- 8
        cookies[c['name']] = c['value']

    driver.close()                              #<---- 9
    return cookies

user_id = '아이디'
user_pw = '암호'

try:
    # login 후 쿠키값을 가져온다.
    cookies = naver_login(user_id, user_pw)

    # 쿠키를 노트 정보가 가져올 때 포함시킨다.
    resp = requests.get('http://note.naver.com/', cookies = cookies)
                                                #<---- 10

    body = resp.text

    # HTML에서 노트 개수가 들어 있는 문자열을 찾는다.
    m = re.search(r'"inboxTotalCount":(\d*),', body)   #<---- 11
    if m:
        print(m.group(1))
except:
    print('cannot login')
```

selenium을 통해서 PhantomJS를 제어해서 로그인을 하는 과정을 보여 주고 있다. 앞에서도 이야기 했듯 우리의 목적은 로그인 후에 갖게 되는 쿠키를 구하는 것이다. 먼저 selenium을 제어하기 위해서 드라이버를 하나 만든다(코드 1). 우리 명령에 따라서 웹 브라우저를 대신 조정해줄 운전수다. 선택할 수 있는 웹 브라우저는 다양하다. 크롬, 파이어폭스, 오페라 등이 있다. 그리고 PhantomJS도 있다. 여기서는 PhantomJS를 이용할 것이다. PhantomJS는 UI가 없어서 콘솔에서도 프로그램을 실행시킬 수 있다.

코드 2를 통해서 접근할 사이트 주소를 넣는다. 로그인 페이지로 이동할 것이다. 로그인 페이지에 도착하면 ID/PW를 넣는 폼을 찾는 작업을 한다(코드 4~5). 이때 `find_element_by_css_selector( )`를 사용해서 원하는 엘리먼트를 찾는다. 여러 개의 엘리먼트를 찾을 때는 `find_elements_by_css_selector( )`를 사용한다. 엘리먼트를 찾는 방법도 여러 가지가 있는데, `tag_name`, `class`, `id`, `xpath` 등등 많다. 개인적으로 css 선택자를 이용하는 방법을 선호하기 때문에 `find_elements_by_css_selector( )`를 선택했다.

아이디와 암호를 넣고 나면 "로그인" 버튼을 눌러야 한다. 마찬가지로 코드로 엘리먼트를 찾고 `click( )` 함수를 사용할 수 있다(코드 6). 우리가 로그인 버튼을 누르는 동작을 대신해 준다.

엘리먼트에 있는 메소드들을 다음 주소의 매뉴얼을 통해서 더 자세히 알 수 있다.

- http://selenium-python.readthedocs.io/api.html#module-selenium.webdriver.remote.webelement

코드 7은 정보를 기다리는 부분인데 서버에 전송을 하고 정보를 받고 기타 로그인 과정을 거치는데 얼마간의 시간이 필요하다. 그때까지 기다리는 것이다. 여기서는 브라우저의 제목이 변경될 때까지 기다리고 있다. 매뉴얼을 보면 다양한 옵션들이 있다. 특정 엘리먼트가 나타나거나 활성화되는 것을 기다리는 것도 가능하다. 이때의 타임아웃을 10초로 정해서 무한정 기다리는 것을 막는다.

여기까지 오면 모든 로그인 과정이 종료하고 최종 결과인 쿠키값을 구할 수 있다. `driver.get_cookies( )`를 통해서 쿠키를 구하면 쿠키에 있는 모든 정보를 구할 수 있다. 단 여기서 우리가 필요한 것은 키와 값이므로 쿠키값을 정리한다(코드 8). 실제 쿠키는 적용 사이트, 폐기 시간 등이 포함되어 있다.

이렇게 얻은 쿠키값은 로그인 후에야 접근할 수 있는 정보들을 구하는 데 이용할 수 있다. 여기서는 "내 쪽지"의 개수를 구하는 데 사용한다. 코드 10을 통해서 쪽지 페이지를 로드한다. 이때 `cookies` 값을 설정하고 있다. 앞에서 구한 값이다.

여기서는 간략하게 `selenium`을 이용해서 정보를 구하는 것을 확인했다. 어떤 웹과 관련된 문제들도 이 방법을 이용하면 쉽게 해결할 수 있다. `selenium`만으로도 HTML을 로드하고 분석하는 모든 작업을 할 수 있다. 하지만 `selenium`을 이용하는 것은 해머를 가지고 못질을 하는 것과 같다. `selenium`이 제어하는 웹 브라우저는 많은 기능들을 가지고 있어 메모리도 많이 사용하고 속도도 느리다. `selenium`을 사용하는 것은 쿠키를 얻어오는 것까지만 이용하면 족하다.

04 HTML 분석하는 방법

HTML을 분석하는 방법을 코드와 함께 살펴보자.

이제 HTML을 분석해 보도록 하자. HTML을 분석하는 방법은 간단하게는 str 타입의 find나 index를 이용할 수도 있고 정규식을 이용할 수도 있다. 더 좋은 방법은 HTML이 트리 구조를 이루고 있는 구조적인 문서이므로 HTML 문서 구조를 분석할 수 있는 라이브러리를 사용하는 것이다. 이런 라이브러리 중에 beatifulsoup이 있다.

여기서는 `beatifulsoup`을 이용해서 데이터를 분석하는 방법을 알아보도록 할 것이다.

우선 `beatifulsoup`을 설치한다.

```
pip3 install beautifulsoup4
```

`beatifulsoup4`는 http.parser나 lxml을 이용해서 html이나 xml을 분석할 수 있다. 이 모듈을 이용하면 우리는 다양한 방식으로 데이터를 조회할 수 있다. css나 xpath 혹은 find* 메소드 방식으로 조회할 수 있다는 이야기다.

다음 코드를 보자.

```python
import requests
r = requests.get('https://en.wikipedia.org/wiki/Main_Page')
html_doc = r.text
from bs4 import BeautifulSoup
soup = BeautifulSoup(html_doc)
```

`BeatifulSoup` 클래스에 html 문서 스트링를 전달해 주면 된다. 일단 로드가 되면 다양한 방법으로 찾을 수 있다. 과거에는 xpath를 사용했지만 최근에는 css를 이용하는 방법을 더 많이 사용한다. css 선택 방식은 크롬 브라우저를 통해서 쉽게 확인할 수 있다.

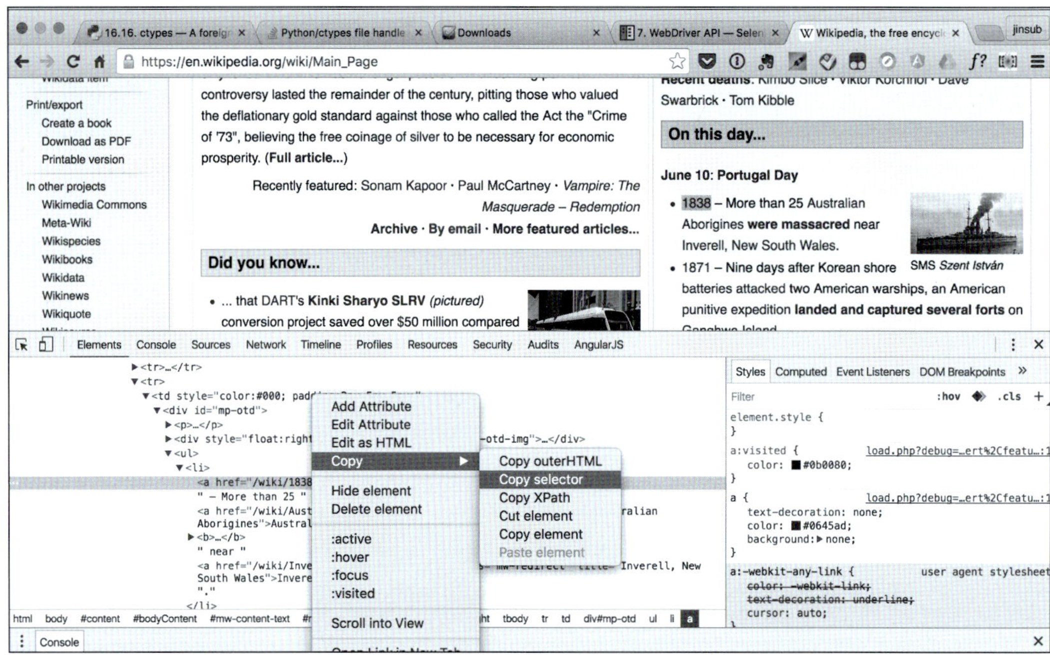

[그림 11-5] 크롬에서 특정 노드의 css 선택자

소스 **리스트 11.3** **위키피디아 문서 분석** **ch11/03_wikipedia.py**

```python
import requests
r = requests.get('https://en.wikipedia.org/wiki/Main_Page')
html_doc = r.text


from bs4 import BeautifulSoup
soup = BeautifulSoup(html_doc)


css_path = '#mp-otd > ul > li > a'
tags = soup.select(css_path)
for tag in tags:
    year = tag["title"]
    desc = tag.parent.get_text().split('-',1)[1]
```

```
print("{}: {}".format(year, desc))
print()
```

위 소스는 위키피디아에서 같은 날 있었던 역사적인 사건들을 알려 준다. 이 사건들의 목록을 가져와서 처리하는 방법을 보여주고 있다.

소스의 css_path는 css로 해당 정보가 있는 위치를 지정하는 것이다. 이 값은 크롬 브라우저를 통해서 얻은 값이다. [그림 11-5]처럼 크롬 브라우저의 개발과 툴 화면에서 원하는 노드의 css 셀렉션을 확인할 수 있다. 간혹 실제 코드에 적용했을 때 문제가 되기는 하지만 좋은 힌트가 될 것이다.

이제 어렵게 가져온 데이터를 처리할 수 있는 방법을 알아보자. 앞에서 데이터를 가져오면 데이터는 고스란히 메모리에 올라오게 된다. 이렇게 데이터가 들어오면 이것은 다양하게 처리할 수 있다.

- DB나 파일로 저장한다.
- 데이터를 인포그래픽으로 만든다.
- 데이터를 이용해서 빅데이터 처리를 한다.
- 데이터가 변경되었음을 메일로 알린다.
- SNS에 데이터를 올린다.

파이썬으로 데이터를 처리하는 방법은 다양하다. 처리 방법을 결정하는 것은 프로그램을 작성하는 여러분들의 몫이다. 여기서는 가져온 데이터를 메일로 알려주는 단순한 작업을 해 볼 것이다. SMTP 서버를 이용하거나 메일 서버 중에 REST API를 통해서 메일을 보내는 방법도 있다. SMTP를 사용하면 파이썬은 SMTPlib를 사용할 수 있다. 필자는 REST API를 통해서 메일을 보내는 방법을 사용하려고 한다. 이런 서비스를 제공하는 업체 중에 mailgun.com이 있다. mailgun으로 매달 10,000개까지 무료로 메일을 보낼 수 있다.
서비스를 이용하기 위해서 몇 가지 절차가 필요하다.

❶ mailgun.com에 가입한다.

http://mailgun.com/에 접속하고 "sign up" 메뉴를 클릭해서 가입하자. 가입절차는 간단해서 이름과 암호 등을 입력하면 된다.

❷ 확인 메일을 확인하고 활성화시킨다.

가입을 하고 나면 등록한 메일로 가입 승인 메일이 왔음을 확인할 수 있다. 서비스를 활성화시키기 위해서 승인이 필요하다. 승인할 때 전화번호를 입력하고 승인 번호를 넣으면 된다.

❸ 파이썬 코드로 메일을 보낸다.

가입을 하고 나면 메일을 보낼 수 있는 코드를 보여 준다. mailgun.com에서는 다양한 언어의 코드를 제공하고 있다. 간단하게 해당 코드를 다운로드 받아서 실행시키면 신기하게도 메일이 간다.

이 코드는 quickguide에서도 확인할 수 있다.

https://documentation.mailgun.com/quickstart-sending.html#how-to-start-sending-email

❹ 도메인을 확인한다.

가입을 하면 도메인이 하나 만들어진 것을 확인할 수 있다. 대시보드에 가면 도메인들을 볼 수 있다.

도메인 정보에서 다음 내용이 중요하다.

- API Base URL : 요청할 주소
- API Key : 키

샘플 코드를 통해서 API를 사용하는 방법을 알 수 있다.

🔍 소스　**리스트 11.4**　**위키피디아 분석 내용을 메일로 보내기**　**ch11/04_send_mail.py**

```python
#!/usr/bin/env python3
# -*- coding:utf-8 -*-

import requests
r = requests.get('https://en.wikipedia.org/wiki/Main_Page')
html_doc = r.text

from bs4 import BeautifulSoup
soup = BeautifulSoup(html_doc, 'lxml')
```

```python
css_path = '#mp-otd > ul > li > a'
tags = soup.select(css_path)

ret = []
for tag in tags:
    year = tag["title"]
    desc = tag.parent.get_text().split('-',1)[1]
    ret.append("{}: {}".format(year, desc))

# Mail로 내용을 전달한다
mail_url = "<url>"
mail_key = "<api_key>"
from_user = '<user>'

requests.post(                        #<--- 1
    mail_url,
    auth=("api", mail_key),           #<--- 2
    data={"from": from_user,          #<--- 3
        "to": ["jinniahn@gmail.com"],
        "subject": "과거의 오늘에는 어떤 일들이 있을까?",
        "text": "\n".join(ret)})
```

주의해서 봐야 할 것은 코드 1~3이다. `requests`를 이용해서 POST로 서버에 데이터를 보낸다. 이 내용은 메일로 보낸다. 이때 api 키를 넣게 되어 있다. 이 값들은 서비스를 등록할 때 만들어지는 값들이다. 이 프로그램은 하루에 한 번만 실행하면 되기 때문에 따로 cron과 같은 스케줄러 프로그램에 하루 한 번 실행할 수 있도록 등록해 두면 편리하다.

 지금까지 웹을 통해서 정보를 구해오는 방법에 대해서 알아보았다. 웹을 통해서 원하는 정보를 가져올 수 있는 방법을 잘 활용하기만 하면 원하는 많은 작업을 자동화할 수 있다. 정부 사이트나 연구소 사이트에서 주기적으로 업데이트되는 정보들을 수집할 수도 있고 도서관의 신간도서 목록을 바로바로 가져와서 볼 수도 있다. 이번 장에서 설명한 내용을 바탕으로 스스로 사용할 곳을 찾아보기 바란다.

연습문제

1 웹 브라우저를 통해서 웹 서핑을 할 때 웹 서버로부터 가져오는 것들은 무엇이 있는지 설명하시오.

2 requests 모듈을 이용해서 GET 방식으로 웹 페이지를 가져와서 타이틀 태그(⟨title⟩)의 값을 출력하시오.

3 크롤링이 무엇인지 설명하시오.

4 웹 사이트에서 로그인을 하는 이유와 로그인 과정을 통해서 얻게 되는 값이 무엇인지 설명하시오.

Answer

1 웹 브라우저를 통해서 웹 서핑을 할 때 웹 서버로부터 가져오는 것들은 무엇이 있는지 설명하시오.

웹 서버로부터 다음과 같은 것들을 가져온다.

- HTML
- CSS
- 자바스크립트
- 이미지, 음성 파일 등의 리소스

예를 들어 www.google.com을 로드하면 웹 브라우저는 www.google.com의 웹 서버에 HTML 페이지를 요청한다. 이 HTML에는 HTML 페이지를 로드할 때 필요한 이미지, 음성 등의 리소스가 있는 URL과 화면을 동적으로 보이게 하는 자바스크립트, 그리고 HTML의 외적 속성(그림 크기, 배경색 등)이 정의되어 있는 CSS가 정의되어 있다. 웹 브라우저는 HTML에서 이런 정보들을 추출해서 다시 요청한다.

2 requests 모듈을 이용해서 GET 방식으로 웹 페이지를 가져와서 타이틀 태그(<title>)의 값을 출력하시오.

소스 | **리스트 11.5** | **웹페이지의 title 정보 가져오기** | **ch11/05_get_title.py**

```python
import requests
from bs4 import BeautifulSoup


res = requests.get('http://www.naver.com')
soup = BeautifulSoup(res.text)
tags = soup.select('title')
if tags:
    print(tags[0].text)
```

3 크롤링이 무엇인지 설명하시오.

크롤링은 프로그램을 사용해서 웹 페이지 데이터를 가져와서 데이터를 가공 처리하는 행위이다. 혹은 스크래핑이라고도 한다. 크롤링은 서비스 제공자가 의도한 방식이 아니기 때문에 라이선스에 따라서 불법인 경우가 있다.

초기 크롤링은 검색 엔진을 만들면서 사용되었다. 검색 엔진은 인터넷에 있는 웹 페이지를 가져와서 분류하고 색인함으로써 사람들이 쉽고 빠르게 원하는 웹 페이지를 찾을 수 있도록 한다. 이런 일을 하는 프로그램을 웹봇이라고 한다.

4 웹 사이트에서 로그인을 하는 이유와 로그인 과정을 통해서 얻게 되는 값이 무엇인지 설명하시오.

웹 사이트를 보면 종종 로그인을 해야 보여지는 정보들이 있다. 로그인은 서비스를 제공하는 입장에서는 사용자를 구분하기 위해서 사용된다. 즉, 그냥 지나가는 방문자인지 아니면 정식 절차를 통해서 인증된 사용자인지 구별하기 위해서 사용된다. 사용자 별로 속성, 서비스 레벨이 다르기 때문에 로그인을 하면 다른 서비스가 가능하다.

그럼 로그인을 하면 어떤 것이 생기는가? 로그인을 하면 서버는 특별한 값을 웹 브라우저에 준다. 이 값을 받은 웹 브라우저는 서버에 데이터를 요청할 때마다 서버에서 준 값을 보내준다. 서버는 웹 브라우저가 보내오는 값을 서버에 저장되어 있는 값과 비교해서 사용자를 구분한다. 이때 사용되는 값을 세션 혹은 토큰이라고 해서 생성 방식이나 검증 과정 등이 다양하지만 원리는 동일하다.

로그인 후에 얻어지는 세션 값으로 사용자를 구분하기 때문에 크롤링에 이 세션 값을 이용하면 로그인 했을 때만 보이는 데이터들도 크롤링이 가능하다.

12장
라즈베리 파이로 TV 제어하기

라즈베리 파이는 작은 크기지만 갖출 것을 다 갖춘 완전한 리눅스 머신이다. HDMI 포트로 모니터를 연결하고 USB 포트에 키보드와 마우스를 연결하면 작은 개인용 PC가 된다. 게다가 외부 연결을 위한 연결 핀까지 있어서 파이썬으로 외부 기기를 제어하기에 이것보다 좋은 보드는 없다. 무엇보다 가격도 저렴하다. 이번 프로젝트에서는 라즈베리 파이를 이용해서 TV를 제어하는 기기를 만들어 볼 것이다.

학습 목표

- TV를 제어하는 원리를 이해한다.
- Flask를 이용해서 웹 서비스를 만들 수 있다.
- 라즈베리 파이로 GPIO 핀을 제어할 수 있다.

01 프로젝트 배경

이번 장에서는 라즈베리 파이를 이용해서 리모컨 역할을 할 수 있는 기기를 만들어 볼 것이다. 우리 주변에 보면 많은 것들이 리모컨으로 동작한다. 대표적인 것들로 에어컨, TV, 셋탑 등이 있다. 또 선풍기에도 리모컨이 있어서 멀리서 선풍기를 켜거나 끌 수도 있다. 리모컨 덕분에 더 게을러지게 됐지만 편리한 것을 어떻게 하겠는가?

01 요구사항

우선 우리가 만들 프로젝트에서 달성해야 하는 목표를 살펴보자. 생각나는 대로 적어보면 다음과 같다.

① 핸드폰으로 TV를 켜거나 끌 수 있으면 좋겠다.
② 채널을 변경했으면 좋겠다.
③ TV 볼륨을 제어했으면 좋겠다.
④ 특정 TV만이 아니라 다양한 TV를 지원했으면 좋겠다.
⑤ 인터넷으로 제어했으면 좋겠다.
⑥ 리모컨으로 동작하는 다른 기기들도 등록할 수 있으면 좋겠다.

대략 이 정도가 우리가 필요한 요구사항이다. 열거한 요구사항들은 아직 정제되지 않아 중복될 수도 있고 같은 기능에 대한 다른 표현일 수도 있다. 이런 요구사항들을 정리하면 실제로 우리가 달성할 수 있는 실제 목표가 나온다. 다음은 요구사항을 정리한 것이다.

❶ 웹 페이지로 서비스를 제공한다.
  – 핸드폰으로 TV 제어가 가능해진다.

- 인터넷으로 제어할 수 있다.

❷ IR 기기를 등록할 수 있는 방법을 제공한다.

- 다양한 기기의 리모컨을 등록할 수 있다.

- 다양한 TV를 지원한다.

❸ 리모컨별로 버튼을 제공해서 호출할 수 있도록 한다.

- TV의 볼륨, 채널을 변경할 수 있다.

요구사항을 이렇게 정리하고 나니 해야 할 일이 좀 명확해졌다. 우리가 개발할 시스템은 웹 페이지로 제어되는 적외선 수신/발신이 가능한 기기를 만드는 것이다. 이 정도 요구사항을 만족할 수 있다면 좋은 프로젝트가 될 것이다. 이 프로젝트가 완성되면 더 이상 많은 리모컨을 보관할 필요도 없고 리모컨을 찾기 위해서 이 방 저 방을 돌아 다니지 않아도 된다. 핸드폰을 들고 제어하면 된다.

02 IR 원리

우선 리모컨의 원리를 살펴보자. 리모컨을 대신할 기기를 만드는 것이므로 리모컨의 원리 정도는 알고 있어야겠다.

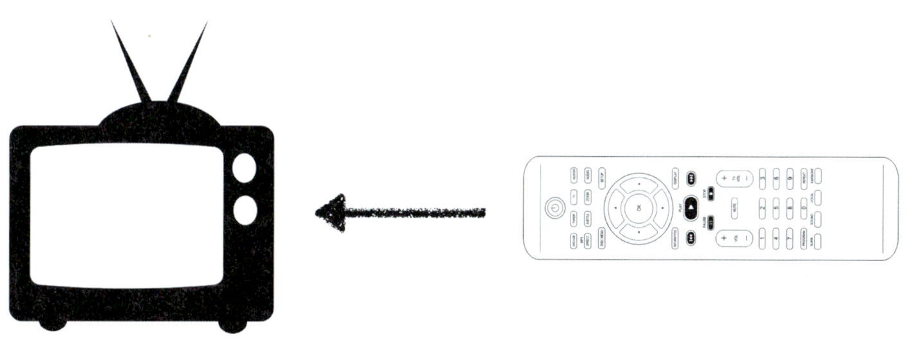

[그림 12-1] 리모컨으로 TV를 제어한다.

리모컨을 분리해 보면 리모컨 상단 부분에 IR 발신기가 붙어 있다. 한 개 혹은 두 개의 LED가 달려 있다. 우리가 리모컨을 누르면 이 LED에서 어떤 신호가 만들어진다. 신호는 적외선 형태로 생성된다. 적외선은 붉은 색보다 파장이 긴 빛이다. 학교 다닐 때는 적외선을 배우면 이런 것을 어디에 쓸까? 내가 쓸 데 없는 지식을 배우는 것이 아닌가 생각했는데 쓸 데는 있는 것 같다.

적외선으로 발진되는 빛은 특별한 형식에 따라서 켜짐과 꺼짐을 반복해서 0과 1로 이루어진 데이터를 TV나 에어컨에 보낸다. 이것을 프로토콜이라고 한다. 이 프로토콜은 몇 가지 종류가 있다. 같은 방식을 사용하는 TV 리모컨과 선풍기 리모컨이 다른 이유가 여기에 있다. LG전자의 TV 리모컨으로 삼성 TV를 제어할 수 없는 것도 이 프로토콜이 다르기 때문이다. 우리가 앞으로 만들게 될 기기에서는 다양한 프로토콜을 지원할 것이다.

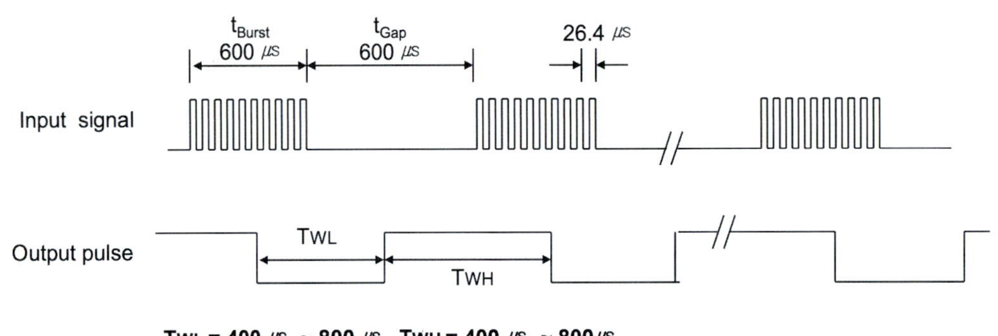

[그림 12-2] 리모컨이 발생시키는 파장과 인식되는 값

[그림 12-2]의 위쪽에 있는 Input Signal이 TV로 들어오는 적외선 신호다. 이 적외선 신호를 TV가 가지고 있는 수신기에서 0과 1의 전기 신호로 변환한다.

03 동작 원리

앞에서 설명한 요구사항을 만족시키기 위해서 어떻게 구성을 한 것인지 아이디어를 설명하겠다. 우리의 요구사항은 결국 하나로 귀결된다. 바로 리모컨을 대신하는 기기를 만들면 된다. 리모컨이 하는 역할을 대신해야 한다.

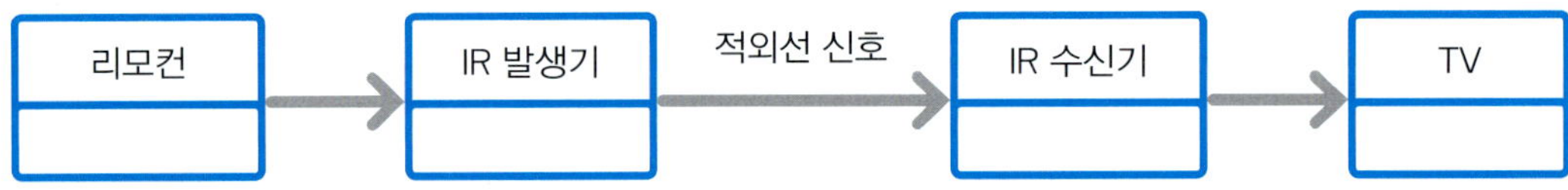

[그림 12-3] 리모컨과 TV 신호 전달 방식

위의 [그림 12-3]은 TV와 리모컨의 연결을 보여 주고 있다. 만약 IR 발생기를 제어할 수 있다면 그리고 프로그램으로 그것을 제어할 수 있다면 TV를 켜고 끄고 채널을 바꾸는 등의 일은 간단하게 할 수 있다.

사실 리모컨을 만드는 프로젝트들은 이미 많이 공개되었다. 이 책에서는 내부에서 돌아가는 의미나 방식들에 대해서 되도록 자세히 설명해서 독자분들이 응용할 수 있도록 하는 것이 목표다.

[그림 12-4] 우리의 프로젝트 구성

위의 [그림 12-4]는 우리 프로젝트의 모습이다. 라즈베리 파이가 리모컨을 대신하고 있다. 이 라즈베리 파이의 제어 프로그램은 외부의 요청을 대신 처리한다. 이것을 인터넷에 공개하면 친구가 내 TV를 켤 수 있다. 물론 공개 범위을 선택해야 하지만 말이다.

04 준비물

그럼, 프로젝트를 위한 준비물이 무엇인지 살펴보자. 지금까지는 노트북과 내부에 설치된 파이썬이면 충분했지만 이번에는 여러 가지 부품이 필요하다. 전자기기를 다루는 것이 좀 어렵다고 느껴질 수도 있다. 하지만 이것도 우리가 제어할 수 있는 것들의 하나이다. 프로그램의 API 중 하나라고 생각하자. 준비물은 다음과 같다.

- 라즈베리 파이 2 혹은 3 × 1
- 마이크로 SD 카드 4GB 이상 × 1
- HDMI 케이블 1
- USB 키보드 & 마우스
- 브레드보드 × 1
- 암수 점퍼 케이블 × 10
- IR 수광센서(TSOP382) × 1
- IR 발광 다이오드(TSAL7400) × 1
- 트랜지스터(BC548)

위에 나열한 것들은 우리에게 필요한 부품들이다. 부품들은 전자제품을 취급하는 인터넷 쇼핑몰에서 쉽게 찾을 수 있다. 라즈베리 파이는 리눅스가 동작하는 작은 보드로 HDMI와 키보드, 마우스를 연결하면 간단한 작업을 바로 할 수 있는 완전한 컴퓨터이다. 여기에 여러 버전이 있다. 라즈베리 파이 1은 오래 전에 발표되었다가 요즘에는 단종되어서 찾기도 힘들다. 그래서 지금 찾아보면 2, 3을 선택할 수 있다. 저렴한 것으로 하나만 구할 수 있으면 좋다. 브레드보드와 점퍼 케이블은 부품을 연결할 때 사용할 것이다.

부품 중 가장 중요한 것은 IR 신호를 받는 수광 센서와 신호를 보내는 IR 발광 다이오드다. 대부분 여기서는 특정 부품을 명시했지만 같은 기능을 하는 것들을 선택하면 대부분 동작한다. 단 라즈베리 파이가 3.3V로 동작하기 때문에 3.3V에서 동작하는 부품을 선택해야 한다. 구입할 때 구동 가능 전압이 표시되어 있다.

[그림 12-5] 필요 부품들

가장 먼저 할 일은 라즈베리 파이를 동작시키는 것이다. 이것을 부트업시킨다고 하는데 일종의 OS 설치이다. 여러분이 PC를 구입하면 컴퓨터에 OS를 설치하듯 라즈베이 파이에 OS를 설치하는 것이다. 우리가 가지고 있는 PC는 USB나 네트워크를 통해서 설치할 수 있지만 라즈베리 파이는 좀 다른 방법을 사용한다.

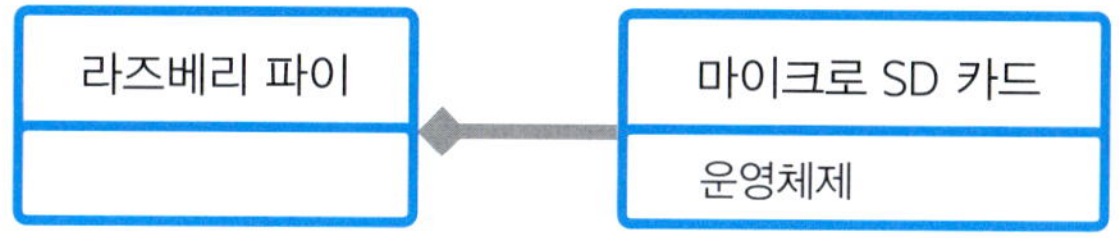

[그림 12-6] 라즈베리 파이와 메모리

라즈베리 파이는 별도의 하드디스크나 SSD가 없다. 대신 핸드폰에 사진을 저장하는 마이크로 SD 카드를 하드디스크 대용으로 사용한다. 그래서 라즈베리 파이에 OS를 설치한다는 말은 SD 카드에 OS를 설치한다는 것이다. 속도가 떨어지기는 하지만 큰 용량을 가질 수 있고 가격도 저렴하다.

01 OS 다운로드

먼저 다음 라즈베리 파이 다운로드 페이지로 가서 적당한 OS를 다운로드한다.

https://www.raspberrypi.org/downloads/

라즈베리 파이 공식 홈페이지에서 다양한 OS들을 설치할 수 있다. 범용 이미지로 라즈비안 (RASPBIAN)이 있다. 데비안 리눅스 배포판을 기반으로 만들어져서 데비안, 우분투를 사용해 본 분들이라면 편리하게 사용할 것이다. 대부분의 경우에 라즈비안을 선택하는 것이 좋다. 공식 지원을 하기도 하고 많은 사람들이 사용하고 있기 때문에 문제가 생겼을 때 해결책을 찾는 것도 쉽다.

나머지는 각각 다른 곳에서 라즈베리 파이를 위해서 만든 OS들이다. 여기에는 MS의 윈도우 10 IoT Core도 있다. 마이크로소프트에서 지원하는 OS 이미지이다. OSMC는 멀티미디어 센터를 만드는 데 사용하는 이미지로 내부에 동영상이나 음악플레이를 위한 세팅을 해 둔 이미지다. 이 이미지를 이용하면 동영상 플레이만 전용으로 하는 미디어 서버를 만들 수 있다.

이 페이지에서 RASPBIAN을 선택한다. 그리고 JESSIE 버전을 다운받자. 필요한 것은 apg-get 프로그램으로 설치할 수 있다(최신 버전의 OS를 선택한다).

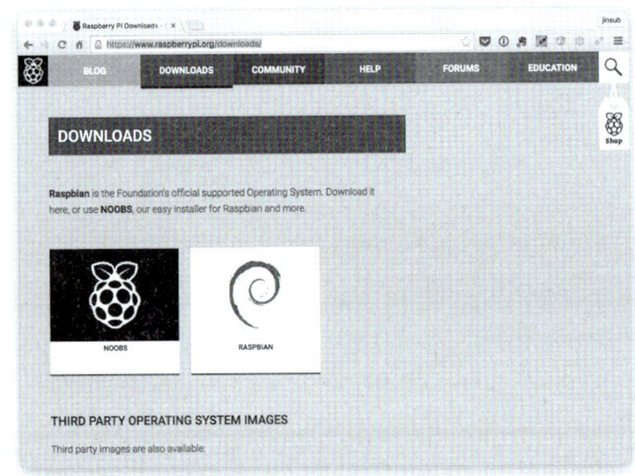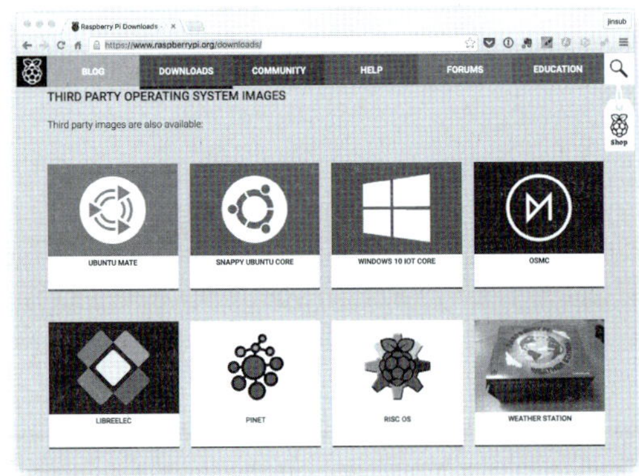

[그림 12-7] 다양한 OS들

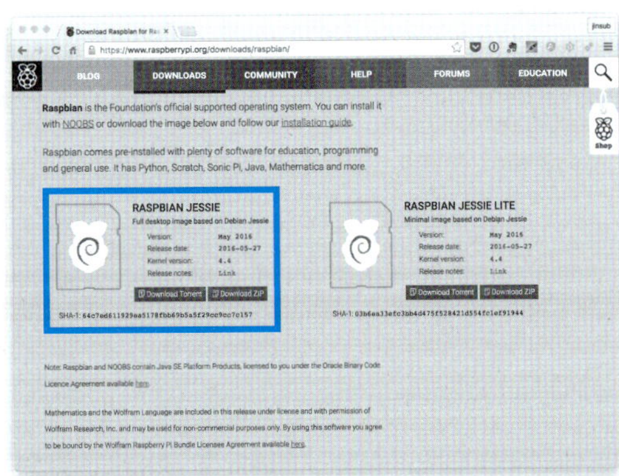

[그림 12-8] 풀 버전을 선택

02 OS 설치

우리가 다운받은 이미지는 OS가 설치된 디스크를 그대로 복사한 것이다. 이것을 이미지를 뜬다고 이야기한다. 부팅을 위해서 특별한 방법으로 만든 것이다. 그래서 다운로드한 이미지 파일을 SD 카드에 일반 파일을 복사하듯 복사한다고 OS가 설치되지는 않는다. 특별한 방법을 사용해야 한다. 각 운영체제별 방법을 살펴보자.

1-1 window

윈도우에서 SD 카드에 OS를 기록하는 것은 별도의 프로그램을 설치해야 한다.

https://sourceforge.net/projects/win32diskimager/

위 URL에서 Win32 Disk Imager라는 프로그램을 다운로드 받아서 설치한다. 프로그램을 설치하면 다음과 같은 프로그램이 보인다.

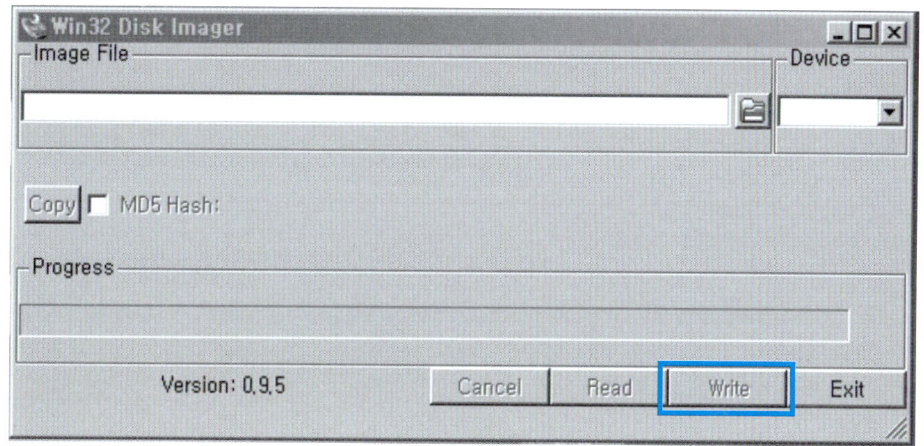

[그림 12-9] Win32 Disk Imager

이 프로그램에서 Image File에 다운로드 받은 파일을 선택하고 Device에 SD 카드가 있는 드라이버를 선택한다. 그리고 〈Write〉 버튼을 클릭하면 이미지가 SD 카드에 기록된다. 다운로드 받은 파일은 ZIP으로 압축되었기 때문에 라이팅하기 전에 압축을 풀어주어야 파일을 선택할 수 있다.

💡 1-2   mac

맥이나 리눅스는 별도로 프로그램을 설치할 필요가 없다. 내부에 프로그램이 설치되어 있기 때문이다. 일단 터미널을 실행시킨다.

```
$ diskutil list
```

위 명령을 입력하면 현재 연결된 디스크를 모두 보여준다. 그리고 나서 SD 카드를 컴퓨터에 연결하고 같은 명령을 입력하면 새로운 디스크 하나가 보일 것이다.

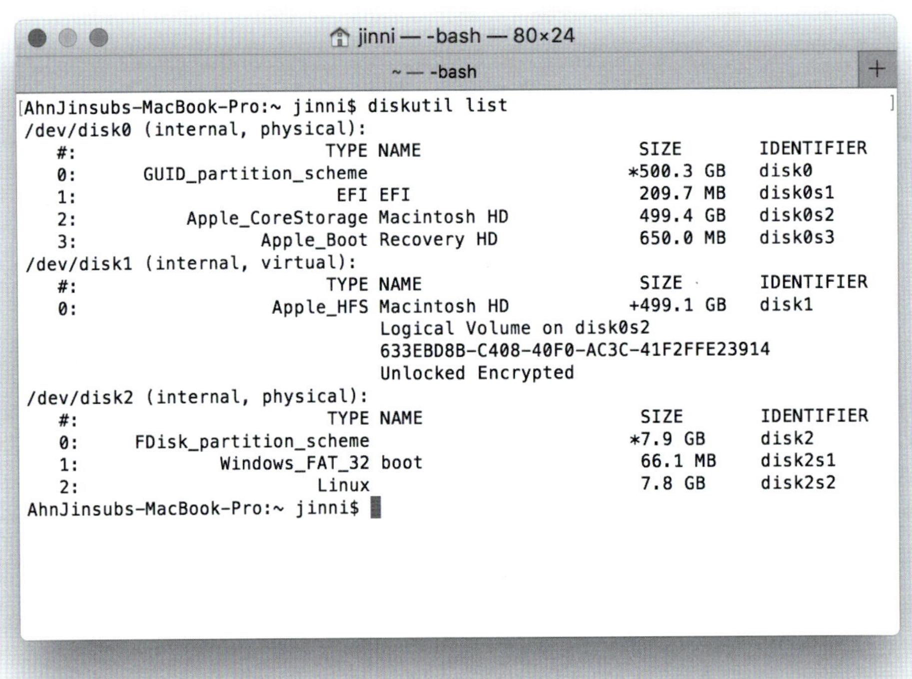

[그림 12–10] SD 카드를 연결하고 연결된 디스크 정보를 본다.

[그림 12–10]과 같이 /dev/disk2로 보인다(실제로 이 값이 다를 수 있다. 상황에 따라서 다른 값을 사용하자. 여기서는 disk2로 설명할 것이다).

```
$ diskutil unmountDisk /dev/rdisk2
```

위의 명령으로 SD 카드를 분리한다. 이때 연결된 파일은 앞에서 찾은 것과 비슷한 rdisk로 시작하는 파일이다. rdisk와 disk의 차이는 중간에 버퍼가 있느냐 아니냐다. 버퍼 때문에 실제로 디스크에 쓰는 작업은 rdisk쪽이 더 빠르다. 이 명령은 물리적으로 분리한 것이 아니고 OS에서 분리한 것이다. 이렇게 해야만 SD 카드에 이미지를 기록할 수 있다.

```
$ unzip ~/Downloads/2016-05-27-raspbian-jessie.zip
$ sudo dd bs = 2m of = /dev/rdisk2 if = ~/Downloads/2015-05-05-raspbian-wheezy.img
```

다운로드한 이미지는 zip으로 압축되어 있으니 unzip으로 압축을 풀고 dd 명령으로 이미지를 SD 카드에 입력한다. dd는 주어진 파일 이미지를 디스크에 기록한다.

1-3 linux

리눅스도 mac과 비슷하다. 다만 툴만 다를 뿐이다. 터미널을 실행시킨다.

```
$ df -h
```

위의 명령을 실행시킨다. SD 카드를 연결하고 다시 한 번 실행하면 추가된 것이 보일 것이다. 추가된 이름이 아마도 /dev/mmcblk0p1이나 /dev/sdd1일 것이다. 마지막 숫자 부분(p1 혹은 1)은 디스크의 파티션을 의미하기 때문에 필요 없다. 그러면 SD 카드를 의미하는 것은 /dev/mmcblk0 혹은 /dev/sdd가 된다.
이 디스크는 OS에서 연결을 먼저 끊어주어야 한다.

```
$ sudo unmount /dev/sdd1
```

위의 명령으로 디스크를 언마운트시킨다. 이때 같은 디스크에 다른 파티션 즉 sdd2나 sdd3이 있으면 모두 언마운트시켜야 한다.

```
$ dd bs = 2M if = 2016-05-27-raspbian-jessie.img of = /dev/sdd
```

그런 후 이미지를 실제로 디스크에 쓴다. 이때 /dev/sdd처럼 실제 디스크 이름을 사용한다. 위 명령에서 bs = 2M은 디스크 작업을 할 때 2MB 단위로 SD 카드에 기록하겠다는 의미이다. 맥에서는 **bs = 2M**을 사용하고 리눅스는 **bs = 2M**을 사용한 것을 기억하자. 같은 dd 명령이지만 운영체제에 따라서 옵션이 다르다.

03 부팅을 한다

운영체제를 설치했으면 부팅을 시킬 수 있다. 이때 HDMI 케이블과 키보드, 마우스가 필요하다. HDMI 케이블로 TV와 연결하고 전원을 연결한다. 전원은 micro-USB를 이용한다. 라즈베리 파이는 저전력보드이기 때문에 USB의 전원으로도 충분히 동작한다. 모니터를 연결하면 부팅 화면이 보이고 곧 윈도우 화면이 보일 것이다. 데스크탑의 화려한 화면은 아니지만 있을 건다 있다.

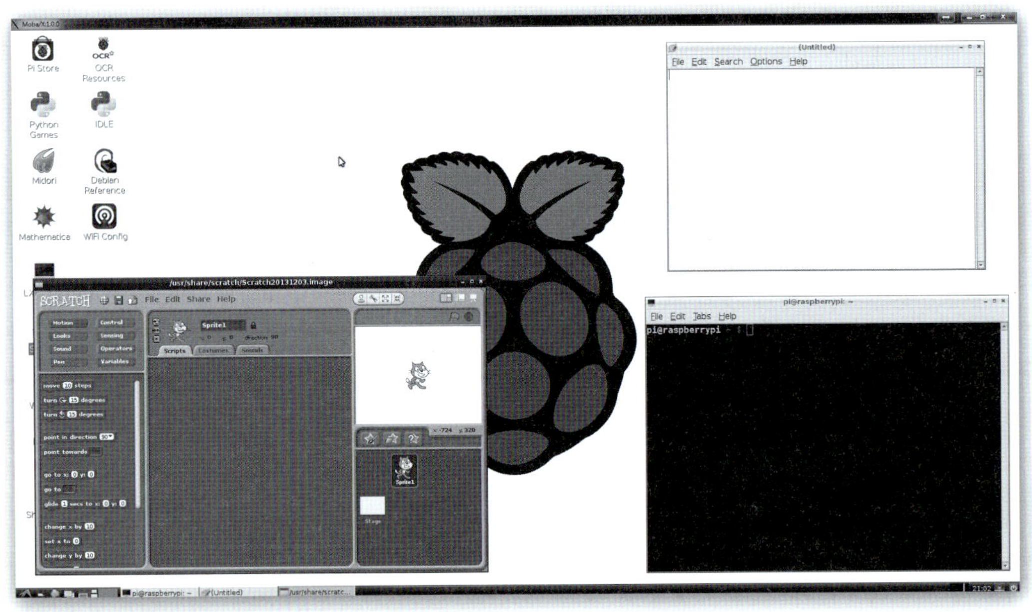

[그림 12-11] 부팅된 라즈베리 파이

화면에서 보이는 것처럼 라즈베리 파이는 리눅스 머신과 동일한 환경을 가지고 있다. 라즈베리 파일에서 개발하는 것도 가능하다. 실제로 라즈베리 파이를 컴퓨터로 교육하는 경우도 많다. 하지만 실제로 개발할 때는 다른 컴퓨터에서 원격으로 작업해서 scp나 ftp와 같은 유틸리티로 파일을 복사해서 개발하는 것이 보통이다.

03 회로 구성하기

전자 부품들을 연결하는 것을 회로를 구성한다고 한다. 회로 구성 방법에 대해 알아보자.

이번 프로젝트에서 가장 어려운 부분이다. 바로 회로를 만드는 것이다. 회로 자체는 아주 간단하지만 부품을 가지고 작업하는 것 자체를 어려워하는 경우가 많다. 회로는 별개의 전문 분야로 공부하면 할수록 어려운 부분이기 때문에 여기서는 아주 간단한 형태의 회로를 만들어 볼 것이다. 복잡한 회로는 이해하기도 힘들고 부품도 많이 들어간다. 최대한 간단히 만들어 볼 것이다.

01 라즈베리 파이 핀 구성

라즈베리 파이를 보면 여러 핀들이 외부에 보인다. 이 핀들로 외부 부품들을 제어한다. 각각의 핀들은 핀 번호와 핀 이름을 가지고 있다. 핀 번호는 핀의 위치를 의미한다. 그리고 이름은 핀의 역할을 의미한다.

핀 번호는 왼쪽 위 핀을 기준으로 부여한다.

라즈베리 파이2 GPIO 헤더

핀 번호	이름			이름	핀 번호
01	3.3v DC 파워			DC Power 5v	02
03	GPIO02 (SDA1, I²C)			DC Power 5v	04
05	GPIO03 (SDL1, I²C)			Ground	06
07	GPIO04 (GPIO_GCLK)			(TXD0) GPIO14	08
09	Ground			(RXD0) GPIO15	10
11	GPIO17 (GPIO_GEN0)			(GPIO_GEN1) GPIO18	12
13	GPIO27 (GPIO_GEN2)			Ground	14
15	GPIO22 (GPIO_GEN3)			(GPIO_GEN4) GPIO23	16
17	3.3v DC Power			(GPIO_GEN5) GPIO24	18
19	GPIO10 (SPI_MOSI)			Ground	20
21	GPIO09 (SPI_MISO)			(GPIO_GEN6) GPIO25	22
23	GPIO11 (SPI_CLK)			(SPI_CE0_N) GPIO08	24
25	Ground			(SPI_CE1_N) GPIO07	26
27	ID_SD (I²C ID EEPROM)			(I²C ID EEPROM) ID_SC	28
29	GPIO05			Ground	30
31	GPIO06			GPIO12	32
33	GPIO13			Ground	34
35	GPIO19			GPIO16	36
37	GPIO26			GPIO20	38
39	Ground			GPIO21	40

Rev. 1
26/01/2014

http://www.element14.com

[그림 12-12] 라즈베리 파이 2의 핀 번호와 핀 이름

라즈베리 파이는 이 핀들을 사용해서 외부 기기와 연결한다. 이런 연결포인터들은 모든 CPU나 MPU에도 있다. 단지 숨겨져 있을 뿐이다. 우리는 라즈베리 파이가 가지고 있는 많은 핀 중에 몇 개만 사용할 것이다. 핀의 이름이 GPIO인 것은 어떤 목적으로든 사용할 수 있다는 뜻이다.

02 LED 회로 만들기

　우선 가장 간단한 LED 회로를 만들어 보자. LED는 전기가 들어가면 불이 켜지고 아니면 꺼진다. LED 회로는 다음과 같다. 우리가 프로그램으로 전기를 ON/OFF할 수 있기 때문에 LED를 켜고 끄는 일이 가능하다.

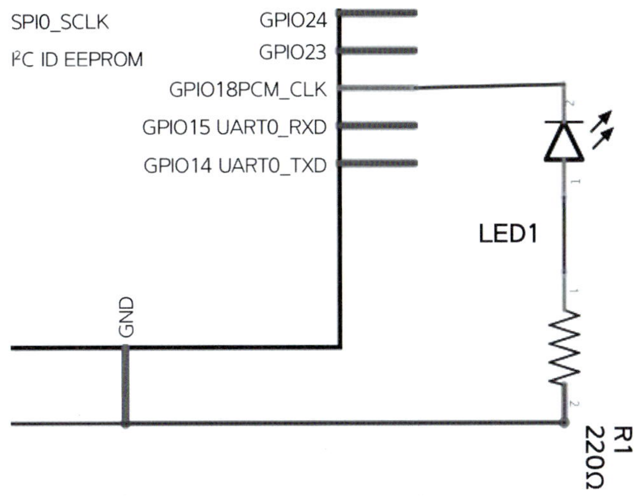

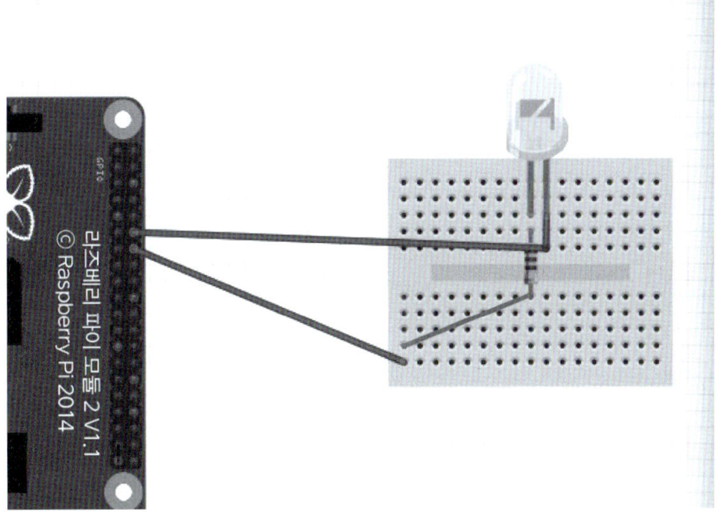

[그림 12-13] 이벤트를 표시할 LED 회로

　[그림 12-13]은 회로도로, 하나는 실제 연결되는 모습을 그린 것이다. 하나는 스키매틱이라고 해서 부품 간의 연결을 기호로 표시한 것이고 다른 두 그림은 같은 회로를 의미한다. 이해가 쉬운 쪽으로 보면 된다. 전자기기들을 보면 기기 앞에 작은 불이 깜빡이는 것을 볼 수 있는데 이것

이 LED로 [그림 12-13]과 같이 연결되어 있다.

　회로도에는 총 2개의 부품이 사용되었다. 실제 LED 부품을 보면 두 개의 다리가 있는데 하나는 길고 하나는 짧다. 다리가 긴 쪽이 +쪽이고 짧은 쪽이 −에 연결되어야 한다. 우리는 LED + 핀을 PIN12(GPIO 18)에 연결하고 짧은 쪽을 저항 220옴에 연결하고 다시 이것을 GND(PIN14)에 연결한다. 회로를 보면 한 줄로 연결이 되는 것을 볼 수 있다. 과학시간에 배웠던 것처럼 전기는 +에서 나와서 −로 흘러간다(실제로는 전자가 −에서 +쪽으로 흐르지만). 전기가 이렇게 흐르면 LED가 켜진다. 이때 전기가 너무 한 번에 많이 흐르면 LED가 손상될 수 있기 때문에 220 옴 저항으로 적당히 흐르도록 만들었다. LED는 최대 허용 전류가 있는 데 이 전류를 저항으로 제어하는 것이다.
"V = R × I"이라는 식을 설명하지는 않겠다. 이것과 관련해서 서점에서 전기회로에 대한 얇은 책은 하나 구입해 보기 바란다.
GPIO 18 핀에 프로그램으로 1을 설정하면 3.3V가 들어가고 전기가 흐르면서 LED가 켜진다. 프로그램으로 외부 부품을 제어하는 것은 이런 식이다.

03 IR 수신기 만들기

　IR 수광 센서는 빛 중에서 적외선을 감지한다. 적외선이 감지되면 전기를 통하게 하고 그렇지 않으면 전기를 막는다. 이런 특성을 이용해서 적외선 신호를 디지털 신호로 바꾼다.
IR 수광 센서에는 다리가 3개 있다. 하나는 3.3V(+극)에 연결하고 다른 하나는 GND(−극)에 연결한다. 그리고 IR 신호가 수신되면 전기가 흐르는 선이 있다. 이 선을 신호선이라고 한다. 이 핀을 라즈베리 파이에 PIN 16(GPIO 23)에 연결한다. 리모컨이 동작해서 IR 신호가 IR 수신기로 들어가면 이 핀의 전압이 올라갈 것이다. 전기가 들어오면 1이 아니면 0으로 인식된다. 1과 0의 패턴으로 신호를 주고 받는다.

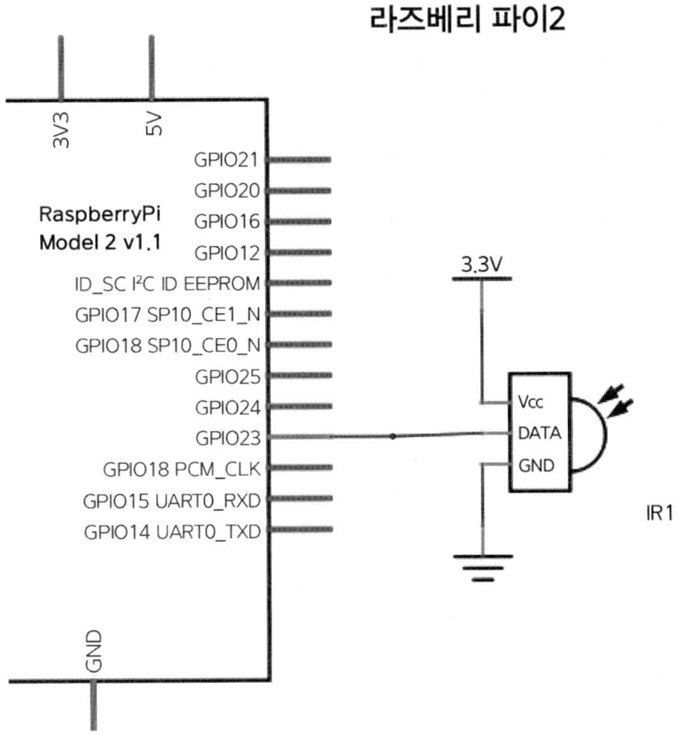

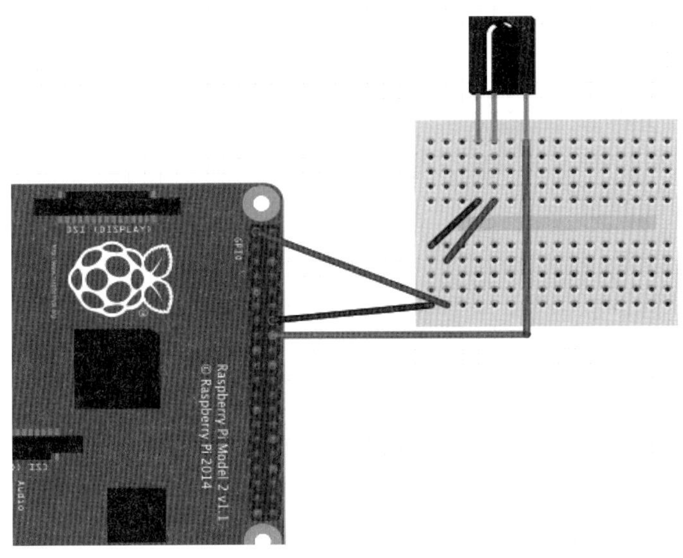

[그림 12-14] IR 수신 모듈 연결 회로

연결할 때 수신 모듈이 각 다리의 역할을 하고 있다는 것을 알고 있어야 한다. 부품에 대한 상세
한 내용을 담은 문서를 데이터시트라고 한다. 부품의 전기적인 특징, 동작 방식, 내부 구조 등을

설명한다. IR 수신 모듈은 광학적인 특징까지 설명되어 있다. 이 문서에서 각 핀의 역할에 대해서 확인할 수 있다. 혹시 다른 부품을 썼다면 문서를 참고해서 회로를 만든다.

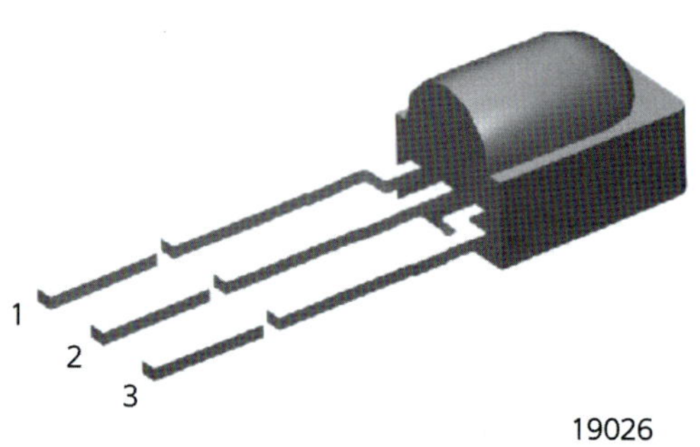

[그림 12-15] TSOP382의 데이터시트의 핀 설명

이 문서에서 제시한 것처럼 TSOP382를 썼다면 [그림 12-15]를 참고해서 회로를 만들자. 그림에 있는 것처럼 3개의 핀이 있고 핀별로 이름이 있다. 2핀은 GND로 라즈베리 파이에 GND핀과 연결한다. 3핀은 Vs로 전원 즉, 3.3V에 연결한다. V+, Vs, Vcc, Vdd 모두 같은 의미로 전원에 연결하라는 것이다. 반대로 V-, Vss, Vee, Vs-, GND 등은 그라운드를 해석하고 연결하자. 상세한 의미는 각각 다르겠지만 비전문가의 입장에서 보면 앞의 해석이 크게 틀리지 않는다.

04 IR 송신기 만들기

리모컨과 같은 IR 신호를 만들기 위해서 IR 송신기가 필요하다. 기본적으로 앞에서 설명한 LED와 동일한 회로로 동작한다. IR 송신기도 LED의 일종이다. 눈에 보이지 않는 적외선을 내보낼 뿐이다.

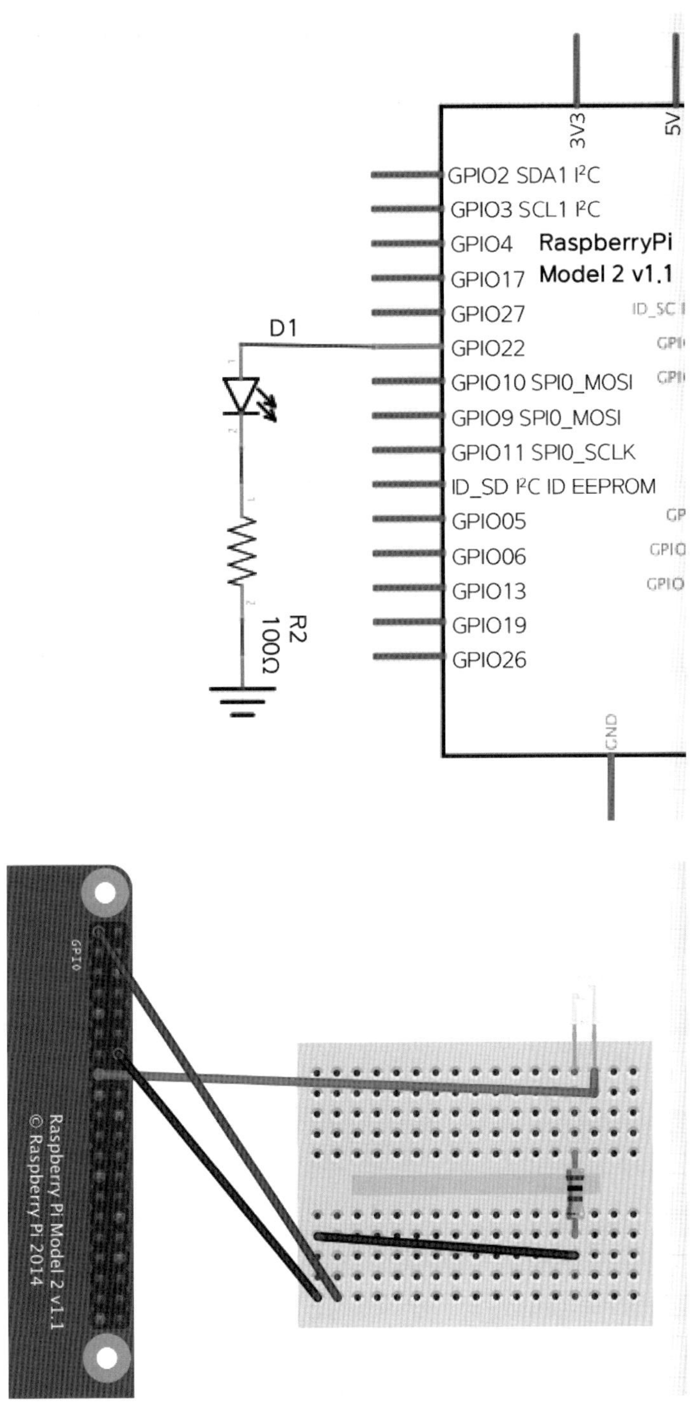

[그림 12-16] IR 송신기 회로

앞에서 설명한 LED와 회로가 동일하다. GPIO 핀에 프로그램으로 1을 설정하면 적외선이 나간다. 하지만 여기에는 문제가 있다. 이렇게 하면 신호가 너무 약해서 IR 신호를 받는 기기 즉, TV에

가까이 있어야 한다. 이 때문에 먼 거리에서 동작하도록 하려면 트랜지스터를 이용해서 신호를
증폭시켜야 한다.

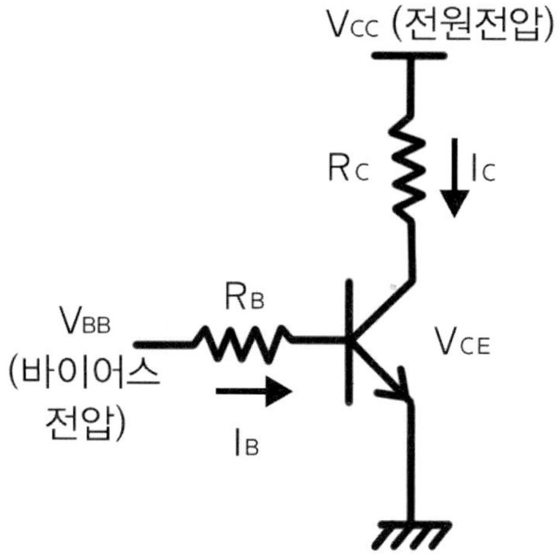

[그림 12-17] 일반적인 트랜지스터를 이용한 증폭 회로

[그림 12-17]의 회로와 비슷한 회로를 사용해서 IR 증폭 회로를 만들어 볼 것이다. [그림 12-17]
에서 제어선에 들어가는 신호에 따라 IR 다이오드에 들어가는 전류가 제어된다.

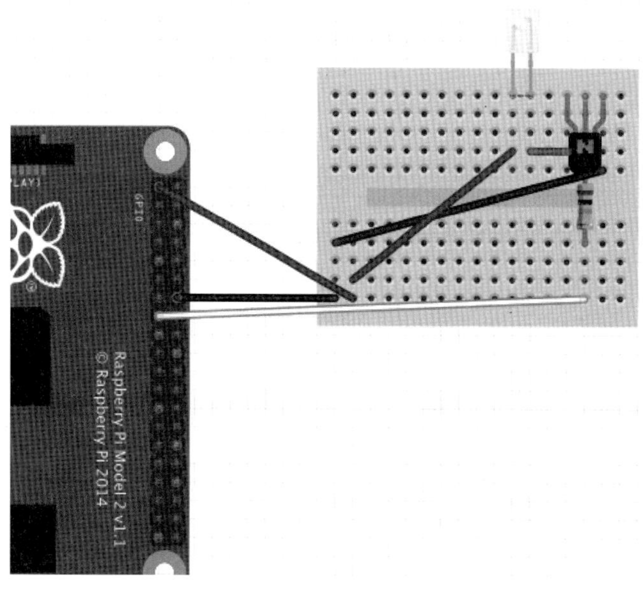

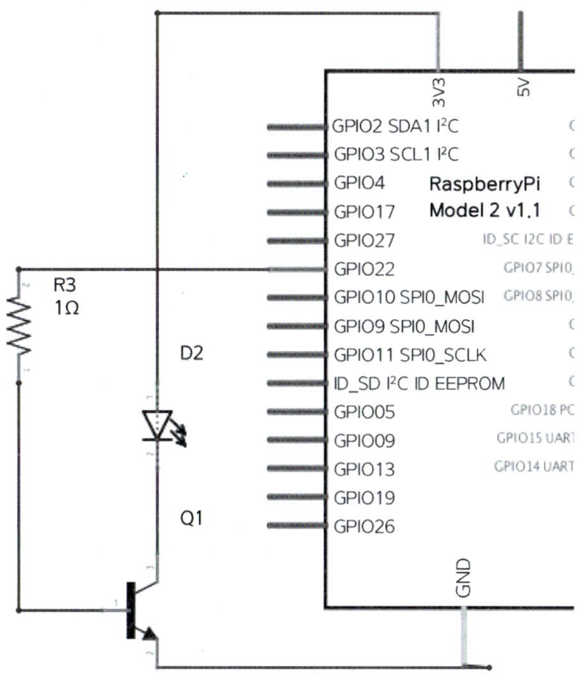

[그림 12-18] 증폭 회로를 사용한 IR Emitter 모듈

증폭 회로를 사용한 이유는 프로그래밍할 수 있는 GPIO 포트에서 나올 수 있는 전류가 미미하기 때문이다. 그래서 전원에서 연결을 했고 GPIO 선으로 제어하는 것이다. 이렇게 하면 GPIO 선으로 많은 전류를 제어할 수 있다. 트랜지스터에 대한 자료는 쉽게 찾을 수 있으니 여기서는 생략하도록 하겠다. 단지 이렇게 하면 좀더 먼 거리에서 IR 제어가 가능하다는 정도로 이해하고 넘어가자.

05 최종 연결 모습

위에서 부품 하나 하나를 연결해 보았다. 앞에서 하나씩 연결했던 것들을 모두 연결하면 [그림 12-19]와 같은 모습이 된다. 복잡하다, 선이 꼬일 수도 있다, 분명 연결했는데 동작을 하지 않는 경우가 있다. 이럴 때는 다시 처음부터 선 하나 하나를 살피는 것이 좋다. 분명 어딘가에서 실패했을 것이다. 그리고 앞에서 설명한 저항 값은 같이 사용하는 부품의 종류에 따라서 달라질 수 있다. 따라서 선에도 문제가 없다면 저항을 더 작은 것으로 바꿔서 사용해 보자.

여기서는 회로에 대해서 지나치게 자세히 설명하지는 않는다. 최대한 간단하게 가자. 일단 동작하는 것이 우선이다.

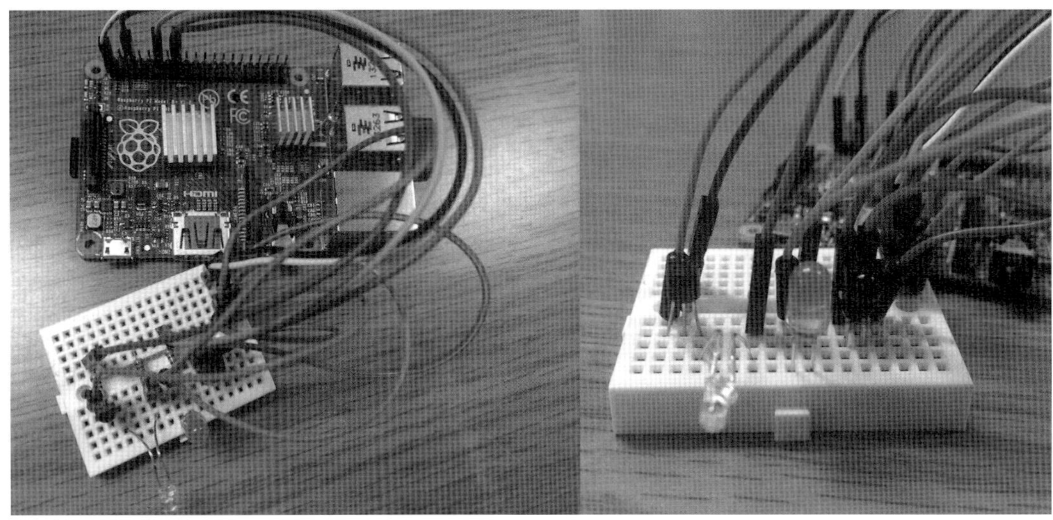

[그림 12-19] 최종 연결 모습

리눅스에서 IR 리모컨을 대체하려는 프로젝트가 있다. lirc 프로젝트로 다양한 리모컨 신호를 통합하려는 프로젝트다. 라즈베리 파이에 IR을 제어하는 가장 쉬운 방법이다.

lirc는 IR 신호를 받아서 프로토콜을 분석해서 어떤 신호가 들어왔는지 판단할 수 있을 뿐 아니라 원하는 신호를 보낼 수도 있다. lirc에서 복잡한 IR 프로토콜을 처리해 주기 때문에 우리가 할 일이 많지 않다. 그냥 프로그램을 설치하고 이용하면 되는 것이다. 라즈베리 파이의 좋은 점이 이런 것이다. 대부분의 기능들은 이미 다른 사람들이 진행한 것이 많고 또 기초작업을 해 놓은 경우가 많기 때문에 우리는 그 위에서 원하는 작업만 집중할 수 있다.

01 lirc 설치

lirc를 설치하는 것은 간단하다.

```
$ sudo apt-get update
$ sudo apt-get install lirc
```

라즈베리 파이는 **apt-get**이라는 패키지 매니저가 있어서 패키지 이름만 알고 있으면 미리 컴파일된 패키지를 설치할 수 있다. **apt-get**을 이용해서 패키지를 설치하면 의존하는 다른 패키지들도 한 번에 설치할 수 있기 때문에 좋다. **apt-get**으로 설치하는 것은 윈도우에서 프로그램을 설치하는 작업보다 쉽다.

`apt-get update`는 패키지 목록을 갱신한다. 패키지들은 수시로 업그레이드되기 때문에 패키지를 설치하기 전에 주기적으로 업데이트시키는 것이 좋다. 그리고 나서 `apt-get install lirc`로 `lirc` 프로젝트를 설치한다. `sudo`는 루트(관리자) 권한으로 프로그램을 실행시킨다는 의미다. 아무나 프로그램을 설치하면 안 되기 때문이다.

`lirc` 프로젝트를 설치하면 다음과 같은 프로그램들이 설치된다.

- `lircd`: IR 신호를 받아서 분석하는 데몬 프로그램
- `mode2`: IR의 raw 신호를 보여주는 프로그램
- `irrecord`: IR 신호를 레코딩하는 프로그램, 리모컨의 키를 복사한다.
- `irsend`: IR 신호를 만들어서 보낸다.
- `irw`: lircd에서 분석한 신호를 보여주는 프로그램

이 프로그램들은 모두 `/dev/lirc0` 드라이버와 연결된다. 리눅스는 하드웨어를 관리해서 애플리케이션이 직접 하드웨어를 제어하는 것을 막는다.

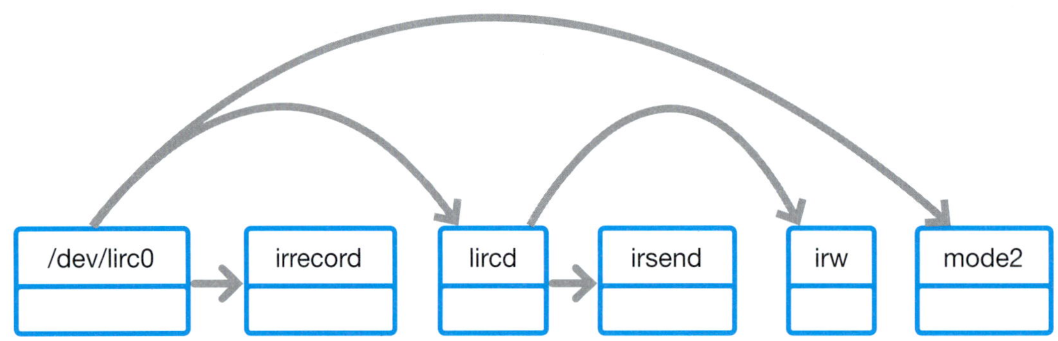

[그림 12-20] lirc 프로젝트의 프로그램 관계도

`lirc`의 프로그램들은 [그림 12-20]과 같은 관계를 갖는다. mode2는 드라이버의 raw 데이터를 보여준다. 어떤 신호가 어느 정도의 시간 동안 들어오는지 이 프로그램을 통해서 알 수 있다. IR 수신이 잘되는지 보기 위해서 사용할 것이다. lircd는 raw 데이터를 이용해서 어떤 키가 눌렸는지 분석하고 원하는 신호를 보낸다. lircd는 데몬으로 실행된다. irrecord로 리모컨의 신호를 캡처해서 프로토콜과 키를 분석할 수 있다. 새로운 리모컨을 등록할 때 사용한다.

mode2, lircd, irrecord는 모두 /dev/lirc0 드라이버를 사용하는데 이 드라이버는 한 번에 하나의 프로그램만 사용할 수 있다. 그래서 irrecord를 사용하기 위해서는 lircd 데몬을 정지시켜야 한다. 리모컨 신호를 캡처할 때 다시 설명할 것이다.

irsend와 irw는 lircd와 연결되어서 각각 IR 신호를 보내고 받는 기능을 수행한다.

lirc 드라이버 설정

우선 `boot/config.txt`에 설정을 추가한다. 기존에는 module 설정만 하면 되었지만 최근에는 `boot/config.txt`로 변경되면서 다음과 같은 설정을 한다.

```
dtoverlay = lirc-rpi,gpio_in_pin = 23,gpio_out_pin = 22
```

에디터를 사용해서 위 설정을 추가하거나 아니면 다음과 같이 명령을 터미널에서 수행한다.

```
echo dtoverlay = lirc-rpi | sudo tee /boot/config.txt
```

그리고 커널의 module도 추가한다.

```
cat | sudo tee /etc/modules << EOF
lirc_dev
lirc_rpi gpio_in_pin = 23 gpio_out_pin = 22
EOF
```

위의 설정을 보면 번호들이 있는데 이 값들은 GPIO 번호들이다. 회로를 만들면서 라즈베리 파이에 연결했던 GPIO들이다. 다른 GPIO를 사용한다면 이 값을 변경해야 한다. GPIO 23은 IR 신호가 들어오는 포트이고 GPIO 22로 IR 신호를 내보낸다.

커널 모듈은 커널의 기능을 추가하기 위한 방법이다. `lirc_dev`와 `lirc_rpi`는 IR 부품들을 연결했던 GPIO를 제어한다. 이렇게 복잡한 방식을 쓰는 이유는 리눅스가 범용 운영체제로 다수의 프로세스들이 동시에 실행되기 때문이다. 어떤 프로세스가 실행될지는 운영체제에서 결정한다. 어떤 프로세스는 바로 바로 실행되는 반면 어떤 것은 띄엄띄엄 실행된다. 이 때문에 시간에 민감한 경우 응용 프로그램들은 사용하기 힘들다. 정해진 타이밍에 명령이 실행되지 못하면 문제가 생기기 때문이다. 엔진을 제어하는 프로그램이 정확한 시점에 연료 밸브를 제어하지 못하면 엔진이 꺼진다. 이런 타임 크리티컬한 시스템에서는 범용 운영체제를 사용할 수 없다. 대신 리얼타임 OS를 사용하게 된다. 이런 문제를 해결할 수 있는 방법으로 커널 내에 프로그램을 넣는 것이다. 커널 코드는 응용 프로그램에 비해서 더 정확한 타이밍에 실행될 수 있다.

모든 설정이 끝나면 다음 명령으로 재부팅시킨다.

```
$ sudo reboot
```

다시 부팅을 하고 터미널에서 **lsmod**하면 설정한 모듈이 보일 것이다. 이 명령은 모듈이 로드되었는지 확인한다.

```
pi@raspberrypi:/boot $ lsmod

Module                Size           Used by
evdev                 11650          1
uinput                7735           1
cfg80211              499234         0
rfkill                21397          2 cfg80211
8192cu                555405         0
snd_bcm2835           23163          0
snd_pcm               95441          1 snd_bcm2835
snd_timer             22396          1 snd_pcm
snd                   68368          3 snd_bcm2835,snd_timer,snd_pcm
bcm2835_gpiomem       3823           0
bcm2835_wdt           4133           0
lirc_rpi              8394           3
uio_pdrv_genirq       3718           0
uio                   10230          1 uio_pdrv_genirq
lirc_dev              10908          1 lirc_rpi
rc_core               22827          1 lirc_dev
ipv6                  367607         22
```

"0Used by"에 표시된 숫자는 모듈이 사용되고 있는 레퍼런스로 이미 로드되어 사용되고 있음을 보여준다.

01 IR 신호가 들어오는지 확인하자

이제 지금까지 했던 것들을 확인해 보자. 부디 잘 되길 바란다. 혹시 안되면 앞으로 돌아가 다시 확인해 보면 된다. 리모컨 하나를 준비해야 한다. TV 리모컨이면 된다.

lircd 데몬 프로그램을 종료시키고 mode2로 IR 신호가 잘 들어오는지 확인한다. 리모컨으로 버튼을 마구 누르면 어떤 메시지가 계속 출력됨을 볼 수 있다. 화면에 보이는 글자들은 IR 신호를 표현한 것이다. 이때 메시지가 보이지 않으면 IR 수신 모듈의 회로도를 다시 한번 살펴보기 바란다. 라즈베리 파이와 연결된 선들이 잘 연결되어 있어야 한다. /dev/lirc0 파일이 없다는 메시지가 있으면 커널 모듈 설정이 잘못된 것이다.

```
$ sudo service lirc stop
$ mode2 -d /dev/lirc0

space 13590467
pulse 8914
space 4549
pulse 547
space 632
pulse 522
space 640
```

```
pulse 541
space 609
pulse 547
space 607
pulse 521
space 636
pulse 520
space 630
```

실행 결과를 보면 `space`는 신호가 안들어오는 부분이고 `pulse`는 신호가 들어오는 구간이다.
이 값들이 신호가 되고 프로토콜이 된다. lircd 프로그램이 이 신호들을 분석한다.

02 송신을 위해서 리모컨 신호를 캡처한다

 IR 신호를 보내기 위해서 테스트하고 있는 리모컨 신호를 캡처해서 이 신호를 라즈베리 파이
로 보내보도록 하겠다.

```
$ sudo service lirc stop
$ irrecord -n -d /dev/lirc0 remo
```

irrecord 역시 /dev/lirc0 드라이버를 사용하기 때문에 lircd를 먼저 종료시킨다. irrecord로 IR
신호를 캡처한다. −d로 IR 신호가 들어오는 드라이버를 넣어주고 분석된 신호를 기록할 파일도
넣어준다. irrecord를 드라이버로 들어오는 raw 신호를 분석해서 프로토콜을 분석해 준다.

❶ irrecord에 대한 설명이 나오면 엔터를 누른다.

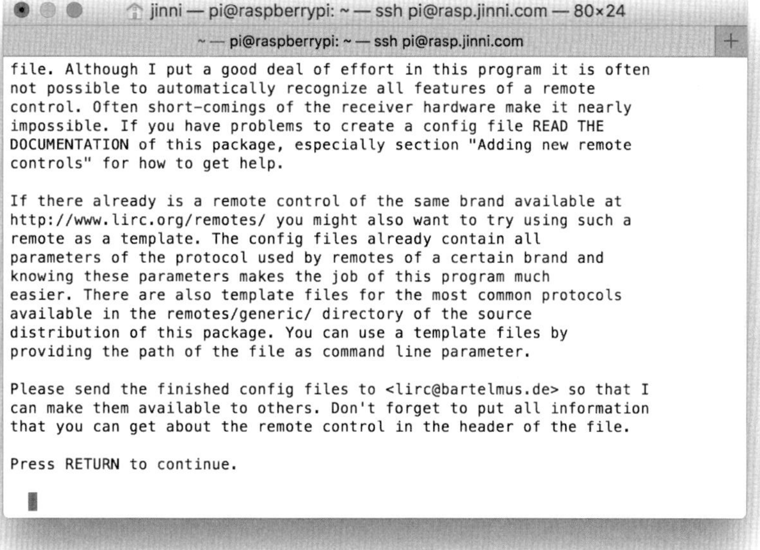

[그림 12-21] irrecord 사용 방법에 대한 설명

❷ 분석을 위해서 리모컨의 키를 누르라는 메시지가 나오면 엔터를 누르고 리모컨 키를 1초 간격으로 누르고 뗀다. 그러면 화면에 "…."과 같은 메시지가 보일 것이다. 이 마침표가 80자씩 2번 나눌 때까지 같은 동작을 반복한다. 이 과정에서 반복되는 신호들을 분석해 프로토콜을 알아내는 것이다. 신호의 종류와 특징들을 파악한다. 여기서 잘못되면 뒤쪽 과정도 안되기 때문에 다시 irrecord를 실행시켜야 한다.

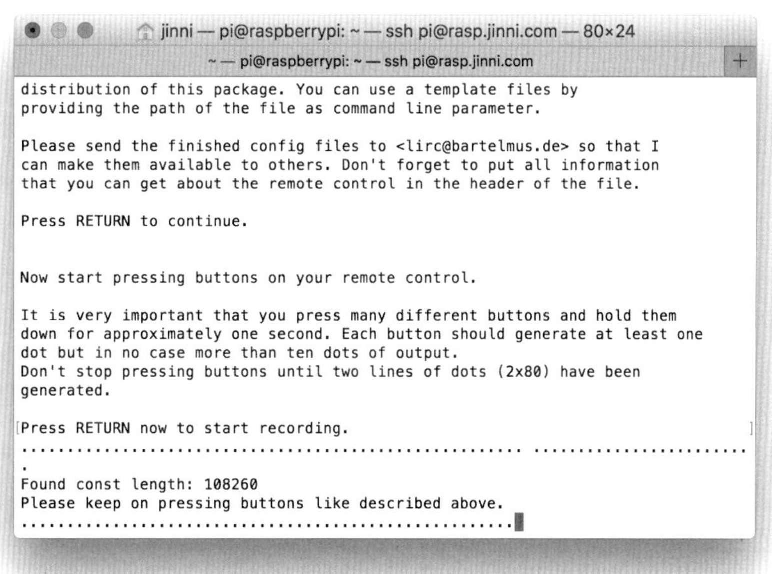

[그림 12-22] irrecord가 리모컨 신호를 분석한다.

❸ 키 이름을 넣으라는 메시지가 나오면 키 이름을 넣는다. 여기서는 "TEST"라고 넣도록 하자.

❹ 그리고 TEST에 맵핑할 리모컨 버튼을 누른다.

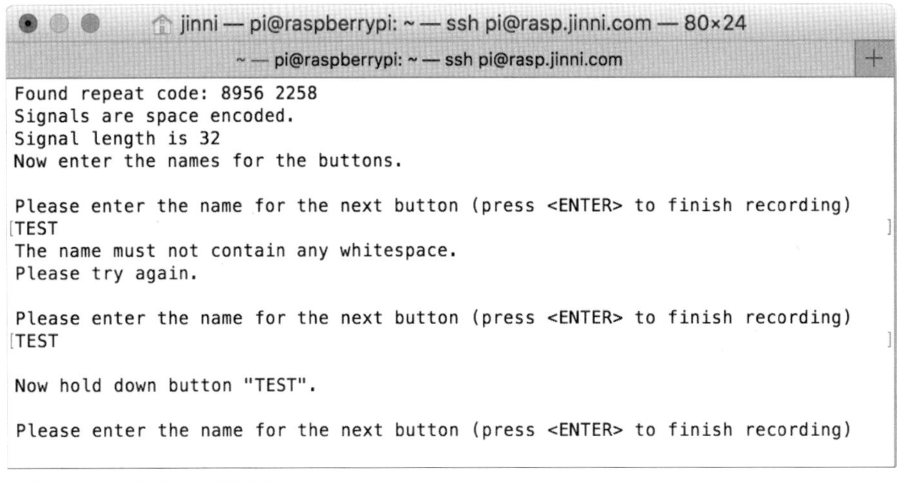

[그림 12-23] 리모컨 키 이름 입력

❺ 다시 키 이름을 넣으라고 하면 (Enter)를 누르고 종료한다.

❻ 이때 다시 한 번 시그널 GAP을 확인하겠다는 메시지가 나오면 다시 리모컨의 키를 반복해서 눌러 확인
시켜주면 된다.

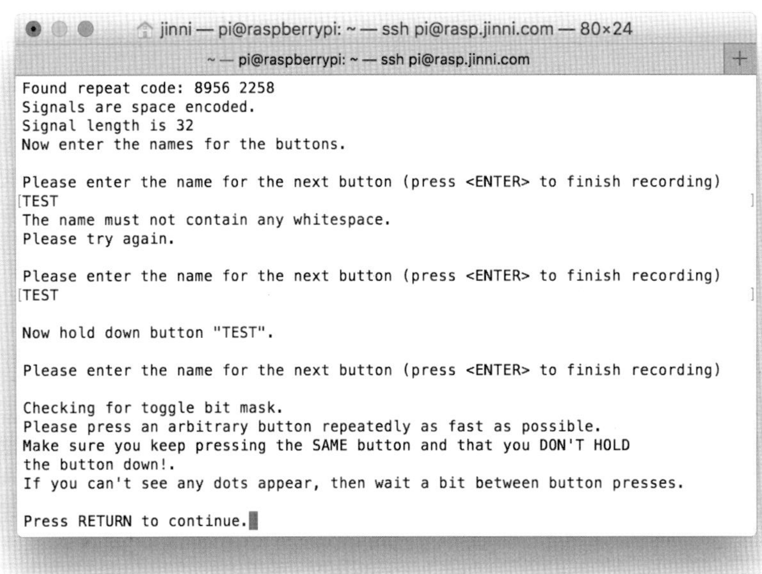

[그림 12-24] 최종 토글 비트 확인

위의 과정을 하고 나면 remo라는 파일이 만들어질 것이다. 이 파일을 열어보면 다음과 같은 파일이 보일 것이다. remo라는 파일명은 irrecord 명령을 실행할 때 매개변수로 입력했던 값이다.

```
begin remote

  name remo
  bits        16
  flags SPACE_ENC|CONST_LENGTH
  eps         30
  aeps        100

  header     4488 4472
  one         571 1652
  zero        571 546
  ptrail      574
  pre_data_bits 16
  pre_data    0xE0E0
  gap         108217
  min_repeat  2
# suppress_repeat 2
# uncomment to suppress unwanted repeats
  toggle_bit_mask 0x0

      begin codes
        TEST            0x40BF
      end codes

end remote
```

이 파일은 begin remote ~ end remote 사이에 리모컨에 대한 분석 내용과 등록한 키가 들어간다. 여기서 중요한 데이터는 리모컨 이름인 remo 부분과 begin codes ~ end codes 사이의 키 값이다. 우리가 만들 프로그램은 이 파일을 분석할 것이다. 등록한 리모컨이 여러 개라면 같은 동작을 반복해서 여러 파일을 만들고 하나의 파일로 만들어서 /etc/lirc/lircd.conf로 복사하면 된다.

이제 이 파일이 lircd의 설정 파일이 된다.

```
$ sudo cp ~/remo /etc/lirc/lircd.conf
$ sudo service lirc start
```

여기서는 remo 하나만 등록하도록 하겠다. lircd가 읽는 설정 파일 경로에 파일을 복사하고 lircd 데몬을 실행시킨다. 설정이 잘 되었는지 확인해 보자.

```
pi@raspberrypi:~ $ irw
0000000000ff6897 00 TEST remo
0000000000ff6897 01 TEST remo
0000000000ff6897 02 TEST remo
```

irw는 lircd.conf에 등록된 정보의 키가 들어오면 화면에 표시해 준다. 리모컨을 누르면 화면에 뭔가 출력이 되어야 한다.

이제 리모컨과 같은 IR 신호를 발생시켜 보자.

```
$ irsend SEND_ONCE remo TEST
```

앞서 만들었던 파일인 remo에 TEST 키를 보내는 것이다. 테스트하고 있는 키가 TV의 파워 버튼이라면 TV가 꺼져야 한다. 혹시 잘 되지 않으면 가까이 가서 테스트해 보기 바란다. 앞에서 설명한 송신 모듈 회로도는 신호 증폭 부분을 생략해서 멀리서는 잘 되지 않는다. 테스트를 해보면 30센치 안에서 동작한다. 혹시 멀리서 해야 한다면 트랜지스터를 사용한 증폭 회로를 사용하면 된다. 이것으로 리모컨의 신호를 캡처해서 다시 IR 신호를 만들 수 있는 기반은 만들었다. 이제 이것을 이용해서 웹 페이지를 만들어 보자.

06 Web Service 만들기

파이썬의 Flask 모듈로 간단한 웹 페이지를 만들어 보자.

IR 테스트까지 모두 끝났으면 이제 웹 서비스를 만들어보기로 하자. Flask를 사용하면 간단한 웹 서비스를 만들 수 있다. 우리가 만들 화면은 두 개뿐이다. 하나는 리모컨 목록을 표시하는 화면과 각 리모컨에 등록된 버튼을 보여주고 신호를 보낼 화면이다.

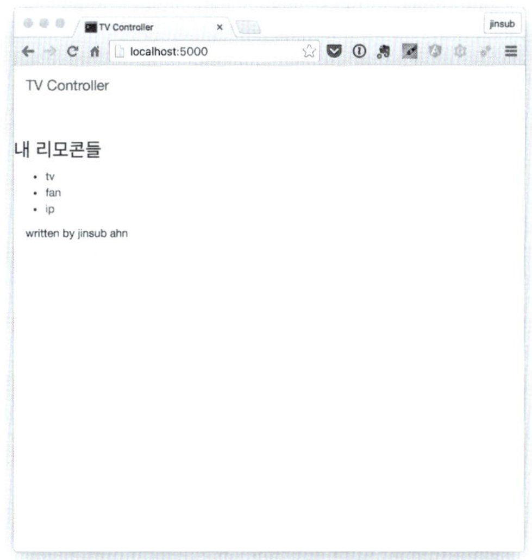

[그림 12-25] 리모컨 목록 화면

[그림 12-26] 리모컨의 키 화면

```
├── web
│   ├── static
│   └── web-doc
├── lirc.py
└── web_app.py
```

위의 목록은 우리 웹 서비스의 디렉토리와 파일들이다. web 디렉토리는 웹 페이지를 위한 리소스와 템플릿이 있는 파일이다. lirc.py는 irsend를 이용해서 IR 신호를 보내는 API와 /etc/lirc/lircd.conf 파일을 분석해서 어떤 리모컨 목록들이 있고 무슨 키가 있는지 분석한다. web_app.py는 웹 서비스를 제공한다.

01 lirc.py

lirc.py는 앞에서도 간단히 언급한 것처럼 lircd.conf 파일을 분석하는 일과 IR 신호를 발생하는 역할을 한다.

우선 간단한 IR 신호를 발생하는 부분을 보자.

소스 | **리스트 12.1** | **lirc 명령 보내기** | **ch12/remo/lirc.py**

```python
from subprocess import call

class Lirc:
  #〈…. 생략 …. 〉
  def send_key(self, remo_name, button_name):

    cmd = 'irsend SEND_ONCE {} {}'.format(remo_name, button_name)
                                                                    #〈---- 1
    call(cmd, shell = True)                                         #〈---- 2

  #〈…. 생략 …. 〉
```

IR 신호는 앞에서 살펴보았던 유틸리티 프로그램인 irsend를 사용한다. irsend에서 사용했던 명령을 코드 1에서 만든다. 이 명령을 `subprocess.call()` 함수를 사용해서 호출한다. `cmd`로 우리가 콘솔에서 실행하는 명령을 만들어 실행시킨다.

나머지 코드는 lircd.conf 파일을 분석하는 것이다. 방식은 한 줄씩 읽으면서 리모컨의 이름과 리모컨 버튼의 이름을 찾아서 목록으로 만든다. 파일을 파이썬으로 분석하는 방식을 보기 바란다. 같은 방식으로 다른 파일을 분석할 때도 사용할 수 있다.


```python
class Lirc:
  def __init__(self, text):

    # 분석된 결과를 담을 객체
    # ex) { 'remo1' : ['key1', 'key2'] }
    self.remos = {}

    # 리모컨 기기와 키를 분석한다.
    self.parse(text)

#〈 ..... 생략 .... 〉

  def parse(self, text):

    remo_name = None
    buttons  = []
    states = []  # '', 'remote', 'codes'
    # 한 줄씩 분석한다.
    for line in text.splitlines():

      # 문자열에서 \t를 공백으로 바꾸고 앞뒤로 공백을 제거한다.
      # \t를 제거하는 것은 공백을 기준으로 키와 값을 분리하기 때문이다.
      line = line.replace('\t',' ').strip()

      # 주석이 나오면 무시한다.
      if line.startswith('#'):
```

```python
        continue

    # 리모컨 설정의 시작
    # 리모컨 기기별 하나씩 있다.
    if line == 'begin remote':
        # 내부에서 모두를 구별하기 위해 것
        states.append('remote')
        # 리모컨에 있는 키 목록을 담을 리스트를 초기화 한다.
        buttons = []
        remo_name = None

    # 리모컨 설정 종료
    elif line == 'end remote':
        status = states.pop( )

        assert status == 'remote'
        assert remo_name != None

        # 리모컨 설정을 self.remos에 기록한다.
        self.remos[remo_name] = buttons

    # begin code 다음부터 버튼 목록이 나온다.
    elif line == 'begin codes':
        states.append('codes')

    # 버튼 목록이 끝난다.
    elif line == 'end codes':
        status = states.pop( )
        assert status == 'codes'

    # 위에 begin codes가 분석된 코드라면
    # raw_codes는 분석되지 않는 코드 목록이다. 간혹
    # raw_codes로 기록되는 키 값이 있다.
    elif line == 'begin raw_codes':
```

```python
    states.append('raw_codes')


# raw_code 종료
elif line == 'end raw_codes':
    status = states.pop( )
    assert status == 'raw_codes'

# 이름이다.
# 여기는 리모컨의 이름일 수도 있고 키의 이름일 수도
# 있다. 이 때문에 states로 상태를 추적해 온 것이다.
elif line.startswith('name'):
    tokens = list( map(str.strip, line.split(' ', 1)) )
    if states[-1] == 'raw_codes':
        # raw_codes 상태라면 버튼의 이름이다.
        name = tokens[1]

        buttons.append(name)

    elif states[-1] == 'remote':
        # 아니면 리모컨의 이름이다
        remo_name = tokens[1]

# 나머지 값들 처리
elif len(line) > 0:
    tokens = list( map(str.strip, line.split(' ', 1)) )
    if states[-1] == 'codes':
        # begin codes 아래에 있는 값들은 버튼의 이름들이다.
        name = tokens[0]
        buttons.append(name)
```

위의 코드를 다 수행하고 나면 **remos** 멤버 변수에 리모컨 이름과 그 리모컨이 등록된 버튼 키들이 저장된다. 이 정보를 이용해서 웹에 리모컨 정보를 표시하고 원할 때 IR 신호를 보낼 수 있다. 이 정보를 웹에 표시하는 것이 **web_app.py**의 역할이다.

02 web_app.py

web_app.py는 `flask`를 이용해서 웹 서비스를 만들고 있다. web_app.py는 두 개의 웹 페이지와 한 개의 AJAX API를 제공한다.

🔍 **소스** **리스트 12.3** **flask을 설정** **ch12/remo/web_app.py**

```python
# Flask 객체 하나 생성
# css, js, img들을 담을 폴더를 지정한다.(web/static)
# jinja 템플릿으로 사용할 폴더 위치(web/web-doc)
app = Flask(__name__
        , static_folder='web/static'
        , template_folder='web/web-doc')
#〈.... 생략 .....〉
if __name__ == "__main__":
    # Flask 실행
    app.run( host = '0.0.0.0', port = 5000, debug = True)   #〈---- 1
```

`flask`로 웹 서비스를 하기 위해서 `flask` 객체를 하나 만든다. 여기에 `css`, `javascript`, 이미지 등 정적 파일들을 담을 `web/static` 디렉토리와 템플릿이 있는 `web/web-doc` 디렉토리를 설정한다. 이렇게 만들어진 객체를 코드 1처럼 `run`하면 서버가 동작한다. "0.0.0.0"은 외부에서도 접속할 수 있도록 설정한 것이다. "127.0.0.1"로 입력하면 서버를 돌리고 있는 PC에서만 접속할 수 있다(참고로 이렇게 설정한다고 해서 외부 인터넷에서 접속할 수 있는 것은 아니다. 집에서 동작한다면 내부 네트워크를 사용하고 있는 것이기 때문에 외부 네트워크와 접속되어 있는 AP에 포트 포워딩 설정을 해 주어야 한다). 포트는 5000번을 사용한다. debug를 True로 해서 에러가 발생하면 웹 페이지에 로그가 출력된다.

🔍 **소스** **리스트 12.4** **Web 엔드 포인트** **ch12/remo/web_app.py**

```python
# Initialise the Lirc config parser
with open('/etc/lirc/lircd.conf') as f:
    lirc = Lirc(f.read())                              #〈---- 1

#-----------------------------
# Pages
```

```
#------------------------------

@app.route("/")                                       #<---- 2
def index( ):
    remos = lirc.get_remotes( )                       #<---- 3
    return render_template('main.html', remos=remos)  #<---- 4
@app.route("/remo/<remo_id>")                         #<---- 5
def controls(remo_id = None):                         #<---- 6
    buttons = sorted(lirc.get_buttons(remo_id))       #<---- 7
    return render_template('control.html'             #<---- 8
            , remo_id = remo_id
            , buttons = buttons )
```

먼저 리모컨 정보를 얻어와야 하니 코드 1을 통해서 /etc/lirc/lircd.conf 정보를 분석한다. 이것을 거치고 나면 리모컨 목록과 각 리모컨의 키 목록을 가져올 수 있다. 이 분석된 정보를 화면에 표시할 것이다.

코드 2는 웹 페이지에서 접속한 경로를 지정한 것이다. 라즈베리 파이의 IP가 192.168.25.5라고 가정해 보자.

 http://192.168.25.5:5000/

위와 같이 입력하면 코드 2의 설정 때문에 **index** 함수가 호출된다. 이때 표시할 리모컨 목록을 코드 3을 통해서 가져와서 템플릿에 넘겨준다. 코드 4와 8은 모두 템플릿에 데이터를 넘기는 것으로 네임드 매개변수를 사용한다. 이 정보를 가지고 html을 만든다. html을 만드는 것은 템플릿 엔진인 jinja가 한다.

 http://192.168.25.5:5000/remo/ip

위 URL을 웹 브라우저에서 로드하면 코드 5에 의해서 코드 6 함수가 호출된다. 이때 URL의 마지막 부분에 있는 ip는 **remo_id**로 입력된다. 코드 7은 특정 리모컨의 버튼 목록을 정렬한다. 이것을 HTML로 만든다. 방식은 동일하니 control.html만 보기로 하자.

```
<div class = "col-md-12">
 <h1> 제어</h1>
 <table class = "table table-striped">
  <tr>
   <th>키 이름</th>
   <th>비고</th>
  </tr>
  {% for k in buttons %}        <---- 1
  <tr>
   <th>{{k}}</th>
   <th>
                                <---- 2
    <button onClick = "remo_control.execute('{{remo_id}}', '{{k}}');return false;">실
        행 </button>
   </th>
  </tr>
  {% endfor %}                  <---- 3
 </table>
</div>
```

control.html은 jinja2라는 템플릿 라이브러리를 이용한다. jinja는 어떤 문서이건 jinja 문법을 사용해서 만들 수 있다. html 문서를 만드는 데 자주 사용되기는 하지만 svg을 만들거나 mark down 문서를 만드는 데 사용될 수 있다. 그 만큼 응용 범위가 넓다.

위의 코드 1은 buttons라는 리스트를 순회하며 문서를 만들고 있다. buttons의 아이템 개수만큼 코드 1, 3 사이의 코드가 반복해서 생성된다. buttons의 아이템 하나는 for문 내부에서 k로 사용된다. {{ k }}와 같이 {{ }}는 변수의 내용을 바로 문자열로 대체하는 jinja의 문법이다. 코드 2는 "실행" 버튼을 누르면 remo_control.execute( )라는 자바스크립트 API가 호출된다. 여기서 AJAX 호출이 일어난다. AJAX 호출은 화면을 갱신하지 않고 서버에 명령을 전달하는 방식이다.

04 control.js


```javascript
var RemoControl = function( ) {
  this.execute = function(remo_id, btn_id){   // <---- 1
    $.ajax({                                   // <---- 2
      method: "GET",
      url: '/remo/' + remo_id + '/' + btn_id + '/execute'
    })
      .done(function( msg ) {                  // <---- 3
        console.log( "resp:" + JSON.stringify(msg) );
      });
  };
};


$('document').ready(function( ){
  window.remo_control = new RemoControl( );   // <---- 4
});
```

control.js는 자바스크립트로 웹 브라우저에서 실행시킨다. jQuery를 이용해서 web_app.py로 명령을 보낸다. 앞서 살펴본 control.html에서 버튼이 눌리면 코드 1이 호출된다. 이 메소드가 호출되면 $.ajax( )를 이용해서 서버 API 호출이 발생한다.

```
GET /remo/ap/power/execute
```

GET 방식으로 /remo/ap/power/execute가 호출되면 web_app.py의 button_execute( )가 호출된다. 호출 결과는 코드 3으로 돌아온다. 여기서는 단순히 결과를 콘솔에 출력했는데 보통 wait 커서를 끄는 로직이 들어간다. 코드 4는 HTML 로드가 다 끝났을 때 RemoControl 객체를 만든다. jQuery의 ready( ) 함수를 사용하고 있다.

05 다시 web_app.py


```python
@app.route("/remo/<remo_id>/<button_key>/execute", methods = ["GET"])     #<---- 1
def button_execute(remo_id, button_key):                                  #<---- 2
  lirc.send_key(remo_id, button_key)                                      #<---- 3
  ret = { 'code': 0, 'msg': 'ok' }
  return jsonify(**ret)                                                   #<---- 4
```

앞에서 AJAX 호출이 일어나면 `button_execute`가 실행된다. 이때 호출되는 `HTTP method`를 한정할 수 있다. `GET`으로만 호출할 수 있다. REST API를 보면 호출방식이 정해져 있는데 이런 식으로 사용 가능한 HTTP 방식을 한정하는 것이다. URL로 넘어오는 매개변수는 코드 2에서처럼 함수의 매개변수로 넘어간다. 이 데이터를 가지고 코드 3으로 IR 신호를 발생시킨다. 그리고 실행 결과는 json 스트링으로 만들어서 클라이언트에 전달한다. 여기서는 따로 코드 부여를 하지 않았는데 정교한 프로그램은 리턴되는 리턴 코드들도 따로 만들어 둔다.

이것으로 라즈베리 파이로 IR 제어 시스템을 만들어 보았다. 라즈베리 파이는 그 자체로 훌륭한 리눅스 시스템이다. 성능은 우리가 사용하는 PC에 비할 바는 안되지만 저전력이고 크기가 작기 때문에 개인용 서버로 사용하거나 미디어 서버로 사용하는 경우도 많다. 또 라즈베리 파이는 노출되어 있는 핀을 이용해서 다양한 기능을 구현할 수 있다. 모터와 카메라를 달아서 움직이는 카메라나 로봇을 만들 수도 있다. 어떻게 사용하냐에 따라서 그 쓰임이 다양하다. 이번 프로젝트를 통해서 전통적인 프로그램과 외부 센서나 액츄에이터와 연동하는 법을 느꼈기를 바란다.

1 라즈베리 파이 이외에 유사한 손바닥 PC를 조사하시오.

2 리모컨의 원리에 대해서 설명하시오.

3 라즈베리 파이로 외부 센서나 디바이스를 제어하는 방법을 설명하시오.

4 라즈베이 파이가 켜졌을 때 자동으로 프로그램을 실행시키는 방법을 찾아보시오.

1 라즈베리 파이 이외에 유사한 손바닥 PC를 조사하시오.

라즈베리 파이는 작은 손바닥만한 크기의 레퍼런스 보드로 특별한 목적으로 만든 보드가 아니기 때문에 다양한 방법으로 이용할 수 있다. 이런 종류의 보드로 다음과 같은 것들이 있다.

	라즈베리 파이3	비글본	에디슨
CPU	Cortex-A53	Cortex AB	아톰+쿼크
코어	4	1	2+1
클럭	1.2GHz	1GHz	500MHz
GPU	Broadcom VideoCore IV	PowerVR SGX530	X
메모리	1GB	512MB	1GB
플래시	X	2GB	4GB
스토리지	microSD	microSD	microSD
이더넷	10/100	10/100	X
GPIO	40pin	2X46pin	70pin
WiFi	O	X	O
블루투스	O	X	O
가격	$35	$49	$85

2 리모컨의 원리에 대해서 설명하시오.

리모컨은 TV, 선풍기, 에어컨 등을 제어하기 위한 컨트롤러로 흔히 IR, 적외선 방식을 많이 사용한다. 리모컨의 송신부에서 눈에 보이지 않는 적외선의 ON/OFF 신호를 이용해서 0과 1로 이루어진 신호를 보내면 TV 등에 설치된 적외선 수신부에서 이 적외선 신호를 감지해서 다시 0과 1로 이루어진 코드 값으로 복원하고 이 명령을 MPU에서 처리한다.

3 라즈베리 파이로 외부 센서나 디바이스를 제어하는 방법을 설명하시오.

라즈베리 파이의 좌측 상단에 붙어 있는 40핀으로 외부 센서나 액츄에이터를 직접 연결해서 사용한다. 보통 PC 등은 이런 신호 선들이 내부에 숨겨져 있지만 라즈베리 파이와 같은 레퍼런스 보드들은 외부에 노출되어서 이를 이용할 수 있다.
통신 방식으로 다음과 같은 것들이 있다.

- GPIO
- I^2C
- SPI
- UART
- 1-wire

연결되는 디바이스나 센서에 따라서 위 통신 방식을 사용한다.

4 라즈베이 파이가 켜졌을 때 자동으로 프로그램을 실행시키는 방법을 찾아보시오.

라즈베리 파이에 있는 /etc/rc.local 파일을 부팅한 후 실행되는 스크립터다. 여기서 실행할 명령을 저장해 두면 부팅할 때마다 자동으로 실행된다.

```
# 에디터를 이용해서 파일을 수정한다.
sudo nano /etc/rc.local
# 파일 마지막 부분에 실행할 명령을 추가한다.
python3 /home/pi/remo/web_app.py &
```

명령의 마지막 부분에 있는 "&"는 명령을 백그라운드로 실행시키라는 표시다.

selenium을 이용한 주크박스 만들기

유튜브는 세계에서 가장 유명한 동영상 공유 서비스이다. 유튜브를 통해서 실시간 생방송도 보고 짧은 동영상도 본다. 또 유명 기획사에서는 자사 가수의 노래를 홍보하기도 한다. 수많은 정보가 있는 유튜브에서 특정 정보만을 이용할 수 있으면 좋을 것이다. 유튜브를 이용하는 가장 쉬운 방법은 웹 브라우저이다. 이번 장에서는 웹 브라우저를 파이썬으로 제어해서 원하는 음악 링크만을 보여주는 프로그램을 만들어 볼 것이다.

학습 목표

- selenium 모듈의 사용법을 익힌다.
- treading 모듈을 공부한다.
- SQLite3을 이용해서 데이터를 저장하는 방법을 배운다.
- flask를 이용해 웹 서버를 만드는 방법을 배운다.

먼저 우리가 만들게 될 프로젝트에 대해서 살펴보자. 우리가 만들 프로그램은 주크박스이다. 주크박스는 미국의 대중문화를 상징하는데 동전을 넣고 버튼을 누르면 노래가 내장되어 있던 LP판 같은 것이 나와서 플레이되는 기계다. 주크박스를 통해서 어색한 분위기를 띄우고 우울한 기분을 날려 버릴 수 있다. 우리가 만들게 될 프로그램도 같은 목적이다. 원하는 음악을 틀어 놓고 노래가 끝나면 바로 다음 노래를 재생시킨다.

뭐, 거창하게 말하기는 했지만 간단히 음악 플레이어를 만드는 것이다. 예전에는 MP3 파일을 플레이시키면 되겠지만 유튜브(www.youtube.com)를 이용하면 MP3 파일을 다운받아 플레이하지 않아도 음악을 플레이할 수 있다. 물론 음질이야 MP3 음악 파일에 비할 바는 아니겠지만 조용한 공간을 채울 음악이 필요한 정도라면 유튜브 음악이면 충분하다.

간단하지만 프로젝트이니만큼 요구사항을 정리해 보았다.

- 멀티 플랫폼을 지원해야 한다.
- 현재 재생되고 있는 음악 정보를 알 수 있어야 한다.
- youtube URL을 통해서 노래를 추가할 수 있어야 한다.
- 웹을 통해서 음악을 제어할 수 있어야 한다.
- 플레이 리스트를 지원해야 한다.
- youtube URL을 통해서 음악 정보를 수집할 수 있어야 한다.
- 재생 수를 카운팅하고 기록할 수 있어야 한다.

간단하게 이 정도의 요구사항을 정리해 보았다. 우리가 만들 프로젝트는 위의 요구사항을 만족하도록 만들 것이다. 사용자와의 인터페이스는 웹을 통해서 지원하기 때문에 홈페이지를 하나 만들 것이다. 웹 서비스를 제공하는 PC는 유튜브 음악을 재생해야 하고 음악은 유튜브 링크를 통해서 주어질 것이다. 따라서 우리는 유튜브 링크를 통해서 플레이할 음악의 제목, 재생시간, 설명 등의 정보를 추출할 수 있어야 한다.

최종 완성된 프로그램의 모습은 [그림 13-1]과 같다. 조금 썰렁한 모습이지만 위에서 정의한 요구사항은 충실히 만족하고 있다. 일단 요구 조건을 만족하는 선에서 작업을 마쳤다.

[그림 13-1] 플레이 화면

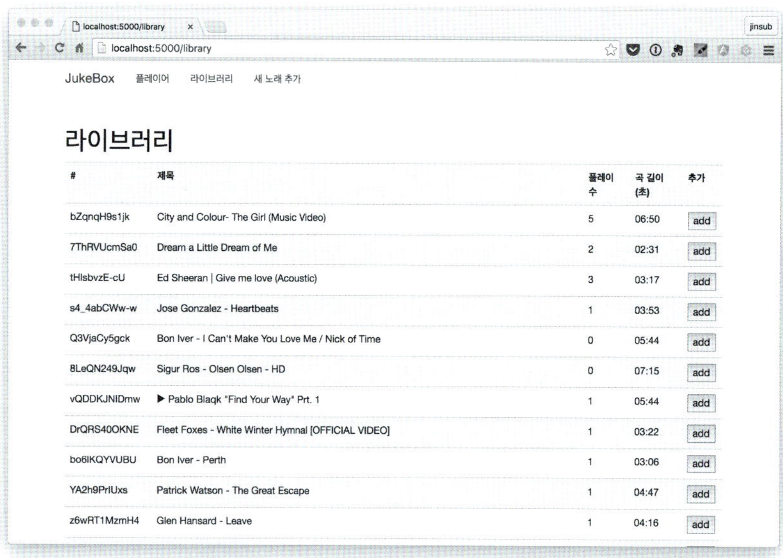
[그림 13-2] 라이브러리 화면

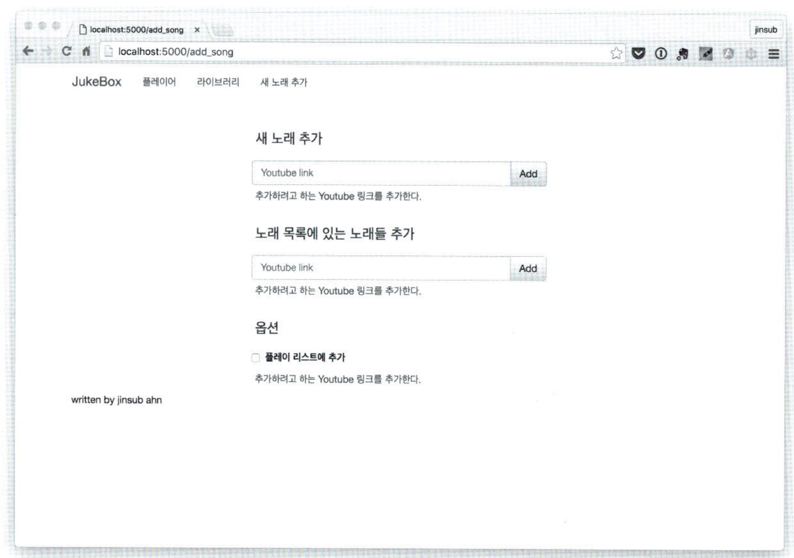
[그림 13-3] 새 노래 추가 화면

01 어떻게 동작하는가?

프로젝트의 원리를 한마디로 설명하면 웹 브라우저를 통해서 유튜브 링크를 순차적으로 실행시키는 것이다. 여기서 핵심은 웹 브라우저를 원하는 만큼 제어할 수 있어야 한다는 점이다. 별도의 프로그램으로 돌아가고 있는 웹 브라우저를 어떻게 제어할 수 있을까? 한 가지 방법은 윈도우 프레임워크에서 제공하는 웹 브라우저 컨트롤러를 이용하는 것이다. UI 프로그램에 웹 브라우저 컨트롤러를 임베디드 시켜서 제어할 수 있다. 뭐, 이 방법도 나쁘지 않다. 웹 브라우저 객체의 API를 사용할 수 있으니 편리하다. 하지만 여기서는 다른 방식을 사용할 것이다. 바로 selenium(셀레니움)을 이용하는 것이다.

이 방법에 대해서 11장에서 잠시 언급한 적이 있다. 웹 서비스에 로그인해서 쿠키 정보를 얻어 올 때 우리가 썼던 selenium이다. selenium은 UI를 테스트할 목적으로 다양한 웹 브라우저를 외부 프로그램으로 제어할 수 있도록 해주는 프레임워크이다. selenium은 파이썬뿐 아니라 루비나 node.js를 이용하는 것도 이용할 수 있다. selenium을 이용하면 우리가 원하는 프로그램을 만들 수 있다. selenium을 이용해서 유튜브 플레이어를 만들고 나면 정보를 저장한 DB와 사용자와의 인터페이스를 위한 웹 서비스를 앞 단에 연결할 것이다.

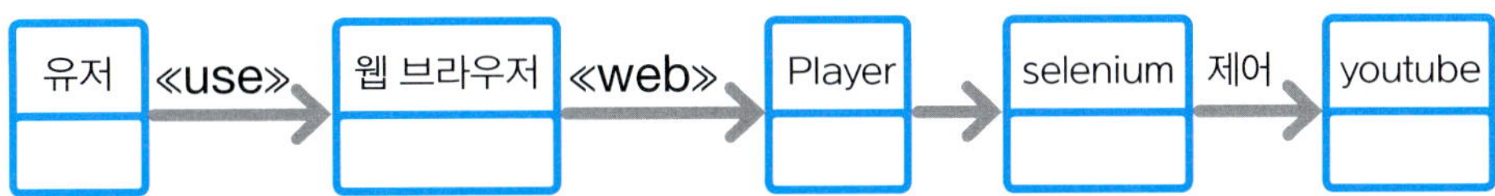

[그림 13-4] 제어 구조

02 필요한 모듈 설치하기

우선 프로그램에서 사용할 외부 모듈을 설치해야 한다. 설치해야 하는 모듈은 다음과 같다.

- `flask`
- `selenium`
- `requests`
- `pyquery`

이 모듈들을 설치하기 위해서 `pip`을 이용해서 간단히 설치할 수 있다.

```
pip3 install flask selenium requests pyquery
```

`flask`는 웹 페이지를 만들기 위해 사용한다. `selenium` 모듈은 selenium을 제어하기 위한 API를 제공한다. `requests`와 `pyquery`는 유튜브 페이지를 분석해서 노래 정보를 가져오는데 활용한다.

02 selenium으로 유튜브 플레이어 만들기

selenium으로 웹 브라우저를 제어하면 원하는 웹 페이지를 로드시킬 수 있다. 이것을 이용해 유튜브 플레이어를 만들어 보자.

우선, 가장 중요한 부분부터 만들 것이다. 바로 웹 브라우저를 통해서 음악을 플레이 하도록 제어하는 클래스를 만든다. 이 클래스를 통해서 제어된 웹 브라우저에 원하는 페이지의 링크를 넘겨주면 해당 링크로 웹 브라우저를 이동시켜준다. 이번 프로젝트에서 가장 중요한 부분이다. selenium은 파이어폭스(firefox), 크롬(chrome), 익스플로러(IE) 등 많은 웹 브라우저를 지원하는 테스트 플랫폼이다. 이번 프로젝트에서는 크롬을 이용할 것이다. 10장에서는 PhantomJS를 사용했다. 불행히도 PhantomJS는 헤더리스 브라우저로 음악을 플레이하지는 못한다.

소스　**리스트 12.1**　**셀레니엄 드라이버 객체 생성**　**ch13/youtube_player/player.py**

```python
from selenium import webdriver

# 현재 모듈 위치
curdir = os.path.join(os.path.dirname(__file__))
class MusicPlayer(object):

  def __init__(self):
    self.driver = self._create_webdriver()
  def _create_webdriver(self):
```

```
    # 플랫폼 별 webdriver를 생성한다.
    if sys.platform == 'darwin':
        driver = webdriver.Chrome(os.path.join(curdir, 'webdriver', 'mac',
            "chromedriver"))
    elif sys.platform.starswith('linux'):
        driver = webdriver.Chrome(os.path.join(curdir, 'webdriver', 'linux32',
            "chromedriver"))
    elif sys.platform.starswith('win'):
        driver = webdriver.Chrome(os.path.join(curdir, 'webdriver', 'win',
            "chromedriver.exe"))
    else:
        raise Exception('not support platform ' + sys.platform)
    return driver
```

파이썬에서 웹 브라우저를 이용할 때 `selenium`을 이용하는데, 이때 `selenium`은 특별한 플러그인을 웹 브라우저에 삽입시킨다. 이 플러그인과 파이썬이 통신해서 원하는 동작을 실행시킬 수 있다.

`MusicPlayer` 클래스는 `selenium`의 `web driver` 객체를 만들어서 웹 브라우저를 제어한다. `_create_webdriver( )` 메소드가 `web driver` 객체를 생성한다. 생성할 때 필요한 플러그인 경로를 매개변수로 넘긴다.


```
class MusicPlayer(object):
  def play_url(self, url):

    self.driver.get(url) #<--- 1
    time.sleep(1)
```

`MusicPlayer`에 유튜브 링크를 주면 `play_url( )` 메소드를 통해서 해당 링크로 이동한다. 이때 `web driver` 객체에서 제공하는 `get(⟨url⟩)` 메소드를 사용한다. 이 API를 사용하면 웹

브라우저를 원하는 URL로 이동시킨다. 이때 1초간 기다려서 웹 브라우저에서 주어진 URL을 로드할 시간을 준다. 이동되었는지 확인하기 위해서 이동한 페이지의 특별한 태그를 기다리는 방식도 있지만 time.sleep( )을 사용하는 것이 간단하기 때문에 이 방식을 선택했다.

web driver의 다른 API들을 다음 링크를 통해서 확인할 수 있다.

http://selenium-python.readthedocs.io/navigating.html

혹시 링크가 깨졌다면 구글에 "python selenium"으로 검색하면 원하는 링크를 찾을 수 있다.

유튜브에서 정보를 추출하고 제어하기 위해서 자바스크립트를 웹 브라우저에 삽입시키는 방식을 사용할 것이다. 사실 자바스크립트를 삽입할 수만 있다면 대부분의 작업들을 이 자바스크립트를 통해서 처리할 수 있다. 실제로 MusicPlayer 클래스의 대부분이 자바스크립트를 사용하고 있다.

자바스크립트를 삽입하는 방법은 다음과 같다.

소스 **리스트 13.3** **자바스크립트 실행** **ch13/youtube_player/player.py**

```python
class MusicPlayer(object):
  def _exec_js(self, js):
    try:
      # 주어진 자바스크립트를 실행                        #<---- 1
      ret = self.driver.execute_script(js)              #<---- 2
      return ret
    except Exception as e:
      # jQuery 객체가 없어서 발생하는 에러가 있으면          #<---- 3
      if 'jQuery' in e.message:
        # jQuery 소스 삽입                               #<---- 4
        self._injectJQuery()
        return _exec_js(js)
      print(type(e))
      print(e)
```

위의 코드의 핵심은 코드 1에 있다. self.driver, 즉, WebDriver 객체에 있는 **execute_script(〈JS**

코드))다. 이 API를 통해서 원하는 자바스크립트를 얼마든지 삽입할 수 있다. 또 실행된 결과도 얻을 수 있다(코드 2). **_exec_js( )**는 자바스크립트를 실행시키고 결과를 반환하다. 이렇게 자바스크립트를 삽입해서 실행시키면 많은 예외들이 발생될 수 있다. 이를 처리하는 **try ~ except** 구문이 있다. 여기서는 특별하게 **jQuery**에 대한 에러가 있는 것을 확인한다. 내부에서 jQuery를 많이 사용할 것이기 때문에 혹시 **jQuery** 객체가 없어서 발생하는 예외가 있다면 코드 4를 통해서 **jQuery**를 삽입한다.

◎ 소스 리스트 13.4 jQuery 라이브러리 주입 ch13/youtube_player/player.py

```python
def _injectJquery(self):
    is_existed_Jquery = self._exec_js('return !!window.Jquery')      #<---- 1
    if not is_existed_Jquery:
        #print('inject Jquery')
        with open(os.path.join(curdir, 'Jquery', 'Jquery-3.0.0.js')) as f:   #<---- 2
            try:
                self._exec_js(f.read())                              #<---- 3
            except Exception as f:
                print(f)
```

_injectJquery는 **jQuery** 소스를 삽입하는 것이 목적이다. jQuery는 css 셀렉터를 사용해서 원하는 엘리먼트를 쉽게 찾아서 조작할 수 있는 API를 제공한다. 내부에서 많이 사용하고 있기 때문에 새로운 페이지가 로드되면 삽입한다.

먼저 코드 1을 통해서 **window.jQuery**가 있는지 확인한다. **_exec_js( )** 메소드를 통해서 반환 값을 가져올 수 있다. 결과 값은 **jQuery**가 있으면 **True**, 아니면 **False**가 된다. **jQuery**가 없다고 판명나면 내부에 있는 **jQuery** 소스를 삽입시킨다. 일단 로드되면 jQuery를 마음껏 사용할 수 있다. 이제 자바스크립트를 통해서 다양한 일을 할 수 있게 되었다.

우선, 페이지가 로드되었는지 확인해보자.

◎ 소스 리스트 13.5 유튜브 페이지가 로드되었지 확인 ch13/youtube_player/player.py

```python
def is_loaded(self):
    ret = self._exec_js('''
```

```
return (function( ){
try{
    var v = jQuery(".video-stream.html5-main-video")[0];    // <---- 1
    return !!v;
    }catch(e){
    return false;
    }
})( );
''')
print('is_loaded : ', ret)
return ret
```

방식은 **jQuery**를 이용해서 video player의 객체를 찾는다. 코드 1은 **jQuery**로 **class**가 **video-stream, html5-main-video**인 엘리먼트를 찾아서 있으면 **True**를 반환하고 그렇지 못하면 **False**를 반환하는 자바스크립트를 실행시킨다. 이것으로 음악을 플레이하는 페이지가 로드되었는지 확인할 수 있다. 비슷한 코드로 음악이 끝까지 플레이되었는지 확인하는 방법이다.


```
def is_finished(self):
  ret = self._exec_js('''
  return (function( ){
  try{
      var v = jQuery(".video-stream.html5-main-video")[0];
      return v.duration > 0 && v.currentTime == v.duration;    // <---- 1
      }catch(e){
      return true;
      }
  })( );
  ''')


  return ret
```

이 코드 역시 **jQuery**를 이용하고 있다. 실행이 다 되었다는 이야기는 현재 플레이된 시간 (v.currentTime)이 곡의 길이(v.duration)와 동일하다는 이야기이니 실제로 그런지 확인한다. 이쯤 되면 이 코드가 어떻게 돌아가고 있는지 확인할 수 있을 것이다. 자바스크립트를 통해서 웹의 객체의 정보를 얻어내고 조작하는 것이 대부분이다.


```python
def skip_if_exists_ad(self):
  try:

    self._exec_js('jQuery(".adDisplay").hide()')
    element = self.driver.find_element_by_css_selector(    #◀---- 1
            ".videoAdUiSkipButton.videoAdUiAction")
    if element:
        # skip 버튼 Click
        element.click()

  except Exception as e:
      pass
      #print(e)
```

위의 코드는 유튜브의 광고 영상이 있는지 확인하고 〈Skip〉 버튼이 있는지 확인해서 대신 **skip** 버튼을 누르는 부분이다. 여기서 이 코드의 핵심은 코드 1이다. **find_element_by_css_selector( )**는 **css** 셀렉터를 이용해서 원하는 엘리먼트를 찾는다.
여기서 반환되는 객체는 **WebElement**로 여기에 **click( )** 메소드가 있다. 이 API는 마치 우리가 마우스로 클릭하는 동작을 모방해준다.

http://selenium−python.readthedocs.io/api.html#module−selenium.webdriver.
　　remote.webelement

WebElement에는 click 이외에도 키보드를 누르는 동작을 모방하는 **send_keys( )** API도 있어서 **input** 태그에 원하는 문자열을 삽입할 수 있다. 우리가 웹 브라우저를 통해서 할 수 있는 대부분의 일을 API로 제어할 수 있다.

```python
def play(self):
  self._exec_js('jQuery(".video-stream.html5-main-video")[0].play( )')

def stop(self):
  print(self._exec_js('return jQuery(".video-stream.html5-main-video")[0].pause(
);'))
```

마지막으로 살펴볼 코드는 재생과 중지 명령이다. 앞에서 많이 언급된 html5의 video player 객체를 찾아서 그 객체에 명령을 주는 것이다.

```
jQuery(".video-stream.html5-main-video")[0]
```

위 명령을 통해서 player 객체를 찾고 나면 `play( )`, `pause( )` API를 통해서 player를 제어할 수 있다. `MusicPlayer( )`는 webbrowser를 Music Player로 사용할 수 있도록 해 준다. 혹시 이 부분만 테스트를 원한다면 player.py의 `play_starbuck_songs( )` API를 수정하고 player.py를 바로 실행하면 원하는 테스트를 해볼 수 있다.

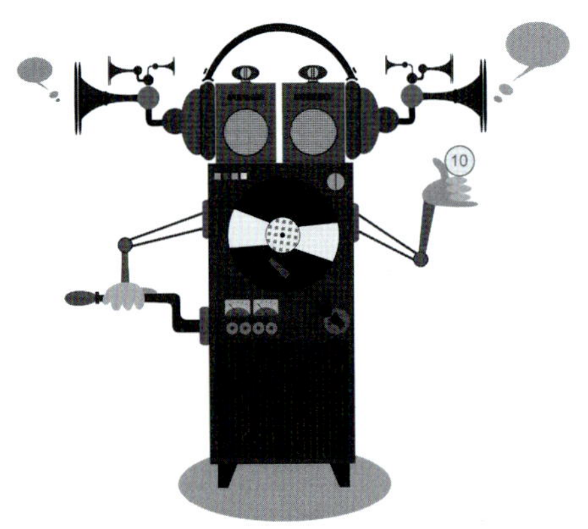

03 유튜브 링크에서 노래 정보 추출하기

웹 페이지에서 정보를 추출하는 것을 11장에서 알아보았다. 같은 방식으로 유튜브 정보를 가져와 보자.

노래가 나오면 같이 출력해줄 정보들을 수집해야 한다. 일단 유튜브 링크가 주어지면 해당 페이지에 있는 내부 정보들을 가져올 수 있다. 11장에서 배웠던 웹 페이지에서 정보를 추출하는 방법을 쓸 것이다. 앞에서 설명한 selenium으로 웹 정보를 가지고 올 수도 있겠지만 selenium을 이용하는 방식은 느리고 또 여러 페이지에 걸쳐서 정보를 수집해야 하는데 그러기에는 사용 방법이 불편하다. 따라서 selenium을 사용하지 않고 **requests**와 **PyQuery**를 이용하는 방식을 사용할 것이다. 우리가 만들어야 하는 함수는 다음과 같이 총 4가지다.

- `get_uid_from_url(url)`: url에서 **id** 추출
- `get_url_with(uid)`: **id**가 주어지면 **youtube** 영상 링크 만들기
- `get_video_info(url)`: **url**이 주어지면 해당 페이지의 정보 추출하기
- `get_video_infos_from_list(url)`: **playlist**가 있는 페이지에서 정보 추출하기

먼저 유튜브의 URL과 관련된 API를 먼저 살펴보자.

<table>
<tr><td>🔍 소스</td><td>리스트 13.9</td><td>유튜브 URL 분석</td><td>ch13/youtube_player/youtube.py</td></tr>
</table>

```python
from urllib.parse import *


def get_uid_from_url(url):
    ret = {}
```

```python
u = urlparse(url)                          #<---- 1
if u.netloc == 'www.youtube.com':          #<---- 2
    qs = parse_qs(u.query)                 #<---- 3
    if 'v' in qs:
        ret['uid'] = qs['v'][0]            #<---- 4
    if 'list' in qs:
        ret['list'] = qs['list'][0]
elif u.netloc == 'youtu.be':               #<---- 5
    if u.path:
        ret['uid'] = u.path[1:]            #<---- 6
return ret
```

`get_uid_from_url`의 목적은 URL에 있는 `video id` 정보를 가져오는 것이다. `video id`이니 `vid`가 맞지만 여기서는 `uid`로 명명해서 쓰겠다. 이 함수를 사용해서 다음과 같이 하자는 것이다.

```
https://www.youtube.com/watch?v = HHP5MKgKOo8 ==> {'uid': 'HHP5MKgKOo8'}
```

이것을 위해서 먼저 URL을 분석해야 한다. `urllib.parse.urlparse( )`를 이용할 수 있다. `urlparse( )`를 통해 URL을 분석한다.

🔍 소스

```python
from urllib.parse import *
url = 'https://www.youtube.com/watch?v = HHP5MKgKOo8'
print(urlparse(url))
```

🔍 실행 결과

```
ParseResult(scheme = 'https',
    netloc = 'www.youtube.com',
    path = '/watch',
```

```
        params = '',
        query = 'v = HHP5MKgKOo8',
        fragment = '')
```

결과가 `ParseResult` 객체로 반환된다. 변환된 객체에서 `netloc`을 통해서 호스트 정보를 확인한다. 유튜브에는 두 개의 호스트명이 있다. "www.youtube.com"은 호스트 명이고 "youtu.be"는 축약 호스트명이다. 코드 1과 코드 5가 이 netloc을 확인하는 것이다. 두 종류의 URL만 받아들인다. 일반 URL의 경우 정보는 query 속에 존재한다. query는 Query String 방식으로 정보가 인코딩되어 있다. 여기서 우리가 쓸 수 있는 딕셔너리로 데이터를 변환해줄 수 있다. 코드 3에서 사용한 `parse_qs( )`가 그것으로 "v=HHP5MKgKOo8" 정보에서 { "v": "HHP5MKgKOo8" }를 변환시켜준다. 이런 식으로 해서 v, list 값을 반환한다. v는 영상의 uid이고, list는 플레이 리스트 정보다.

영상의 uid를 알고 나면 거꾸로 유튜브 영상의 URL을 만들 수 있다.


```python
def get_url_with(uid):
    'uid를 주면 해당 동영상을 볼 수 있는 url 생성'
    return 'https://www.youtube.com/watch?v = {}'.format(uid)
```

단순히 URL 문자열을 만드는 방법을 사용했다.


```python
import requests                        # HTML 다운로드
from pyQuery import PyQuery as pq       # HTML 분석용


def get_video_info(url):                                    #<---- 1

    uid = get_uid_from_url(url)                             #<---- 2
    # youtube URL이 아니면 그냥 리턴
    if not uid: return {}
```

```python
# youtube URL이 맞으면 url을 새로 만든다.
# list 정보가 들어 있으면 여기서 제거된다.
url = get_url_with(uid['uid'])                                    #<---- 3

# 데이터 가져오고
resp = requests.get(url)                                          #<---- 4
h = pq(resp.text)                                                 #<---- 5

# 정보 추출
n = h('meta[property = "og:title"]')                              #<---- 6
title = n and n[0].attrib['content'] or ''                        #<---- 7
n = h('meta[property = "og:description"]')
content = n and n[0].attrib['content'] or ''                      #<---- 8
n = h('meta[property = "og:image"]')
img_url = n and n[0].attrib['content'] or ''                      #<---- 9
n = h('span.video-time')
duration = n and n[0].text or 0                                   #<---- 10
if duration:
    duration = list( map(str.strip,duration.split(':')) )        #<---- 11
    t = 0
    for d in duration[:]:                                         #<---- 12
        t = t * 60 + int(d)                                       #<---- 13
    duration = t

# 반환할 데이터 준비
ret = {}                                                          #<---- 14
ret["url"] = url
ret["uid"] = uid["uid"]
ret["title"] = title
ret["description"] = content
ret["image_url"] = img_url
ret['duration'] = duration

return ret
```

먼저 URL을 통해서 유튜브 영상의 URL인지 확인한다. 코드 1~3으로 URL을 통해서 uid를 가져올 수 있는지 확인하는 것이다. URL이 정상이라면 `requests.get( )`으로 HTML 문자열을 가져온다. HTML 문서에는 정보를 쉽게 가져올 수 있도록 `PyQuery`를 사용했다. `PyQuery`를 이용하면 `css` 셀렉터나 `xpath`를 통해서 엘리먼트를 찾을 수 있다.

`css` 셀렉터로 제목을 먼저 뽑아보자. 유튜브의 HTML을 열어보면 앞부분에 상당히 잘 정리된 정보가 보인다. 트위터(twitter)나 페이스북(facebook)에 링크될 때 정보를 쉽게 전달하려고 잘 정리된 정보가 별도의 meta 태그에 정리되어 있다. 제목 정보가 있는 태그는 다음과 같다.

```
<meta property="og:title" content="여기에 제목이">
```

따라서 위의 정보를 가지고 있는 meta 태그를 찾으면 된다. 코드 5를 통해서 html을 `PyQuery` 객체로 만들었다. 코드 6에서 `css` 셀렉터로 엘리먼트를 찾는다. 선택된 첫 번째 엘리먼트에서 `content` 어튜리뷰트 값을 가져온다. 같은 방식으로 다른 정보들도 추출한다(코드 8, 9).

영상의 총 시간을 알려주는 `duration` 정보는 페이지 내부의 다른 태그에 있어서 별도로 처리했다. 또 시간이 00:00:00처럼 사람이 읽기 쉬운 문자열 형태로 되어 있어 이를 처리해야 한다. 코드 11은 주어진 문자열을 ':'를 기준으로 나누고 공백을 제거해서 리스트로 만든다. 이것을 순회하면서 초 단위 시간으로 변환한다. [시, 분, 초]인 데이터이기 때문에 한 번 순환할 때마다 60을 곱하고 현재 값을 더하는 식이다(코드 13).

모든 정보를 다 구하면 코드 14 이후의 코드로 데이터를 딕셔너리로 변환해서 반환한다. 이런 종류의 데이터 변환들은 소스가 되는 것, 여기서는 HTML 페이지를 가져와서 파이썬에서 쉽게 사용할 수 있는 데이터 형식으로 변환하는 것이다.

노래 정보에 여러 속성들이 있는데 이런 정보들을 잘 저장하기 위한 좋은 방법이 데이터베이스이다.

메모리에 어떤 데이터들이건 저장할 수 있다. 빠르고 별다른 모듈을 설치하지 않아도 되는 본 프로그램에서도 플레이 리스트는 딕셔너리 타입으로 메모리에 저장한다. 하지만 메모리에 저장하는 것은 프로그램이 종료되면 사라져 버린다. 그래서 파일에 데이터를 저장해야 한다. 파일 중에 특별히 DB로 만들면 데이터를 저장하기도 좋고 조회하기도 편리하다. 본 프로그램에서는 데이터를 저장할 목적으로 `SQLite`를 사용할 것이다. 파일 기반으로 하는 파일 DB이지만 안정적이고 빠르고 무엇보다 간단하기 때문에 많이 사용된다. 파이썬의 기본 모듈로 `SQLite3` 모듈을 기본으로 제공하고 있다.

우선 모델을 정의해보자. 본 프로그램에서 노래를 표현하는 객체이며 파일에 저장되는 단위이자 조회하는 단위이다.

소스 | **리스트 13.12** | **저장할 음악 데이터 모델** | **ch13/youtube_player/song.py**

```python
class Song(object):
    "음악의 메타 정보"


    def __init__(self):
        self.dbid = ''          # DB에서 사용되는 ID
        self.uid = ''           # Youtube 영상 ID
        self.title = ''         # 제목
```

```
self.artist = ''              # 가수
self.url = ''                 # Youtube 영상 URL
self.img_url = ''             # 이미지 URL
self.description = ''         # 설명
self.duration = 0            # 곡 길이(초)
self.created_at = None       # 데이터가 생성된 일자
self.played_count = 0        # 재생된 횟수
```

노래가 가질 수 있는 다양한 데이터를 멤버 변수로 만들어 두었다. 앞으로 보게 될 Song 객체들 내부에는 이런 데이터들이 있다.

이제 이 모델을 저장하는 Store 객체를 보자. Store 객체는 Song 객체를 저장하고 조회한다.


```python
import sqlite3

# DB 파일 이름
DB_PATH = 'jukebox.db'                                          #<---- 1


class Store(object):
    "음악을 DB에 저장 관리한다."

    def __init__(self):
        """DB연결"""
        self.db = sqlite3.connect(DB_PATH, check_same_thread=False)    #<---- 2
        self._setup_db()                                              #<---- 3
```

DB 초기화 코드를 보자. SQLite를 사용하기 위해서는 먼저 connection을 만들어야 한다. 코드 2는 Connection 객체를 만든다. 이때 매개변수로 DB의 위치와 멀티스레드 지원 옵션을 설정한다. db 파일 이름이 ":memory:"이면 메모리에 DB를 생성한다. 테스트를 원하거나 빠르게 동작하는 DB를 원한다면 메모리에 DB를 생성하는 것도 좋다. 단, 프로그램이 종료하면 데이터도 없어진다는 점을 기억하자.

코드 3은 DB 테이블을 초기화하는 내용이다.

소스 | **리스트 13.14** | **노래를 저장할 DB 테이블 생성** | **ch13/youtube_player/store.py**

```python
def _setup_db(self):
    self._setup_song_table()


def _setup_song_table(self):   #<---- 1
    sql = '''
create table if not exists SONGS (
    id       integer primary key autoincrement,
    uid      text unique,
    title    text,
    artist   text,
    url      text,
    img_url text,
    played_count integer,
    created_at datetime,
    description text,
    duration integer
);'''
    cursor = self.db.cursor()       #<---- 2
    cursor.execute(sql)             #<---- 3
    cursor.close()                  #<---- 4
    self.db.commit()                #<---- 5
```

데이터를 기록하려면 먼저 테이블이 있어야 한다. 테이블을 만드는 SQL 명령을 실행시킨다. SQL 명령을 실행시키기 위해서 코드 2처럼 `cursor`를 생성하고 `execute()` 메소드로 SQL을 실행시킨다. 그리고 코드 5를 통해서 실제 DB에 반영한다.

```
create table if not exists SONGS (
    id      integer primary key autoincrement,
    uid     text unique,
    title   text,
    artist  text,
    url     text,
    img_url text,
    played_count integer,
    created_at datetime,
    description text,
    duration integer
)
```

테이블을 생성하는 SQL 명령은 다음과 같다.

> **create table** 〈테이블명〉(속성들)

테이블이 이미 존재하면 예외가 발생하기 때문에 기존에 있으면 생성하지 않도록 하기 위해서 **"if not exists"**를 추가했다. **SQLite**에서 지원하는 타입은 총 네 개뿐이다.

타입	설명	예
INTEGER	정수	12345
REAL	실수	3.14
TEXT	문자열	문자열
BLOB	바이너리 데이터	사진 데이터

sqlite 자체에서 지원하는 데이터는 네 종뿐이지만 이 데이터는 내부에서 쓰는 타입이다. 기존의 **mySQL, MS SQL** 등에서 사용하는 타입을 사용해도 내부에서 자동 변환된다. 따라서 기존에 사용하던 SQL문을 그대로 사용해도 되고 따로 없다면 위 타입을 사용해도 된다.

우선 **Song** 객체를 저장하는 것부터 살펴보자.

```python
    def save(self, song):
        "새로 생성한다."


        cursor = self.db.cursor()              #<---- 1
        sql = """\
insert into SONGS
        (uid, title, artist, url, img_url, played_count, created_at, description,
         duration)
    values (?, ?, ?, ?, ?, ?, ?, ?, ?)
"""                                            #<---- 2


        song.created_at = datetime.now()
        data = (song.uid, song.title, song.artist, song.url
            , song.img_url, song.played_count, song.created_at
            , song.description, song.duration) #<---- 3


        cursor.execute(sql, data)              #<---- 4


        cursor.close()
        song.dbid = cursor.lastrowid           #<---- 5
        self.db.commit()
```

데이터를 SQL로 저장하기 위해서는 데이터를 SQL문으로 만들어야 한다. 이때 사용하는 SQL 문은 다음과 같다.

```
insert into 〈테이블명〉(데이터 매개변수 이름) values (데이터)
```

SQL에 보이는 "?"는 나중에 들어갈 데이터의 자리다. 코드 3은 SQL에 있는 "?"에 들어갈 데 이터들이다. 이때 들어갈 데이터는 반드시 리스트 혹은 튜플이어야 한다.

sql과 데이터는 코드 4에서 보는 것처럼 execute( )에서 서로 결합한다. 데이터를 추가하면 내부에서 생성되는 id가 있다. 우리가 테이블을 만들 때 autoincrement 속성을 id로 주었는데

이 값을 데이터가 생성될 때 자동으로 생성된다. 이 값은 코드 5처럼 `lastrowid`를 통해서 얻을 수 있다.

이제 노래를 조회하는 코드를 보자.


```python
def get_songs(self):
  cursor = self.db.cursor()                    #<---- 1
  sql = '''\
  select id, uid, title, artist, url, img_url, played_count, created_at, description,
    duration FROM SONGS
    '''                                        #<---- 2
  cursor.execute(sql)
  ret = []

  while True:
    data = cursor.fetchone()                   #<---- 3
    if data:                                   #<---- 4
      song = Song()                            #<---- 5

      song.dbid = data[0]                      #<---- 6
      song.uid = data[1]
      song.title = data[2]
      song.artist = data[3]
      song.url = data[4]
      song.img_url = data[5]
      song.played_count = data[6]
      song.created_at = data[7]
      song.description = data[8]
      song.duration = data[9]

      yield song                               #<---- 7
    else:
      break
  cursor.close()
```

조회를 할 때, 특정 문자열이 포함된 문자열이 들어가거나 특정 id의 데이터를 가져올 수도 있지만 여기서는 전체 데이터를 조회하는 것을 살펴볼 것이다.

코드 2를 통해서 조회 SQL를 만들고 **execute**를 통해 실행한다. 이렇게 실행하면 코드 3처럼 데이터를 하나 가져올 수 있다. 비슷한 API로 **fetchmany( )**, **fetchall( )**이 있다. 이 API들은 결과를 일정 크기만큼 가져오거나 전부를 리스트로 반환한다. 여기서는 하나씩 꺼내는 방식을 사용했다. 더 이상 데이터가 없으면 **fetchone( )**의 반환값이 None으로 리턴된다.

데이터가 있으면 **Song** 객체를 만든다. 데이터는 리스트 형태로 반환되기 때문에 코드 6처럼 데이터를 뽑아서 **Song** 객체에 설정한다. 마지막으로 코드 7은 만들어진 데이터를 반환한다. yield는 반환을 하되 함수를 종료시키지 않고 한 번 더 호출하면 리턴했던 다음 줄 코드부터 다시 실행된다.

이런 식으로 반환하면 다음과 같이 이용할 수 있다.

```
for song in store.get_songs:
    print(song)
```

for-in문을 사용할 수 있다.

노래를 플레이 하는 Jukebox 플레이어 만들기

앞에서 만든 Music Player를 이용해서 Jukebox 플레이어를 만든다. Jukebox가 가지고 있는 플레이 리스트 목록을 재생한다.

이제 Player와 Youtube link에서 정보를 얻는 로직을 완성했으니 이것을 이용해서 `Jukebox` 클래스를 만들어보자.

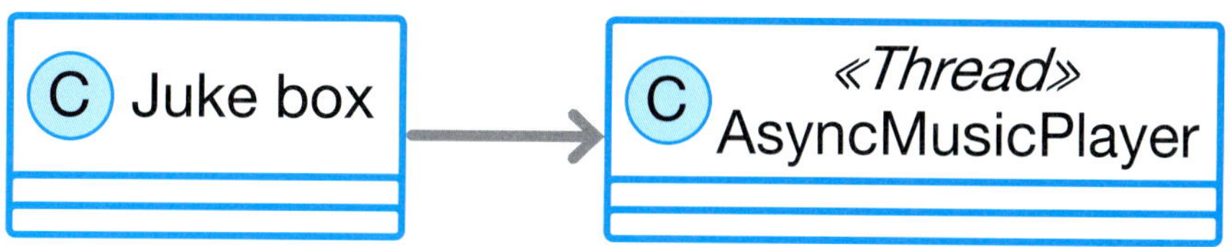

[그림 13-5] Jukebox와 AsyncMusicPlayer의 관계

여기서 중심이 되는 클래스는 `Jukebox`이다. 음악을 추가하고 제어하는 API들이 `Jukebox`에 있다. 그럼 `AsyncMusicPlayer`는 뭘까? `AsyncMusicPlayer`는 `Thread`로 만들었다. 별도의 로직을 실행시킨다는 뜻이다. 유튜브를 제어하는 Player를 주기적으로 감시하면서 광고가 있으면 건너 뛰고 URL 변경을 감지하는 등의 일을 하기 위해서 반복적으로 확인해야 한다. 이를 위한 `Thread`로 만들었다.

`AsyncMusicPlayer`는 Player에게 명령을 전달하고 감시하는 역할을 한다. `Jukebox`는 `AsyncMusciPlayer`에 명령을 하달한다. 이때 명령과 데이터를 주고 받는 방식으로 Queue 와 딕셔너리를 사용한다.

```
# 음악 플레이 리스트
playlist_lock = threading.Lock()
playlist = []


# 명령 큐
command_list = queue.Queue()
```

여러 명이 같은 데이터를 동시에 작업하려면 문제가 생기기 때문에 이를 방지할 목적으로 Lock
을 설정하게 된다. `playlist`는 `AsyncMusicPlayer`와 `Jukebox`가 동시에 읽고 쓴다. 때문
에 같은 시간에 동시 접근하는 것을 막기 위해서 다음처럼 영역을 만든다.

```
playlist_lock.acquire()

〈playlist 제거 코드〉

playlist_lock.release()
```

`playlist_lock.acquire()`와 `playlist_lock.release()`한 영역 사이에는 하나의
Thread만 있을 수 있기 때문에 안전하게 데이터를 사용할 수 있다. 명령큐로 사용한 `queue.`
`Queue`는 `Thread-safe`로 코드 내부에 이미 `Thread`가 고려된 설계를 하였기 때문에 그대로
사용해도 된다. 문서나 매뉴얼에서 `thread-safe`라는 말이 있으면 그것을 Multi-Thread 환
경에서 안심하고 사용할 수 있다는 뜻이니 알아두기 바란다.

먼저 `AysncMusicPlayer`의 초기화 부분을 보자. 다음은 Thread를 초기화하는 부분이다.


```
import threading                                    #<---- 1


class AsyncMusicPlayer(threading.Thread):           #<---- 2
```

```python
def __init__(self):
    threading.Thread.__init__(self)                    #<---- 3
    # 현재 플레이 중인 Url
    self.url = ''                                      #<---- 4
    # 현재 플레이되고 있는 노래
    self.current_song = None                           #<---- 5

    # webbrowser player 인스턴스
    self.player = MusicPlayer()                        #<---- 6

    # DB
    self.store = Store()                               #<---- 7
```

Thread 작업을 위해서 `threading` 모듈을 먼저 로드한다. 여기에 `Lock`이나 `Thread` 클래스가 선언되어 있다. 어떤 클래스를 `Thread`로 만들고 싶다면 코드 2와 같이 `Thread`를 상속받으면 된다. 그리고 초기화 코드에서 코드 3과 같이 `Thread` 클래스의 `__init__()` 메소드를 호출시켜 주어야 한다. `Thread` 클래스를 상속 받았기 때문에 부모클래스도 초기화 시켜주는 것이다. 실제로 이 초기화를 하지 않으면 `Thread`가 실행되지 않는다.

코드 4는 URL이 변경되었는지 확인하기 위한 값이고 코드 5는 현재 재생되고 있는 노래의 정보를 담고 있다. 또 가장 중요한 `MusicPlayer` 객체도 생성해 둔다. 코드 7은 노래 정보를 담고 있는 DB를 제어하는 클래스로 노래의 재생 수를 증가시킬 목적으로 가지고 있는 객체다.

소스 **리스트 13.19** **제어를 위한 스레드 실행부** **ch13/youtube_player/jukebox.py**

```python
class AsyncMusicPlayer(threading.Thread):
    def run(self):
        '이 스레드에서 수행할 로직'

        while True:
            try:
                # 0.5초를 주기로 명령 수행
                time.sleep(0.5)                        #<---- 1
```

```python
        # 광고가 나오는지 확인해서 넘긴다.
        # 보통 youtube 광고는 5초다.
        self.player.skip_if_exists_ad( )                          #<---- 2


        # URL이 변경되었으면 표시한다.
        url = self.player.current_url( )                          #<---- 3
        if( self.url != url ):                                    #<---- 4
          self.url = url
          # TODO:
          #  - 여기에서 곡을 추가하는 로직을 넣으면
          #  - 내가 듣는 링크를 플레이 리스트로 만들 수 있다.
          print(self.url)


        # 노래가 중지되면 다음 노래
        if self.player.is_finished( ) :                           #<---- 5


          # played_count 수를 하나 증가시킨다.
          if self.current_song:
            self.current_song.played_count += 1
            self.store.update(self.current_song)                  #<---- 6


          self.play_next_song( )                                  #<---- 7

        self.handle_cmd( );                                       #<---- 8
      except queue.Empty:
        pass
      except Exception as e:
        # 에러가 발생하면 에러의 종료를 출력
        print(type(e))
        print(e)
```

Thread를 생성하는 것은 별도로 수행해야 하는 로직이 있다는 뜻이다. 보통은 시간이 많이 걸리는 작업을 하거나 혹은 계속 살아서 수행해야 하는 작업이 있을 때 사용한다. 여기서는 후자의 경우로 계속 감시를 해야 하기 때문에 만들었다.

Thread를 시작하는 **start**( ) 메소드를 호출하면 **run**( ) 메소드가 별도의 **Thread**에서 실행된다. 계속 수행을 해야 하기 때문에 while True로 무한 반복시켰다. 너무 많이 수행하면 CPU에 부담을 주기 때문에 0.5초 정도 쉬도록 한다. 이렇게 하지 않으면 **Thread**가 너무 많이 수행되고 CPU가 쓸데 없이 많이 사용되면서 쿨링팬이 회전된다. 그래서 무한 반복하는 로직에는 중간에 꼭 **sleep**( )을 둔다.

코드 2는 광고가 떠있는지 확인한 후 제거하는 로직이다. 코드 3, 4는 URL이 변경되었는지 확인한다. WebDriver에서 URL이 변경되었는지 알려주지 않기 때문에 주기적으로 확인해보는 것이다. 코드 5는 노래가 끝났는지 확인한다. 노래에는 노래의 길이가 있고 현재 재생되고 있는 위치가 있다. 이 값이 같은지 확인한다.

노래가 끝났으면 해당 노래가 실행되었다는 것을 기록한다. 내부에서 관리하는 DB에 플레이 수를 올려준다. 그런 후 코드 7에서 다음 곡을 재생시킨다. 재생할 노래 목록에서 다음 노래 정보를 가져와서 플레이한다. 그리고 외부에서 오는 명령 즉, 플레이어 중지, 다시 실행, 다음 곡 등의 명령을 수행하는 **handle_cmd**( )를 처리한다(코드 8).

소스 **리스트 13.20** **다음 곡 실행** **ch13/youtube_player/jukebox.py**

```python
class AsyncMusicPlayer(threading.Thread):
  def play_next_song(self):
    " 다음 곡 "

    # 플레이 리스트에서 하나 꺼낸다.
    playlist_lock.acquire( )          #<---- 1
    try:
      song = playlist.pop(0)          #<---- 2
      url = song.url
    except:
      url = None                      #<---- 3
    playlist_lock.release( )          #<---- 4

    # url이 있으면 다음곡 플레이
    if url:
      self.current_song = song
      self.player.play_url(song.url)  #<---- 5
```

다음 곡을 플레이하는 부분을 보자. `playlist` 데이터는 메인 `Thread`와 `AsyncMusicPlayer`의 `Thread`가 공유하는 데이터이다. 그렇기 때문에 `Lock`을 통해서 하나의 `Thread`만 실행되도록 해야 한다. 코드 1을 통해서 `Lock`을 걸고 들어간다. 이미 들어가 있는 `Thread`가 있다면 이미 들어간 `Thread`가 `Lock`을 해제하기 전까지 그 자리에서 대기한다. 일단 들어가면 `playlist`의 앞부분 `item` 하나를 가져온다. 만약 playlist가 없다면 `exception`이 발생한다(코드 3). 이 경우에는 다음에 플레이할 곡이 없음을 명시한다. 만약 플레이할 URL이 있으면 `play_url`을 통해서 재생한다(코드5).

그럼 명시적으로 `Lock`을 사용하지 않는 `command_list`를 보자. 이 객체는 명령이 보관되어 있다.


```python
class AsyncMusicPlayer(threading.Thread):
  def handle_cmd(self):
    "명령 처리"
    data = command_list.get(block = False)    #<---- 1
    if data:
      cmd, param = data                       #<---- 2
      if cmd == 'forward':                    #<---- 3
        self.play_next_song()
      elif cmd == 'stop':                     #<---- 4
        self.stop()
      elif cmd == 'play':                     #<---- 5
        self.play()
```

`handle_cmd`는 Queue 클래스를 사용해서 만든 `command_list`의 내용을 처리한다. `command_list`에 있는 명령을 꺼낸다(코드 1). Queue.get( ) 메소드는 큐에 등록된 아이템 하나를 반환하는데 만약 없으면 데이터가 들어올 때까지 기다린다. `block = False` 옵션을 주면 바로 반환한다. 만약 데이터가 없으면 `queue.Empty` 예외가 발생한다. 이 예외는 `run( )` 메소드에서 처리하고 있으니 여기서 따로 처리하지 않았다.

Queue 클래스는 데이터를 넣고 빼는 일에 집중한다. 대신 큐 중간에 데이터를 보고 수정하는 것을 허용하지 않는다. 그렇기 때문에 `playlist`는 그냥 딕셔너리를 사용했고 command_ list는 Queue를 사용한 것이다. command_list의 경우에는 중간에 아이템을 작업할 이유가 없다. command_list는 순차적으로 명령을 넣으면 넣은 순서대로 처리한다.

코드 1에서 명령 하나를 가져온다. 명령을 넣을 때 튜플 형태로 넣었기 때문에 여기서 코드 2처럼 데이터를 가져온다. 실제 명령과 그 명령과 관련된 매개변수 값들이다. 코드 3, 4, 5에서 명령을 보고 처리한다.

이제 AsyncMusicPlayer를 사용하는 JukeBox 클래스를 볼 차례다. JukeBox 클래스가 이 프로그램의 메인 클래스라고 할 수 있다.

🔍 **소스**　**리스트 13.22**　**jukebox 클래스 초기화**　**ch13/youtube_player/jukebox.py**

```python
class JukeBox(object):

    # 클래스 변수
    music_player = None

    def __init__(self):
        # music_player는 하나만 생성한다.
        if JukeBox.music_player == None:
            JukeBox.music_player = AsyncMusicPlayer()      #<---- 1
            JukeBox.music_player.start()                   #<---- 2

        # DB 연결
        self.store = Store()                               #<---- 3

        # DB의 곡을 모두 플레이 리스트에 추가한다.
        songs = self.store.get_songs()                     #<---- 4
        self.append_song_list(songs)                       #<---- 5
```

이 코드는 JukeBox 클래스의 초기화 코드이다. 초기화 코드는 모든 클래스가 그렇듯 내부에서 사용할 변수들을 만들고 초기화한다. 중요한 것은 AsyncMusicPlayer Thread 객체를 생성하고 시작하는 부분이다. music_player 변수를 클래스 변수로 만들었다.

코드 3을 통해서 DB를 연결한다. 코드 4, 5는 노래를 모두 플레이 리스트로 등록한다. DB에 노래 정보가 들어있다.


```python
class JukeBox(object):
  def append_song_to_db(self, song):
    self.store.update_or_new(song)          #<---- 1
  def append_song_list(self, songs):
    for song in songs:
      self.append_song_playlist(song)       #<---- 2
  def append_song_playlist(self, song):
    playlist_lock.acquire()                 #<---- 3
    playlist.append(song)                   #<---- 4
    playlist_lock.release()                 #<---- 5
```

`append_song_to_db`는 노래 정보를 DB에 추가하는 코드이다. 앞에서 설명한 `Store`의 메소드를 이용한다. 그리고 `playlist` 관련 명령들은 코드 3~5처럼 Lock을 걸고 작업한다. `playlist` 변수를 다른 thread와 같이 사용하고 있기 때문이다.


```python
class JukeBox(object):
  def forward(self):
    cmd = ('forward',None)
    command_list.put(cmd)
```

위 코드는 `AsyncMusicPlayer`에 명령을 주는 방법을 보여주고 있다. 명령으로 사용할 명령 이름과 매개변수를 튜플로 만들어서 `command_list`에 추가한다. `command_list`는 내부적으로 Lock을 사용하고 있기 때문에 별도로 처리하지 않는다.

이제 외부 인터페이스를 만들 차례다. 간단하게는 애플리케이션을 만들 수도 있지만 여러 사람들이 서비스를 공유해야 하는 경우라면 웹이 편하다. 다음은 웹 페이지를 파이썬에서 만드는 방법을 설명해보려고 한다.

06 웹을 통해서 Jukebox 제어하기

웹 인터페이스를 이용하면 많은 사람들이 동시에 서비스를 사용할 수 있다.

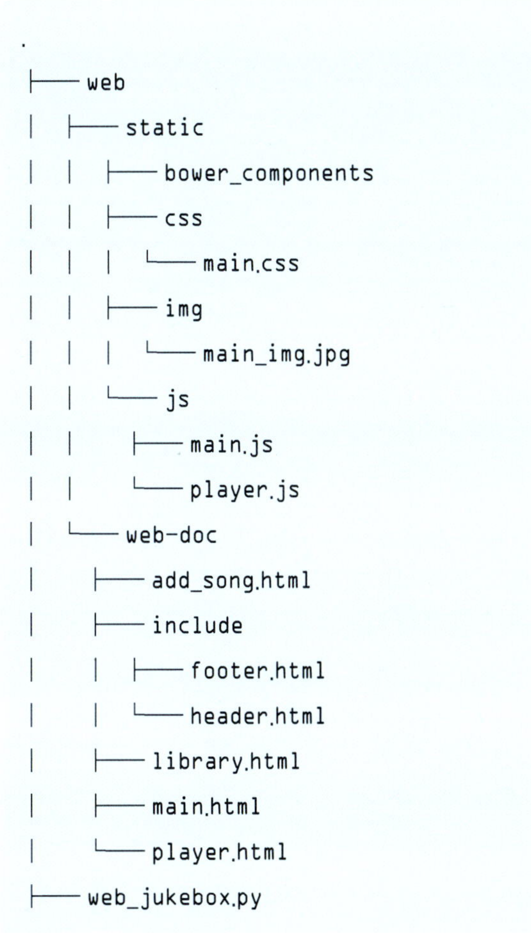

파이썬은 웹과 관련된 작업을 하기에 좋다. 그래서 파이썬 개발자로써 django나 flask를 이용해서 웹 페이지를 작업하는 프로그래머가 많다. 여기서는 Jukebox의 인터페이스를 만들기 위해서 Flask를 이용해 보려고 한다. 이번 작업을 통해서 파이썬으로 웹 작업을 하는 것이 얼마나 쉬운지 알아보자.

Flask는 경량화 웹 프레임워크로 REST-API를 만들거나 홈페이지를 서비스할 때 적합하다. Flask의 기능을 확장하는 모듈들로 많이 나와 있기 때문에 웹과 관련된 작업을 하게 된다면 Flask를 고려해볼 만하다.

이번 프로젝트에서 사용하는 기능은 단순하다.

먼저, 디렉토리 구조를 보자. 여러 가지 웹 페이지를 만들기 위해서 여러 가지 파일이 많이 필요하기 때문에 이것부터 확인하고 가는 것이 좋겠다. 우선 Flask를 이용한 웹 서비스를 위한 `web_jukebox.py`가 있다. 여기서 웹 브라우저에서 오는 요청을 처리한다. web 디렉토리 아래 있는 파일들은 웹 페이지를 위해서 필요한 파일들이다. 이중에 `web/static` 안에 있는 것들은 변경되지 않는 리소스들로 이미지나 자바스크립트 등이 여기에 속한다. 그리고 `web/web-doc`는 변경되는 데이터들로 화면에 보이는 페이지들이다. Flask는 다이나믹 데이터를 위해서 jinja 템플릿 모듈을 통합했다. 자세한 부분은 `web_jukebox.py`를 보면서 설명하도록 하자.

웹과 관련해서 다양한 접근 방식들이 있을 수 있다. 사용자 웹 브라우저에 보이는 부분을 처리하는 UI 부분과 데이터를 처리하는 서버 로직 부분으로 나눌 수 있다. 보통 프론트 개발자는 UI에 들어가는 로직과 CSS 등을 담당하고 서버 개발자 DB 연결이나 내부 로직을 처리한다. `web_jukebox.py`는 그 둘이 맞닿는 부분이다. `web_jukebox`에서 웹 브라우저의 요청이 들어오면 화면 표시에 필요한 데이터를 전달해 준다.


```python
from flask import Flask, request, render_template, make_response, jsonify
                                        #<---- 1
app = Flask(__name__                    #<---- 2
      , static_folder='web/static'
      , template_folder='web/web-doc')


if __name__ == '__main__':
  app.run(host='0.0.0.0', port=5000)          #<---- 3
```

Flask를 실행시키는 것부터 하자. `flask` 모듈을 로드한다. `flask`에서 필요한 심볼들을 가져온다. 이렇게 하면 명시적으로 모듈명을 쓰지 않아도 되니 코드를 줄일 수 있어서 편리하다.
가장 먼저 할 것은 Flask 객체를 만드는 것부터 시작한다. Flask는 템플릿 기능과 static 리소스를 서비스하는 기능이 있기 때문에 이것과 관련된 설정을 한다. 그런 후 코드 3을 통해서 실행시킨다. flask는 웹 서비스를 위한 프레임워크로 계속 동작하기 때문에 이후에 코드는 실행되지 않는다.
이제 여기에 기능을 추가하는 것이다. 먼저 화면을 만드는 로직부터 보자.

• pages
  - /   : 메인 페이지
  - /player   : jukebox의 현재 곡 표시, 다음 곡, 중지, 다시 실행 기능
  - /library   : jukebox의 DB에 등록되어 있는 곡 리스트
  - /add_song   : 새로운 곡 추가

총 네 개의 화면을 만들 것이다. 각각의 프로젝트를 설명할 메인 페이지와 현재 재생되고 있
는 노래의 정보를 표시한 /player 페이지 그리고 현재 DB에 있는 노래 목록을 표시하는 /
library 화면이 있다. 그리고 새로운 곡을 입력할 /add_song 페이지가 있다.


```python
@app.route('/')                                #<---- 1
def main():                                    #<---- 2
    # web/web-doc/main.html을 렌더링해서 반환한다.
    return render_template("main.html")        #<---- 3
@app.route('/player')                          #<---- 4
def player():
    # 현재 플레이 되고 있는 노래
    current_song = jukebox.current_song()      #<---- 5
    # 현재 가지고 있는 playlist 목록
    playlist    = jukebox.current_playlist()   #<---- 6
    # 웹 페이지로 만들어 전달
    return render_template("player.html"        #<---- 7
              , current_song = current_song.to_dict()
              , playlist = playlist )
```

이 중에 두 개만을 살펴보자. 나머지는 동일한 방식을 작성한 것이다. 코드 1, 4는 Flask에서
웹에 경로를 할당하는 방식이다. 기존 코드를 그대도 사용하면 http://localhost:5000/에
웹 페이지가 서비스된다. 웹 브라우저로 http://localhost:5000/로 접속하면 main 함수
가 호출된다(코드 2). 이제 여기에 원하는 HTML 문서를 만들어 넘기면 된다. 템플릿 시스템을
사용하기로 했으니 render_template( )을 호출하면 템플릿 문서를 처리해서 문자열로 만들
어 준다. 이 데이터를 웹 브라우저에게 넘긴다. 코드 3에서 사용한 templete의 "main.html"
은 Flask 객체를 만들 때 지정한 template_folder 경로를 기준으로 템플릿 파일을 찾는

다. 마찬가지로 `http://localhost:5000/player`로 접속하면 `player( )` 함수가 호출된
다. `/player` 페이지에는 현재 플레이되고 있는 곡의 정보와 플레이될 노래들을 보여주어야 한
다. 표시할 정보를 `jukebox`에게 요청한다. 코드 5, 6을 통해서 데이터를 조회해서 템플릿을 만
들 때 전달해준다. 코드 7에 매개변수로 데이터가 전달된다. 그럼 템플릿에서 이 정보를 가지고
HTML을 생성한다.

<table><tr><td>🔍 소스</td><td>리스트 13.27</td><td>플레이 리스트 표시용 HTML의 템플릿</td><td>ch13/youtube_player/web/web-doc/player.html</td></tr></table>

```html
<div class = "panel panel-default">
 <div class = "panel-body">
  <div class = "col-md-12 current-song">
   <div class = "text-center">
    <img src = "{{current_song.img_url}}"></img>
    <div class = "juke-control">
     <button onClick = "player.play( ); return false;">Play</button>
     <button onClick = "player.stop( ); return false;">Stop</button>
     <button onClick = "player.next( ); return false;">Next</button>
    </div>
    <h3>{{current_song.title}}</h3>              <!-- //<---- 1 -->
    <div>
     <a href = "{{current_song.url}}">가보기</a> <!-- //<---- 2 -->
    </div>
   </div>
  </div>
 </div>
 <table class = "table table-striped">
  <tr>
   <th>#</th>
   <th>제목</th>
   <th>플레이수</th>
   <th>곡 길이</th>
  </tr>
  {% for song in playlist %}                     <!-- //<---- 3 -->
  <tr>
   <td>{{song.uid}}</td>                         <!-- //<---- 4 -->
   <td>{{song.title}}</td>
```

```
    <td>{{song.played_count}}</td>
    <td>{{song.duration | duration_time }}</td>
  </tr>
  {% endfor %}                              <!-- //<---- 5 -->
 </table>
</div>
```

`flask`와 `jinja` 템플릿 모듈이 잘 연동되어 있어서 `player()` 함수에서 전달해 준 데이터를 템플릿에서 바로 쓸 수 있다.

```
{{<변수>}}
```

위와 같은 형태로 객체를 HTML에 바로 쓸 수 있다. 코드 1을 보면 `current_song`은 `Song` 객체로 내부에 `title` 멤버 변수가 있다. 이 정보를 HTML 문자열로 만들어 넣었다. 코드 4 역시 같은 방식이다. `jinja` 템플릿을 쓰면 좋은 것은 반복문을 이용할 수 있다는 것이다. 코드 3, 5 가 반목문을 쓰는 예로 파이썬의 `for-in` 구문과 닮아 있다.

`jinja`에 대한 상세한 정보는 `jinja`의 매뉴얼을 살펴보도록 하자.

http://jinja.pocoo.org/

`web_jukebox`에는 AJAX API가 포함되어 있다. AJAX는 웹 브라우저에서 화면을 업데이트 시키지 않고 서버와 통신할 목적으로 만드는 API로 템플릿을 이용해서 데이터를 생성하지 않으며 JSON 방식으로 통신을 한다. AJAX 개발 초기에는 XML을 많이 이용했지만 현재는 JSON을 더 많이 이용하고 있다. 정의된 AJAX API는 총 4개다.

- `ajax api`:
  - `GET /jukebox/current_song` : 현재 플레이 되고 있는 정보
  - `POST /jukebox/songs` : 새로운 곡 추가
  - `POST /jukebox/playlist` : DB에 있는 곡을 플레이 리스트에 추가
  - `POST /jukebox/control/<cmd>` : 재생, 중지, 다음 곡 명령 수행

웹 브라우저에서 곡을 추가하거나 데이터가 업데이트 되었는지 확인하는 용도로 사용하고 있다. 우선 API가 호출되는 경로부터 살펴보자.


```html
<div class = "juke-control">
 <button onClick = "player.play( ); return false;">Play</button>
 <button onClick = "player.stop( ); return false;">Stop</button>
 <button onClick = "player.next( ); return false;">Next</button>
</div>
```

<next> 버튼을 누르면 `palyer.next( )` 메소드가 호출되도록 되어 있다. 이 자바스크립트는 `player.js`에 정의되어 있다.


```javascript
var Player = function( ) {
  this.next = function( ) {
    $.ajax({                          //<---- 1
      method: "POST",
      url: "/jukebox/control/next",
      data: {}
    })
    .done(function( msg ) {           //<---- 2
      console.log( "resp: " + msg );
    });
  };
};
```

`next( )` 함수에서는 jQuery의 `ajax( )` 함수를 통해서 AJAX 통신을 요청한다. 이때 사용할 메소드와 URL 등을 넣는다. POST 방식으로 /jukebox/control/next로 요청했다. done으로 설정된 콜백 함수는 서버에서 처리된 결과를 받을 때 호출된다. 여기서는 단순히 결과를 콘솔에 출력한다.

```python
@app.route('/jukebox/control/<cmd>', methods = ['POST'])  #<---- 1
def command(cmd):                                          #<---- 2
  ret = { 'code': 0, 'msg': 'ok' }
  if cmd == 'play':
    jukebox.play()
  elif cmd == 'stop':
    jukebox.stop()
  elif cmd == 'next':                                      //<---- 3
    jukebox.forward()
  else:
    ret = { 'code': 100, 'msg': 'not supported command ' + cmd }
  return jsonify(**ret)                                    //<---- 4
```

AJAX가 호출되면 서버에 `command()` 함수가 호출된다. 경로를 설정한 부분을 보면 경로와 methods를 정의하고 있다. HTTP 메소드에는 총 8개의 메소드가 있다. `HEAD, GET, POST, PUT, DELETE, OPTIONS, TRACE, CONNECT`가 있지만 많이 쓰는 것은 `GET, POST, PUT, DELETE` 네 개로 이중에 `POST`를 이용한다. `POST`는 데이터의 상태를 변경시킬 때 사용된다. `jukebox`를 제어하는 것이 `Jukebox`의 상태를 변경하는 것으로 보았기 때문에 이 메소드를 사용한 것이다. 어떤 메소드를 사용하고 경로와 데이터를 정하는 것은 각각의 시스템 고유의 영역이다. 원하는 것을 사용하면 된다.

유명한 웹 서비스 제공업체들에서 제공하는 이 API를 보면 경로와 메소드 그리고 필요한 데이터와 데이터 타입까지 세세히 정의되어 있다. 코드 1에 "`<cmd>`" 부분이 있는데 이 부분은 매개변수가 되어서 코드 2의 함수 매개변수로 들어간다. `/jukebox/control/next`로 호출했으니 `cmd`는 "`next`"가 될 것이다. 이 명령을 코드 3에서 처리한다. `jukebox.forward()` 메소드를 호출한다. 실행 결과는 코드 4처럼 `jsonify`를 통해서 JSON 문자열로 변환해서 반환한다.

지금까지 selenium을 이용해서 유튜브 플레이어를 만들어 보았다. 웹 브라우저를 직접 제어하면 생각보다 활용 범위가 많다. 현재의 대부분의 서비스는 웹 브라우저를 사용하고 있기 때문이다. selenium을 이용하면 사람이 직접 키보드나 마우스를 이용하지 않아도 같은 효과를 낼 수 있다. 웹 브라우저를 이용해서 반복적인 작업을 하고 있다면 selenium을 이용해서 자동화할 수 있다. 본 예제를 응용해서 각자 가지고 있는 지루한 작업을 자동화 해보기 바란다.

1 selenium이 무엇이고 selenium으로 무엇을 할 수 있는지 설명하시오.

2 selenium으로 특정 URL의 화면을 캡처해서 capture1.png로 저장하는 코드를 작성하시오.

3 SQLite를 이용해 데이터를 저장할 때 얻을 수 있는 장점을 설명하시오.

4 스레드가 무엇이며, 스레드를 사용할 때의 주의점에 대해서 설명하시오.

1 selenium이 무엇이고 selenium으로 무엇을 할 수 있는지 설명하시오.

selenium은 웹 테스팅 툴로 우리가 웹 브라우저에서 할 수 있는 작업들, 예를 들어 버튼 클릭, 문자입력, 화면 캡처, 특정 엘리먼트 찾기 등의 일을 자동화할 수 있는 툴이다. 현재 사용화된 대부분의 웹 브라우저에서 동작한다. selenium을 이용하면 자동화된 UI 테스팅뿐 아니라 웹을 통한 데이터 자동 입력, 자동 로그인과 같은 웹으로 할 수 있는 대부분의 일들을 자동화할 수 있다.

2 selenium으로 특정 URL의 화면을 캡처해서 capture1.png로 저장하는 코드를 작성하시오.

selenium을 이용하면 웹 화면을 저장할 수 있다. 이 기능을 이용해서 특정 웹 사이트의 변천을 확인할 수 있다.

🔍 **소스** **리스트 13.31** **웹페이지 화면 캡처** **ch13/31_capture_web.py**

```python
import os
from selenium import webdriver
import time


# chrome 실행
# Chrome용 WebDrirver를 파라미터로 입력
driver = webdriver.Chrome("/Users/jinni/Google Drive/wiki/archive/
            selenium/chromedriver")
# 윈도우 사이즈 조정(1024 × 768)
driver.set_window_size(1024, 768)
# chrome으로 youtube 페이지로 이동
driver.get("https://www.youtube.com")
time.sleep(2)
# 화면 캡처
driver.get_screenshot_as_file('capture1.png')
```

3 SQLite를 이용해 데이터를 저장할 때 얻을 수 있는 장점을 설명하시오.

SQLite는 파일 DB 중의 하나로 iOS, 안드로이드에서 사용될 만큼 안정적이고 범용적이다. 파일을 저장 매체로 사용하고 있기 때문에 데이터를 백업하고 설치하는 것이 간단하다. SQLite는 퍼블릭 라이선스를 사용하고 있는데 라이선스에 따라서 어떤 목적으로든 사용할 수 있다. 또 주요 DBMS들의 키워드를 지원하고 있기 때문에 실제란 DB시스템을 이용하기 전에 프로토타입용으로 프로그램을 만들고 나중에 사용 DB로 이전하는 것도 용이하다. 정리하면 다음과 같다.

- 파일 DB이기 때문에 DB 파일을 관리하기 쉽다.
- 퍼블릭 라이선스를 사용하고 있다.
- 다수의 DBMS들이 사용하는 키워드를 지원한다.
- 사용 제품에도 사용될 만큼 안정적이다.

4 스레드가 무엇이며, 스레드를 사용할 때의 주의점에 대해서 설명하시오.

보통 프로세스가 시작되면 하나의 스레드를 갖는다. 스레드는 프로그램 명령을 실행하는 주체로 스레드는 주어진 명령들을 하나하나 순차적으로 처리한다. 하나의 스레드만 사용하면 혼자 일을 하기 때문에 프로그램 전체를 실행하는 시간이 오래 걸린다.

일을 나누어서 사용할 수 있으면 전체적으로 처리하는 시간을 줄일 수 있을 텐데 말이다. 그래서 일을 처리하는 다수의 스레드를 만들어 처리할 수 있다. 이것을 멀티스레드라고 한다. 큰 일을 나누어서 처리하는 방식이다.

이 멀티스레드에는 한 가지 문제가 있다. 일을 나누는 것까지는 좋은데 일의 대상이 중복될 경우에는 예상치 못한 일이 벌어질 수도 있다. 한 스레드가 데이터를 업데이트 시켰는데 다른 쪽 스레드가 다시 업데이트 시킬 수 있다. 이런 문제를 방지하기 위해서 중복되는 데이터를 처음부터 만들지 않도록 하거나 어쩔 수 없다면 Lock을 통해서 임계 영역을 만드는 방법이 있다. 임계 영역에는 한번에 하나의 스레드만 들어올 수 있기 때문에 동시에 여러 스레드가 접근하는 것을 막을 수 있다.

14장 파이썬으로 문서 작업하기

이번 장에서는 파이썬을 사용해서 워드 파일을 만드는 방법을 알아보려고 한다. 문서를 작성하는 일은 누구에게나 지루한 작업이다. 특히나 반복적으로 작성해야 한다면 더욱 그렇다. 파이썬을 이용하면 반복적으로 해야 하는 문서 작업을 자동화할 수 있다. 이번 장을 통해서 어떤 방법으로 문서를 자동화할 수 있는지 확인해보자.

학습 목표

- 파이썬을 이용해서 워드 파일을 만들 수 있다.
- python-docx 모듈을 사용할 수 있다.
- 파이썬을 이용해 구조화된 문서를 작성할 수 있다.

01 문서 만들기

파이썬으로 워드 문서를 효율적으로 만드는 방법에 대해 알아보자.

세상에서 가장 귀찮은 일이 무엇일까? 이 질문의 답은 각자 다르겠지만 적어도 필자에게는 문서를 작성해야 하는 일이다. 문서를 작성하기 위해서 워드프로세서를 켜고 문서를 한자 한자 입력하고 있으면 몸이 근질근질 거리고 머릿속에서는 온갖 생각이 떠오른다. 대부분의 문서 작업은 머리를 쓰기보다는 형식에 맞게 작성해야 한다. 문서의 종류는 참으로 다양하다. 보고서, 회의록, 품의서, 납품 확인서 등등 너무도 많은 문서들이 존재한다. 이런 것은 내 시간을 빼앗는 존재들이다. 이들을 해결할 수 있는 작은 방법이라도 있으면 좋겠다고 생각했다.

여기서 소개하는 내용은 문서 작성에 대한 필자의 결론이다. 문서의 형식이 결정되어 있고 작은 부분만 변경해야 하는 문서를 쉽게 만들기 위한 프로그램을 소개하겠다.

01 도구 설치

문서를 만들기 위해서 도구가 필요하다. 도구는 우리가 하려는 일을 쉽게 할 수 있도록 도와준다. 우리가 사용할 도구는 python-docx로 이름에서도 알 수 있는 것처럼 MS 워드 파일인 docx 파일을 만드는 라이브러리이다. docx 파일은 내부에 여러 XML 파일로 구성되어 있다. python-docx는 이 XML 파일을 변경하거나 생성할 수 있다.

라이브러리 설치는 pip를 이용해서 설치할 수 있다.

```
pip3 install python-docx
```

이미 설치되어 있다면 설치되었다는 메시지가 나오고 설치가 아직 되어 있지 않다면 소스를 다운받아서 설치하는 과정이 진행될 것이다. pip는 우리가 모듈을 인터넷에서 다운받아서 PYTHON_PATH에 지정한 라이브러리 폴더에 복사하는 작업을 자동으로 해준다.

설치가 잘 되었으면 docx 모듈을 로드할 수 있다.

```
$ python3
>>> import docx
>>>
```

python-docx 모듈이 잘 설치되었다면 이제 docx의 원리와 사용하는 방법에 대해서 알아보고 프로젝트를 진행해보자.

02 python-docx의 원리와 사용 방법

MS 워드 프로그램은 MS 오피스군의 주요 프로그램 중 하나로 대부분의 외국계 기업이나 많은 회사에서 사용 중이다. 워드프로세서의 표준 역할을 하고 있다고 해도 과언이 아니다. 어쩌면 대부분 우리가 쓰고 있는 문서 파일이 워드 파일이라해도 과언이 아닌 셈이지만 원래 워드 프로그램에서 사용할 수 있는 파일은 바이너리 파일로 파일 분석을 위해서 내부 포맷을 알고 있어야 했다.

즉, 아무나 워드 파일을 읽거나 만들지 못한다는 의미다. 이런 일을 하고 싶다면 리버싱을 통해서 자체적으로 분석하는 방법뿐이었다. 그러던 것이 2000년부터 이 워드 파일 포맷을 XML 기반의 파일로 만들자는 움직임이 있었다. MS는 2000년 이후 수차례 XML 기반 문서 표준의 버전을 올리면서 자사 오피스 프로그램에도 이 포맷을 추가했다. 그리고 2005년에 ECMA를 통해서 Office Open XML이라는 이름으로 공표를 하게 된다. 그 이후 많은 다른 오피스 프로그램들이 MS 오피스 파일을 지원했다. MS는 자사의 오피스를 사실상 오피스의 표준으로 만들어버렸다. 대부분은 다른 오피스 프로그램들도 docx 파일을 지원하게 된 계기가 되었다.

과정이야 어찌되었든 MS의 노력으로 오피스 파일을 읽고 쓰는 것이 가능해졌다. python-docx도 이 Office Open XML을 이용한다. 모듈명이기도 한 docx 파일은 워드의 파일명이다. docx 파일 내부는 여러 XML과 기타 파일들이 ZIP으로 압축되어 있다. 어떤 docx 파일이 있을 때, 이 파일 내부는 다음과 같은 형태를 가지고 있다.

```
$ unzip test.docx

inflating: [ContentTypes].xml
inflating: _rels/.rels
inflating: docProps/thumbnail.jpeg
inflating: docProps/app.xml
inflating: word/document.xml
inflating: word/rels/document.xml.rels
inflating: word/theme/theme1.xml
inflating: word/fontTable.xml
inflating: customXml/item1.xml
inflating: customXml/rels/item1.xml.rels
inflating: customXml/itemProps1.xml
inflating: word/settings.xml
inflating: word/numbering.xml
inflating: word/styles.xml
inflating: word/webSettings.xml
inflating: docProps/core.xml
```

압축을 풀고 나면 내부에 다양한 파일들이 포함되어 있음을 알 수 있다. 워드 프로그램은 이 파일들의 내용을 로드해서 프로그램 상에 문서를 표시한다. python-docx는 모든 docx 포맷을 지원하지는 못한다. 워낙 표준이 방대하기 때문이다. 하지만 python-docx로 간단한 수준의 문서를 만드는 것은 문제되지 않는다.

03 문서 구조

docx 파일에는 실제로 많은 데이터 구조가 있다. 하지만 python-docx에서는 중심이 되는 구조는 다음과 같은 3가지다.

- `Document`(문서)
- `Paragraph`(문단)
- `Run`(글조각)

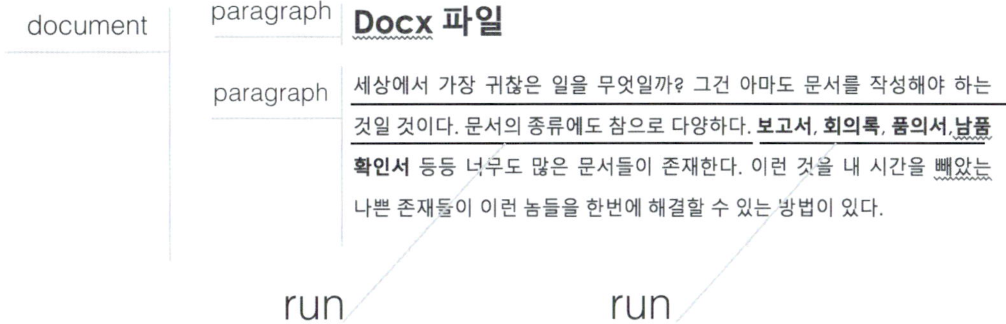

[그림 14-1] 문서 구조

document는 문서 전체를 의미한다. 우리가 만들 문서 하나가 여기에 해당된다. 한 문서에는 다수의 문단이 있는데 python-docx 모듈에도 이것에 해당하는 것이 있다. document에는 한 문단에 해당하는 paragraph가 다수 포함된다. 그리고 한 paragraph에는 다수의 run이 있다. python-docx에서 사용하는 run은 동일한 스타일이 적용된 문자열로 볼 수 있다. [그림 14-1]을 보면 이들 간의 관계를 명확히 보여주고 있다.

python-docx 모듈는 위에서 제공하는 3가지 구성 요소를 만들 수 있다. 그리고 추가적으로 그림을 추가하거나 테이블도 만들어 넣을 수 있다.

python-docx를 이용하면 완벽하지는 않지만 문서의 기본적인 골격을 만들 수 있다. 또 시간을 조금 더 투자해서 문서의 스타일을 변경한다면 어느 정도 사용할 수 있는 문서 생성기를 만드는 것도 가능하다.

04 문서 만드는 방법

예제로 작성할 문서는 MOU(양해각서)다. 다양한 문서를 만들 수 있지만 크게 양식이 복잡하지 않고 인터넷에서 쉽게 찾을 수 있는 문서를 선택했다. 앞으로 보게 될 것이지만 이 방법을 이용해서 많은 부분을 자동화할 수 있을 것이다.

문서는 대부분 기본 틀이 있고 그 틀에 매번 변경되는 부분이 있기 마련이다. 매번 정해진 틀에 약간의 변경된 내용을 일일이 수정하는 작업은 정말 지루하다. 우리가 해결해야 할 것도 이 부분이다. 여기서는 두 가지 방법으로 문서를 만들어 볼 생각이다.

① 새로운 문서를 python-docx API로 만든다.

② 기존 템플릿 파일에서 필요한 내용을 변경한다.

첫 번째 방법은 모든 문서의 내용들을 python-docx의 API로 만드는 방법이다. 이 방법을 사용하면 문서를 만들기 위해서 많은 코드가 추가되겠지만 코드를 사용하는 만큼 조작이 가능하고 조건에 따라서 내용을 바꾸거나 내용이 반복되는 부분이 많다면 파이썬의 조건문과 반복문을 통해서 문서를 만들 수 있다. 이렇게 코드를 가지고 생성하면 문서를 만들면서 폰트의 크기나 색에 신경 쓰지 않아도 되기 때문에 내용에 더 많은 시간을 쓸 수 있다.

두 번째 방법은 기존 문서를 이용하는 것이다. 기존에 이미 사용하던 문서 양식이 있으면 이 양식에 변경할 수 있는 부분은 표시해 둔다. 그리고 나서 API를 통해서 해당 내용을 변경하는 방식이다. 이 방법은 문서의 형식을 미리 만들어 두는 것이기 때문에 코드로 생성하는 것에 비해서 문서를 원하는 형식으로 잘 만들 수 있다. 또 문서 변경을 위한 코드는 동일하기 때문에 코딩에 익숙하지 않는 사람들에게 쉬운 방식이다. 단 python-docx에서 지원하는 부분들이 많아서 템플릿으로 사용한 문서와 동일한 문서를 만들 수 없는 경우도 있다.

어떤 방식이건 편리한 방식을 사용하면 된다. 모로 가도 서울만 가면 된다. 쉽게 생각하자.

05 문서에 필요한 데이터들

문서에서 변경될 내용들만 따로 분리해야 한다. 문서의 동일한 부분은 코드를 통해 혹은 템플릿을 통해서 생성될 것이기 때문에 꼭 필요한 부분을 따로 분리해야 한다. 일의 핵심만 분리해서 핵심은 우리가 처리하고 나머니 반복이 필요한 작업은 컴퓨터에게 맡기자.

우리가 작성할 문서인 MOU를 작성하는데 필요한 데이터에는 다음과 같은 것들이 있다.

- A회사 정보
  - 회사명
  - CEO 이름

- B회사 정보
  - 회사명
  - CEO 이름
  - 날짜(year, month, day)
  - MOU 항목

이 정보들은 문서의 필요한 부분에 적절히 삽입하면 된다.

```python
def main( ):

    # MOU 문서 생성에 필요한 데이터
    data = {
        "company1_name": "회사1",
        "company1_ceo" : "홍길동",
        "company2_name": "회사2",
        "company2_ceo" : "허균",
        "year": 2016,
        "month": 1,
        "day": 1,
        "conditions": [
            "1. 두 회사의 모든 제품 정보를 교환한다.",
            "2. 두 회사의 연구 결과를 공유한다."
        ]
    }

    make_mou(filename="mou.docx", data = data)
```

위 코드는 문서에 필요한 데이터를 미리 만들어두고 이 데이터를 이용해서 문서를 만드는 것이다. data는 앞에서 정의했던 데이터이다. 이때 데이터는 기본 타입인 딕셔너리를 이용했다. 딕셔너리는 키와 값으로 다수의 데이터를 정의할 수 있다. 실제 문서는 make_mou( ) 함수를 통해서 만들게 된다. 이때 데이터와 생성할 파일명을 입력받는다.

06 API로 문서 만들기

이제 실제로 문서를 만드는 코드를 살펴보자. 코드를 사용해서 문서를 만드는 작업은 실제로 우리가 워드를 이용해서 문서를 만드는 절차와 비슷하다. 우리가 하는 작업을 파이썬이 할 수 있도록 단계별로 작업한다.

먼저 빈 document를 생성한다.

```python
# docx 모듈 로드
from docx import Document


def make_mou(filename, data):

    # 문서 생성
    document = Document( )
```

위 코드를 통해서 문서를 만들기 위한 문서 객체를 만들게 된다. `document` 변수는 docx의 문서에 대응한다. 이 문서에 문단들을 하나하나 추가한다.

여기에 문서 제목을 추가해보자.

```python
def make_mou(filename, data):

    # .... 생략 ....
    # 제목 추가
    p = document.add_heading('MOU(양해각서)', level = 1)

    # 제목을 중앙정렬로
    p.alignment = WD_ALIGN_PARAGRAPH.CENTER
```

document에 헤더를 추가한다. 이때 `add_heading( )`을 이용한다. `level`로 첫 번째 단계 제목인지 두 번째 단계 제목인지 선택할 수 있다. `add_heading( )`은 문단을 추가하고 문단의 스타일을 선택한다. 이번 `level=1`은 "Heading 1" 스타일이 지정된다. 스타일은 글자 크기, 정렬들을 변경할 수 있다. 스타일 변경은 뒷부분에서 다룰 예정이다.

추가된 문단의 정렬은 alignment 값 변경을 통해서 중앙정렬로 선택했다.

```python
def make_mou(filename, data):

    # .... 생략 ....

    text = "(주) {company1_name}와 (주){company2_name} 의 " \
        "업무제휴에 관한 양해각서".format(**data)            # <----- 1
    p = document.add_paragraph( )
    p.add_run(text).bold = True                          # <----- 2


    text = "㈜ (이하 '갑'이라 함)과 ㈜ (이하 '을'이라 함)은 당사자간의 " \
        "우호협력관계를 확인하고 상호신뢰를 바탕으로 제휴에 따른 각자의 " \
        "책임을 인식하며, 인터넷 사업 분야에 있어 교류와 협력이 당사자간의 "\
        "상호 이해증진에 기여할 것임을 확신하면서, 다음과 같이 합의한다."
    p = document.add_paragraph(text)                     # <----- 3
```

문단을 만드는 방법에는 문단을 생성할 때 문단의 내용을 직접 넣는 방법(코드 3)이 있는가 하면 run를 추가하는 방법(코드 2)이 있다. 그리고 문서의 변경 부분은 문자열의 **format( )** 메소드를 이용했다. 코드 1의 **data는 딕셔너리 데이터를 이름 지정 매개변수(named paramter)로 변경해서 함수 호출하는 부분이다. 쉽게 말해서 "{이름}" 부분을 data의 데이터로 교체한다.

```python
def make_mou(filename, data):

    # .... 생략 ....

    text = "제2조 협력내용"
    p = document.add_paragraph(text, style = "Heading 2")
    text = "본 양해각서에 의한 제휴협력관계의 내용은 다음과 같다."
    p = document.add_paragraph(text)
    for cond in data["conditions"]:
        text = "   " + cond
```

위 코드는 MOU 조약 조건을 추가하는 것이다. 조약 조건은 함수의 매개변수로 주어진 값이다. 이것을 **add_paragraph**( )를 이용해서 하나 하나 추가하는 코드이다. 문서에 반복을 통해서 비슷한 내용을 추가하는 경우가 많다면 코드로 문서를 만드는 것이 유리하다.

```python
def make_mou(filename, data):

    # .... 생략 ....

    table = document.add_table(rows = 2, cols = 2)
    cells = table.rows[0].cells
    cells[0].text = '갑: ㈜ {company1_name}'.format(**data)
    cells[1].text = '갑: ㈜ {company2_name}'.format(**data)


    cells = table.rows[1].cells
    cells[0].text = '대표이사 {company1_ceo}'.format(**data)
    cells[1].text = '대표이사 {company2_ceo}'.format(**data)
```

그리고 테이블을 하나 추가했다. 문단을 추가했던 것처럼 테이블도 **add_table**( )을 통해서 생성한다. 이때 테이블의 크기를 지정한다. 문자열을 **cell**에 설정한다. 셀을 지정하는 방식으로 **tall.cell**(⟨**row_idx**⟩, ⟨**column_idx**⟩)로 지정하는 방식이 있고 위 예제처럼 한 rows를 구하고 cell을 구하는 방식이 있다. 그리고 만들어진 문서는 파일로 저장을 해야 한다.

```python
def make_mou(filename, data):

    # .... 생략 ....

    document.save(filename)
```

document의 **save**( ) 메소드를 통해서 원하는 파일명으로 문서를 저장할 수 있다. 이때 파일은 기존에 파일이 있더라도 저장해 버린다는 점을 기억해야 한다. 주의하지 않으면 기존 파일을 잃게 된다.

마지막으로 스타일을 추가해보자. 웹 페이지에 css로 스타일을 지정하는 것과 같다. 스타일은 폰트 크기, 폰트 종류, 줄 간격 등을 일관적으로 지정하는 것이다. 제목은 "Heading 1" 스타일이 적용된 것이다. python-docx는 새로운 스타일을 생성할 수 있다. 여기서는 디폴트로 있던 스타일을 변경한다.

```python
def update_style(document):
    h1 = document.styles["Heading 1"]
    if h1:
        h1.paragraph_format.space_before = Pt(50)
        h1.paragraph_format.space_after = Pt(50)
        h1.font.size = Pt(26)

    h2 = document.styles["Heading 2"]
    if h2:
        h2.paragraph_format.space_before = Pt(30)
        h2.paragraph_format.space_after = Pt(15)
    s = document.styles["Normal"]
    if s:
        s.paragraph_format.line_spacing_rule = WD_LINE_SPACING.ONE_POINT_FIVE
        s.paragraph_format.alignment = WD_ALIGN_PARAGRAPH.JUSTIFY
```

위 코드는 기본 문서의 스타일을 찾아서 문단의 앞 공백(`paragraph_format.space_before`)과 뒤 공백(`paragraph_format.space_after`), 그리고 정렬과 글짜 크기를 변경했다. 문단의 줄 간격은 `line_spacing_rule`을 이용해서 글자의 1.5배로 지정했고 정렬은 양쪽정렬로 지정했다. 코드를 하나하나 보면 우리가 워드에서 지정했던 값들인 것을 쉽게 알 수 있다. 물론 워드에서 지정할 수 있는 것에 비하면 지정할 수 있는 것이 많지 않아서 세세한 조정을 하기 위해서 여전히 워드 프로그램이 필요하다.

전체 소스는 다음과 같다.

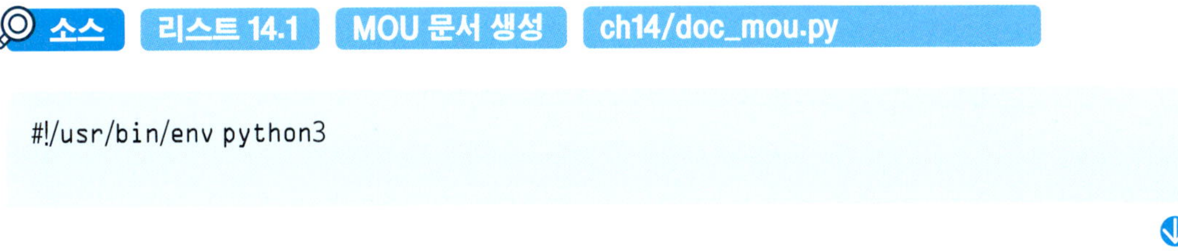


```python
#!/usr/bin/env python3
```

```python
'''
MOU 파일 생성

USAGE:
 $> python3 doc_mou.py
'''
# docx 모듈 로드
from docx import Document
# 정렬 상수
from docx.enum.text import WD_ALIGN_PARAGRAPH
from docx.enum.text import WD_LINE_SPACING
from docx.shared import Inches, Pt


def make_mou(filename, data):
    """"MOU 문서 생성.

    MOU 문서를 생성한다. 이 때 필요한 데이터(data)와
    파일이름을 받는다.

    주의:
    기존에 filename과 동일한 파일이 이미 존재를 하면
    기존 파일이 생성되고 새로운 파일로 대체된다.
    """

    # 문서 생성
    document = Document()

    # 제목 추가
    p = document.add_heading('MOU(양해각서)', level = 1)
    # 제목을 중앙정렬로
    p.alignment = WD_ALIGN_PARAGRAPH.CENTER

    text = "(주) {company1_name}와 (주){company2_name}의 업무제휴에 관한 양해각서".format(
        **data)
```

```python
p = document.add_paragraph( )
p.add_run(text).bold = True


text = "㈜ (이하 '갑'이라 함)과 ㈜ (이하 '을'이라 함)은 당사자간의 " \
    "우호협력관계를 확인하고 상호신뢰를 바탕으로 제휴에 따른 각자의 " \
    "책임을 인식하며, 인터넷 사업 분야에 있어 교류와 협력이 당사자간의 "\
    "상호 이해증진에 기여할 것임을 확신하면서, 다음과 같이 합의한다."
p = document.add_paragraph(text)


text = "제1조 목 적"
p = document.add_paragraph(text, style = "Heading 2")
text = "본 계약은 '갑'과 '을'의 업무상 상호 공동이익의 증진을 도모함에 그 목적이 있다."
p = document.add_paragraph(text)


text = "제2조 협력내용"
p = document.add_paragraph(text, style = "Heading 2")
text = "본 양해각서에 의한 제휴협력관계의 내용은 다음과 같다."
p = document.add_paragraph(text)
for cond in data["conditions"]:
    text = "   " + cond
    p = document.add_paragraph(text)


text = "제3조 분쟁해결"
p = document.add_paragraph(text, style = "Heading 2")
text = "본 양해각서의 해석이나 적용에 관한 분쟁은 당사자 간의 상호협력에 의하여 우호적으로 해결하며, 제
    3자의 개입을 허용하지 않는다."
p = document.add_paragraph(text)


text = "제4조 의무사항"
p = document.add_paragraph(text, style = "Heading 2")
text = '1)"갑" 과 "을"은 제휴업무를 수행함에 있어서 선량한 관리자로서의 주의를 다하여야 한다.'
p = document.add_paragraph(text)
```

```python
text = '2) "갑" 과 "을"은 본 계약의 내용을 신의에 따라 성실하게 이행한다.'
p = document.add_paragraph(text)


text = "제5조 기밀유지"
p = document.add_paragraph(text, style = "Heading 2")
text = '"갑" 과 "을"은 업무제휴를 통하여 취득한 정보 등을 상대방의 동의 없이 상호간의 공동 사업 추진 외
   의 목적에 사용하거나 외부에 누출 및 누설하여서는 아니되며, 계약 종료 이후에도 같다.'
p = document.add_paragraph(text)


text = "제6조 제반 업무 연락"
p = document.add_paragraph(text, style = "Heading 2")
text = "본 협정과 관련된 제반 업무 연락은 문서로 함을 원칙으로 한다. 이 경우 문서는 인편 및 우편 그리고 팩
   스로 전달함으로써 정당하게 이루어진 것으로 한다. "
p = document.add_paragraph(text)


text = "제7조 계약의 해지"
p = document.add_paragraph(text, style = "Heading 2")
text = "본 협약은 서명일로부터 구체적인 본 계약을 체결하기 전까지 유효하다."
p = document.add_paragraph(text)


text = "제8조 유효기간"
p = document.add_paragraph(text, style = "Heading 2")
text = "본 협약은 서명일로부터 구체적인 본 계약을 체결하기 전까지 유효하다."
p = document.add_paragraph(text)


text = "제9조 법적구속력"
p = document.add_paragraph(text, style = "Heading 2")
text = "본 업무협약은 양사의 상호 업무에 관한 협력사항을 열거한 것으로, 제5조를 제외하고는 법적 구속력
   을 갖지 않는다."
p = document.add_paragraph(text)


text = "제10조 기타사항"
```

```python
    p = document.add_paragraph(text, style="Heading 2")
    text = "본 계약서상에 명시되지 않은 기타 사항은 별도 협의 하에 처리한다. 본 양해각서는 {year}년 \
        {month}월 {day}일 2부를 작성, 날인되었으며, 이 모두는 동등한 효력을 지닌다.".format(**data)
    p = document.add_paragraph(text)

    # 공백 추가
    p = document.add_paragraph("\n\n\n")

    table = document.add_table(rows = 2, cols = 2)
    cells = table.rows[0].cells
    cells[0].text = '갑: ㈜ {company1_name}'.format(**data)
    cells[1].text = '갑: ㈜ {company2_name}'.format(**data)

    cells = table.rows[1].cells
    cells[0].text = '대표이사 {company1_ceo}'.format(**data)
    cells[1].text = '대표이사 {company2_ceo}'.format(**data)

    update_style(document)

    # 문서 저장
    document.save(filename)

def update_style(document):
    """"""문서의 스타일 재설정.

    문서의 기본 스타일 중 다음과 같은 스타일을 재정의한다.

    - Heading 1
    - Heading 2
    - Normal
    """
    h1 = document.styles["Heading 1"]
    if h1:
        h1.paragraph_format.space_before = Pt(50)
```

```python
        h1.paragraph_format.space_after = Pt(50)
        h1.font.size = Pt(26)


    h2 = document.styles["Heading 2"]
    if h2:
        h2.paragraph_format.space_before = Pt(30)
        h2.paragraph_format.space_after = Pt(15)


    s = document.styles["Normal"]
    if s:
        s.paragraph_format.line_spacing_rule = WD_LINE_SPACING.ONE_POINT_FIVE
        s.paragraph_format.alignment = WD_ALIGN_PARAGRAPH.JUSTIFY

def main():

    # MOU 문서 생성에 필요한 데이터
    data = {
        "company1_name": "회사1",
        "company1_ceo" : "홍길동",
        "company2_name": "회사2",
        "company2_ceo" : "허균",
        "year": 2016,
        "month": 1,
        "day": 1,
        "conditions": [
            "1. 두 회사의 모든 제품 정보를 교환한다.",
            "2. 두 회사의 연구 결과를 공유한다."
        ]
    }


    make_mou(filename = "mou.docx", data = data)

if __name__ == '__main__':
    main()
```

07 템플릿을 이용해 문서 만들기

기존에 사용하던 문서가 있거나 혹은 코드를 사용해서 문서를 만드는 것에 어려움이 많다면 기존의 문서에서 필요한 부분만 변경하는 것도 가능하다. python-docx에서는 기존의 파일로 읽어서 변경할 수 있다. 변경을 위해서는 기존 파일에 수정할 것을 미리 지정해주어야 한다.

```python
def make_mou(filename, data, templete):

    # 문서 생성
    document = Document(templete)
```

기존 파일을 로드하기 위해서 **Document**에 매개변수로 로드할 파일을 입력한다. 일단 템플릿을 로드하고 나면 우리가 할 일은 여기에 있는 데이터 중에 변경할 문자열을 찾아서 바꾸는 것이 전부다.

```python
def make_mou(filename, data, templete):

    # 문서 생성
    document = Document(templete)

    # 모든 문단을 찾아서
    for p in document.paragraphs:                          #<---- 1
        for i in p.runs:                                   #<---- 2
            # 각 run의 text 값을 바꾼다.
            s = i.text                                     #<---- 3
            for k in data:
                s = s.replace('{{%s}}' % k, str(data[k]))  #<---- 4
            i.text = s                                     #<---- 5

    # 모든 테이블을 찾아서
    for t in document.tables:                              #<---- 6
        # 모든 cell에 있는
        for r in t.rows:                                   #<---- 7
            for c in r.cells:                              #<---- 8
```

```python
    # 문단을 찾아서                                          #<---- 9
    for i in c.paragraphs:
        for j in i.runs:
            # 각 run의 text 값을 바꾼다.
            s = j.text
            for k in data:
                s = s.replace('{{%s}}' % k, str(data[k]))   #<---- 10
            j.text = s                                       #<---- 11
```

우리가 변경할 데이터는 run의 text 매개변수에 있다. 따라서 변경을 위해서 원하는 데이터를 찾아야 한다. 이를 위해서 for 반복문을 사용한다. 코드의 1~2, 6~9까지의 부분이 이를 위한 코드이다. 최종적으로 `text`가 있는 `run`을 찾는다. text에서 "{{key}}"로 되어 있는 부분을 찾아서 원하는 문자열로 변경해야 한다.

교체할 위치를 지정하기 위해서 템플릿 문서에서도 표시를 해야 한다.

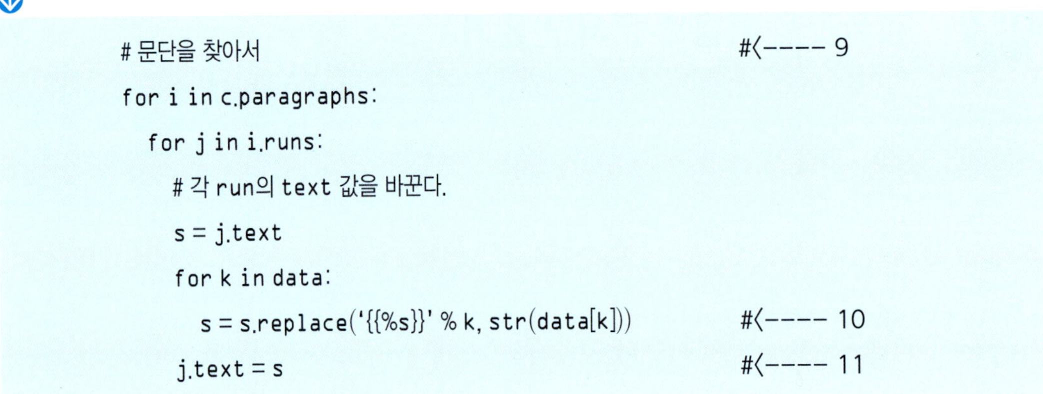

[그림 14-2] 템플릿 문서 내용

[그림 14-2]를 보면 템플릿으로 사용되는 문서의 일부 내용들이 일정한 형식되어 있음을 알 수 있다. 프로그램은 이 문서를 템플릿 삼아서 새로운 문서를 만든다.

전체 코드는 다음과 같다.


```python
#!/usr/bin/env python3

'''

MOU 파일 생성

USAGE:
 $> python3 doc_mou.py
'''


# docx 모듈 로드
from docx import Document
# 정렬 상수
from docx.enum.text import WD_ALIGN_PARAGRAPH
from docx.enum.text import WD_LINE_SPACING
from docx.shared import Inches, Pt


def make_mou(filename, data, templete):
    """"MOU 문서 생성.

    기존의 파일을 이용해서 새로운 문서를 생성한다.
    기존 문서에서 교체할 부분은 '{{key}}'형태로
    지정이 되어 있다.

    """
    # 문서 생성
    document = Document(templete)
    # 모든 문단을 찾아서
    for p in document.paragraphs:
```

```python
    for i in p.runs:
        # 각 run의 text 값을 바꾼다.
        s = i.text
        for k in data:
            s = s.replace('{{%s}}' % k, str(data[k]))
        i.text = s

# 모든 테이블을 찾아서
for t in document.tables:
    # 모든 cell에 있는
    for r in t.rows:
        for c in r.cells:
            # 문단을 찾아서
            for i in c.paragraphs:
                for j in i.runs:
                    # 각 run의 text 값을 바꾼다.
                    s = j.text
                    for k in data:
                        s = s.replace('{{%s}}' % k, str(data[k]))
                    j.text = s


    # 문서 저장
    document.save(filename)


def main( ):

    # MOU 문서 생성에 필요한 데이터
    data = {
        "company1_name": "회사1",
        "company1_ceo" : "홍길동",
        "company2_name": "회사2",
        "company2_ceo" : "허균",
```

```python
    "year": 2016,
    "month": 1,
    "day": 1,
    "condition1": "1. 두 회사의 모든 제품 정보를 교환한다.",
    "condition2": "2. 두 회사의 연구 결과를 공유한다.",
    "condition3": ""
  }

  make_mou(filename = "mou.docx", data = data, templete = "templete/MOU.docx")


if __name__ == '__main__':
  main()
```

이렇게 문서를 로드해서 교체하는 방식에는 약간의 문제가 있다. 템플릿과 정확히 동일한 문서를 생성할 수 없다. 문서가 로드될 때 python-docx에서 해석할 수 없는 기능들은 자동으로 제거되기 때문이다. 이것은 python-docx가 완벽하지 않기 때문이다.

python-docx는 필자가 글을 쓰고 있는 현재 0.8.5 버전이다. 마지막 업데이트가 1년 전인 것으로 보아서 활발하게 진행되는 프로젝트는 아닌 것 같다. 따라서 단기간에 python-docx가 갖고 있는 문제가 해결될 것으로 보이지는 않는다. 하지만 오픈 소스로 진행된 프로젝트이고 문서화와 API 구조가 잘 잡혀있기 때문에 우리들이 직접 코드를 업데이트하는 것도 가능하다. 여러분 중에 열정을 지닌 분이 노력을 해준다면 많은 사람들이 그 노력에 감사할 것이다.

지금까지 파이썬을 이용해서 워드 문서를 만드는 방법을 알아보았다. 앞에서 살펴본 방법은 python-docx 모듈을 이용해서 워드 문서를 직접 만들거나 템플릿을 이용하는 방법을 사용했다. 앞에서 사용했던 방법 이외에도 수많은 방법들이 있다. HTML로 문서를 만들어 PDF로 만든다거나 pandoc과 같은 문서 변환 툴을 이용하는 방식도 있다.

문서를 만드는 수많은 모듈과 툴의 핵심은 꼭 필요한 작업만 하자는 것이다. 파이썬을 이용하면 지금 내가 하는 일에서 지루하고 시간이 많이 걸리는 일들은 컴퓨터가 할 수 있도록 하고, 창의적이고 꼭 필요한 일만 할 수 있다. 문서를 자동화하는 것을 시작으로 다른 것들도 자동화해보자.

1 파이썬으로 docx 파일을 만드는 방법을 설명하시오.

2 python-docx 이외의 문서를 만드는 방법을 설명하시오.

3 "파이썬"이라는 단어가 들어간 docx 파일을 찾는 프로그램을 작성하시오.

4 마이크로소프트 사가 자사의 파일 포맷을 표준으로 만든 이유는 무엇인지 설명하시오.

연습문제 풀이

Answer

1 파이썬으로 docx 파일을 만드는 방법을 설명하시오.

파이썬으로 docx를 만드는 방법은 python-docx 모듈을 이용할 수 있다. python-docx는 docx 파일 포맷을 조작할 수 있기 때문에 간단한 파이썬 API로 docx 파일을 만들 수 있다. 이때 두 가지 방법을 이용할 수 있다.

- 모든 문서의 내용을 API를 통해서 만든다.
- 템플릿 파일을 복사해서 필요한 부분만 생성한다.

모든 문서는 API로 만들면 파이썬 코드로 작성해야 하는 부분이 많아지지만 내용이 중복되는 부분이 많고 문서를 만들기 위해서 데이터를 처리해야 하는 부분이 있다면 이런 모든 것들을 자동화할 수 있다.

템플릿을 이용하면 일정한 형식을 유지할 수 있어 변경되는 부분만 API로 수정할 수 있기 때문에 변경이 많지 않는 문서의 경우에 적합한 방법이다.

2 python-docx 이외의 문서를 만드는 방법을 설명하시오.

docx는 문서의 한 형식에 불과하다. 세상에는 다양한 문서가 있고 문서 간의 변환에 대해서 요구가 많다. 그래서 많은 유틸리티들이 만들어졌는데 그 중에서도 pandoc라는 유틸리티가 있다. 이 유틸리티를 이용하면 문서 형식을 변환시켜 준다. 가령 프로그래머들이 많이 사용하는 마크다운 포맷을 만든 문서를 docx 파일로 변환하는 것이 가능하다. 따라서 python으로 마크다운 포맷으로 문서를 만들고 pandoc 유틸리티로 docx 파일로 변환시킬 수 있다.

3 "파이썬"이라는 단어가 들어간 docx 파일을 찾는 프로그램을 작성하시오.

os.walk를 이용해서 docx 파일을 찾고 python-docx로 내용을 검색할 수 있다.

🔍 **소스** | **리스트 14.3** | **"파이썬"이라는 단어가 들어간 docx 파일 찾기** | **ch14/find_docx.py**

```python
import os
import os.path
```

```python
from docx import Document


def find_docx(target_dir):
    '주어진 폴더 아래 있는 모든 docx 파일을 찾아 리턴한다.'

    ret = []
    for root, dirs, files in os.walk(target_dir):
        for f in files:

            # docx 확장자가 아니면 skip한다.
            if not f.endswith('.docx'):
                continue

            # 절대 경로를 구한다.
            cur_file = os.path.abspath(os.path.join(root, f))
            ret.append(cur_file)
    return ret


def find_word_in_docx(word, docx):
    '주어진 docx 파일에서 주어진 word을 찾는다. 찾으면 True를 반환한다.'

    # 문서 로드
    document = Document(docx)

    # 모든 문단을 찾는다.
    for p in document.paragraphs:
```

```python
        for i in p.runs:
            # 각 run의 text값을 바꾼다.
            s = i.text
            if word in s: return True;


    # 모든 테이블을 찾는다.
    for t in document.tables:
        # 모든 cell에 있는
        for r in t.rows:
            for c in r.cells:
                # 문단을 찾아서
                for i in c.paragraphs:
                    for j in i.runs:
                        # 각 run의 text값을 바꾼다.
                        s = j.text
                        if word in s: return True;


    return False




# 테스트 코드
# 현재 디렉토리 아래 "파이썬" 이라는 단어가 들어간 문서를 찾는다.
target_dir = '.'
keywords = '파이썬'

for f in find_docx(target_dir):
    if(find_word_in_docx(keywords, f)):
        print( '- {}'.format(f) );
```

4 마이크로소프트 사가 자사의 파일 포맷을 표준으로 만든 이유는 무엇인지 설명하시오.

마이크로소프트 사는 초창기부터 워드프로세서를 만들어 왔다. 마이크로소프트의 핵심 제품은 윈도우와 같은 운영체제이기는 하지만 실제로는 윈도우 운영체제에서 동작하는 오피스 제품들이 수익의 상당 부분을 담당한다. 이것은 마이크로소프트 사의 오피스 제품이 오피스 시장을 사실상 독점하고 있기 때문에 가능하다. 이런 상황 속에서 자사의 오피스군의 파일 포맷을 공개했다. 여기에는 다음과 같은 이유가 있다.

첫째로, 독과점 상황에 대한 외부의 압력을 무마시킬 수 있다. 독과점 상황이 특정 회사에게는 좋은 것이지만 사회적으로 보면 다양성을 해할 수 있기 때문에 각국 정부는 이런 상황이 되면 독과점 상태를 깨려고 한다. 하지만 마이크로소프트 사의 포맷 공개를 이유로 이런 압력을 약화시킬 수 있게 되었다.

둘째는, 오피스 분야에서의 표준이 되었다. 마이크로소프트 사가 오피스의 파일 포맷을 공개하면서 자사의 오피스 제품을 명실상부한 오피스 표준으로 만들어 버렸다. 이제 다른 오피스 제품들도 마이크로소프트 사의 파일 포맷을 지원해야 하는 상황이 되었다. 이를 통해서 잠재적인 고객들을 늘릴 수 있게 되었고 표준을 주도할 수 있게 되면서 다른 회사들보다 더 빠르게 표준을 준수하는 제품을 내 놓을 수 있게 되었다.

물론 다른 이유도 있을 것이다. 이유가 어찌 되었든 마이크로소프트 사의 파일 포맷 결정은 결과적으로 보면 옳은 판단이었다. 보통은 자신들의 기술을 감추기에 급급하는 데 이렇게 시장을 과점한 상태에서 공개로도 이득을 볼 수 있다는 점은 우리에게 시사하는 바가 크다고 할 수 있겠다.

파이썬 공식 페이지

- **파이썬 공식 페이지:** https://www.python.org/
- **파이썬 공식 튜토리얼:** https://docs.python.org/3/tutorial/index.html
- **파이썬 라이브러리 레퍼런스:** https://docs.python.org/3/library/index.html
- **파이썬의 다양한 라이브러리:** https://pypi.python.org/pypi

자주 사용되는 모듈

- **requests 모듈:** http://docs.python-requests.org/en/master/
  인터넷의 자료를 다운받을 때 유용한 모듈
- **flask 모듈:** http://flask-docs-kr.readthedocs.io/ko/latest/
  웹서비스를 쉽게 만들 수 있는 웹프레임 워크
- **re 모듈:** https://docs.python.org/3/howto/regex.html
  정규식으로 표현되는 문자열을 빠르게 찾아주는 표준 모듈
- **PyQuery모듈:** https://pythonhosted.org/pyquery/
  HTML 분석을 쉽게 할 수 있는 모듈

자동화에 유용한 프로그램

- **Sikuli :** http://www.sikuli.org/
  마우스와 키보드로 할 수 있는 모든 것을 자동화할 수 있는 프로그램. 파이썬으로 자동화를 하고자 할 때 편리하다.
- **selenium:** http://selenium-python.readthedocs.io/
  웹브라우저 테스트 프레임워크로 웹브라우저에서 할 수 있는 대부분은 자동화할 수 있다.
- **PyAutoGUI:** https://pypi.python.org/pypi/PyAutoGUI
  마우스와 키보드를 제어할 수 있는 API 제공. 다수의 자동화 프로그램이 이 모듈을 이용하고 있다.

궁금한 것을 찾을 때

- **stackoverflow:** http://stackoverflow.com/questions/tagged/python
  파이썬과 관련된 많은 질문과 답변이 있다. 참고할 코드도 다수 포함되어 있다.
- **google:** http://www.google.com
  python이라는 키워드와 함께 질문을 검색한다.

커뮤니티

- **파이콘:** http://www.pycon.org/
  전세계에서 열리고 있는 파이콘 정보를 얻을 수 있다.
- **파이콘 코리아:** https://www.pycon.kr
  한국에서 열리는 파이콘 행사. 행사에서 발표한 자료들을 찾을 수 있다.
- **파이콘 코리아 동영상:** https://www.youtube.com/channel/UC26x6D5xpKx6io4ShfXa_Ow/undefined
  유튜브에서 파이콘에서 발표했던 영상들을 볼 수 있다. 자료와 함께 영상을 보면 공부에 도움이 된다.
- **파이썬 사용자그룹:** https://www.facebook.com/groups/pythonkorea/
- **저자 소스 링크:** https://github.com/jinniahn/book_python_example

Foreign Copyright:
Joonwon Lee
Address: 10, Simhaksan-ro, Seopae-dong, Paju-si, Kyunggi-do,
           Korea
Telephone: 82-2-3142-4151
E-mail: jwlee@cyber.co.kr

진짜 쉽고 쓸모 있는 언어

파이썬

2016. 10. 11. 1판 1쇄 발행
2018. 10. 5. 1판 2쇄 발행

저자와의
협의하에
검인생략

지은이 | 안진섭
펴낸이 | 이종춘
펴낸곳 | **BM** 주식회사 **성안당**
주소 | 04032 서울시 마포구 양화로 127 첨단빌딩 5층(출판기획 R&D 센터)
      | 10881 경기도 파주시 문발로 112 출판문화정보산업단지(제작 및 물류)
전화 | 02) 3142-0036
     | 031) 950-6300
팩스 | 031) 955-0510
등록 | 1973. 2. 1. 제406-2005-000046호
출판사 홈페이지 | **www.cyber.co.kr**
ISBN | 978-89-315-5450-2 (13000)
정가 | 27,000원

이 책을 만든 사람들
책임 | 최옥현
기획 · 진행 | 조혜란
교정 · 교열 | 방세근
본문 디자인 | 김효진, 조세연, 박원석, 박현정
표지 디자인 | 김효진, 박원석, 박현정
홍보 | 박연주
국제부 | 이선민, 조혜란, 김혜숙
마케팅 | 구본철, 차정욱, 나진호, 이동후, 강호묵
제작 | 김유석

■ **도서 A/S 안내**

성안당에서 발행하는 모든 도서는 저자와 출판사, 그리고 독자가 함께 만들어 나갑니다.
좋은 책을 펴내기 위해 많은 노력을 기울이고 있습니다. 혹시라도 내용상의 오류나 오탈자 등이
발견되면 **"좋은 책은 나라의 보배"**로서 우리 모두가 함께 만들어 간다는 마음으로 연락주시기
바랍니다. 수정 보완하여 더 나은 책이 되도록 최선을 다하겠습니다.
성안당은 늘 독자 여러분들의 소중한 의견을 기다리고 있습니다. 좋은 의견을 보내주시는 분께는
성안당 쇼핑몰의 포인트(3,000포인트)를 적립해 드립니다.

잘못 만들어진 책이나 부록 등이 파손된 경우에는 교환해 드립니다.